KB244165

바다의 도시 이야기 하

베네치아공화국 1천 년의 메시지

시오노 나나미 ▮ 르네상스 저작집 6

바다의 도시 이야기 하

베네치아공화국 1천 년의 메시지

시오노 나나미 ▮ 르네상스 저작집 6

정도영 옮김

한길사

UMI NO MIYAKO NO MONOGATARI
by Nanami Shiono

Copyright © 1995 by Nanami Shiono

Original Japanese edition published by Chuokoron-Sha, Inc.
Korean translation rights arranged with Nanami Shiono
through Japan Foreign-Rights Centre

Translated by Chung Daw-yung
Published by Hangilsa Publishing Co., Ltd., Seoul, Korea

16세기의 대표적 베네치아파 화가인 파올로 베로네세의 「베네치아의 승리」(부분).
베네치아의 영광을 표현한 이 우의화는 보는 이의 머리 위에서 그림 속 인물들이 실제로
떠다니는 것처럼 보이게 하는 교묘한 단축법을 사용한 것이 특색이다.

베네치아의 국영 조선소인 '아르세날레'의 17세기 때 모습(위)과 오늘날의 입구 모습.
이곳은 선박을 건조하는 장소였을 뿐 아니라 폭약과 대포를 갈무리하는 창고도 겸했다.
바다로 둘러싸여 성벽이 없는 베네치아에서 유독 이곳만은 흥간 성벽도 갖춘 높은
담을 둘러놓았다.

젠틸레 벨리니가 그린 술탄 무하마드 2세의 초상. 젠틸레 벨리니는 터키의 토프카피
궁전으로 차출되어 1년 반을 머무르며 술탄을 위해 봉사했고, 외교적 선물로 술탄의
초상화들을 그렸다. 이 전제군주에게 벨리니는 어떤 일에 관해서든지 의견을 말할 수
있을 정도로 총애를 받았다고 한다.

1571년 터키제국과 그리스도교 연합군 사이에 벌어진 레판토 해전. 이 전투는
갤리선끼리의 싸움으로는 최대이자 마지막 싸움이었는데, 결국 그리스도교 연합함대의
압도적 승리로 막을 내리게 된다.

(위) 그 이름만 들어도 서유럽 사람들을 벌벌 떨게 했다는 터키 술탄의 친위부대 예니체리 군단.

(옆) 티치아노가 그린 펠리페 2세의 초상. 펠리페 2세 치하에서 에스파냐제국의 세력권은 멕시코, 남아메리카, 아프리카 연안, 펠리페 2세의 이름을 딴 필리핀을 비롯한 남아시아 일부, 유럽의 합스부르크 왕가, 이탈리아반도의 남부와 북부에 미칠 만큼 전례없이 확대되었다. '에스파냐제국에는 해 저무는 일이 없다'라고 일컬어질 정도로 정상의 위치에 있던 시기다. 당시 펠리페 2세와 어깨를 나란히 할 수 있는 단 한 사람의 군주는 아마도 터키의 술탄이었을 것이다.

18세기의 대표적 베네치아파 화가 가운데 한 사람인 피에트로 롱기의 「이발사와 숙녀」.
당시 다른 나라들에서는 이발사가 외과의를 겸했던 반면 베네치아공화국은 외과의와
이발사를 처음 구별한 나라였다. 베네치아는 이발사에게 이를 뽑는 행위 이외의 모든
의료시술을 금했다.

티치아노가 그린 국가원수 안드레아 그리티의 초상. 안드레아 그리티는 베네치아공화국의
전성기를 구현한 인물로서 '지배하기 위해 태어난 남자'라는 평판을 들었다.

비첸초 실로네가 그린 「산 마르코의 네 마리 말의 반환」. 그림 속 네 마리 말의 동상은
베네치아공화국의 원수인 엔리코 단돌로가 1204년 제4차 십자군 원정 때
콘스탄티노플로부터 전리품으로 가져온 이래 산 마르코 대성당의 정면을 장식하던 것이다.

이를 1797년 베네치아를 정복한 나폴레옹이 프랑스로 가지고 갔는데, 프랑스는 이후
베네치아에서 가져갔던 예술작품들을 모두 돌려주게 된다. 이러한 역사적 사실을 두고
실로네를 비롯한 많은 화가가 영향을 받아 작품으로 남겼다.

사육제 때 가면을 쓴 베네치아인들. 1년 중 6개월은 즐길 수 있었던 베네치아 사육제의 최대
특징은 그들이 하는 가장(假裝)의 의미에 있었다. 터키인, 인도인, 또는 아랍인 등으로
분장하는 사람도 있었지만, 무엇보다도 베네치아의 희극에서 등장하는 익살꾼으로 분장하는
사람이 언제나 가장 많았다.

바다의 도시 이야기 하

베네치아공화국 1천 년의 메시지

시오노 나나미 ▮ 르네상스 저작집 6
정도영 옮김

한길사

바다의 도시 이야기 ^하

9 성지순례 패키지 투어

바다의 도시 이야기 상

독자 여러분께

본격적으로 자료조사를 시작한 5년 전쯤부터 이탈리아 친구들에게서 곧잘 이런 질문을 받곤 했다.

"왜 피렌체가 아니고 하필이면 베네치아공화국의 역사를 쓰는가."

단테와 레오나르도와 미켈란젤로를 낳은 르네상스, 그 르네상스 문명의 꽃이라 할 피렌체공화국이 아닌가. 그쪽이 외국인들에게 훨씬 더 많이 알려져 있을 텐데 하는 생각에서 묻는 말이었을 게다. 이런 물음에 나는 마음속으로는 "내가 쓰려는 것은 르네상스 문명의 알맹이 쪽이오"라고 중얼거리면서도, 말수를 줄이기 위해 곧잘 이런 투로 답하곤 했다.

"국체를 한 번도 바꾼 일 없이 그만큼 오래 버틴 나라가 따로 없으니까요."

성자(盛者)는 필쇠(必衰)라, 성한 자도 언젠가는 반드시 쇠한다는 것은 역사의 순리다. 오늘날에 이르기까지 단 한 번의 예외도 볼 수 없는 역사의 원리다.

그것을 막을 도리는 없다. 사람의 지혜로 할 수 있는 것은 다만 쇠하는 속도를 되도록 더디게 하고 되도록 뒤로 미루는 일뿐이다. 베네치아공화국, 천혜의 자원이라고는 아무것도 없었던 이 나라는 오히려 그렇기 때문에 그 어려운 일을 일단은 합격점을 주어도 될 만큼 해낸 나라다. 그리고 이 한 가지 일에 강한 관심을 갖는 것은 오랜 세월 외국에 살면서 내 조국을 남의 나라 사이에서 바라보는 버릇이 몸에 밴 나에게는 극히 자연스러운 감정의 귀착이기도 했다.

그렇다고 이 글을 읽는 모든 이가 꼭 저자의 이 같은 숨은 의도를 헤아리면서 읽어야만 한다는 것은 결코 아니다. 1천 년을 넘는 한 민족의 흥망은 이런 한 가지 일을 가지고 요리하기엔 너무나 복잡하기도 하고 재미있기도 하기 때문이다.

제1장을 썼던 당시부터 일관해서 내 저작 태도의 근저가 되어온 생각은 '역사는 오락이다'라는 것, 바로 그것이다. 굳이 재미있는 일들만을 일부러 골라잡지 않아도 그 자체로 벌써 재미있는 것이 역사다. 교훈을 거기서 얻는 사람은 그것으로 좋다. 그러나 역사로부터 뭔가를 배우는 일 따위엔 관심이 없고 그저 그것을 즐기기 위해 읽는 사람들도 나에게는 소중한 독자이기는 매한가지다. 아니, 그런 사람들을 만족시킬 수 있어야만 비로소 참으로 좋은 교훈을 주는 일도 가능해지는 것이라고 나는 믿기까지 한다.

오늘날 역사를 오락으로 생각하는 민족은 앵글로 색슨이 아닌가 싶다. 그래서인지 그 나라에서는 학자들도 글을 잘 쓴다. 작가가 독자들을 계몽하는 것이 아니라 독자가 작가를 키우는 것이다. 고대 로마의 호라티우스도 말하지 않았는가!

"재미있고 도움 되는 책이 양서다."

1981년 10월 피렌체에서

시오노 나나미

8
숙적 터키

해양국가에 비해 육지형의 국가는 손바닥만 한 땅에도
집착하는 법이다. 그리고 자기네 영토를 조금이라도
확장할 때마다 이상할 정도로 만족감을 느낀다.

'육군 국가' 터키의 탄생

2년 전, 이스탄불 즉 옛 콘스탄티노플을 찾았을 때의 일이다. 나의 첫째 관심은 토프카피 궁전도 그랑 바자도 아니고 해군박물관을 보는 일이었다. 해운국 베네치아의 숙적이었던 터키가 이 방면에는 어떤 사료를 남겼는지를 알고 싶었던 것이다.

선걸음으로 달려갔던 해군박물관은 그러나 닫혀 있었다. 경비 수병에게 물으니 폐관한 지 벌써 오래이고 다시 개관할 예정도 없단다.

닫혀 있는 철책 너머로 바라다보이는 흰 건물의 안을 보지 않고서 이스탄불을 떠날 수는 없는 일이었다. 동지중해의 패권을 베네치아로부터 탈취했고, 지중해 전역의 패권을 건 싸움에서 패했다고는 하지만 베네치아와 에스파냐의 연합해군을 상대로 레판토 해전을 치러낸 터키가 아니던가. 저 커다란 흰 건물 안에는 당시의 일을 기리는 무엇인가가 남아 있어야 할 것 아닌가.

나는 거짓말을 둘러대기로 했다. 터키의 역사를 연구하는 사람인데 현지조사를 위해 일부러 일본에서 왔으니 꼭 좀 보여달라고 부탁한 것이다. 허가가 내린 것은 그로부터 1주일 뒤였다.

지정된 시각에 카메라와 사진촬영이 불허될 경우를 생각하여 스케치 노트까지 준비해 박물관 옆 해군 건물 안에 들어섰다. 기다릴 새도 없이 곧 나타난 젊은 해군장교는 자기에게 안내를 하라는 명령이 떨어졌다고 말한다. 박물관 입구 앞에서 받들어 총을 하는 위병에게 답례하는 장교의 뒤를 따라 안으로 들어가면서, 이렇게 야단스러운 것을 보니 중요한 사료를 만나게 될 것임이 틀림없겠다는 기대가 확신으로 바뀌었다.

그런데 나의 조사는 눈을 180도로 한 바퀴 돌리는 것으로 끝나버렸다. 큰 건물이 필요했던 것은 술탄이 뱃놀이에 썼던 어용선의 실물을 여러 척 갖다놓았기 때문이었다. 옛 갤리선의 모형도, 항해기구도, 해도(海圖)도 없었다. 하물며 해군기지 요새의 견본도 같은 것도 어디서고 찾아볼 수가 없다. 베네치아의 해군박물관과는 완전히 대조적이다. 참으로 허술한 전시라고 할 수밖에 없었다. 이래 가지고서야 무기한 휴관한들 누구 하나 불평할 사람이 없을 것이다.

그래도 예의차리는 일은 남아 있었다. 해군장교가 베푸는 설명에 끄덕끄덕 귀를 기울이면서 술탄의 모친이 전용으로 썼다는 선실, 사방을 셔터문으로 둘러싼 선실 따위를 둘러보기는 했다. 15분도 채 안 걸렸을 것이다. 나는 카메라 셔터 한 번 누르지 않았고 스케치 노트도 백지 그대로였다.

밖으로 나가서 혼자가 되어 파도치는 보스포루스해협을 바라보면서 나는 그때 처음으로 나의 주인공들인 베네치아의 남자들에 대해 애처로움 같은 것을 느끼게 되었다.

터키는 결국 육군국가였던 것이다. 그곳에서 그리 멀지 않은 곳에 있는 육군박물관에는 오스만제국 흥륭의 역사를 그림으로 나타낸 도해부터 그 절정을 이룬 콘스탄티노플 공략 때의 광경, 갖가지 색깔과 모양의 관복을 입은 인형들의 행렬, 그런가 하면 전리품으로 진열된 수많은 노획 깃발과 무기 등이 자랑스럽게 전시되어 있다. 게다가 한때는 그 이름만 들어도 서유럽 사람들을 공포의 바다으로 떨어뜨렸다는 술탄의 친위대인 예니체리 군단의 군가까지 들려주는 서비스마저 베푼다. 이와는 달리 베네치아에서는 해군박물관은 완벽하게 잘 꾸며져 있지만 육군박물관은 아예 존재하지도 않는다. 원수 관저(팔라초 두칼레) 안에 무기 등을 전시하는 한 구획이 있을 뿐이다.

해군국가와 육군국가라는 차이를 포함해 모든 점에서 너무나 다른 민족을 적으로 삼아 싸우지 않으면 안 되었던 베네치아 남자들의 고뇌란 예사로운 것이 아니었을 것이다. 무역입국인 베네치아는 절대적으로 타자가, 타국이 필요한 처지였다. 이런 나라가 15세기 후반에 이르러 타자가 필요하지 않은 나라, 다시 말해서 자기들과 가치관이 전혀 다른 국가를 적으로 삼게 된 것이다.

양식이란, 피동적인 처지에 놓인 측이 입에 올리는 말이다. 행동의 주도권을 쥔 측은 언제나 비양식적으로 행동하는 법이다.
• 당시 한 베네치아인의 편지에서

서기 1300년 전후, 소아시아의 깊숙한 오지에서 오스만 왕조가 생겨나고 있었다. 그 당시, 동쪽 몽골제국과 서쪽 비잔틴제국이 버티고 있는 골짜기 사이에서 생겨난 이 터키인의 왕조가 나중에 큰 제국이 될 것이라고는 아무도 예상하지 않았을 것이다. 28년 후 이들은 소아시아의 서쪽 끝 마르마라해에 가까운 부르사를 정복한다. 확장 방향을 서쪽으로 잡은 것은 동쪽의 몽골제국은 만만찮은 상대이고 서쪽의 비잔틴제국은 약체였으므로 그들로서는 자연스러운 선택이었다.

부르사는 비잔틴의 영토였다. 터키인들은 그 부르사를 그들의 본격적인 최초의 수도로 정한다. 그러나 이 시점의 터키는 비록 비잔틴제국 영토의 아시아 부분을 제압했다고는 하나 아직은 서유럽 세력인 해양국가 베네치아나 제노바에 직접적으로 위협이 되는 존재는 아니었다. 지도상으로 차지하는 땅이 아무리 넓어도 소아시아 내륙은 대부분 거친 황무지여서 척박하고 가난했다. 또 해안지대를 확보할 만한 세력이 되어 있지 않는 한 제해권 유지를 지상의 목표로 삼는 해양국가에는 문제될 만한 세력도 아니었다.

그로부터 26년 후인 1354년 터키는 갈리폴리를 점거한다. 갈리폴리는 이제 아시아가 아니다. 가장자리라곤 하지만 버젓이 유럽에 속한다. 게다가 에게해로부터 마르마라해로 통하는 다르다넬스 해협 연안의 항구도시다. 경보가 베네치아로 날아갔다. 그해 콘스탄티노플 주재 베네치아 대사는 모국의 국가원수(베네치아공화국의 원수는 이탈리아어 명칭으로 도제(Doge)이다−옮긴이)와 원로원 앞으로 다음과 같은 보고를 보낸다.

"비잔틴제국은 신흥국가 터키의 위협 앞에 어찌할 바를 몰라 하고 있으며, 터키만 아니면 그밖의 어떤 국가, 그러니까 베네치아건 세르비아건 아니면 헝가리건 상관없이 그리스도교국이기만 하면 어떤 국가 아래로 들어가도 무방하다고 생각하는 듯합니다."

이것이 베네치아의 터키에 관한 정보의 역사에서 최초 사료로 평가되고 있는 보고문이다. 그로부터 100년 후에 콘스탄티노플이 함락되고 마는 사실을 아는 후세 사람의 눈으로 볼 때 참으로 이 서신은 역사를 예언한 사료로서 그지없이 진귀하고 소중한 것으로 생각된다.

이 보고서를 받아든 베네치아는 어떻게 했던가. 선각자는 항상 무시당한다는, 역사에서 흔히 볼 수 있는 현상을 그들도 답습해 대

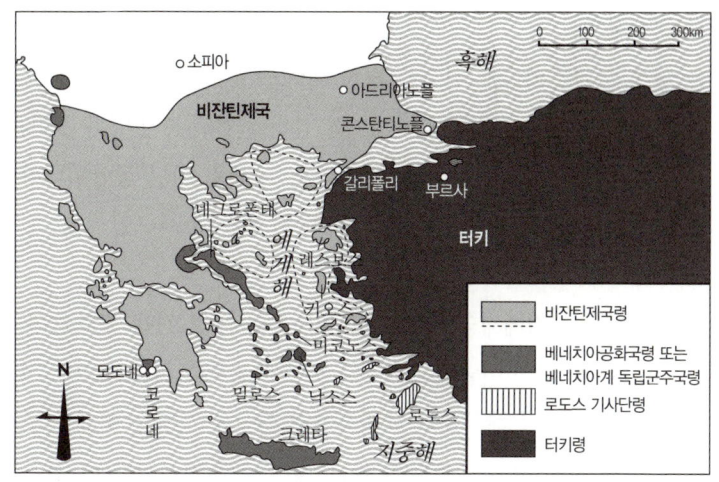

1340년 당시의 세력분포도(Ostrogorsky, G., *Storia dell' Impero Bizantino*).

사 마테오 베니에르의 경보에 조금도 귀를 기울이지 않았던 것일
까. 실제로 베네치아 정부는 그 시점에서는 터키에 대해 아무런 행
동도 일으키지 않았으니 말이다.

대사의 경보를 전혀 무시했던 것은 아니었다. 베네치아 정부는
현지기관에서 보내온 보고서를 신중히 검토했다. 그 증거로 앞으
로 터키 동정을 예의 주시하라는 지령을 즉각 콘스탄티노플에 보
냈다. 그러면서도 어찌해 아무 행동도 일으키지 않았을까 하는 의
문이 생기는데, 베네치아 정부가 이를 조용히 지켜본 이유로는 다
음 몇 가지 사실을 들 수 있다.

첫째는 비잔틴제국의 내부사정이다. 이 제국이 모든 면에서 황
폐해 있다고는 하나 그리스인들은 가톨릭으로 개종하기를 강요하
는 서유럽인들을 혐오하고 있었고, 그리스정교를 버리고 로마 교
회 아래로 들어갈 바엔 서유럽의 원조 따위는 받지 않겠다는 것이

그들의 정서였다. 그리스도교국이라면 어느 나라건 상관없다는 것은 일부 사람들의 생각이고 그밖의 대다수는 직접적인 위협에 노출되어 있는 처지이면서도 반가톨릭 감정에 불타고 있었다. 1204년의 제4차 십자군에 의해 건설된 라틴 제국을 60년 동안이나마 고생고생 떠받쳐온 베네치아는 그러한 사정을 너무나 잘 알고 있는 터였다.

둘째 이유는 경제적인 것이다. 그해로부터 10년 전에 교황의 명령으로 금지되었던 이슬람교도와의 교역이 교황의 허가로 다시 시작되고 있었다. 이 해금으로 베네치아의 향신료 시장은 이젠 콘스탄티노플이 아니고 이집트의 알렉산드리아로 옮겨져 있었다. 물론 콘스탄티노플의 중요성이 없어진 것은 아니고, 또 그곳으로 가는 베네치아 상선의 항해에 지장이 되는 사태가 생긴 것도 아니었다. 갈리폴리를 점거했다고는 하지만 터키는 그곳에 얼마 안되는 병력을 주둔시키고 있을 뿐이어서 생각만 있으면 쳐부숴 내쫓을 수도 있는 베네치아가 그렇게 할 생각도 하지 않았던 것은 그만큼 항해에 지장을 주는 사태에는 이르지 않았던 것이다. 베네치아인들에겐 원래 끝없이 영토를 넓혀나가겠다는 의미의 영토욕 같은 것이 없었다. 베네치아인들의 눈에 영토확장욕은 에너지 낭비요 비현실적 행동으로 비쳤다.

풍전등화의 운명 비잔틴제국

터키 민족은 그러나 생각이 달랐다. 그로부터 불과 5년 후인 1359년, 발칸 지방에 대한 그들의 계획적인 침공이 시작된 것이다.

그해 비잔틴의 수도 콘스탄티노플의 주민들은 아시아로부터 보스포루스해협의 가장 좁다란 부분을 건너 유럽으로 향하는 터키군이 콘스탄티노플의 성벽 아래를 대낮에 보무 당당하게 진군하는 것을 전적으로 무력한 처지에서 맥없이 방관할 수밖에 없었다.

그로부터 3년 후에는 아드리아노플이 함락된다. 그 이듬해에는 필리포폴리스 역시 터키군의 수중으로 넘어간다. 트라키아 지방이 고스란히 터키 영토가 되어버린 것이다. 1365년 터키 왕조는 수도를 부르사에서 아드리아노플로 옮겼다. 이 조치는 터키 민족이 자기네 근거지를 아시아에서 유럽으로 옮긴다는 의사표시였다.

트라키아와 국경을 접하는 불가리아, 마케도니아, 그리고 비잔틴제국에서 즉각 동요가 일어났다. 불가리아도, 공식적으로 비잔틴령인 마케도니아도 속국이 되어 연공금과 군병력 부담의 의무를 약속하지 않을 수 없었다. 비잔틴제국의 황제마저도 해마다 술탄의 궁정에 연공금을 보내고 또 술탄이 원정을 나설 때는 황제나 아니면 황족 중 누구인가가 병력을 이끌고 종군하는 의무까지 지게 되었다.

하지만 영광된 동로마제국의 황제인 만큼 이런 사실상의 속국화에 전면적으로 굴복해 들어간 것은 아니었다. 황제는 친히 헝가리로 가서 왕에게 원군을 청했다. 그러나 헝가리 왕은 자기는 가톨릭교도이므로 로마 교황에게 충실하기를 원한다고 답했다. 그러자 황제는 몸소 로마까지의 걸음을 마다하지 않았다. 2년 전에 아비뇽의 '유폐'(幽閉)를 끝내고 로마에 돌아와 있던 교황청은 서유럽을 결집시켜 십자군 따위를 조직할 수 있는 처지가 전혀 아닌데도 태도만은 고압적이었다. 원군 파견보다는 비잔틴제국의 가톨릭화가 선결문제라고 우기고 물러서지 않았다. 절망한 황제는 로마에서 가톨릭의 영세를 받았다.

콘스탄티노플에 돌아간 황제는 그리스정교를 버린 행동이 전적으로 자기 개인의 행동밖에 되지 않는다는 것을 깨닫게 된다. 궁정도 그리스정교의 성직자들도 그리고 민중도 모두 로마 교황의 3중관에 머리를 조아리느니 차라리 터키인의 터번에 머리를 숙이는 편이 낫다고 말했다.

다음 해인 1370년 황제는 베네치아에도 원군을 요청했다. 다만이 경우는 친베네치아파인 황제와 달리 그의 아들과 그 일파는 제노바와의 제휴를 추진해 궁정 안에서도 의견이 통일되지 않았고, 그래서 요청을 받은 베네치아 정부가 골치를 썩일 겨를도 없이 이이야기는 유야무야되고 말았다.

설령 비잔틴 궁정이 일치해 베네치아에 원군을 요청했다 해도 베네치아로서는 그것을 받아들일 여유가 없었다. 아무리 대군이라지만 육지 위를 진군하는 터키보다는 동지중해의 제해권을 다투는 제노바 쪽이 해양국가 베네치아에는 당면한 적이었다. 제6장 '라이벌 제노바'에서 말했듯이, 1380년에는 극적인 전개 끝에 지중해의 두 해양국가의 다툼도 최종적인 결말을 맞게 된다. 그만큼 베네치아로서는 터키에 신경을 쓸 겨를이 없었을 것이다. 온 힘을 쏟지 않을 수 없었던 전쟁을 끝낸 직후이고 보면 기력을 회복하는 데는 시간이 필요했을 것이다.

그사이 터키군은 패배를 아예 모르는 듯이 연전연승을 거듭한다. 1385년 불가리아의 소피아 함락. 1387년 마케도니아의 테살로니키 함락. 비잔틴제국의 터키 속국화도 갈수록 더해가서 황족끼

터키의 술탄

리의 다툼으로 다음 황제를 결정하지 못할 때 터키 술탄의 재결로
결말이 날 정도였다. 콘스탄티노플을 방문하는 술탄에게 황제는
국빈으로서 대대적인 환영을 베푼다. 그러나 콘스탄티노플을 둘러
싸고 있는 성벽을 허물 것을 요구하고 실제로 어느 지점까지 허물
게 한 것도 바로 그 술탄 바예지드 1세였다. 베네치아는 이 시기에
콘스탄티노플로 부임하는 신임 대사에게, 그곳에 도착했을 때 콘
스탄티노플의 주인 자리를 팔라이올로구스가 아닌 오스만이 차지
하고 있는 경우엔 이러저러하게 대처하라고 주의를 주어 출발하게
했을 정도였다.

　참으로, 비잔틴제국의 운명은 누구의 눈에도 풍전등화로 보였
다. 1402년 비잔틴제국은 콘스탄티노플과 그 주변말고는 펠로폰
네소스반도까지만 세력이 미칠 뿐이었다. 세력권이 가장 확장되었
던 6세기의 유스티니아누스 시대, 북아프리카로부터 중근동 전역,

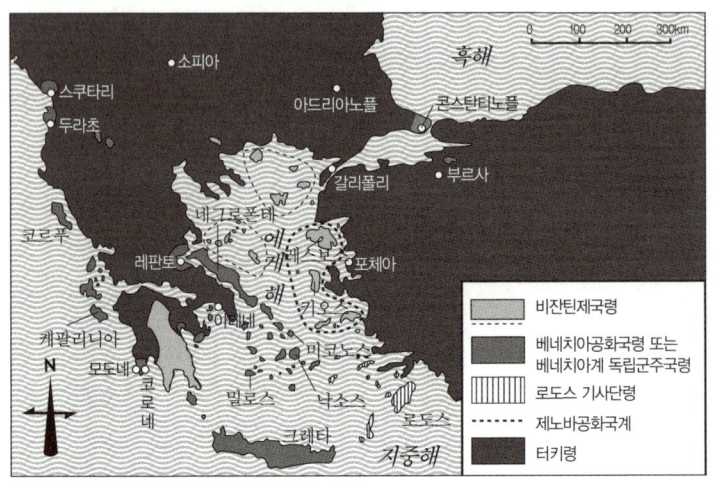

지도 내 범례:

비잔틴제국령

베네치아공화국령 또는
베네치아계 독립군주국령

로도스 기사단령

제노바공화국계

터키령

지도 내 지명: 소피아, 스쿠타리, 두라초, 아드리아노플, 흑해, 콘스탄티노플, 부르사, 갈리폴리, 네그로폰테, 코로푸, 레판토, 에게, 포체아, 아테네, 케팔리니아, 미코노스, 밀로스, 낙소스, 로도스, 모도네, 코로네, 크레타, 지중해

1402년 당시의 세력분포도(Ostrogorsky, G., *Storia dell' Impero Bizantino*)

소아시아, 발칸, 그리고 이탈리아 전역과 남에스파냐까지 영유했던 그 시대까지는 상기하지 않더라도, 1300년부터 1400년까지의 100년 동안에 이렇게도 축소된 것은 신흥민족과 노제국의 대결 결과라고는 하나 매우 인상적인 일이다.

그러나 현실의 역사는 역사를 단계적으로 발전하는 것으로 믿고 있는 사람들을 당혹하게 하는 일들로 가득 차 있다. 파죽지세인 터키군 앞에 비잔틴제국의 붕괴는 이제 시간문제라고 절망하고 있는 사람들을 미친 듯 좋아서 날뛰게 하는 사건이 바로 1402년, 터키에 의한 콘스탄티노플 포위망이 완성된 그 시점에 일어난다.

술탄 바예지드가 친히 이끄는 터키의 대군이 소아시아의 앙카라에서 티무르가 이끄는 몽골군과 대전해 완벽한 참패를 당한 것이다. 술탄까지 포로로 사로잡혔다. 몽골군에 쫓긴 터키군은 거미새끼들 흩어지듯 사방으로 흩어져 아주 소멸되고 말았다. 터키 병사들의 잔학성은 이름나 있었지만 몽골군의 잔학함은 훨씬 더했다. 몽골군이 지나간 자리에는 개 짖는 소리도 새 우는 소리도 안 들리고 어린아이 우는 소리조차 들리지 않는다는 말이 돌 정도였다.

술탄을 적의 수중에 빼앗기고 최초의 패전에 어찌할 바를 몰라 하던 터키의 지배계급은 곧 내부분열을 일으켰다. 이 내분 상태는 그로부터 3년 후 티무르가 죽고 몽골제국이 급격히 무너진 후까지도 수습되지 못했다. 터키에 굴복해 있던 여러 나라도 호기를 놓칠세라 잇따라 반기를 들었다. 터키에 공격을 걸 힘은 없더라도 연공금 납부나 군사적인 의무 따위를 나 몰라라 하는 일쯤은 어느 나라도 할 수 있었다.

이 '휴전' 상태는 터키가 내분을 수습하는 데 소요했던 20년 동안 계속되었다. 풍전등화처럼 보였던 비잔틴제국도 숨을 돌리게 되는 것 같았다. 터키의 위협 따위는 이제 다 지나간 이야기라고 모두가 확신했던 것이다. 라이벌인 제노바의 후퇴로 동지중해의 제해권을 완전히 장악한 베네치아는 상선대를 완전히 가동시켜 교역에 전념했고, 리알토 다리 주변은 동으로는 바그다드로부터 서로는 런던에 이르는 경제세계의 일대 중심지다운 활황을 누리고 있었다. 그뿐 아니다. 베네치아는 이 시기에 건국 이래 전례가 없는 본토를 향한 확장정책을 시작하고 있었다.

베네치아의 본토확장정책

'테라 페르마', 직역하면 '움직이지 않는 땅'이 되고 의역하면 '본토'라고 옮길 수밖에 없다. 당시의 베네치아인들이 유럽 대륙에 육지로 이어져 있는 북부 이탈리아를 가리켜 불렀던 이름이다. 그러나 본토라는 말을 지금의 어감으로 받아들이면 당시의 베네치아인들이 '콘티넨테'(대륙)라 부르지 않고 '테라 페르마'라는 말을 일부러 만들어서 썼던 뜻이 전달되지 않는다. 그들에게 근거지는 어디까지나 석호 위에 떠 있는 베네치아섬이었고 바다라는 성벽 너머 저쪽에 존재하는 '테라 페르마'는 속령 정도의 의미밖엔 갖지 못했던 것이다.

극히 최근까지도 역사학자들은 15세기 초두 베네치아의 '본토' 확장정책을 해운국가 베네치아가 육지에서 안정을 추구하고자 시도한 방향전환이었다고 보면서, 이 정책으로 본토에 힘을 투입할 필요만 없었더라면 베네치아가 전력을 바다로 쏟을 수 있었을 것이고, 그 후 터키의 공세도 피할 수 있었을 것이라고 비난하고 있다. 그러나 이 또한 후세의 시각에서 판단하는 사람들이 자칫 범하기 쉬운 잘못의 하나다. 해운국가의 방향전환이 전혀 아니라는 것은 루차토 교수가 경제적 측면에서 훌륭하게 반증해놓았다.

터키와의 대결은 베네치아가 온 힘을 바다로 집중했다고 해도 해결될 수 있는 과제가 아니었다. 15세기 초두의 관점에서 보면 베네치아공화국은 본토확장정책을 펴야만 했던 충분한 이유가 있었다고 말할 수밖에 없다. 이유는 두 가지였다.

여러 번 되풀이 말한 바 있지만 베네치아가 자급자족할 수 있는 것은 생선과 소금뿐이다. 그밖의 것들은 모두 사오지 않으면 그들의 생활은 성립될 수가 없다. 밀가루며 그밖의 생필품을 멀리 그리스나 남부 이탈리아에 의존하기보다는 자기 나라 안에 가졌으면 하는 것은 이러한 환경에 놓인 사람이면 누구나 바라게 되는 일일 것이다. 게다가 경제의 번영으로 인구가 불어나서 식량 확보에 마음을 쓰던 베네치아 정부로서는 가까이에 공급원을 확보할 가능성이 있다면 얼른 뛰어가서 잡을 기분이 되는 것은 당연했다. 비원이라고 할 만한 이 간절한 소원이 경제적 필요성과 결합한 것이다.

베네치아는 중개무역으로 성립되어 있는 나라였다. 오리엔트와 서유럽은 베네치아를 매개로 이어져 있었다. 오리엔트의 상업기지와 베네치아를 잇는 항로의 안전, 다시 말해 동지중해의 제해권 확보를 사활의 문제로 생각하고 있던 베네치아인들이 베네치아와 서유럽을 잇는 각 도로의 안전통행을 중시한 것은 당연하다. 서유럽으로부터 베네치아로 모여드는 상인들이 아무런 위험 없이 베네치아로 올 수 있어야 했다. 군주의 생각 하나로 가도가 폐쇄되는 사태가 일어나서는 베네치아와 서유럽 사이를 상품이 막힘 없이 순조롭게 오갈 수가 없게 된다. 베네치아 상업의 존망은 오리엔트 항로뿐 아니라 서방으로 통하는 육로의 안전에도 달려 있었던 것이다.

당시의 북부 이탈리아는 밀라노의 비스콘티 가문의 영토확장주의에 휘둘려 이에 저항하는 베로나의 스칼리제리 가문, 파도바의 카라라 가문 등이 얽혀 전투가 그칠 날이 없었다. 베네치아는 1380년의 키오자 전쟁으로 이웃에 강적을 두고 지내는 것이 얼마나 불안한 일인지 충분히 깨닫고 있는 처지였다. 이러한 현상은 어떤 형태로든 타개되어야만 했다. 본격적으로 타개에 나설 호기가 1402년에 이르러 나타났다. 그해는 오리엔트에서 터키가 몽골군에게 완패당한 해이기도 했다.

1402년 비스콘티 공작이 갑자기 죽었다. 그는 북부 이탈리아뿐 아니라 피렌체를 포함한 중부 이탈리아에까지 그의 왕국을 건설하려는 뜨거운 야망을 가진 인물이었다. 공작의 급사 직후에 일어난 으레 있게 마련인 집안싸움이 베네치아에는 호기가 왔음을 의미했다. 베네치아의 본토확장정책은 그러나 군사력에 의한 제압으로 나가려는 것이 아니었다. 베네치아는 관행에 따라 육군은 용병에 의존했지만 그것으로 본토를 정복한 것은 아니었다. 그것은 북이탈리아의 각 주들이 자발적으로 베네치아의 속주가 되기를 바랐고, 그것을 베네치아가 받아들인 것이라고 말하는 것이 맞는 표현이다. 군주인 밀라노 공은 이들 지방이 완전히 자기네 영토의 일부가 되기를 요구했지만, 베네치아공화국은 시장과 경찰의 영역 외에는 거의 완전한 자치를 허용했기 때문이다.

이런 방법으로 베네치아공화국의 '본토' 영지는 베르가모에서 프리울리까지 뻗어나갔다. 단 5년 동안에 완성된 본토확장정책의 결과였다. 15만 명을 조금 넘었던 베네치아의 인구도 테라 페르마를 포함하면 거의 10배가 넘게 불어나 있었다. 이렇게 해서 바다와 육지의 양면에서 통상의 자유를 완전히 누리게 된 베네치아공화국의 경제력은 15세기 전반기에 최고조에 이르게 된다.

부르크하르트도 인용했던 유명한 '톰마소 모체니고 연설'이라는 것이 있다. 국가원수 모체니고가 죽음의 병상에서 했다는 연설이다. 이 연설문은 숫자를 좋아하는 요즘 장관들이 무색해질 만큼 경제통의 면모를 보여주는데, 이 시기 베네치아 지배계급의 정신구조가 어떠했던지를 나타내 흥미롭다. 그 내용은 이렇다.

국채는 1천만 두카토였던 것이 600만 두카토로 줄어들었고, 수출 총계는 1천만 두카토에 수입도 거의 동액이며, 여기서 나오는 이익은 400만 두카토에 이른다.

국영 조폐창은 해마다 금화를 120만 두카토 주조하고 은화는 80만 두카토를 주조해 내보낸다. 금은의 함유량이 일정하기 때문에 베네치아의 통화는 가장 신용 있는 국제통화이기도 하다. 베네치아 내 가옥의 가치는 700만 두카토를 넘었고 거기서 나오는 임대료 수입은 연간 50만 두카토에 이른다.

법의 평등은 다른 나라에도 널리 알려져 있어 외국인들도 이 나라에서 재판을 받고 싶어 할 정도다.

대형 갤리선 45척에 선원 1만 1천 명이 상시 출항할 수 있는 상태에 있고,

300척이 넘는 200암포라(120톤)급 이상 대형 범선에 선원이 8천 명 배치되어 있으며,

3천 척에 이르는 40에서 200암포라(24톤에서 120톤)급 소형 범선에 1만 7천 명이 선원으로 취업해 있다.

조선공은 6천 명을 헤아리며, 비단과 면직물 등의 직물공은 범포(帆布)를 짜는 공원들을 합쳐 모두 1만 6천 명에 이른다.

연간 수입이 700두카토에서 4천 두카토에 이르는 시민은 1천 명을 헤아린다(당시에는 집세를 빼고 한 해에 15에서 20두카토만 있으면 충분히 생활할 수 있었다).

원수 톰마소 모체니고

원수 모체니고의 연설은 이렇게 이어진다.

이대로만 나아가면 베네치아는 계속해서 그리스도교 세계 제
일의 경제대국의 자리를 차지하는 일도 가능할 것이다. 그러기
위해서는 무용한 전쟁은 피해야 한다.

만약 늘 전쟁이 끊이지 않는 상태라도 되면 오늘 1만 두카토
를 가진 자는 내일 1천 두카토밖에 갖지 않게 되고 집을 두 채
가진 자는 한 채밖에 갖지 않는 것이 된다.

만약에 다른 나라들도 베네치아와 같은 생각을 했더라면 노 원
수 모체니고의 비원은 이루어졌을 것이다. 그러나 15세기의 터키
도 밀라노도, 또 16세기 들어 강국으로 등장하는 에스파냐도 프랑
스도, 그리고 이 무렵 동방의 대제국이 되는 터키도, 모두가 다른
나라의 존재가 그리 필요하지 않은 육지형 국가였던 것이 베네치

아의 불행이었다.

톰마소 모체니고의 연설은 1423년에 한 것이다. 이 시기에 이만큼 정확한 통계를 가질 수 있었던 나라는 지중해 세계와 유럽을 통틀어도 베네치아밖에는 그 예를 찾아볼 수가 없다. 또 하나의 상공업국가인 피렌체도 이만큼은 되지 못했다. 베네치아인들의 경제에 대한 생각이 동시대 다른 나라들과는 전혀 달랐다는 것을 실증해준다.

그러나 이들 나라는 경제적으로는 뒤떨어져 있어도 베네치아의 10배가 넘는 인구라는 힘을 갖고 있었다. 실제로, 전쟁 회피를 호소하던 모체니고가 죽기 1년 전, 오랜 내분 상태에서 드디어 벗어난 터키가 다시 공세로 나오기 시작하고 있었다.

1422년, 전혀 뜻밖에도 콘스탄티노플이 갑작스레 포위당했다. 견고한 성벽으로 둘러싸인 이 비잔틴제국의 수도는 까딱도 하지 않아 결국 술탄 무라드는 포위를 풀 수밖에 없었지만 비잔틴제국이 받은 심리적 타격은 컸다. 2년 후에는 술탄의 요구에 즉각 굴복해 20년 동안 끊었던 연공금 지불과 군사적 의무를 받아들이고 만다. 다시 속국으로 돌아간 것이었다.

그로부터 6년 후인 1430년, 소아시아나 발칸에만 관심을 보이고 남쪽에는 우호적인 태도를 보여왔던 술탄 무라드가 돌연 테살로니키를 공격해왔다. 마케도니아의 수도처럼 되어 있던 테살로니키는 43년 전에도 한 번 터키에 굴복한 적이 있었지만, 1402년 몽골에 패배당한 터키가 후퇴하는 기간에는 다시 그리스인들 쪽으로 돌아와 있다가, 콘스탄티노플이 포위되던 혼란스러운 시기에는 베네치아에 통치를 당부해서 7년 동안 베네치아령이 되어 있었다. 거점

주의인 베네치아는 테살로니키만으로 만족했고 마케도니아 전체는 여전히 그리스인들이 차지했다. 또 인구가 적은 베네치아는 고대 로마처럼 정복지에 자기 나라 사람들을 대량으로 이주시켜 통치와 방위에 대비하게 하는 등의 일은 할 수 없었으므로 기껏 해상 경비를 하는 것밖엔 도리가 없었다. 그런 판에 터키가 육지로부터 쳐들어온 것이다.

한 번 함락된 경험이 있거나 남의 나라에 통치권을 내맡긴 적이 있는 나라는 정복당하는 것도 간단했다. 소수 베네치아인의 용감한 저항도 오히려 부질없는 희생밖에 안 되었다. 베네치아의 테살로니키 점령은 끝나고 말았다. 베네치아와 터키가 직접 전쟁터에서 부딪치게 된 것은 1430년 이때가 처음이었다. 베네치아는 비로소 전쟁의 규모가 달라진 것을 몸으로 실감하게 된다. 베네치아 시의 전체 인구와 맞먹는 대군을 술탄의 말 한마디로 움직일 수 있는 나라가 이제 베네치아의 적국으로 등장한 것이었다.

공화국 정부는 즉각 터키제국의 수도 아드리아노플에 평화 교섭을 위한 특사를 파견한다. 그해 안으로 조약이 조인되었다. 베네치아는 테살로니키를 잃는 대신에 터키령 내에서 완전한 통상의 자유를 얻게 되었다. 또 동지중해에서 흑해에 이르는 전역에 점처럼 흩어져 있는 베네치아의 기지들이 베네치아령임을 술탄이 공식으로 인정했다.

이 통상우호조약은 이후 16년 동안에 9차례나 재확인된다. 콘스탄티노플과 터키의 수도 아드리아노플을 오가는 거래로 재산을 모은 베네치아 상인도 나타났다. 은행도 2개나 있었다. 근대적인 금융업무를 하는 은행을 창안한 것은 베네치아인들이었는데 콘스탄티노플에 있었던 베네치아 은행의 단골 거래처에는 터키인들도 많았다.

터키 민족은 본질적으로 양을 치며 사는 백성들이었다. 이 백성들은 단 한 번도 상업을 장기삼아 능력을 나타낸 일이 없었다. 바로 이 점이 겉은 이슬람이면서도 속은 아랍인들과 다른 점이었다. 자기들이 잘하지 못하는 장사일을 베네치아인을 비롯한 서유럽인들이 맡아 한다 해도 적어도 당시의 터키인들은 별반 부당한 일로는 생각하지 않았다. 베네치아인들 또한 이런 상태라면 공존공영도 가능하다고 생각했던 것 같다. 테살로니키를 빼앗아간 이후 터키는 발칸으로 원정을 나가도 베네치아령에는 군대를 보내지 않았다.

하지만 마키아벨리도 썼듯이, 현실주의자였던 베네치아인들이 오류를 범하는 것은 자기들이 리얼리스트인 까닭에 비합리적으로 행동하는 상대편을 이해하지 못하기 때문이었다. 설마 그런 어리석은 짓을 하지는 않을 테지 하고 생각해버리는 것이다.

"지금이야말로 이슬람의 시대다."

라든가, 혹은 알렉산드로스 대왕을 이상적인 모델로 삼고서,

"대왕은 동쪽으로 갔지만 우리는 서쪽으로 가자!"

등등을 장차 부르짖게 될 젊은이들이 터키의 궁정에서 율리우스 카이사르의 전기를 열심히 읽으면서 성장해가고 있는 사실에까지 베네치아 정부의 정보망 촉각이 미칠 수는 없는 일이었다.

1448년 10월, 비잔틴제국 황제의 자리에 콘스탄티누스 팔라이올로구스가 등극했다. 그는 펠로폰네소스반도의 통치에 범상찮은 능력을 보인 인물이었다. 45세로 성숙기에 들어선 새 황제는 행동

거지가 점잖고 신사적인 것으로도 유명했다.

그로부터 3년이 채 안 된 1451년 2월, 터키에서 술탄의 자리를 계승한 것은 19세의 무하마드였다. 무하마드 2세는 실은 셋째아들로 태어났지만 장남·차남이 모두 죽었기 때문에 아버지 무라드가 죽자 그 뒤를 잇게 된 것이었다.

술탄 무하마드 2세

비록 수명이 짧았던 시대이기는 했지만 그래도 19세면 너무 젊다. 베네치아공화국을 비롯해서 서유럽 세계는 젊은 무하마드의 등장을 그 아버지인 술탄 무라드와 비교하면서 과소평가했던 것 같다.

죽은 술탄 무라드는 옛 무인(武人)과 같은 기질을 지닌 사람이었다. 병사들과 어울려 식사하기를 좋아했고 처벌도 누구나 수긍할 만한 방식으로 처리했기 때문에 병사들에게 신망이 대단히 높았다. 다른 나라들과 맺은 조약이나 협정은 절대로 깨는 일이 없었다. 한 번 시도했다가 목적한 바를 이루지 못했던 콘스탄티노플 정복도, 비잔틴 측이 연공금을 내겠다는 조건으로 맺기를 희망한 불가침조약을 받아들여 일단 조인한 다음부터는 도발적 행동으로 나간 일이 한 번도 없을 정도였다. 불필요하게 잔학하지도 않았고 그가 30년간의 재위기간에 치른 전쟁도 거의가 방위 목적이었다. 베네치아가 바랐던 통상의 자유도 완전히 충족되었다. 베네치아공화국으로서는 참으로 '말이 통하는' 상대였던 것이다.

무라드의 뒤를 이어 등장한 무하마드 2세는 아버지와는 성격이 반대인 인물이라는 것이 나중에야 판명된다. 그가 술탄에 취임할 당시 그에 관해서 알려져 있던 것은 그가 어떤 생각을 하고 있는지 도무지 짐작을 할 수 없는 인물이라는 것과 군 내부에서 별로 신망이 없고 대신들과도 사이가 좋다고는 말할 수 없다는 것, 그리고 부친을 따라다니며 경험한 군 업무의 면에서도 특히 내세울 만한 전과를 올린 적이 한 번도 없다는 것뿐이었다.

서유럽 측은 이 젊은 술탄을 약하고 재능이 없는 젊은이 정도로 평가하게 되었다. 게다가 무하마드 2세는 광대한 영토를 상속받았다고는 하지만 터키 민족의 발상지인 아나톨리아(소아시아)에서 폭발한 반란, 즉 같은 오스만 왕족이 일으킨 반란이라는 유산까지도 상속받은 처지였다.

이렇게 되면 모든 것을 합리적으로만 생각하기 일쑤인 베네치아 사람들이 내리는 추측은 정해져 있는 것이나 마찬가지다. 그들은 정세를 다음과 같이 판단했다.

무하마드 2세는 무엇보다도 먼저 혈족 간의 단결을 도모하는 일에 노력의 일부를 돌리지 않으면 안 될 것이다. 그러기 위해서는 절대로 이웃 나라들을 적으로 돌리는 어리석은 일을 저질러서는 안 될 것이므로 앞으로 당분간은 이웃 나라들과 우호관계를 유지하는 정책을 취할 것이 틀림없다. 당연한 귀결로 새 술탄이 당분간이나마 침략적인 군사행동을 일으키는 일은 없을 것이다.

이 젊은이는 그러나 이런 예상을 완전히 뒤엎었다. 황제가 된 그가 취한 최초의 행동은 그의 아우들을 죽인 일이었다. 병사들과 어울려 그들의 마음을 잡으려 하기보다는 친위대인 예니체리 군단의 모든 성원의 급료를 두 배로 올려주는 방법을 택했다. 그러고는 바로 아나톨리아 반란을 진압하기 위해 출진했다.

반란은 일단 진압되었다. 그러나 완전한 성공이라고는 말하기 어려웠다. 그는 깊이 말려드는 것을 피했다. 완전한 성공을 거두려면 몇 년은 더 걸렸을 것이다. 이 시점에서 무하마드 2세의 목적은 반란군을 움직이지 못하게 묶어두면 그것으로 달성되는 것이었다.

반란군 진압과 함께 진행했던 이웃 나라들과의 외교도 19세 젊은이의 솜씨답지 않았다. 베네치아공화국과의 우호통상조약은 당연하다는 듯 그대로 지켜나갔고, 비잔틴 황제와의 상호불가침조약에 대해서도 알라 신과 예언자들과 코란에 맹세코 지켜나갈 것을 그는 약속했다. 그러나 아나톨리아 문제가 일단락되자 그는 터키 전역에 일꾼 1천 명의 징집을 명한다. 이 모든 일은 그가 술탄이 된 후 10개월 동안에 해낸 것들이다.

많은 일꾼의 징집은 콘스탄티노플뿐 아니라 에게해의 섬들에까지 삽시간에 전해져서 사람들을 불안에 빠뜨렸다. 도대체 어디에다 그 많은 일꾼을 쓰려는 것일까 하고 사람들은 수군거렸지만 그 누구도 자신있게 예측하는 사람은 없었다. 아드리아노플에 궁궐을 지으려는 것일까 하고 희망적인 관측을 하는 자도 있었다. 그때까지 터키의 술탄은 비록 온갖 사치스러운 것들을 갖추고 꾸몄다지만 광대한 영토의 주인이면서도 일종의 천막 비슷한 데서 살고 있었기에 말이다.

한동안은 대신들에게까지 아무것도 알리지 않았다. 대신들 중에는 친서유럽파도 있었으므로 베네치아의 정보수집 능력으로 염탐 정도는 쉬이 할 수가 있었던 것이다. 이렇게 해서 1451년의 겨울은 불안과 낙관이 교차하는 가운데 지나갔다.

다음 해인 1452년 봄이 되자 일꾼들의 대량이동이 시작되었다. 유럽 쪽으로부터 그리고 아시아로부터 일꾼들이 보스포루스해협으로 모여들었다. 이 무렵에야 겨우 비잔틴제국과 베네치아도 무하마드 2세의 의도를 정확히 파악하기 시작했다. 보스포루스해협의 유럽 쪽 해안 언덕에 성채를 구축한다는 것이었다. 보스포루스해협이 가장 좁아지는 지점, 이 지점에서 해협의 폭은 660미터밖에 안 되는데 이 지점의 아시아 쪽 해안에는 무하마드 2세의 조부가 이미 요새를 축조해놓았다. 이제 그 맞은편에 또 하나의 요새를 축조하겠다는 것이었다.

황제 콘스탄티누스는 즉각 항의했다. 아시아 쪽에 성곽 공사를 할 때는 당시 술탄이 비잔틴 황제에게 허가를 구했는데 이번에는 아무런 통고도 없이 시작하니 조약 위반이라고 따졌다. 황제의 항의는 이치에 맞는 말이었다. 무엇보다도 건설 예정지는 버젓이 비잔틴의 영토 안이 아닌가. 그러나 젊은이는 냉소하면서 항의 사절을 내쫓아 돌려보냈다. 두 번째로 보낸 사신은 둘 다 죽여버렸다.

공사는 4월 15일을 기해 시작되었다. 5천 명에 이르는 기술자, 장인, 그리고 노동자가 동원되고 대신 세 사람이 성채의 3방위를 지키는 3개 탑을 각각 분담하는 방식의 돌관공사가 아무런 방해도 받지 않고 진행되었다. 8월에 들어 무하마드 2세는 공사 진행상황을 살피려고 친히 현장을 찾았다. 수도 아드리아노플로부터 갈리폴리로 가서 거기서부터는 갤리선으로 마르마라해를 빠져나가 콘스탄티노플의 성벽 밑을 지나서 보스포루스해협으로 들어간 것이다. 해군이 없는 비잔틴제국은 이때도 손 하나 못 대고 보고만 있을 수밖에 없었다.

유럽의 성이라는 뜻에서 '루멜리 히사리'라 부르게 된 이 성채는 8월 31일에 완성되었다. 이만한 규모의 공사로는 이례적이라 할 만큼 빠른 준공이었다. 이 성채의 구조를 서유럽 측이 알게 된 것은 베네치아가 잠입시킨 첩자의 공이었다. 구릉에서 해협의 해안까지 사면을 활용한 3각형의 평면 성채 구조는 서유럽인 기술자가 설계한 것이라는 사실도 밝혀졌다.

이 성채 건설의 목적이 다음과 같은 두 가지라는 것은 입지 선정이 밝혀진 단계에서 벌써 누구나 짐작할 수 있었다. 그것은 콘스탄티노플의 성곽을 포위공략하는 단계에서 일단 유사시에 후방 방어 기지로 삼기 위해서, 그리고 보스포루스해협 항해를 통제하기 위해서였다. 바로 자기에게 조준을 맞추었다는 느낌을 받았을 비잔틴제국은 말할 것도 없고, 콘스탄티노플을 기지로 삼아 보스포루스해협을 통과해 흑해의 연안도시와 왕래하는 베네치아의 상선들도 이제 직접적으로 위협을 받게 된 것이다.

무하마드 2세는 전부터 있었던 아시아 쪽 요새와 새로 축조한 유럽 쪽 요새의 양쪽에 모두 대포를 배치했다. 그는 또한 보스포루스해협을 통과하는 모든 배는 통과세를 물어야 한다고 일방적으로 결정해버렸다. 정선(停船) 명령에 응하지 않는 배는 가차없이 격침할 것이라는 포고도 내렸다. 그 후 실제로 정선 명령을 따르지 않고 지나가려던 베네치아인 갤리선 세 척이 양쪽의 해안요새로부터 집중포화를 받아 그중 두 척은 용케도 빠져나갔지만 한 척은 침몰한 사건이 발생했다. 승무원들은 모두 아드리아노플로 연행되어 술탄 앞으로 끌려나간 끝에 참수당했다.

이 사료를 처음 읽었을 때 나는 도저히 믿을 수가 없었다. 200명 가까운 노잡이가 전력을 다해서 노를 젓고 있었을 것이다. 보스포루스해협의 조류는 빠르기로 이름났는데 명중도가 그리 정확하다고 할 수 없는 당시 대포로써 움직이는 배를 그렇게 쉽사리 격침시킬 수 있을까?

실제로 '루멜리 히사리'에 서서 바라보면 조류의 흐름 속도는 상상 이상이었다. 흑해와 마르마라해의 수위 차이와 염분 함유량 차이에서 생기는 보스포루스해협의 조류는 흡사 강물의 급류 같았다. 바람이라도 부는 날이면 흰 파도가 마치 이빨을 드러내듯 거칠게 일렁거린다. 오늘날의 동력선도 소형이면 흑해에서 내려오는 속도가 마치 화살처럼 빠른데 마르마라에서 흑해로 오는 것은 멈춰 있는 것이 아닌가 싶을 정도로 느리다. 대형이라 해도 120톤에서 200톤인 갤리 상선이야 아무리 필사적으로 노를 저어도 썩 좋은 순풍이라도 만나지 않는 한 정지된 표적이나 다름이 없었을 것이다. 당시 콘스탄티노플을 실질적으로 떠받치고 있던 서유럽인들에게 겁을 주려는 무하마드 2세의 의도는 이렇게 해서 이루어진 셈이었다.

통행세를 무는 정도라면 몰라도 정복하겠다는 뜻을 공개적으로 통고받은 것이나 다름없는 처지인 비잔틴제국은 그 존망이 달려 있는 만큼 심각하지 않을 수 없었다. 그들이 젊은 술탄의 행동을 수수방관하고만 있었던 것은 결코 아니다. 무하마드의 아버지가 술탄이었던 시대 이래 벌써 20여 년 동안 서유럽의 원군을 구걸하는 비잔틴 황제들의 고생은 계속되어왔다. 황제가 직접 가톨릭 공의회로 가서 터키에 대처하는 십자군의 필요를 역설했던 일도 있었다.

비잔틴 측은 "먼저 원군을 보내다오. 그렇지 않으면 민중을 설득할 수 없다"고 주장한다.

이에 대한 가톨릭 측 태도는 "먼저 동서의 교회를 하나로 통일하는 일이 앞서야 한다. 그렇지 않으면 십자군에 참가하도록 각국의 군주들을 설득할 수가 없다"는 것이었다.

본격적인 원군의 필요성을 통감한 황제는 가톨릭으로 개종하는 형식의 동서 교회 통합을 받아들일 생각이 없지 않았으나 "로마 교황의 삼중관 앞에 머리를 조아리느니 차라리 터키인의 터번에 머리를 숙이겠다"든가, "콘스탄티노플의 거리가 가톨릭 사제들의 모자로 메워지는 것을 보느니 차라리 터키인들의 터번으로 메워지는 것을 보는 편이 낫다"는 말이 유포될 정도로 민중 사이에 반가톨릭 감정이 강했다. 또 동서 간의 교회 통일이 성사된다고 해서 가톨릭이 과연 정말로 원군을 보내줄지 불신하는 사람이 비잔틴제국의 상층부에도 적지 않았다. 사실 지금까지 터키의 침략 위협에 정면으로 맞서서 일어선 가톨릭 국가는 직접 국경을 침범당했던 헝가리왕국뿐이었다.

콘스탄티누스 황제는 그런 불신감을 되씹고 있을 기분이 아니었으며 그럴 여유도 없었다. 젊은 술탄은 대신들까지 반대하는데도 단호하게 비잔틴제국을 말살하고 말겠다는 결심을 바꾸지 않았기 때문이다. 합리적으로 생각해보면 당시의 콘스탄티노플은 공격할 이유가 전혀 없었다. 아무리 비잔틴제국의 수도라지만 콘스탄티노플의 시가만이 영토일 뿐 성벽 밖을 한 발짝만 나가면 그곳에 남의 나라가 성곽을 짓고 있었으니, 게다가 그것을 보고도 병사 한 사람 보낼 만한 전력을 가지지 못했으니 말이다.

콘스탄티노플은 또한 어느 정도 자유도시화되어 있었다. 각국의 상인들은 제각기 자기들끼리의 커뮤니티를 가졌고, 교회나 시나고 그(유대교의 예배당)나 모스크(이슬람교의 사원) 안에서 어느 종교 든 당당하게 각자의 존재를 구가하고 있었다. 이들 여러 나라 사람 의 존재 덕에 상업은 번영을 누려 터키인들도 충분히 이익과 혜택 을 보고 있었던 것이다.

그러나 무하마드 2세의 야망은 비잔틴제국을 멸망시킨 후 자기 가 스스로 제국을 재건하려는 데 있었다. 물론 그리스도교의 제국 이 아니고 이슬람의 제국으로서 재건한다는 것이었다. 이런 생각 을 하는 그에게는 비잔틴제국의 수도 콘스탄티노플의 정복은 이치 에 맞는 일이다. 이래저래 별로 마음이 내키지 않는 대신들로서는 툭하면 사형을 들먹이며 다그치는 젊은 술탄의 뜻을 따를 수밖에 없었다.

무하마드 2세는 대신을 지휘관으로 하는 대군을 펠로폰네소스 로 보낸다. 이곳의 영주인 비잔틴 황제의 친척들에게 겁을 주어 콘 스탄티노플에 대한 포위공격전이 시작되었을 때 감히 원군을 보낼 엄두도 못 내게 하려는 것이 목적이었다. 이를테면 콘스탄티노플 수비를 위한 외곽방위 해자를 메워버리려는 격이었다.

콘스탄티노플 공방전

콘스탄티누스 황제는 위급을 알리는 사신을 서유럽으로 잇따라

보냈다. 그러나 당시의 로마 교황은 '문화인 교황'으로 이름난 니콜라우스 5세였다. 사신을 맞는 일 자체에 성의가 없었다. 독일의 신성로마제국도 제후들끼리의 내분으로 무정부 상태였고 프랑스 왕 또한 프랑스 영토 안의 영국인들을 쓸어내는 일에 열중한 나머지 이교도 제압 따위에 눈을 돌릴 겨를조차 없었다. 영국도 요크와 랭커스터로 갈라져서 벌인 장미전쟁으로 혼란 중이었고, 에스파냐도 내전에 시달리기는 마찬가지였다. 이탈리아에서도 밀라노, 피렌체, 베네치아, 로마, 나폴리 등이 뒤얽힌 전쟁상태가 20년 이상이나 계속되고 있었다.

하지만 직접 이해관계가 있는 만큼 다른 나라들보다는 베네치아가 힘이 되어줄 것이라고 황제는 생각했던 것 같다. 원군을 청하는 황제의 친서를 여러 통 베네치아로 보냈다. 그러나 그때마다 베네치아에서 발송되어오는 답서의 내용은 같았다. 북부 이탈리아에서 벌어진 전쟁 때문에 도저히 단독으로는 원군을 보낼 형편이 못 된다, 교황청이나 피렌체도 참가한다면 못할 일도 아니지만, 하는 것이 그 내용이었다. 군대는 보낼 수 없지만 경제적 원조라면 아끼지 않겠다며, 훈령을 보내놓았으니 콘스탄티노플 주재 베네치아 대사로부터 수표를 받아가라는 구절을 덧붙이는 점도 언제나 마찬가지였다.

베네치아는 본토에서의 싸움에 정말로 너무 깊이 말려들고 있었다. 모체니고가 죽음을 앞둔 병상에서 그토록 불필요한 전쟁에 말려들지 말기를 충고했는데도 말이다. 베네치아의 본토확장정책은 당초의 목적이 안전한 육로를 확보하는 데 있었지 영토확장의 욕심 때문이 아니었다. 그러나 일단 북부 이탈리아의 대부분이라는 넓은 지역을 영유하게 되고 보니 국경을 접하는 이웃 나라들이 자극을 받게 되는 것도 당연했다. 특히 베네치아는 경제력에서는 서유럽에서 첫째가는 강국이었으니 말이다.

강대국을 이웃으로 두어 압박당한다는 느낌을 갖는 나라는 동지의 힘을 빌려서라도 강압적인 태도로 나감으로써 침략당하지 않으려 한다. 부당한 요구를 내놓을 때도 있다. 이러한 이웃 나라들의 태도에 경제대국다운 외교로 대응하려 했던 것이 베네치아가 깊이 말려들게 된 원인이었다.

앞에서 본 톰마소 모체니고의 연설은 실은 선거연설이었다. 길게 숫자를 주워섬긴 다음에 다음과 같이 말하고 있다. 연설에 자주 나오는 '메세레'라는 말은 영어의 '미스터'인데, 영국에서 총리에게 달리 경칭을 붙이지 않고 미스터만 붙이는 것과 비슷한 어감이다.

내 후임으로 누구를 뽑느냐가 공화국의 앞날에 광명이 올 것인가 암흑이 올 것인가를 가늠하는 갈림길이라 생각하고 여러분은 신중하게 일을 처리해주기 바란다.

여러분 가운데 많은 분이 메세레 마린 카라벨로를 밀고 있는 듯하다. 그가 이 시기 국가원수의 자리를 계승할 만한 재능과 기질의 소유자라고 나도 생각한다. 메세레 프란체스코 뱀보도 훌륭한 인품이고 메세레 자코모 트레비잔도 마찬가지다. 메세레 안토니오 콘타리니, 메세레 파우스틴 미키엘, 메세레 아르반 바드엘, 이런 분들도 현명하고 원수로 뽑기에 조금도 모자람이 없다.

다만, 유력설이 자자한 메세레 프란체스코 포스카리에 관해서
말한다면, 그를 미는 분들은 명예심이 강하고 굴욕을 참지 못하
는 그의 강한 성격을 제대로 알지 못하고 있는 것 같다. 만약 그
가 내 뒤를 잇게 된다면 베네치아는 쉴 새 없는 전쟁으로 끌려들
어가게 될 것이다.

앞에서 이미 인용한 바 있는 "오늘 1만 두카토를 가진 자는 내일
1천 두카토밖에 갖지 않게 되고 집을 두 채 가진 자는 한 채밖에
갖지 않은 것이 된다" 운운한 대목은 이 뒤로 이어지는 것이다. 모
체니고는 이런 말을 남기고 1423년에 죽었는데, 그로부터 30년 후
의 베네치아는 그가 예언한 그대로 되었다. 모체니고 후임으로 성
격이 강한 포스카리가 뽑혔기 때문이다. 외교도 경제대국답게 해
야 한다고 주장한 그를 유권자들이 지지했기 때문이다. 포스카리
의 재위기간은 34년이나 계속된다. 마지막 임기 중에는 옛 동조자
들 사이에서도 지지를 잃어 강제퇴위를 당했지만 포스카리의 영향
력은 오랜 세월에 걸쳐 베네치아를 지배했다.

어찌했든, 경제력에서는 타를 압도하고 해군국으로서도 일류였
지만 육군력으로는 삼류밖에 안 되기 때문에 늘 피동적인 처지에
머물러야 했던 베네치아를 이끌 인물은 성격이 강해서는 안 된다
고 본 모체니고의 판단은 흥미를 끈다. 세상에서 항전파(抗戰派)라
고 일컬어지는 것은 전쟁을 좋아하는 사람이 아니라 다른 사람에
비해 다소 성격이 강할 뿐인 사람을 가리키니 말이다.

역사에서는 필요 없는 전쟁과 필요한 전쟁을 쉽게 판별할 수는
없다. 너무 깊이 들어가느냐 그렇지 않느냐의 차이가 있을 뿐이다.

융성기에는 시대가 편을 들어주니까 간단하다. 그런 시기에는 주도권이 이쪽에 있으니 말이다. 그런데 하강기가 되면 일은 어려워진다. 시대가 편을 들어주리라고 기대할 수 없을 뿐 아니라 피동의 처지에 놓이면 벌써 주도권을 잃어버린다. 이 시기의 위정자들에게는 융성기의 위정자들보다도 한층 더 현명한 방향조정 기술이 요구되는 것은 이 때문이다. 그들을 뒤켠으로만 돈다고 비난할 수는 없다. 비난할 수 있다면, 그것은 뒤켠으로 돌 수밖에 없는 시대에 태어났다는 것을 그들 자신이 충분히 인식하고 있는가 없는가 하는 점에 관해서만 그러하다.

그러한 재능은 인간의 능력 중에서도 가장 고급의 능력인 것도 사실이다. 베네치아는 본토에서 벌이는 싸움이라는 늪에서 벗어나지 못한 채 사태가 위급해진 오리엔트 정세에 어떻게 대처할 것인가 하는 다급한 문제에 직면하게 된 것이다.

원군 파견을 청해온 비잔틴 황제에게 우선 '수표'만 보낸 베네치아 정부는 1452년 8월 크레타섬 방위함대의 부제독 가브리엘로 트레비잔에게 출동명령을 내렸다. 크레타섬으로부터 코르푸로 급히 가서 본국이 보낸 군자금과 증원군을 받아 챙기고 그 길로 네그로폰테로 직행해 대기 중인 그리스 정기항로의 상선단을 호위하는 형식으로 콘스탄티노플로 향하라는 내용의 출동명령이었다. 베네치아 상선단의 그리스 정기항로 종착지가 콘스탄티노플인 것은 터키도 알고 있는 일이다. 명백한 함대출동으로 보이지 않게 고심 끝에 생각해낸 묘책이었다. 루멜리 히사리의 요새는 완성되어가고 있었으나 아직 베네치아 상선 침몰 사건은 일어나지 않았던 때였다.

그러나 이 직후부터 터키는 콘스탄티노플에 대한 공격준비를 공공연히 시작한다. 아드리아노플에서는 아직까지 듣지도 보지도 못한 대포를 만들고 있다는 소식도 들려온다. 콘스탄티노플의 성벽을 파괴할 수 있는 대포를 만들라는 무하마드 2세의 명령으로 만들어진 이 대포는 실험 중에 지름 2미터의 큰 구멍을 낼 정도의 위력을 가졌다는 것이 실증되었다.

그해 11월, 황제로부터 동서양 교회의 통합을 협상하는 사절로 로마에 파견되었던 이시도루스 추기경이 교황의 인가를 받아 가지고 귀국했다. 12월 12일 황제가 임석한 가운데 통합 후 첫 미사가 열렸다. 그러나 그리스인들의 반응은 차가웠다. 서유럽의 원군도 출항했다는 기별도 없다. 성벽의 보수와 식량 조달을 서두르게 하는 것이 콘스탄티누스 황제가 할 수 있는 유일한 대책이었다.

1452년에서 1453년으로 이어지는 이 겨울은 이와 같이 터키 측에서는 공격 준비가 착착 진행되고 있는데도 비잔틴제국과 서유럽 측은 속수무책인 채 지나간다.

1453년의 첫달도 다 갈 무렵, 키오스섬의 영주인 제노바인 조반니 주스티니아니와 그 휘하 병력을 태운 배가 콘스탄티노플에 도착했다. 황제는 이 이름 높은 무장의 도착을 크게 반겨 당장 그를 콘스탄티노플 방위사령관에 임명했다. 흑해 연안의 트레비존드와 카파에서도 갤리 군선이 2척 도착했다. 여기에다 그 전해 말에 도착한 베네치아 선단을 합친 것이 서유럽 원군의 전부였다.

역사적 사건으로 기록되는 유명한 콘스탄티노플 공방전의 수비측 전력은 다음과 같았다.

베네치아	5척
제노바 계열	5척
크레타(베네치아 계열)	3척
이탈리아의 해항 안코나	1척
에스파냐의 카탈루냐	1척
프랑스의 프로방스	1척
합계	16척

여기에 비잔틴 해군 10척이 가세해도 겨우 26척이 해군력의 전부였다. 이에 대해 터키는 100척 가까이를 동원해 해상을 봉쇄한다. 수비 측의 해군은 금각만 어귀를 굵은 쇠사슬로 봉쇄하고 금각만 안 깊숙이 틀어박혀서 적이 그쪽 성벽을 공격하지 못하도록 하는 것이 고작이었다.

해전에 익숙한데다 항해하는 능력면에서 월등한 서유럽 측은 바다에서는 수적으로 4배나 우세한 적에 능히 맞설 수가 있었지만 육군의 차이는 절망적이었다.

그리스군 4,773명에 외국인 2천 명을 합친 7천 명이 실제 전투원의 전부였다. 주민들의 협력을 기대할 수 있다고 해도 공방전이 벌어지기 직전 콘스탄티노플의 인구는 아이들과 부녀자를 합쳐 3만에서 3만 6천 명 정도였고 그중에는 터키의 위협에 겁을 먹고 망명해온 그리스인이 많았다. 이에 비해 공격하는 터키군은 정규군만 해도 8만을 헤아렸고 거기에다 눈앞의 목표물에 매력을 느껴 지원한 자들을 합치면, 이런 경우 숫자를 부풀려 말하는 법이 거의 없는 베네치아인들의 추산으로도 15만 명에 이르렀다. 그리스인

기록자는 30만 명으로 어림잡았다.

4월 6일을 기해 시작된 공방전을 상술하는 것은 이 항목의 목적이 아니므로 하지 않겠다. 그러나 5월 23일에 성이 함락될 때까지 48일간을 불과 그만한 방위력으로 잘도 싸우고 버티어낸 것이었다. 승패에 결정적 영향을 준 것은 터키 측이 대포 공격에 주로 힘을 기울였던 점, 갈라타 지구를 거쳐 보스포루스해협에서 금각만에 이르기까지 선단의 지상이동을 결행한 대담한 전술, 그리고 무엇보다도 무하마드 2세의 단호한 결의였다. 터키군의 공격만도 지금까지 두 차례나 견디어냈던 콘스탄티노플이 마침내 함락되도록 만든 주원인은 바로 이것이었다고 말할 수 있다.

서유럽은 국가로서는 단 한 나라도 원조하지 않았지만 개개인으로서는 참으로 잘 싸웠다. 주스티니아니는 중상을 입었고, 베네치아 대사 미노토는 승자인 술탄 앞에서 아들과 베네치아인 6명과 함께 처형되었다. 전사했거나 포로로 잡힌 베네치아 시민은 귀족만도 47명에 이른다. 다행히 살아남은 사람들이란 성이 함락될 때 바다로 뛰어들어 헤엄을 쳐서 베네치아 측 배에 도달할 수 있었던 이들이다. 전사했거나 사로잡힌 베네치아 시민들 중에는 돌핀, 그리티, 로레단, 코르나로, 모체니고, 트레비잔, 베니에르, 콘타리니 등 베네치아의 명문 중의 명문 출신이 많은 것이 눈길을 끈다.

성이 함락된 후 3일 동안 자행된 약탈로 베네치아가 입은 손해는 50만 두카토에 이르렀다. 당시는 피렌체 최대의 재산가 코시모 데 메디치의 전 재산이 20만 두카토였던 시대다. 제노바의 상인들이 입은 피해액도 40만 두카토를 넘었다. 이 두 나라만큼은 아니더라도 그밖의 이탈리아 해양도시 안코나와 아말피도 피해를 보기는 마찬가지였다. 그 후로 한참 동안 터키에서는 부자라고 말하지 않고 '콘스탄티노플 함락에 입회했던 자'라는 표현을 썼을 정도였다.

터키 대책과 유족 대책

콘스탄티노플이 함락되었다는 기별을 최초로 받은 것은 서유럽에서는 베네치아공화국이다. 5월 23일 함락되는 콘스탄티노플을 빠져나오는 데 성공한 베네치아와 크레타의 선박 8척이 베네치아령 네그로폰테에 도달한 것은 6일 후인 5월 29일이었다. 그들은 동지중해 담당 베네치아 함대사령관 자코모 로레단에게 함락 사실을 보고했다. 보고를 마친 크레타 선박은 크레타섬으로 돌아가기 위해 에게해를 남하해갔다. 피해가 심하지 않아 항해할 수 있는 베네치아의 선박 3척은 6월 3일 네그로폰테를 출발해 6월 12일 펠로폰네소스반도 끝의 베네치아 기지 모도네에 기항한다. 여기서 곧바로 북상하면 본국에 이르게 된다.

같은 무렵, 네그로폰테에서는 '그리포'라 불리는 쾌속선이 콘스탄티노플의 함락을 알리는 총사령관 자코모 로레단의 보고서를 가지고 베네치아를 향해 출항했다. 이 쾌속선이 베네치아에 도착한 것이 6월 29일이다. 함락 후 한 달이나 지난 후의 첫 보고이니 대단히 늦은 보고라 생각되지만 당시의 뉴스 전파 속도는 이런 정도였다.

보고서는 마침 개회 중이던 '10인 위원회'에 전달되었다. 원수

이하 베네치아 정부 수뇌들은 이 보고에 따라 비로소 황제의 전사와 콘스탄티노플의 함락, 베네치아 측 생존자 이름 등을 알게 되었다. 즉각 그것을 전 시민에게 공표했다. 가족의 안부를 걱정하는 사람들이 원수 관저로 쇄도했지만 베네치아의 배편으로 빠져나온 이들 이외의 사람들에 대한 확인된 정보를 아직 갖고 있지 않던 정부는 그 사람들을 만족시킬 만한 대답을 해줄 수가 없었다.

다음 날 아침 서유럽 여러 나라에 급보를 알리는 사절들이 베네치아를 떠났다. 로마로 나폴리로, 피렌체로 시에나로, 그리고 교전 상태인 제노바와 밀라노에도 사절을 보냈다. 독일의 신성로마제국 황제나 프랑스와 에스파냐의 왕들에게도 물론 특사를 보냈다. 함락 때 키오스섬이나 크레타, 또는 로도스로 빠져나간 사람들을 통해서도 서유럽으로 소식이 전해지기 시작했다. 불가리아나 세르비아를 거쳐 헝가리와 러시아로도 소식이 전해졌다.

서유럽의 나라들이 받은 충격은 컸다. 이것이 마지막이 아닌가 근심하던 사람들도 이렇게 빨리 떨어지리라곤 생각하지 못했다. 콘스탄티노플이 지금까지도 여러 차례 포위전에서 잘 버텨냈던 전례를 과대평가한 것과 젊은 무하마드 2세를 과소평가한 결과였다.

그러나 소식을 전해듣고 충격을 받은 이 사람들을 후세의 우리가 비웃을 수는 없다. 정치란 한 치 앞이 칠흑의 어둠이라고 한다지만, 역사도 한 치 앞이 어둠이다. 후세에 와서 돌이켜보면 이미 일이 다 결판이 난 사실들, 즉 역사적 사실이나 역사적 현상은 모두가 다 명쾌해진다. 그러한 시점에서 바라보고 글을 쓰는 한 당시 사람들의 기분을 이해하고 그것을 전달할 수는 없다. 후세 사람들이 보면 명백한 일, 자명한 일도 당시 사람들에게는 조금도 명백하게 알 수 있는 일이 아닌 것이다. 총사령관의 급사라든가 병사들을 엄습한 전염병 등등으로 해서 하룻밤 사이에 갑자기 포위가 풀린 예는 일일이 다 들 수 없을 만큼 허다하다. 이런 일이 생기면 사람들은 기적이 일어났다 하여 축하했다. 하지만 기이할 '기'(奇)자를 붙이기가 우스울 만큼 '기적'은 자주 일어났다.

비잔틴제국이 약체였음은 명백한 사실이었는데 그것을 알고 있으면서 왜 사전에 충분한 대비를 하지 않았는가 하는 등의 비난도 사실은 부당하다. 400년 전에 벌써 노르만인의 침략으로 베네치아에 원군을 청했을 만큼 비잔틴은 약체였다. 터키의 위협 앞에 속수무책이라고 베네치아 대사가 본국에 보고서를 보낸 것도 벌써 100년 전의 일. 비상사태가 100년이나 계속되면 비상이 아니라 상시 사태가 된다. 비잔틴제국의 운명은 풍전등화의 상태에서 '정상 상태'로 되어버린 것이다. 그런 정상 상태가 좀더 계속될지도 모른다고 생각하는 사람에게 단호히 '그렇지 않다'고 말하는 것은 행동의 주도권을 손에 쥐고 있는 무하마드 2세라도 할 수 없는 일이다. 그러니 서유럽 세계가 마른 하늘에 날벼락이라고 받아들인 것도 무리가 아니었다.

동로마제국이라고도 불렸던 비잔틴제국이 이 지상에서 자취를 감춘다는 것은 그것으로 경제적 타격을 직접 받지 않았던 사람들에게도 큰 타격이 아닐 수 없었다. 서유럽인들에게 고대 로마는 그들의 모체이고, 비잔틴제국은 고대 로마의 계승자요 로마 문명의 계승자로 여겨졌다. 이 모체가 사라져버린 것이다.

이미 두드러지게 노쇠했고 옛 영광은 그림자도 찾아보기가 어려웠지만 그래도 그 당시 사람들에게는 여전히 콘스탄티노플은 세계에서 가장 이름 높은 도성임에는 변함이 없었다. 서유럽 사람들은 그곳에 가면 자기네 문명의 원천을 만날 수 있다고 믿어왔다. 실제로는 그렇지도 않았지만 그곳을 가본 사람은 사실 소수였다. 많은 서유럽인에게는 콘스탄티누스 대제가 건설한 동방의 로마제국, 쌍독수리로 상징되는 제국의 수도 콘스탄티노플은 동경해 마지않는 도성으로 되어온 것이 사실이었다. 그것을 자기네 문명권에 속하지 않는 유랑의 백성 터키에 빼앗기고 말았으니 그 충격이 클 수밖에 없었다. 또 우연이기는 하지만 그 도성의 창시자와 이름이 동일한 비잔틴 최후의 황제가 맞은 장렬한 죽음은 사람들의 분노와 슬픔을 한층 크게 만들었다.

비잔틴제국의 붕괴 소식을 서유럽에서 가장 먼저 알았던 베네치아공화국은 그에 대한 대응에서도 가장 빨랐다. 그들은 교역으로 살아가고 있는 사람들이었다. 오리엔트와는 직접 관계가 없었던 처지여서 오직 분노와 비탄에 사로잡힌 나머지 무턱대고 이교도 토벌과 진압을 위한 십자군 결성을 주창할 수 있는 나라들과는 처지가 달랐다.

베네치아 정부는 먼저 베네치아 선박 3척을 이끌고 7월 4일에 귀항한 알비제 디에도를 귀항한 당일로 원로원으로 불러들여 상세하게 전후 사정과 전말을 들었다. 이때의 기록은 불행하게도 남아 있지 않으나 그 배의 선의(船醫)였던 니콜로 바르바로가 써놓은 기록이 남아 있다. 이것은 콘스탄티노플 공방전에 관한 가장 믿을 만한 기록으로 간주될 만큼 상세하고도 냉정한 기록이다. 디에도 선장이 원로원에서 한 보고도 아마 이것과 비슷했을 것으로 짐작된다. 그리고 이런 경우는 대개 귀국 후 상세한 보고를 하는 것이 관례로 되어 있었으므로 디에도 선장도 네그로폰테로부터 베네치아까지 30일 동안의 항해 중에 아마도 보고서 작성을 끝내놓고 있었을 것이다.

사태의 심각성을 깨달은 베네치아 정부는 건강이 좋지 못해 장시간 토의를 견뎌내기 어려운 사람만 퇴장하게 하고 나머지 의원들은 그대로 심야까지 토의를 계속한 끝에 그날 안으로 대응책 마련을 끝냈다. 그리고 지체없이 그것을 실행에 옮겼다.

크레타섬, 네그로폰테에 주재하는 베네치아 총독과 레판토의 지사에게도 급히 지령을 보냈다. 예상되는 터키군 내습에 대비해 방위시설을 점검하고 식량을 저장하라는 내용이었다. 그와 동시에 네그로폰테에 기항 중인 자코모 로레단에게도 급사를 보내어 에게해를 순항하면서 그 방면의 제해권 확보에 힘쓸 것을 명했다.

로레단에게 준 지령은 그밖에도 두 가지가 더 있었다. 하나는 쾌속선을 키프로스로 보내어 베네치아와는 우호적 관계인 키프로스 왕에게 터키가 어떤 공격을 가하더라도 베네치아는 반드시 키프로스를 지켜내고 말 것이라는 베네치아 정부의 뜻을 전하라는 것이었다. 둘째는 벌써 얼마 전에 베네치아를 떠나 네그로폰테까지 가서 거기서 정부 지령을 기다리고 있는 콘스탄티노플 주재 신임대사 마르첼로를 급히 술탄에게 가는 급사로 보직을 바꾸었으니 대사가 타고 갈 배를 언제라도 출항할 수 있도록 채비를 해두라는 것이었다.

대사 바르톨로메오 마르첼로에게는 7월 12일 다음과 같은 지령이 내려졌다.

첫째, 이 지령을 받는 즉시 네그로폰테를 떠나 아드리아노플에 있는 술탄의 궁정으로 향할 것.

둘째, 술탄에게 줄 공물 구입비로 1,200두카토를 지출키로 하여 급사편으로 보내니 그 돈으로 귀관이 가장 효과적이라고 생각하는 공물을 마련해 진상할 것.

셋째, 베네치아공화국으로서는 1446년에 공화국과 술탄 무라드 사이에 체결된 조약을 파기할 생각이 조금도 없다는 것을 술탄 무하마드 2세에게 전할 것. 그리고 콘스탄티노플 공방전에 참전한 베네치아 시민은 개인 자격으로 한 것이며, 공화국으로서는 이것을 대단히 유감스럽게 생각하고 있다는 것을 술탄에게 전할 것.

그리고 만약 술탄이 이전과 같은 조건으로 조약을 경신하는 것을 거부해올 경우는 대사 마르첼로에게는 결정권이 없고 본국 정부의 훈령을 기다리라고 할 것을 덧붙였다. 그 반대로 술탄이 이전과 동일한 조건에 의한 조약 경신을 인정해올 경우에는 금각만에서 나포된 베네치아 상선과 억류되어 있는 베네치아 시민의 석방을 요구한 다음 경신에 응하도록 하라는 말도 덧붙여져 있었다. 또 시민을 석방할 때 터키 측이 요구해올 터인데, 물론 몸값은 베네치아 정부가 보장하겠지만 이를 절대로 밖으로 내색해서는 안 되며 어디까지나 가족들이 몸값을 치르는 조건으로 교섭하라는 밀명도 전달했다.

이상의 것은 오리엔트 방면에서의 터키 대책이고, 그밖에도 베네치아 정부로서는 국내적으로, 그리고 서유럽에서 해결을 서두르지 않으면 안 될 문제들이 산더미 같았다.

첫째 과제는 해군력을 증강하는 일이었다. 이런 경우 늘 해왔듯이 유산계급으로부터 일종의 소득세를 거두어 조달한 자금으로 새로이 군용 갤리선 50척의 건조를 국영 조선소에 발주했다. 아드리아해 연안기지와 크레타, 그리고 네그로폰테에도 해군력 증강에 협력하도록 요청했다.

둘째는 유족 대책이었다. 원로원은 소식불명이 된 전임 콘스탄티노플 주재 대사 지롤라모 미노토의 아들에게 콘스탄티노플로 가는 '아리몬다'호에 승선하는 것을 7월 17일자로 이미 허가한 바 있었다. 양친과 형의 소식을 알아보고 만약 그들이 잡혀 있을 경우는 몸값을 지불하고 데려올 수 있도록 하기 위해서였다. 미노토의 아들에게는 그밖에도 다른 베네치아 시민들의 소식도 탐색하라는 임무가 주어졌다.

이미 확인된 전사자 유가족들을 위한 대책도 정부는 잊지 않았다. 술탄에게는 '대단히 유감스러운 행위'였다는 말을 전했지만 국내적으로는 그들의 희생이 헛되지 않다는 것을 보여주어야 했다. 베네치아 국내에서는 유족들에 대한 시민들의 따뜻한 온정이 끊이지 않았고 정부는 정부대로 '유족연금'의 형식을 빌려 희생에 보답했다.

7월 18일 원로원은 콘스탄티노플 공방전 중에 금각만에 침입해 들어온 터키 선단에 돌입해 싸우다 죽은 베네치아 선박의 선장 자코모 코코의 아들들에게는 종신연금을, 딸들에게는 시집갈 때의 지참금을 지출하기로 결정했다.

8월 28일 겨우 확인된 대사 미노토의 처형 소식을 접한 원로원은 미노토의 외동딸에게 결혼할 때 1천 두카토의 지참금을, 만약 그녀가 수녀원에 들어갈 경우는 300두카토의 준비금을 지불하기로 결정했다. 미망인과 아들들에게는 각각 한 해에 25두카토의 종신연금 지불을 결정했다.

9월 18일에는 가브리엘로 트레비잔이 지휘하는 군선에서 전사한 뱃사람들의 유가족에게 연금을 지불하기로 원로원은 결정했다.

10월 12일, 자코모 코코의 배에서 근무하다가 전사한 뱃사람 2명의 유가족에 대한 연금 지불도 결의했다.

10월 17일, 전사가 확인된 또 한 사람의 뱃사람에 대해서도 그 유족에게 연금을 지불하기로 했다.

11월 24일, 원로원은 가브리엘로 트레비잔이 지휘하던 군선의 전투요원으로 콘스탄티노플 함락 때 포로가 되었고, 그 후 터키인에게 노예로 팔려간 파스콸레 안토니오의 몸값을 국비로 지불하고 데려오기로 결의했다.

12월 10일, 베네치아 원로원은 콘스탄티노플 공방전에서 용감히 싸우다가 포로가 된 지휘관 가브리엘로 트레비잔에게 부과된 몸값 중 가족들의 지불능력이 부족한 몫 350두카토를 정부가 원조하기로 결의했다.

12월 28일에는 자코모 코코 배의 승무원으로 콘스탄티노플에서 전사한 뱃사람 3명의 유가족들에게 종신연금 지불을 의결했다.

1453년 한 해에 결의된 유족 대책만 열거해도 이와 같다. 베네치아 정부가 이런 조치들을 한꺼번에 하지 않았던 것은 전사자나 포로에 관해 확실한 정보를 입수한 단계에서 수시로 시행했기 때문이었다. 포로가 된 자에게 부과되는 몸값은 1천 두카토에서 2천 두카토, 부자임이 터키인들에게까지 알려진 자코모 콘타리니는 7천 두카토라는 막대한 금액이었지만 지불능력이 있는 가족에게는 국가 원조가 없었다. 유족연금도 부유한 귀족에게는 지불되지 않았다.

서유럽 대책

오리엔트 대책 및 국내에서의 유족 대책과 병행해서 추진된 또 하나의 대책은 서유럽에 대한 것이었다.

6월 30일 콘스탄티노플의 함락과 황제의 죽음을 알리는 최초의 보고를 로마로 급송한 데 이어 7월 18일에는 다시 교황에게 특사를 보내어 베네치아 정부가 술탄에게 대사를 파견한 행위를 변명하게 했다. 베네치아 정부는 터키와 타협할 의향이 전혀 없으며, 술탄에게 대사를 보낸 것은 오직 시간을 벌기 위함이라는 것이었다. 언젠가는 수행하게 될 대(對)터키 십자군의 편성에는 아무래도 이탈리아 각국 간의 협조가 필요하다는 이유를 들면서 밀라노 및 피렌체와의 교전 상태 종결에 교황이 중개 역할을 해줄 것을 요청했다. 다음 날인 19일에는 나폴리의 아라곤 왕에게도 이탈리아 안에서의 평화의 필요성을 역설하고 중개에 나서줄 것을 요청하는 사절을 보냈다.

8월 8일에는 교황이 베네치아로 파견한 칼바자르 추기경과 더불어 교전 상태 종결에 관해 토의한다. 10일 베네치아 정부는 이탈리아에서의 전쟁 종결을 협상하는 회의에 참석할 의사가 있다는 것을 각국 정부에 전했다.

10월 12일, 가까스로 각국 간의 보조 맞추기가 이루어져 열리게 된 평화회의에 출석할 베네치아 대표에게 상세한 지령이 주어진다. 이후로도 베네치아 정부는 교황의 생각이 변하지 않도록 베네치아 출신 추기경을 총동원해 교황을 계속 설득했다.

그러는 동안에도 터키 주변 나라들이 앞을 다투어 술탄에게 사신을 보내고 있다는 소식이 베네치아에도 전해졌다. 콘스탄티노플 정복을 축하하고 앞으로의 우호친선의 뜻과 연공금을 바치겠다는 뜻을 전하는 사신들이었다. 무하마드 2세는 한 사람씩 불러 접견하고 그들의 나라를 침공할 의사가 없음을 약속한다. 그러고는 제노바인 소유인 키오스섬에는 6천 두카토, 레스보스섬에는 3천 두카토, 세르비아 왕에게는 1만 2천 두카토, 트레비존드 황제에게는 2천 두카토, 전사한 콘스탄티누스 황제의 동생으로 펠로폰네소스 반도를 영유하고 있는 두 군주에게는 각각 1만 두카토 등으로 각 나라들이 바쳐야 할 연공금을 일러주었다. 연공금 지불을 거부한 것은 베네치아와 로도스섬을 영유하고 있는 성 요한 기사단뿐이었다.

콘스탄티노플의 인구를 그전과 같은 수준으로 늘리기 위해 무하마드 2세가 강제이주를 시키고 있다는 소식도 베네치아 정부는 일찌감치 받고 있었다. 이 사실은 무하마드 2세가 수도를 아드리아노플로부터 콘스탄티노플로 옮길 생각이라는 것을 나타내는 증거였다.

콘스탄티노플의 인구는 공방전이 시작되기 직전에 사람들이 빠져나가 3만 내지 3만 5천으로 줄어 있었다. 그나마 공방전과 뒤이은 살륙으로 이 숫자는 크게 줄어들었을 것이다. 또 많은 소년소녀를 노예로 삼았다. 두 사람씩 묶여 술탄 뒤를 따르는 이 길고 긴 노예 행렬은 선두를 가는 술탄의 말이 성문을 빠져나가 저 언덕 너머로 사라진 뒤에도 꽁무니가 성문 안에 있었다고 전해질 정도였다.

소년들은 대다수가 군단에서 병사교육을 받았고 특별히 예쁘게 생긴 소년들은 술탄의 궁정에서 시중꾼이 되어야 했다. 그중 몇몇은 남색취미도 있는 무하마드 2세의 침실에서 시중을 들어야 했다. 거역하다 죽음을 당한 소년도 한둘이 아니었다.

여자들의 운명도 비슷했다. 예쁘고 젊은 여자들은 술탄의 하렘이나 고관대작들의 하렘으로 끌려가서 한평생을 마치게 된다. 예쁘지도 젊지도 않은 여자들에겐 터키인 가정에서의 가사노동이 기다리고 있었다. 이만한 수의 사람들을 죽이거나 노예로 삼거나 했으니까 콘스탄티노플이 사람의 그림자를 볼 수 없는 거리가 되었다는 말도 큰 과장은 아니었다. 아시아로부터 이주해온 터키인으로는 워낙 수적으로 부족해 도시의 기능을 충족하기에 미흡했다.

무하마드 2세는 터키 영토가 되어 있는 그리스도교국으로부터 사람들을 강제로 이주시켰다. 이렇게 해서 사람의 머릿수는 일단 확보된 콘스탄티노플의 이때 인구는 터키인 2명당 비(非)터키인 1명꼴이었다. 술탄은 이들 비터키인 대책의 하나로 그리스도교의 예배를 허가했다. 다만 그리스도교도들은 성 소피아를 비롯한 거의 모든 교회가 이슬람교도를 위한 모스크로 바뀌어가는 중이었으므로 교회 건물을 따로 지어야 했다.

해가 바뀌어 1454년 봄이 되면서 그 전해에 씨를 뿌려놓은 베네치아 정부의 여러 대책이 차츰 열매를 맺기 시작했다. 4월 18일 특사 바르톨로메오 마르첼로가 가까스로 터키와의 우호통상조약 조인을 실현하는 데 성공한 것이다.

술탄 궁정의 시중꾼

　술탄은 터키령 안에서 베네치아 상인들이 자유로이 통상에 종사하고 자유로이 항행하는 것을 인정했다. 그 대가로 터키 영내에서 장사하는 베네치아인들은 매출액의 2퍼센트를 관세로 내놓아야 했다. 베네치아 영내에서 장사하는 터키 상인들도 같은 율의 관세를 물 의무가 있었고 어느 곳에서든 외국인에겐 관세가 부과되는 것이므로 이것은 베네치아 측이 양보한 것은 아니었다.

　자국 상선이 상대국 영해에서 해난을 당했을 경우 선박과 승무원 및 화물을 송환하는 것도 상호의무로 정했다. 상대국 영내에서 사망한 자국민의 재산은 몰수하지 않고 자국으로 송환해주는 것도 상호의무로 정해졌다. 협상을 시작할 당초부터 베네치아 정부가 자유통상 및 자유항행의 보장과 함께 절대적으로 확보하라고 특사에게 엄명했던 일, 즉 터키 수도에 베네치아 대사를 상주시키는 항목도 무하마드 2세는 받아들였다.

결국 베네치아는 그전에 터키와의 사이에 가졌던 권리를 재확인하는 데 성공했을 뿐 아니라 비잔틴제국과의 관계에서 획득해놓았던 권리를 그대로 연장하는 데도 거의 성공했다고 할 수 있다. 단하나 유지하지 못하게 된 권리는 그전에 콘스탄티노플에 있었던 치외법권적인 베네치아인 거주구의 보유뿐이었다.

어찌했든 이 우호통상조약은 베네치아와 터키의 처지 차이가 어떤 것인가를 여실히 보여주고 있다. 무역입국을 대방침으로 삼아온 베네치아에는 자유통상과 자유항행이 절대적으로 필요한 반면, 상업민족이 아닌 터키에는 그것은 별로 대수로운 것이 아니었다. 2퍼센트 관세를 물면서 베네치아에서 장사를 하고 있는 터키인 수는 베네치아인의 그것에 비하면 실로 전혀 문제가 되지 않을 만큼 미미한 존재였을 것이다. 터키를 위해 상업을 맡아 하고 있었던 것은 유대인이었으니까.

조약상으로는 서로 상대국에 대사를 상주시키는 것으로 되어 있었지만 그것을 실제로 이행한 것은 베네치아뿐이다. 외교와 정보 수집과 상대국 내에 살고 있는 자국민들을 보호할 필요는 터키보다는 베네치아 쪽이 더 절실했기 때문이다.

베네치아는 주요 국가에 대사를 상주시킨 세계 최초의 나라였다. 그와는 반대로 터키는 부득이한 경우에나 특사를 파견했다. 그것도 직위가 낮은 자이거나 아니면 어학에 능하다는 이유로 터키 국적도 없는 유대인이거나 했다. 대사에 대한 외교관 특권도 베네치아는 이를 인정하고 존중했지만 터키는 일단 양국관계가 험악해지는 날엔 남의 나라 대사를 감옥에다 집어넣기를 예사로 알았다.

외교를 중시한다는 것은 그 나라가 군사력만으로는 대항할 수 없다는 증거이기도 하다. 15세기 중반에서 16세기, 17세기, 그리고 18세기 말에 공화제가 무너질 때까지 베네치아의 외교분야에는 베네치아 최고 두뇌가 배치되었던 것이 아닌가 싶을 정도다. 비록 그런 것이 꼭 필요했기 때문이었다고는 하지만 그 냉정한 관찰은 놀랍도록 뛰어나서 그들이 작성한 보고서들은 그 시대의 온 유럽, 온 지중해 세계를 논하는 데 오늘날 절대 없어서는 안 될 제1급 사료로 되어 있다. 그 한 예를 소개하겠다. 대사 마르첼로의 부관으로 8개월에 걸친 술탄과의 교섭에 동석했던 자코모 데 랑그스키가 작성한 것이다.

술탄 무하마드는 22세, 균형이 잘 잡힌 체격이고 보통보다는 좀 큰 편이다. 무술에 능하고 친밀감보다는 남에게 위압감을 준다. 거의 웃는 일이 없으며 신중하면서 어떤 편견에도 전혀 사로잡혀 있지 않다. 한번 정한 것은 반드시 실행하며, 그럴 때는 실로 대담하게 밀어붙인다. 알렉산드로스 대왕과 같은 영광을 이룩하기를 바라고 있어 날마다 로마사를 키리아쿠스 당코나와 또 한 사람의 이탈리아인으로 하여금 읽게 하고 귀를 기울인다. 헤로도토스, 리비우스, 퀸티우스 쿠르티우스 등과 교황들의 전기, 황제들에 대한 평전, 프랑스 왕들에 관한 이야기, 랑고바르디의 왕들에 관한 이야기를 좋아한다. 터키어, 그리스어, 슬라브어를 지껄일 줄 알고 이탈리아의 지리에 밝다. 아이네아스가 살았던 곳, 교황이 사는 도시, 황제의 궁궐이 있는 도시, 유럽 전역의 나라들을 색깔로 구별해 표시해놓은 지도를 가졌다. 지배욕이 남다르고 지리와 군사기술에 가장 큰 관심을 보인다. 또 유도심문에 대단히 능하다. 이런 만만찮은 인물을 우리 베네치아인들은 상대하지 않으면 안 되게 되었다.

베네치아는 어쨌거나 이 다루기 어려운 인물을 상대로 일을 일단은 매듭지은 것이었다. 특사 마르첼로의 뒤를 이어 초대 대사로 선발된 로렌초 부토리도 임지에 도착해 있었다.

서유럽에서도 베네치아는 너무 깊이 말려들었던 전쟁에서 빠져나오는 데 성공했다. 무하마드와의 조약이 조인되기 9일 전인 4월 9일 '로디의 평화'라고 통칭되는 평화조약이 성립되었다. 이 조약으로 23년에 걸쳤던 북이탈리아에서의 전쟁에 종지부를 찍었다. 이탈리아는 나폴리왕국, 로마 교황청, 피렌체공화국, 밀라노공국, 베네치아공화국, 이상 5대국의 세력권을 서로 확인하고, 그 균형 위에서 평화를 지켜나가는 체제를 만든다. '로디의 평화'는 오늘날까지 이어지는 세력균형정책의 세계사적인 첫 사례로 기록된다.

그러나 불행하게도 현실의 동맹관계란 서로 처지를 이해하고 그것을 존중하는 정신에서 맺어지는 것이 아니다. 제3자에 대한 공포를 매개로 맺어지는 것이다. 그렇지 않은 경우라도 지금으로서는 적으로 돌릴 필요가 없으니까 우선 맺어둔다는 그런 정도의 것밖에 안 된다. 베네치아가 이탈리아의 여러 나라와 맺은 동맹은 베네치아 이외 나라들의 처지에서 보면 전자에 속하는 것이고, 터키와 맺은 동맹은 터키 처지에서 보면 후자에 속한다. 필요불가결이라고 생각한 것은 베네치아뿐이었다. 그러니 베네치아는 이 조약을 맺었다 해서 아주 마음을 놓을 수도 없었다. 적어도 경제적으로는 동쪽과 서쪽에서 모두 전쟁을 안 해도 되게 된 베네치아는 곧 전과 같은 상황을 되찾을 수 있었지만, 그러나 서방 '우방국'들의 마음속에는 그만큼 시샘하는 마음이 싹트기 시작한다. 동쪽의 터키는 무엇보다도 서로 가치관이 달랐다.

첩자들

9년의 세월이 흘렀다. 베네치아의 경제력은 전례 없는 번성을 보이고 있었다. '테라 페르마', 즉 본토에 확보해놓은 속령들은 베네치아가 베푼 선정 덕분에 태평을 누리면서 베네치아에 대한 생필품 공급과 서유럽으로 오가는 상로(商路)의 안전을 보장해주고 있었다. 오리엔트 방면에서도 콘스탄티노플 경유 무역에 힘을 쏟았던 제노바가 터키의 대두로 큰 타격을 받아 그 후 다시는 일어서지 못한 것과 달리, 베네치아는 시장을 콘스탄티노플에 집중하지 않고 이집트와 시리아로 분산했기 때문에 터키로 인한 타격도 비교적 가벼운 편이었고, 또 회복에 소요된 기간도 그리 길지 않을 수 있었다.

그러나 마음을 놓을 수는 없었다. 터키제국의 수도가 된 콘스탄티노플에는 고대의 영웅을 이상으로 받드는 야심찬 젊은이, 시대는 이제 변했다, 전에는 서방이 동방으로 진공했지만 이제는 동방이 서방으로 진출할 시대다, 세계는 단 하나의 종교, 단 하나의 제국, 그리고 단 한 사람의 지배 아래로 통합되지 않으면 안 된다고 거리낌없이 공언해 마지않는 이슬람의 청년 술탄이 건재하고 있었다.

콘스탄티노플을 수도로 정하고 거기로 본거지를 옮긴 무하마드 2세의 처지가 되면, 수도를 손안에 넣었으니 옛 비잔틴제국은 모두 내 것이라고 생각하게 되는 것도 충분히 이치에 맞는 일이었다. 그뿐인가. 이들 나라의 제후들이 연공금을 앞다투어 갖다 바치면서 술탄의 속국임을 자인하고 있지 않은가. 속국은 정복당하는 것이 당연하다. 이런 것이 무하마드 2세의 논리였다. 그 앞에서는 불가침조건으로 연공금을 바치고 있는 것이 아니냐는 주변국들의 논리는 통하지 않았다.

동쪽으로는 시노프와 트레비존드가 어느새 정복당했다. 서쪽으로는 보스니아로, 세르비아로 터키 영토는 뻗어가기만 했고, 헝가리의 선전으로 겨우 그리스도교 세계가 한숨 돌리는 상태였다. 펠로폰네소스반도도 무사할 수는 없을 것이다. 술탄에게 막대한 연공금을 바치고 있던 팔라이올로구스 황가의 두 군주도 터키의 대군 앞에 속수무책으로 당해야 했다.

아테네에 이어 코린토스가, 그리고 주요한 도시들이 차례로 터키군 앞에 무릎을 꿇었고, 소년들은 군단으로, 여자들은 노예로 끌려갔고, 살아남은 남자들은 수도의 부족한 인구를 메우기 위해 강제이주를 당했다. 콘스탄티노플에서는 빈번히 페스트가 크게 유행했는데, 방역 대책 면에서 앞서 있던 베네치아도 큰 피해를 당했던 시대이니 그런 대책을 갖지 못했던 터키에서는 극단적으로 인구가 감소했다. 그럴 때마다 부족한 인구를 정복지 백성들을 끌고 와서 메우곤 했다.

북서쪽에서는 헝가리가 잘 싸우고 있었고, 남서쪽에도 한 영웅이 있었다. 알바니아의 군주 스칸데르베그가 그 사람이었다. 로마 교황이 '그리스도교 세계의 기사'라고 칭찬한 사나이였다. 그는 청년기에 볼모로 잡혀 술탄의 궁정에서 지낸 경험이 있었다. 그곳을 도망쳐 나와 고국으로 돌아온 것은 알바니아의 군주였던 그의 부친이 세상을 떠났다는 소식을 접하고 나서였다.

스칸데르베그의 무기는 터키인들을 잘 알고 있다는 것과 산이 많은 알바니아의 지세였다. 이 '무기'를 활용한 그는 철저한 게릴라 전법을 썼다. 무하마드 2세의 아버지 무라드도 아들 무하마드도 결국은 공격을 풀 수밖에 없었다. 스칸데르베그는 수천의 병력으로 10만의 병력을 막아낸 것이다. 정규전에서는 이기지 못하면 곧 지는 것이지만 게릴라 전법으로는 지지 않으면 이긴 것이었기 때문이다.

1468년에 죽을 때까지 24년에 걸친 스칸데르베그의 분투는 적인 터키군까지 감탄시킬 정도였다. 그가 죽은 후 그의 묘소가 있는 교회를 빼앗은 터키 군사들이 무덤을 파헤쳐 그 유골을 가루로 만들어 작은 주머니에 넣어 목에 걸고 액막이로 삼았다는 말이 전해진다.

베네치아는 헝가리 왕과 스칸데르베그에게 전쟁비용을 보내주는 것으로 원조를 계속했다. 그러나 베네치아는 터키와 우호조약을 맺은 처지여서 자금원조는 직접적으로가 아니라 로마 교황을 경유하는 방법으로 이루어졌다. 표면적으로는 헝가리 왕이나 스칸데르베그와도 반목하는 시늉을 계속했다. 9년간의 '평화'라지만 베네치아는 그나마 이런 꼴로밖엔 누리지 못한 평화였다.

'평화'에 어두운 그림자가 비치기 시작한 것은 8년째 되는 해 중반부터였다. 1462년 7월, 콘스탄티노플 주재 베네치아 대사인 도메니코 바르보는 다음과 같은 서신을 본국으로 보냈다.

술탄이 외국으로 나가는 편지는 공문서건 사신이건 구별없이 엄격히 검열하기 시작했으므로 앞으로는 진상 보고가 매우 어렵게 되었음을 양지하시기 바람.

그런 중에도 대사 바르보는 어떤 방법으로 했는지 9월 들어 다르다넬스해협 연안의 갈리폴리에서 터키가 함대를 건조 중이라는 보고를 본국에 보냈다. 그다음 서신에서는 술탄의 궁정에 출입하는 서유럽인 중에서 베네치아인들이 배제되기 시작했으며 그 대신 피렌체인의 출입이 잦아지고 있다고 보고했다. 베네치아 정부는 예측을 불허하는 사태에 직면하고 있음을 깨닫는다. 에게해를 담당한 함대 제독에게 함대를 북상시켜 다르다넬스해협 근해에서 대기하라는 명령을 내린다. 단, 이 명령에는 베네치아령이 직접 공격을 받는 일이 벌어지지 않는 한 본국 정부의 명령이 있을 때까지 전투 상태에 들어가서는 안 된다는 말이 덧붙여져 있었다.

제독 베토르 카펠로가 함대를 이동시킨 사실이 곧 술탄에게 알려졌던 것 같다. 술탄은 대사 바르보를 불러 터키 함대 출동의 목적지는 베네치아령이 아니고 제노바령이라고 통고한다. 대사는 쾌속선을 보내어 이것을 카펠로에게 알렸다. 그러나 터키의 행동은 빨랐다. 쾌속선이 콘스탄티노플로 돌아오는 도중 다르다넬스해협을 나오는 터키 함대를 만난 것이었다. 키오스섬에 정박 중인 함대와 합류하면 해전력에서는 절대 열세인 터키 함대를 이길 수 있었을 것이다. 그러나 베네치아령이 목적지가 아니라는 기별을 받은 데다가 본국으로부터 지령도 없는 터여서 눈앞을 지나가는 터키 함대를 그냥 보낼 수밖에 없었다.

이듬해인 1463년, 200년 이상이나 제노바령이었던 레스보스섬 이 함락되었다. 해군력에서 뒤떨어지는 터키는 대군을 상륙시켜 견고한 성채를 육상에서 공격한 것이었다. 전투원 2천 명, 비전투 원 2만 명으로는 8만의 터키군을 당해낼 수가 없었다. 일반 백성들 은 그대로 섬에 남는 것이 허용되었으나 신체 건장한 젊은이는 군 단에 편입시키고 지식인과 상류계급 사람들은 콘스탄티노플로 이 주시켰다. 무하마드 2세는 자기 몫으로 소년소녀 800명을 연행해 갔다. 그중에는 트레비존드 황제의 처제이자 그리스 최고의 미인 으로 이름이 높던 레스보스 영주의 부인도 끼어 있었다. 영주를 비 롯하여 목숨을 살려준다는 조건에 항복했던 중요한 남자들 300명 은 그런 약속을 언제 했느냐는 듯 모두 죽여 없앴다. 그리고 이 승 리를 축하하는 자리에 초대된 이탈리아인들 중에는 제노바인은 물 론이고 베네치아인도 포함되어 있지 않았다.

2년 전부터, 그 질과 양을 자랑하던 베네치아의 정보가 터키 측 정보보다 떨어지는 기미가 보이기 시작했다. 베네치아에는 매우 심각한 사태였다.

정보수집망이 광범하다는 점에서 베네치아는 여전히 유리한 지 위를 유지하고 있었다. 대사를 상주시키고 있었고 터키 영토 안에 서 활동하는 상인들의 수도 많았다. 대사관도 없고 상관(商館)도 17세기나 되어서 겨우 생기는 터키는 이런 점에서는 크게 뒤떨어 져 있었다. 그렇지만 베네치아는 자국민의 애국심에 의존하건 돈으로 움직이는 첩자를 활용하건 의도적으로 정보수집에 애를 쓰지 않으면 안 되었던 데 반해 무하마드 2세는 기다리고 있으면 정보가 저절로 굴러들어오고 모여들었으므로 고생할 것이 없었다.

술탄 무하마드의 정보원은 네 가지로 대별된다.

첫째 부류는 터키 궁정을 찾아드는 서유럽의 지식인들이었다. 그 대표적인 예가 키리아쿠스 당코나라는 이름의 남부 이탈리아 태생 고대 연구가다. 이런 유의 학자들은 고대의 유적이나 유물에 접하고 그것을 연구하는 기회를 주는 자라면 그리스도교도이건 이슬람교도이건 개의치 않는다. 당코나는 무라드 2세 때부터 로마 교황청에 자유로이 출입하는 것과 마찬가지로 술탄의 궁정에도 자유롭게 출입할 수 있었다.

고대에 대한 취미가 있는 무하마드 2세의 시대가 된 다음부터는 한층 편안히 지낼 수 있게 되었을 것이다. 술탄은 그에게 터키의 전 영역에 걸치는 통행증을 끊어주어 그가 원하는 곳이면 어디든지 가서 자유로이 연구할 수 있게 해주었다. 첩자 행위를 하고 있다는 자각 없이 그가 서유럽에 관해 주는 정보와 함께 터키령 내에서 그가 겪은 견문 이야기도 술탄에게는 귀중한 정보였을 것이다. 이 이탈리아인은 콘스탄티노플 공방전 때도 터키군 진영에서 관전했다. 젊은 술탄에게 고대 그리스와 로마의 역사를 강의한 것도 그였다.

당코나는 그 자신의 의도와 관계없이 이중 스파이 역할도 했던 것 같다. 연구비 명목으로 로마 교황으로부터도 돈을 받고 있었다. 아마도 술탄의 궁정에서 지껄이던 투로 로마에서도 터키의 정세에 관해 지껄였을 것이다. 다만, 그의 정보는 일반적인 것에 한정되어 있었고 극비정보에는 미치지 못했다. 그가 그런 정보에 접할 기회를 못 가졌던 것인지 아니면 그런 위험한 행위는 자기가 목적으로 하는 일에 지장이 된다고 판단한 것인지는 알 수 없다. 이 정도의 정보누설은 베네치아에는 아프지도 가렵지도 않았다.

둘째 부류에 속하는 것은 그리스인이다. 특히 그리스정교회의 성직자들이었다. 그들은 원래 반가톨릭 감정에 불타 있는 터였다. 콘스탄티노플 공방전 때 서유럽이 전연 원조를 하지 않았다는 것도 이 감정에 기름을 끼얹었다. 그들 중 몇 사람은 서유럽에 원조를 구걸하러 가는 황제를 수행했다가 로마 교황이나 서유럽 국왕들의 차가운 태도에 분격하면서 돌아온 자들이었다. 그들에게는 이슬람 지배하에서의 그리스정교회 존속을 위해서라면 무슨 일이든 못할 것이 없다고 하는 어쩔 수 없는 동기도 있었다.

그렇지만 이런 그리스인들이 주는 정보라는 것도 일반적인 것들에 국한되었던 것 같다. 로마교회의 성직자들에게도 자국의 극비사항에는 접근하지 못하게 했던 베네치아인들이니 그리스정교회 성직자들에게 그런 기회를 허용했을 리가 없다.

셋째 부류는 '정보 팔아먹기'를 꾀하는 배반자들이다. 이들은 베네치아 시민은 아니고 베네치아 해외기지의 주민들이었다. 자기들이 정당한 대우를 못 받고 있다는 데서 오는 불만이라든가 좀 더 유리한 보수를 받고 싶다든가, 그 동기는 천차만별이었다. 어떤 자는 기지의 성곽이나 요새의 지도를 제공함으로써 술탄에게 접근하려 했고, 또 어떤 자는 베네치아 군선과 꼭 같은 배를 터키의 조선소에서 만들도록 기술지도를 해줄 수 있다고 따리를 붙였다.

이런 자들은 그다지 수가 많지는 않았지만 베네치아에는 밖으로 알려지는 것을 꺼리는 일이 알려지는 것을 의미했다. 이런 자가 있다는 정보가 들어오는 대로 베네치아는 즉시 암살자를 보내서 없애버렸다. 그 일은 콘스탄티노플 주재 베네치아 대사관이 하는 중요한 일 가운데 하나였다. 그러나 베네치아에 가장 큰 타격이 된 것은 제4의 부류에 속하는 정보원이었을 것이다. 이 일을 담당한 자가 피렌체를 배경으로 삼아 메디치 집안의 풍부한 자금을 쓸 수 있는 처지였던 만큼 베네치아로서는 처치가 곤란한 상대였다.

피렌체 시민인 베네데토 데이는 1460년 콘스탄티노플에서 큰 규모로 장사를 하고 있는 유력한 베네치아 상인 지롤라모 미키엘의 점포에 사원으로 들어간다. 유력한 상인의 가게인 만큼 그 가게에 출입하는 베네치아인들은 지위가 높은 자가 많았고 대사관과 미키엘을 양극으로 하는 콘스탄티노플의 베네치아인 사회는 본국 정부와 밀접하게 연결되어 있었다. 데이는 거기서 탐지한 정보를 가지고 술탄에게 접근해간 것이다. 얼마 지나지 않아 발각은 되지만 그때는 이미 이 피렌체인 스파이는 술탄의 궁정 깊숙이 발을 들여놓고 있었다.

발각이 됨에 따라 베네치아 조계(租界)로부터 얻는 정보는 제로가 되었지만 그렇다고 무하마드 2세에겐 데이의 중요도가 조금도 줄어든 것이 아니었다. 데이에게는 피렌체의 메디치 집안에서 보내오는 베네치아 관계 정보가 전과 다름없이 배달되어왔기 때문이다. 베네데토 데이는 신념에 따라 첩자활동을 하고 있었다. 고국 피렌체는 직물을 많이 생산한다. 그 직물을 오리엔트로 수출하려면 베네치아인들의 손을 빌려 팔 수밖에 없었다. 피렌체에는 항구가 없기 때문이었다. 바다의 항구 피사를 획득하려는 피렌체의 절실한 염원도 피사의 완강한 저항에 부딪혀 잘되지 않았다.

피사를 이면에서 자금 지원하고 있는 것이 베네치아라는 사실이 판명되자 피렌체의 반베네치아 감정은 폭발했다. 경제력에서 타국의 추종을 허용하지 않을 만큼 앞서 있는 데다가 본토에 광대한 속령을 갖기에까지 이른 베네치아는 피렌체에는 참을 수 없는 존재였다. 이 베네치아에 타격을 주는 최선의 방법은 베네치아와 터키사이에 전쟁을 붙여 베네치아의 힘이 오리엔트에 집중되지 못하도록 하는 일이었다. 그렇게 되면 이탈리아에서 피렌체는 한결 자유롭게 행동할 수 있게 되고 오리엔트 교역에서 베네치아인 상인들이 차지하는 지위를 피렌체 상인들이 대신 누리게 될 수도 있는 일이다.

이런 것이 메디치 가문의 책략이었고 베네데토 데이의 생각이기도 했다. 메디치 가는 베네치아와 동맹관계인 것을 이용해 온갖 정보를 탐지해 데이에게 보내주고 있었다. 데이가 술탄에게 바치는 선물이나 대신들에게 주는 뇌물값에 쓰라고 해마다 5천 두카토라는 거금을 지출했다. 이 자금은 베네데토 데이가 술탄의 측근과 같은 처지에까지 올라서는 데 매우 유리한 작용을 했을 것임이 틀림없다. 뇌물 없이는 이 나라에서는 무슨 일이건 되는 일이 없다고 개탄한 베네치아 대사의 보고가 말해주듯 터키 벼슬아치들의 뇌물 밝히기는 알아주어야 했다.

하지만 돈으로 해결되는 일이라면 베네치아로서는 오히려 수월했을 것이다. 베네치아 대사가 절망감을 느끼게 되는 것은 무하마드 2세가 피렌체에 대해, 특히 메디치 가에 좋은 감정을 갖고 있다는 사실이었다. 영토가 접해 있는 베네치아와 달리 피렌체와는 직접적인 이해관계가 없다는 것도 한 이유였겠지만 그밖에도 무하마드 2세는 공화정체이면서 참주와 같은 지위를 가진 메디치 가문이 지배하는 피렌체를 좋아했던 것이다.

권력자는 권력자끼리의 대화를 좋아하는 법이다. 베네치아 정부를 대표해 술탄과 교섭하는 것은 대사다. 아무리 유능하고 세련된 귀족이라도 한 사람의 관료일 뿐 군주는 아니다. 베네데토 데이가 중개한 상대는 왕의 칭호를 가진 것은 아니지만 실질적인 군주였다. 무하마드 2세가 가장 좋아한 것은 조금 뒤 무대에 등장하게 되는 '일 마니피코'(위대한 사람)라고 일반 사람들이 부른 로렌초 데 메디치였다. 개인에게 권력이 집중되는 것을 극도로 배격한 베네치아공화국에는 차라리 군주라 불러도 될 로렌초 '일 마니피코' 같은 그런 '스타'가 없었다.

베네치아 정부는 베네데토 데이로 해서 일어날 위험을 재빨리 예견하고 데이를 암살할 것을 고려하기도 했다. 그러나 데이를 부리는 피렌체의 동기를 생각하면 데이를 죽여 없앤다 해도 또 다른 사람을 보내올 것이 틀림없었다. 베네치아가 할 수 있었던 일은 이탈리아 안에서 피렌체인을 조심하는 것과 터키와 피렌체 사이에 교환되는 서신을 중간에서 탈취하는 일이었다. 데이가 보내는 보고서를 도중에서 탈취하는 데는 여러 번 성공했으나 피렌체 쪽에서 보내는 통신을 도중에서 가로채는 데는 성공하지 못했다. 술탄의 궁정이 베네치아인을 멀리하는 일도 여전한 가운데

1463년을 맞았다.

스칸데르베그의 죽음

3월의 어느 날 무하마드 2세의 부름을 받은 베네치아 대사는 술탄으로부터 엄중한 항의를 받고 놀랐다. 10만 아스프리(2천 두카토)를 훔친 터키인이 베네치아령 모도네로 도망쳐 들어갔는데 그자를 모도네의 총독이 보호해 넘겨주지 않을 뿐 아니라 10만 아스프리의 절반을 총독이 착복했다는 항의였다. 대사는 곧 조사해 진상을 보고하겠다고 말하고 물러났다. 하지만 무하마드는 처음부터 대사의 보고 따위를 기다릴 생각이 없었다. 술탄의 명령을 받아 남으로 쳐내려간 터키의 대군은 4월 3일에는 베네치아령인 아르고스를 함락시키고 역시 베네치아령인 레판토와 모도네 주변을 약탈하고 다녔다.

여기에 이르러 베네치아공화국은 해외기지를 포기하느냐 아니면 싸움을 받아들여 일어서느냐의 양자택일을 강요당하게 된 것이다. 원로원에서 열띤 토의 끝에 결국 베네치아는 터키의 도전에 일어서서 싸우기로 결단을 내렸다. 경제력과 해군력에 자신이 있는 것과 동맹국 획득에 희망을 걸 수 있는 것이 개전으로 내딛게 했다.

5월에 해군 총사령관 로레단이 이끄는 함대가 베네치아를 출발한다. 육군도 그보다 조금 늦게 페라라의 군주 에스테가 지휘하는 용병군이 베네치아 수송선단에 실려 펠로폰네소스반도에 상륙했다.

헝가리 왕과 동맹하기 위한 교섭도 시작되었다. 헝가리 왕과 직

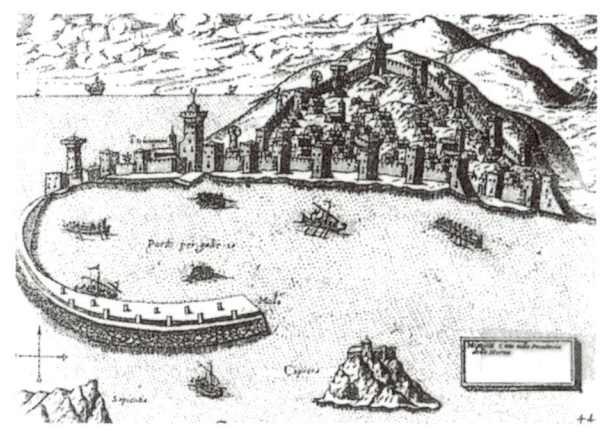
모도네

접 교섭을 하기보다도 독일의 신성로마제국 황제에게 먼저 공작하는 것이 선결과제였다.

황제와 헝가리 왕은 국경선을 두고 다투고 있었으며 그것 때문에 헝가리 왕은 터키와의 싸움에 전력을 집중하지 못하고 있었기 때문이었다. 황제 설득차 파견된 베네치아 특사는 겉으로는 이교도의 침략에 대해 그리스도교 국가는 단결해 대항해야 한다는 대의명분을 내세우고, 이면으로는 돈으로 매수하는 계책으로 황제의 헝가리 반대행위를 그만두게 하는 데 성공했다.

9월 들어 터키에 대항하는 베네치아와 헝가리 간의 동맹이 정식으로 성립되었다. 알바니아에서는 '그리스도교 세계의 기사'라 일컬어지는 스칸데르베그가 건재하고 있었다.

베네치아는 서방뿐 아니라 동방으로도 손을 쓰는 것을 잊지 않았다. 시리아와 이집트를 지배하는 맘루크 왕조에 그곳 주재 대사를 시켜 중립을 지키도록 요청케 했다. 1453년의 콘스탄티노플 함락 당시에는 그리스도교도에 대한 이슬람의 승리라 하여 축하사절을 보냈던 맘루크도 그 후 터키의 영토확장정책에 불안을 금치 못하고 있었으므로 그들로부터 중립 약속을 받아내는 일은 어렵지 않았다.

베네치아는 페르시아 왕에게도 특사를 파견한다. 페르시아에는 중립을 지키라는 것이 아니라 아시아에서 터키와 전쟁을 시작해달라는 것이었다. 베네치아는 그것에 대한 반대급부로 해군에 의한 소아시아 연안 공략을 약속했고 물론 자금원조도 약속했다.

전망은 밝았다. 베네치아의 이러한 작전이 제대로 가동되기만 하면 터키는 사면으로부터 포위당하는 꼴이 된다. 실제로 전쟁은 베네치아에 유리하게 전개되어가고 있었다.

로레단 휘하의 해군은 간단히 아르고스를 도로 빼앗고 다르다넬스해협 밖으로는 터키 선박을 단 한 척도 내보내지 않음으로써 에게해에 대한 베네치아의 제해권을 새삼 확인시켰다. 다만 레스보스섬의 탈환에는 성공하지 못했다. 그만한 크기의 섬이면 대량의 육군을 수송해 육지에서 공격하지 않으면 함락시키지 못한다. 그러나 베네치아에는 그만한 육군 병력이 없었다.

펠로폰네소스반도에 상륙한 페라라의 군주 에스테가 이끄는 용병군도 육군이 절대 우세한 터키군을 상대로 일단은 잘 싸우고 있었다. 무하마드 2세가 직접 이끄는 대군을 몇 차례나 격퇴한 스칸데르베그의 성공적인 저항으로 터키군의 사기가 저하한 것도 작용했지만, 베네치아령인 소도시를 지켜냈을 뿐 아니라 터키군 수중에 들어간 소도시에 공격을 가한 것도 한두 번이 아니었다.

서유럽에서는 그 무렵 십자군 편성의 움직임까지 일고 있었다. 이것은 교황 피우스 2세의 개인적 열정에 이끌려 일어난 움직임으로, 서유럽의 군주들이 들고일어난 것은 아니었다. 현실주의적인 베네치아는 비록 이교도일망정 터키와 이해관계가 상극되는 이집트나 페르시아와의 동맹은 믿었으나 터키와 직접적인 이해관계가 없는 서유럽 군주들이 말만으로 큰소리치는 것은 믿지 않았다. 그래도 표주박에서 달걀이 나오는 일도 간혹 있을 수 있다 해서 교황의 요청에 따라 국가원수가 직접 이끄는 함대를 집결 예정지인 안코나 항구로 보냈다. 아니나 다를까 '최후의 십자군'은 피우스 2세의 죽음과 함께 무산되고 말았다. 결국 그리스도교 세계에서 터키와 전쟁의 최전선에 선 것은 나라의 존망이 걸린 헝가리와 알바니아, 그리고 베네치아 세 나라뿐이었다.

이 세 나라도 각기 잘 싸우기는 했지만 결정적인 승리를 얻지는 못했다. 터키 측도 일들이 모두 잘 풀려간 것은 아니었다. 북쪽에서는 헝가리군이 보스니아 깊숙이 쳐들어오고, 서쪽으로는 스칸데르베그의 게릴라전법 앞에 맥을 못추고 있는 사태는 무하마드 2세를 분노에 미쳐 날뛰게 했을 뿐 아니라 이곳저곳의 싸움에 쫓기는 터키 병사들의 불만을 키우게 했다.

술탄의 건강 상태도 신통치 않았다. 무하마드 2세는 33세라는 젊은 나이에 비만해지기 시작했고, 그 때문인지 말을 타는 것마저 힘들어했다. 각 전선을 옮겨다니면서 지칠 줄 모르고 전쟁을 지휘하던 그가 공사가 진행 중인 콘스탄티노플의 토프카피 궁전에 틀어박혀 나오지 않는 날이 많아졌다. 베네치아 정부는 정전의 좋은 기회라고 판단했다.

1465년 2월, 베네치아 대사 파올로 바르바리고는 술탄의 궁정으로 들어가서 정전 협상의 가능성을 타진했다. 이 만남에서 터키의 재상은 베네치아공화국이 이유없이 개전했다고 비난했고 대사는 베네치아는 도발을 받아 어쩔 수 없이 응전한 것이라고 받아치는 등의 단막극이 벌어지기도 했지만, '명예로운 형태의 강화'에는 터키 측도 관심이 없는 것이 아니라는 인상을 대사는 받았다.

　7월, 베네치아 측은 정전의 조건을 명확하게 제시했다. 베네치아가 요구한 것은 펠로폰네소스반도의 각 기지와 레스보스섬의 반환이었다. 헝가리 왕에게는 그가 보스니아에서 이미 장악하고 있는 지역의 영유권을 터키에 인정해주라는 조건을 달았다. 터키는 이 조건에 난색을 보인다. 그러면서도 교섭은 진행되었으나 11월에 이르러 중단되었다. 이집트의 사절이 베네치아에 도착하여 지금까지의 엄정중립에서 베네치아 편에 가까운 중립으로 방침을 바꾸겠다는 이집트 술탄의 뜻을 전해온 것이 교섭 중단의 원인이었다. 무하마드 2세가 터키인들 간에 퍼진 반베네치아 감정을 이용해 콘스탄티노플에 거주하는 베네치아인들을 투옥하고 재산을 몰수한 사건도 베네치아로 하여금 교섭 중단을 결심하게 한 한 요인으로 작용했다.

　해가 바뀌어 1466년, 무하마드 2세는 다시 친히 군을 이끌고 알바니아 정복에 나선다. 그 직전 베네치아는 적국 내에 박아놓은 첩자로부터 무하마드 2세가 몸이 마르기 시작했다는 첩보를 받은 바 있었다. 건강을 회복한 무하마드 2세가 단숨에 해치우려 했던 알바니아 정복은 그러나 스칸데르베그와 베네치아의 연합군 병력 4천에게 정규병력만 3만이 넘는 터키군이 또다시 패배함으로써 고

배를 마신다. 병력수에서 열세인 스칸데르베그가 평원에서의 전투를 피하고 산지에서의 게릴라전에 전력을 쏟았기 때문이었다.

후퇴를 강요당한 무하마드 2세는 수도에는 돌아가려야 갈 수가 없었다. 콘스탄티노플에 페스트가 크게 번져 궁정을 고스란히 산속으로 옮겨 전염을 피하는 판국이었으니 무하마드 2세의 분노는 다시 한번 폭발할 수밖에 없었다. 대신들까지도 언제 목이 날아갈까 공포에 몸을 떨 지경이었다. 터키 영내에서 장사에 종사하는 베네치아 상인들에 대한 박해는 이제 투옥만으로 끝나지 않게 되었다. 무참히 죽음을 당한 그들은 시체 매장마저도 못하게 하여 길가에 방치되었다. 터키와 교전 상태에 있지 않은 제노바인들도, 우호국으로 간주되던 피렌체인들마저도 술탄의 분노의 여파에 죽음을 당했다.

그로부터 2년이 채 안 된 1468년 1월, 스칸데르베그가 세상을 떠났다. 무하마드 2세의 울분을 풀어줄 최고의 낭보였겠으나 베네치아에는 타격이 아닐 수 없었다. 스칸데르베그는 숨을 거두면서 알바니아의 앞날을 베네치아에 위탁했지만 베네치아는 알바니아 군사들의 강인한 힘을 스칸데르베그의 개인적 능력 및 인망과 그것이 튼튼히 결합된 결과라는 것을 지금까지 동맹관계로 너무나 잘 알고 있었다. 게다가 베네치아인은 산지의 백성들이 아니었다. 이에 베네치아 원로원은 정전 교섭의 재개를 가결했다.

콘스탄티노플에 파견된 베네치아의 특사를 접견한 무하마드 2세는 특사가 가져간 선물에는 정중히 감사의 뜻을 표하면서도 자기가 통행허가증을 발행해주지 않은 사절을 사절로 인정할 수 없다고 교섭에 응하지 않았다. 물러서지 않는 특사에게 술탄은 형가리 왕국과 동맹을 파기하고 적국이라고 선언하면 교섭에 응하겠다고 말했다. 그러나 그것은 베네치아에서 받아들일 수 있는 조건이 아니었다. 그것은 헝가리 왕과의 의리를 중히 여기기 때문이 아니었다. 스칸데르베그를 잃은 베네치아로서 동맹국 없이 해나갈 수 있는 처지가 아니었기 때문이다. 교섭을 포기할 수밖에 없었다.

1468년과 1469년은 그래도 직접 공격을 받는 일 없이 지나갔다. 아나톨리아가 떨어져 나가려는 움직임이 일자 술탄이 아시아로 원정을 나갔기 때문이었다. 그러나 1469년 말부터 불길한 정보가 베네치아로 전해지기 시작했다. 소아시아에서 화약이 대량 제조되고 있다는 것, 10만 대병력이 징집되고 있다는 것, 게다가 갈리폴리와 콘스탄티노플의 조선소에서 대규모 함대가 건조 중이라는 등의 정보였다. 이 정보는 제노바 상인과 거래하는 베네치아 상인의 거래 명세서를 분석한 결과 밝혀진 것이었다. 도료(塗料)가 대량으로 거래되고 있었던 것이다.

이 제노바인의 거래 상대가 터키인인 것을 추적, 확인하는 일은 간단했다. 무하마드 2세는 이 대함대의 목적지는 흑해라고 거짓 정보를 퍼뜨렸다. 그러나 베네치아의 정보망은 목적지가 북쪽이 아니고 남쪽이며 함대 규모도 갤리선 20척을 포함해 250척이라는 확실한 정보를 쥐고 있었다.

베네치아는 터키의 공격 목표가 베네치아령 네그로폰테일 것이라고 예상했다. 총사령관으로 선출된 니콜로 카날레가 이끄는 갤리 군선 35척이 베네치아를 출항해 네그로폰테로 향했다.

네그로폰테 함락

네그로폰테는 아테네의 북방 에게해상의 섬이다. 섬이라지만 면적은 크레타의 3분의 2나 되고 그리스 본토와는 아주 좁다란 해협을 사이에 두고 있을 뿐이어서 본토로부터 돌출한 일부 같은 인상을 받는다. 이곳은 1204년의 제4차 십자군 이래로 270년 동안이나 베네치아의 식민지였다.

베네치아를 출항해 아드리아해를 남하해서 지중해로 들어가 펠로폰네소스반도의 남단을 돈 그리스 정기항로의 선단들은 제일 먼저 네그로폰테에 기항하게 된다. 그 옛날 트로이로 향하는 그리스 연합군의 선단이 집결했던 곳이라고 전해지는 만큼 네그로폰테와 그리스 본토 사이의 해협은 파도가 조용해 훗날 콘스탄티노플이나 흑해로 향하는 상선의 중계기지로서 가장 적합했다.

네그로폰테는 그리스의 물산 집산지이기도 했다. 계획적이고 계속적인 교역망 정비가 자국 상업 번영의 열쇠라고 믿고 있던 베네치아에 네그로폰테의 중요성은 크레타의 그것에 비해 조금도 손색이 없었다. 베네치아 정부가 임명하는 그곳 총독의 자리도 콘스탄티노플 주재 대사, 카이로 주재 대사, 크레타 총독 등에게 주어지는 것과 전적으로 동등한 권위와 권력이 부여되는 자리였다. 베네치아가 얼마나 네그로폰테를 중시했던가는 오늘날에도 볼 수 있는 섬 전역에 흩어져 있는 수많은 요새, 베네치아령이었던 시대에 구축되었던 유적들이 실증해준다. 무하마드 2세는 이 네그로폰테를 그가 처음으로 직접 지휘하는 베네치아령 정복의 목표로 정한 것이었다.

터키군의 규모는 무하마드 2세의 이 같은 결의를 반영하기라도 한 듯 1개 기지의 공격에 걸맞지 않은 대병력이었다. 콘스탄티노플을 출발해 마케도니아를 거쳐 곧장 남하한 총병력은 12만. 역시 콘스탄티노플을 출발해 다르다넬스해협을 지나 에게해로 들어간 터키 해군은 갤리선 120척을 포함해 250척의 대선단. 다르다넬스해협에 박아놓은 베네치아 첩자는 이 선단의 돛대가 마치 빽빽이 나무가 들어선 숲 같다고 보고했다.

터키의 대군을 맞는 베네치아 측의 형편을 보면 육군은 제로나 마찬가지였다. 섬이 넓은 만큼 섬 전역을 방위한다는 것은 불가능했다. 베네치아 시민과 이에 협력해 일어선 그리스인의 수로 보아 거점방위 방식을 취할 수밖에 없었다. 네그로폰테에서 가장 큰 항구에서 좁은 해협을 마주 보는 성채에 방위를 집중하기로 했다. 지휘에는 총독이 직접 나섰다.

해군력에서도 수에서는 열세였다. 250척의 터키군에 대해 이쪽은 갤리선 53척을 포함해서 고작 71척이 전부였다. 해군력은 상선의 전통 위에 성립하는 법이다. 교역의 전통이 없는 터키는 피정복민족인 그리스인을 많이 썼지만 그래도 베네치아나 제노바 등 이탈리아 해양국가와 터키와의 해전능력은 4 대 1 또는 5 대 1의 비율이라고들 말하고 있었다. 그러니 250척에 71척으로도 충분히 대항할 수가 있었을 터였다. 그러나 이것은 어디까지나 바다에서 부딪쳤을 경우였다. 이런 사실을 잘 알고 있는 무하마드 2세는 극력 베네치아와의 해전을 회피했고 베네치아 측 총사령관 니콜로 카날레는 돌다리도 두드리며 건너는 성품의 소유자였다.

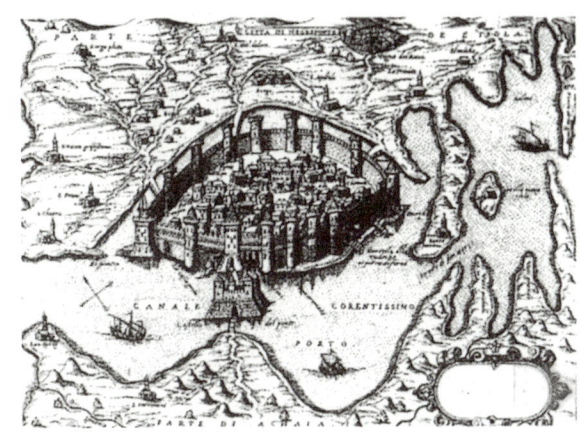
네그로폰테

1470년 6월 초, 터키 해군이 다르다넬스해협 밖으로 출동했다는 보고를 받은 카날레는 터키 해군이 60척씩의 선단을 편성해 항행하고 있으면 해전을 시작할 것이니 급보를 보내라는 명령을 주어 쾌속선을 정찰로 내보냈다. 쾌속선이 발견한 것은 마치 기병의 공격으로부터 제 몸을 보호하려는 보병처럼 한 덩어리를 이루어 바다를 항해하고 있는 터키 선단의 모습이었다. 이 보고를 받은 제독 카날레는 크레타로부터 오기로 되어 있는 원군을 성채와는 좀 떨어져 있는 또 하나의 항구에서 기다리기로 결정했다. 6월 15일 터키 해군은 아무 손상도 입지 않고 네그로폰테에 도착해 먼저 도착해 있는 육군과 합류했다.

진두지휘를 하고 있던 무하마드 2세는 시간을 헛되이 보내지 않았다. 6월 25일 제1회 총공격이 감행된다. 그러나 오랜 세월에 걸쳐 베네치아의 중요기지였던 만큼 지키는 측의 수비는 빈틈이 없었다. 터키군은 1만 6천의 병력을 잃고 선박 30척이 불타버리는 피해를 보았다. 30일에 감행한 제2차 총공격도 실패로 돌아갔다. 7월 5일과 8일에 강행된 총공격도 방위 측은 잘 버텨냈다. 베네치아의 자랑인 해군이 원군으로 오지 않을 리가 없다고 믿고 있었으므로 방위군의 사기는 드높았다.

무하마드 2세는 전술을 바꾼다. 좁고 물결이 조용한 해협에 작은 배를 나란히 배열해 다리로 삼은 것이다. 그렇게 되면 야단나는 것을 아는 방위군은 필사적으로 이를 방해했지만 바다 쪽에서는 아무런 방해도 받지 않는 터키군이 다리를 완성하는 것을 막을 수가 없었다. 방위 측은 성곽의 탑 꼭대기에 검은 깃발을 내걸어 해군의 참전을 재촉한다. 탑 위에서 내려다보면 급조한 다리를 건너 성문의 정면에 줄지어 배치된 대포의 포열이 여름의 눈부신 햇빛에 둔탁하게 빛나는 것이 잘 보였다. 제독의 대기명령에도 불구하고 동료들의 위기를 보고 참지 못해 끝내는 홀로 적을 향해 돌진한 베네치아 군선 한 척이 마치 꿀을 보고 모여드는 벌떼처럼 대드는 터키군에 몰살당하는 것도 성벽 위에서는 손에 잡힐 듯 잘 보였다.

7월 11일, 다섯 번째 총공격이 시작되었다. 무하마드 2세는 성채를 빠져나와 도망해온 그리스인의 밀고로 성벽의 약한 부분을 알게 되어 포격을 그곳으로 집중했다. 언제까지나 옴짝달싹 움직이려 하지 않는 자국의 해군, 밤이 되어도 그치지 않는 포격과 예니체리 군가의 도발적인 이상야릇한 선율이 방위 측을 절망 속으로 빠뜨렸다. 날이 바뀌어 12일, 방위 측 병사들의 목은 베지 않겠다는 약속을 받아낸 총독은 마침내 결단을 내렸다. 네그로폰테는 성을 내주고 함락되었다. 약탈과 죽음의 천지였다.

그러나 바로 같은 날, 로레단이 지휘하는 23척과 베니에르 지휘 하의 16척이 잇따라 도착했다. 제독 카날레가 그토록 기다렸던 원군이 도착했을 때는 이미 함락된 성채 안에서 총독 이하 베네치아의 중요인물에 대한 처형이 집행되고 있었다. 무하마드 2세는 목을 베지 않겠다는 약속을 지켜 몸체를 두 동강 내어 죽인 것이었다. 젊은 베네치아인들과 그밖의 서유럽 사람들, 그리고 그리스인들 중 쓸 만한 자들은 모두 노예가 되어 콘스탄티노플로 끌려갔다. 여자들의 운명도 다를 바 없었다.

 술탄과 우호적인 관계였던 피렌체마저 금액으로 치면 40만 피오리노에 달하는 피해를 입었고, 죽음을 당하거나 노예가 된 피렌체 시민만도 700명이나 되었다. 오리엔트 무역에 별 전통이 없는 피렌체가 입은 피해가 이 정도였다. 베네치아가 입은 피해는 너무나 컸기 때문인지 통계가 정확하기로 이름난 베네치아 정부마저 정확한 숫자를 내놓을 수가 없었다.

 7월 26일, 함락된 지 2주일 후 무하마드 2세는 네그로폰테에 2만의 수비병을 남기고 함대를 이끌어 콘스탄티노플로 출발했다. 육군은 언제나 그랬듯이 두 사람씩 묶은 노예의 행렬을 거느리고 육로를 이용해 콘스탄티노플로 향했다. 전투 한 번 벌이지 못하고 적에게 승리를 안겨준 해군은 본국에 지령을 청할 시간적 여유도 없이 터키 해군에 싸움을 걸 것인가 아닌가를 홀로 결정하지 않으면 안 되게 되었다. 베네치아 정부가 네그로폰테 함락 소식을 접한 것은 7월 30일이 되어서였다.

 콘스탄티노플로 향하는 터키 함대가 그것을 추적하는 베네치아 해군에 싸움이라도 걸었더라면 베네치아 측도 틀림없이 해전에 들어갔을 것이다. 그러나 터키 함대는 밀집대형을 취해 오직 북쪽으로 향할 뿐이었다. 이것을 본 베네치아 함대 사령관들 사이에 의견이 둘로 갈라졌다. 해전을 주장하는 파와 앞으로의 제해권 확보를 생각해 해군력을 온전히 보존해야 한다고 주장하는 파였다. 이런 경우 토론이 길어지면 길어질수록 대세는 신중파 쪽으로 기울어지는 법이다. 이때도 예외는 아니었다. 터키군은 아무런 방해도 받지 않고 다르다넬스해협으로 들어갈 수 있었고 콘스탄티노플로 돌아갈 수가 있었다.

무하마드 2세 암살계획

한편 베네치아에서는 네그로폰테의 함락 소식에 경악하고 있었다. 육군의 열세는 알고 있는 일이었지만 해군은 만전의 계책을 취했다고 믿고 있던 터였다. 터키군이 우수한 베네치아 해군을 상대로 해서는 봉쇄작전을 취하지 못하므로 장기화한 요새 공격전에 지쳐서 결국은 정복을 단념할 수밖에 없을 거라고 믿었던 것이다. 한 달도 안 되는 방위전 끝에 패했다니 도무지 믿어지지 않았다. 타격은 그만큼 컸다.

베네치아 정부는 총사령관 니콜로 카날레를 해임키로 결정하고 후임에 피에트로 모체니고를 선출했다. 함대의 재편성을 지시받은 모체니고는 곧바로 베네치아를 출발한다. 그는 니콜로 카날레를 본국으로 불러들이는 소환장도 지참하고 출항했다.

카날레가 베네치아에 도착하기도 전에 이미 '10인 위원회'에 의한 죄상 심의가 시작되고 있었다. 함대 지휘관들이나 승무원들로부터 카날레의 지휘능력에 불만을 토로하는 증언이 많이 접수되어 있었다. 그러나 재판은 카날레의 도착을 기다려 시작되었다. 그의 변명을 들은 후 원로원은 유죄 114, 무죄 28, 태도를 결정하지 못한 자 35로 유죄판결을 내렸다. 죄상은 네그로폰테 구원을 게을리 한 일과 터키 해군 격멸의 기회를 놓친 일이었다. 유죄이지만 사형은 아니었다. 조국을 배반한 것도 아니고 전쟁터를 포기, 이탈한 것도 아니므로 사형에는 해당되지 않는다고 판정했기 때문이다. 선고된 형벌은 어촌 포르토그루아로로의 종신추방과 급료의 전액 환수였다. 환수된 급료의 절반은 국고로 몰수되고 나머지 절반은 네그로폰테에서 전사한 사람들의 유족연금으로 사용한다는 것도 결정되었다.

니콜로 카날레에게 가해진 내란형에 대해 각국 군주들로부터 감형 요청이 쇄도했다. 카날레는 당시로서는 유명한 법학자로 로마, 밀라노, 포르투갈, 프랑스 등의 주재 대사를 지냈으며, 십자군 문제나 평화문제 등을 논의하기 위해 자주 열린 국제회의의 단골 참석자이기도 해서 베네치아인들 중에서는 해외에 가장 많이 알려진 인물이었다. 그러나 베네치아 정부는 일절 귀를 기울이지 않았다. 오히려 국제적으로 지명도가 높은 지식인을 총사령관으로 임명해 골탕을 먹은 전철을 밟지 않으려고 지명도는 낮아도 해군의 경험이 많은 사나이를 지휘관으로 고르게 되었다. 이런 기준에 따라 선임된 새로운 총사령관 피에트로 모체니고는 해전 한 번 하지 않고 패전해 규율이 흐트러진 함대를 다시 한번 묶어세워 결속하는 데 성공했다.

베네치아는 그러나 평화를 바라고 있었다. 네그로폰테를 잃은 타격은 컸고, 터키와의 7년간에 걸친 전쟁에서 적지 않은 수의 지도층 인사를 잃은 것도 이 무렵에는 부담이 되기 시작했다. 게다가 열세인 것이 분명한 육군력으로 스칸데르베그가 세상을 떠난 후의 발칸 지방에서 서방의 최전선에 서지 않으면 안 되게 된 것이다. 정전 교섭을 재개하기 위한 모든 방법을 탐색하던 베네치아 정부는 한 여자를 통해 그 길을 발견했다.

문자 그대로 전제군주였던 무하마드 2세는 전쟁에서 졌다 하여 지휘관의 목을 베고 마음에 안 든다고 재상의 목을 벨 정도여서 그에게 얼마만큼이라도 영향력을 미칠 수 있는 인물은 터키의 궁정 안에는 한 사람도 없다는 것이 정설로 되어 있었다. 그를 낳은 생모도 정중한 대우를 받기는 했지만 하렘의 여자로서 일생을 마친다. 원래 그리스도교도인 여자 노예 출신이어서 출생이 미천했으므로 권력을 한 손에 틀어쥔 아들에게 영향을 미치는 일 따위는 꿈에도 생각지 않았는지 모른다. 그리스의 황녀도 끼어 있던 무하마드 2세의 처첩들도 영향력이 없는 점에서는 생모와 다를 바 없었다.

이런 무하마드 2세가 거의 존경에 가까운 생각을 가지고 대했던 한 여자가 있었다. 부친 무라드의 처이자 세르비아의 왕녀 출신인 마라였다. 그러니까 무하마드에게는 법률상의 모친이다. 아이를 낳을 수 없었던 것 같은 이 여자는 하렘에서 지내는 동안에도 그리스도교도이기를 포기하지 않았다. 콘스탄티노플 함락 후 그리스도교도들이 온갖 방해를 받기는 했지만 신도로서 처지를 보장받을 수 있었던 것은 이 마라가 무하마드 2세에게 선처하도록 주선한 결과라는 말이 나돌았다. 베네치아 정부는 이 여자에게 접근한 것이다.

마라는 얼른 베네치아의 의향을 술탄에게 전했다. 무하마드 2세는 베네치아 측이 원한다면 교섭에 응하겠다고 전해왔다. 터키 영토의 통행허가증도 마라를 경유해 보내왔다.

베네치아 정부는 니콜로 코코와 프란체스코 카펠로를 특사로 선출한다. 두 사람은 모두 터키 영토 내에서 장사를 해온 오랜 경험이 있어 터키의 내정에 정통했다. 정부는 두 특사에게 베네치아 측의 조건을 명백하게 제시해주었다. 동지중해 해역에 있는 베네치아 영토에 대한 불가침의 보장과 네그로폰테의 반환이 그 조건이었다. 반환을 수락하면 베네치아는 5회에 걸친 분할지불로 25만 두카토를 지불할 용의가 있었다. 이것이 특사에게 주어진 양보의 한계였다. 네그로폰테 함락으로부터 특사 파견에 이르기까지 3개월밖에 걸리지 않았는데 이것은 베네치아가 얼마나 정전을 갈망했던가를 말해주는 증거가 될 것이다.

콘스탄티노플에 도착한 두 특사는 의례적으로 무하마드 2세를 예방하고 재상과의 교섭에 들어갔다. 재상이 내놓은 조건은 베네치아는 해외의 모든 섬을 터키에 '반환'할 것과 매년 10만 두카토의 연공금을 지불하라는 것이었다. 두 특사는 터키의 강경한 태도에 아연실색했다. 베네치아공화국이 그런 조건을 받아들일 바에는 본토에 있는 모든 영토를 잃는 쪽을 택하겠다고 두 특사는 말했다.

노한 술탄은 특사들의 통행허가증을 빼앗아버린다. 특사 카펠로는 얼마 안 가서 콘스탄티노플에서 병사했고 또 다른 특사 코코는 어선으로 림노스섬으로 도망쳐서 거기서 베네치아의 배편으로 고국으로 돌아가 교섭의 결렬을 겨우 본국 정부에 보고할 수가 있었다.

그런데 그로부터 1년이 채 지나지 않아 이번에는 터키 측이 정전 교섭을 들고 나온 것이다. 왕녀 마라의 소개장을 소지한 터키의 한 사절이 배편으로 베네치아로 온 것이다. 사절은 무하마드 2세가 전달한 조건을 전했다. 크레타를 포함한 에게해상의 모든 베네치아령 도서의 '반환'과 코르푸섬의 양도, 5만 두카토의 연공금 지불을 요구하는 것이었다.

베네치아 정부는 자기들의 생각과 술탄의 그것이 완전히 어긋난다고 판단할 수밖에 없었다. 아드리아해의 출구를 지키는 코르푸섬은 말할 것도 없고 크레타를 비롯한 에게해상의 베네치아 기지는 통상국가 베네치아에는 그 존망이 걸린 중요한 곳이었다. 이들 중간거점을 연결해 형성되는 '고속도로'가 있고서 비로소 베네치아 상선의 활동이 가능해지는 것이다. 연공금이라는 형식은 받아들일 수 없는 것이지만 돈으로 해결될 수 있다면 베네치아에는 별문제가 아니었다. 비록 영토는 크지 않아도 당시의 베네치아는 프랑스나 에스파냐를 능가하는 최고 경제력을 자랑하고 있었다. 그러나 무하마드가 제시한 조건은 베네치아로서는 도저히 받아들일 수가 없었다. 교섭은 결렬되었다. 이런 생각을 하는 무하마드 2세가 살아 있는 한 베네치아는 앞날에 희망을 가질 수 없다는 것을 깨달을 수밖에 없었다.

술탄 무하마드 2세에 대한 암살기도는 베네치아와 터키가 아직

교전 상태에 들어가기 전인 1456년에 시작해 1479년까지 23년 동안에 도합 14차례나 시도한 것으로 되어 있다. 그러나 이들은 단한 가지 경우를 제외하고는 모두 외부에서 베네치아 정부에 팔아먹으려고 들고 온 '청부암살계획'이었지 베네치아 정부가 기도한 것은 아니었다. 베네치아의 경제력에 끌린 이들 일종의 독불장군 격의 개인 플레이어들이 꾸며서 들고 온 암살계획들이었다. 10인 위원회의 극비 기록은 그런 청부암살의 제안이 있을 때마다 그 제안자를 그리스의 선원, 가톨릭 수도승, 피렌체 태생의 귀족, 크라쿠프의 폴란드인, 알바니아의 외과의사 겸 이발사 등등으로 기록해놓고 있다. 한 가톨릭 수도승의 계획은 상세하게 필요경비까지 적어놓은 암살제안이었다.

그런데도 10인 위원회의 기록에는 지출한 경비나 예상 경비 등이 적혀 있지 않다. 단 한 번을 제외하고는 그다지 상세히 기록해놓지 않은 것으로 보아 베네치아는 그들의 제안에 비교적 적극적이지 않았다는 것을 알 수 있다. 제안해온 사람의 인물 됨됨이나 수단이 믿을 만한 것이 못 된다고 보고 실패할 경우에 따르는 위험부담 등을 생각해 적극적일 수가 없었을 것이다. 1471년의 암살계획에 대해서만은 10인 위원회가 처음부터 아주 적극적이었다. 암살 실행자가 술탄의 주치의로 되어 있었기 때문이다.

자코모 다 가에타는 나폴리에 가까운 가에타에서 태어난 이탈리아인이었다. 다만 그의 부친이 유대인이었기 때문에 교황 니콜라우스 5세의 금령에 걸려 이탈리아를 떠나야 했다. 의사나 변호사와 같은 직업을 가진 유대인들이 그 직업으로 그리스도교도에게 영향을 미친다 하여 유대인은 추방당했던 것이다. 그때 자코모 다가에타도 이탈리아를 떠나 터키로 갔다.

터키인은 의술이나 장사를 잘 못해 그 방면의 기술자를 환영했다. 자코모는 술탄 무라드의 주치의가 된다. 무라드가 죽은 후에는 무하마드 2세의 주치의가 되었다. 주치의는 술탄이 가는 곳이면 어디든지 수행한다. 자코모는 콘스탄티노플의 공방전과 네그로폰테의 공격을 술탄의 천막 안에서 관전할 수 있었다.

무하마드 2세의 주치의에 대한 신뢰는 절대적이었다. 특히 30세가 넘어 비만해지기 시작해 말을 타는 것조차 힘들어하게 된 무렵부터 이 유대인 주치의는 무하마드 2세에게는 없어서는 안 될 존재가 되어 있었다. 자코모가 조제한 약이 어떤 영문인지 비만증에 잘 들었던 것이다.

자코모는 고액의 급료를 받는 위치가 되었을 뿐 아니라 파샤라는 존칭까지 받았다. 언제나 혼자서 식사를 하는 무하마드와 식사는 함께 하지 않더라도 동석이 허용되는 유일한 인물이었고, 포도주를 좋아하는 술탄에게 코란의 계율에 의하지 않고 건강상 이유로 절주를 권할 수 있는 것은 궁정에서 그 한 사람뿐이었다.

자코모 다 가에타와 베네치아가 접촉한 역사는 오래되었다. 기록에 남아 있는 것만으로도 1457년에 30브라초의 붉은 비로드 천을 선물한 것을 비롯해 그 후 여러 차례에 걸쳐 베네치아 대사가 그에게 선물을 보낸 것으로 되어 있다. 특히 1463년 이후로 술탄의 궁정이 베네치아인을 멀리하기 시작하고부터는 대사가 자코모를 만나 이야기를 나누는 것이 베네치아로서는 터키 궁정과 접촉하는 유일한 길이었다. 유대인 의사의 이러한 친베네치아적인 태도는 호화판 선물에 끌렸기 때문만은 아니었다. 서유럽의 여러 나라 중에서 교황의 반유대인 정책을 받아들이지 않은 단 하나의 나라가 베네치아였기 때문이다.

1471년에 왜 자코모가 술탄 암살을 맡을 생각을 한 것인지 그 영문은 알 수 없다. 터키의 중신들 중에서 그의 성공을 곱지 않게 보는 자가 많았고 술탄의 궁정에서 이 유대인의 위치는 오로지 무하마드 2세의 마음 하나에 달려 있다는 것을 베네치아 정부도 잘 알고 있었다. 자코모는 무하마드 2세가 갑자기 죽은 후에 일어날 상황의 변화보다도 자기가 직접 계획해 일으키는 상황 변화에 대응하기가 편하다고 생각했는지도 모른다. 그러나 그러한 그의 생각을 전하려 해도 당시 콘스탄티노플에는 베네치아인이 한 사람도 없었다.

1471년 9월, 피렌체인 란도 델리 알비치가 자코모의 서신을 가지고 베네치아를 찾았다. 베네치아 정부는 극비리에 추진해야 할 일임을 알아차리고 절대 믿을 수 있는 만토바 대사의 저택에 란도를 숨겼다. 그리고 10인 위원회 위원들이 그곳으로 가서 밀사의 이야기를 청취했다. 란도 델리 알비치는 메디치 가문과의 싸움에서 패배해 피렌체에서 추방당한 알비치 가문의 한 사람으로, 이탈리아 각지로 흩어진 다른 일가 친척들과 달리 터키로 망명해 있던 처지였다. 물론 메디치 일가가 권력을 잡고 있는 동안은 쉬이 피렌체로 돌아갈 수 있는 몸이 아니었다. 하나 알비치 가문이 재기할 수 있다는 희망은 이제 거의 사라졌으며, 그래서 그는 오히려 더 고국으로 돌아가고픈 마음뿐이었다.

자코모의 서신과 란도의 이야기로 10인 위원회 위원들은 다음과 같은 자코모의 계획을 알게 되었다. 자코모 다 가에타는 다음 해,

즉 1472년 3월부터 5월 말까지 무하마드 2세를 독살한다. 그에 대한 대가로서 1만 두카토, 그리고 암살 성공 후에 콘스탄티노플을 도망쳐 나올 때 전 재산을 버리고 나와야 할 처지이니 그에 대한 보상으로 2만 5천 두카토, 합계 3만 5천 두카토를 사후결제 조건으로 요구한다는 것이었다. 다른 청부암살패들에게서는 볼 수 없었던 엄청난 '암살료' 요구액이었다. 다른 패들은 비싸도 500두카토 이상을 요구한 자가 없었다.

10인 위원회는 전원일치로 이것을 수락했다. 베네치아 시민권을 달라는 자코모의 요구도 받아들였다. 베네치아에서 살고 싶다는 그의 희망도 즉석에서 수락한 것이다. 란도도 일이 성사되면 500두카토의 연금을 줄 것을 요구했는데 이것도 들어주기로 했다. 또한 메디치 일가의 로렌초 일 마니피코에게 청탁해 란도가 피렌체에 돌아갈 수 있도록 힘쓸 것도 약속했다.

한달 후, 란도는 비밀리에 베네치아를 떠난다. 그러나 베네치아 배편으로 크레타로 간 후 그는 소식이 끊겼다. 콘스탄티노플로 가던 도중에 살해된 것인지 아니면 도착 후에 죽음을 당한 것인지 베네치아 측은 끝내 밝혀내지 못했다.

다음 해 5월이 지나고도 무하마드 2세는 죽지 않고 살아 있었다. 유대인 의사는 전과 다름없이 주치의 노릇을 하고 있다가 1481년 이후 소식이 끊겼다. 무하마드 2세가 죽은 후의 혼란기에 죽음을 당했다는 것이다. 이와 같이 암살은 미수로 끝났는데, 이에 관한 기록은 10인 위원회의 극비문서로 분류된 까닭에 적어도 다른 나라에는 알려지지 않을 수가 있었다.

스쿠타리 공방전

그것은 그렇더라도 베네치아는 모든 것을 되어가는 추세에 맡겨 관망할 수 있는 처지가 아니었다. 전쟁이 끊임없이 계속되었던 것은 아니지만 어찌했든 적대관계는 계속되었고 그것은 교역에 큰 타격을 주게 마련이었다. 어떤 방법을 써서라도 터키에 타격을 입히고 그럼으로써 터키로 하여금 강경일변도의 태도를 바꾸게 하여 정전 교섭을 다시 시작해야 했다.

그러한 정세를 만들어낼 수 있는 것은 해전을 피하는 터키를 상대하고 있는 베네치아가 아니었다. 역시 육상전을 할 수 있는 전력을 가진 나라가 아니면 안 된다. 헝가리 왕과의 관계는 이미 손을 쓸 만큼은 써놓은 터였지만 이 무렵 페르시아와의 공동전선 체제가 본격적으로 움직이기 시작한다. 페르시아 왕 우준 하산도 오늘날까지 명품이란 평을 듣는 에메랄드와 금으로 된 그릇을 베네치아 국가원수에게 선물하면서 베네치아와의 동맹에 적극적인 자세를 보였다.

무하마드 2세는 베네치아의 그러한 계략에 넘어가지 않았다. 서쪽으로는 헝가리, 남쪽은 베네치아, 동쪽은 페르시아, 이 3국의 공동전선 체제에 어느 방면이건 받아친다는 어리석음을 범하지는 않았던 것이다. 다르다넬스해협으로는 배 한 척도 내보내지 않는 터키에 베네치아로서 할 수 있는 일이라곤 아무것도 없었다. 그리고 터키는 헝가리와는 급거 휴전조약을 맺었다.

헝가리로서는 서유럽 그리스도교 세계의 최전선이라 하여 터키와 싸우고 있으면 베네치아와 로마 교황이 자금원조는 해준다. 이러한 경우에 국경 넘어 깊숙이 침공을 당하면 필사적으로 싸우겠지만 그렇지 않을 때는 이따금 쉬었다가 또 싸우고 하는 것이 어느 면에서건 유리하다. 헝가리는 유능한 군주 마티아슈 1세가 이끌고 있었던 만큼 어느 정도 용병화해 있었던 것이다. 헝가리는 터키가 유리한 조건을 제시해오자 즉각 이를 받아들였다. 이렇게 해서 무하마드 2세는 동방에 전력을 쏟을 수 있는 상황을 만들어낸 것이었다.

1472년 10월, 페르시아를 칠 전쟁준비는 완료되었다. 5일, 터키군은 보스포루스해협의 아시아 쪽으로 건너기 시작한다. 12일에는 무하마드 2세를 태운 배가 보스포루스해협을 건넜다. 술탄은 12세인 셋째아들만을 수도 콘스탄티노플에 남겨두고 장남과 차남을 이 출진에 종군하게 했다.

한편 페르시아군도 수도 타브리즈를 떠나 서쪽으로 향했다. 양군의 전력은 터키 측이 전투원 10만, 비전투원을 합쳐 19만인 데 비해 페르시아군은 5만. 이것은 베네치아 정부 특사로서 페르시아 궁정에 파견되어 동맹 체결을 교섭했던 카텔리노 젠이 동맹 성립 후에도 귀국하지 않고 페르시아 왕과 동행해 종군하면서 현지에서 보내온 보고에 따른 숫자다. 물론 그의 종군은 본국의 지령에 따른 것이었다.

오리엔트의 두 군주는 두 사람 다 점성술의 결과에 따라 전쟁터에서 취할 행동을 결정했던 것으로 전해진다. 무하마드 2세의 점성사가 어떤 점성 결과를 고했는지는 알 수 없으나 페르시아 측에서는 왕을 기쁘게 할 조짐이 나타나고 있었다. 아니나 다를까 처음에는 페르시아 측에 유리하게 일이 전개된다. 대병력으로 불모의 땅 깊숙이 침입한 터키군은 눈까지 내리는 악천후와 식량부족으로 어려움을 당했다. 성벽을 방패삼는 적을 상대로 하는 싸움이 아니라 광대한 쿠르디스탄의 황무지를 양측이 모두 이동하면서 싸우는 전투였다. 험악한 지형과 아시아의 겨울의 매서운 추위는 특히 비전투원이 많은 터키군에겐 큰 부담이었다. 수에서 열세인 페르시아군은 자랑거리인 기병을 구사해 터키군이 향하는 목적지를 앞질러 습격해 약탈하고 본대로부터 떨어진 터키 병사들을 도륙하고 돌아다녔다.

전쟁은 기습작전을 잘하고 못하고에 따라 결정되는 것은 아니다. 혹한의 월동을 강요당한 터키군은 그래도 사기가 떨어지지 않았고, 그들을 이끄는 무하마드 2세의 통솔력은 젊은 시절의 예리함에다가 깊이까지 더하고 있었다. 그는 미리 어느 정도의 병력 손실을 내다보고 대군을 편성했던 것 같다.

1473년 8월, 유프라테스강의 양안에 집결한 터키군과 페르시아군이 첫 대면을 했다. 페르시아군의 진지에서 바라다보니 붉은 바탕에 흰색 별과 초승달을 물들인 터키의 국기가 마치 바다에 이는 파도처럼 물결친다. 그 물결이 페르시아군 쪽으로 밀려온 것이 곧 전투의 시작이었다.

8시간 계속된 전투는 터키군의 대승으로 끝났다. 포로에 대해서는 몸값을 치르겠다는 소리가 아직 들리고 있는데도 포로는 모두 죽음을 당했다. 목숨을 건진 것은 장인이나 학자들뿐이었다. 이들 기술자는 콘스탄티노플을 대제국의 수도답게 꾸밀 구상을 하고 있는 무하마드 2세에겐 필요한 존재들이었기 때문이다. 페르시아 왕하산은 자군의 패색이 짙어지는 것을 보고 도망쳤기 때문에 목숨을 건졌다. 그러나 또 한 번 설욕전을 하겠다고 베네치아 특사에게 약속하는 페르시아 왕을 베네치아는 벌써 거리를 두고 보기 시작하고 있었다.

동쪽의 적을 쓸어버린 무하마드 2세는 이번에는 공격을 서쪽으로 돌린다. 자신은 콘스탄티노플에 머무르고 대신에게 지휘를 맡겨 두 방면으로 군대를 내보냈다. 헝가리와의 휴전협정을 그대로 지키는 것이었으므로 적으로 돌린 것은 베네치아였다. 그러나 다르다넬스해협 밖으로는 배 한 척 내보내지 않았다. 여전히 해전은 극력 피하려는 것이다.

기병만으로 편성된 터키군의 일대는 보스니아를 거쳐 달마치야의 내륙을 통과해 북쪽으로부터 프리울리로 들어가서 약탈과 살륙의 극치에 달해 온갖 포악을 부렸다. 프리울리는 베네치아 본토령의 북쪽 변두리에 해당했다. 제노바인을 아버지로, 그리스인을 어머니로 하여 태어났고 젊어서부터 이슬람으로 개종해 이스켄데르 베그라는 이름을 가진 지휘관이 이끄는 터키의 기마대는 마치 질풍과도 같았다. 그들이 방화해 타오르는 불길은 산 마르코 성당의 종루에서도 보일 정도였다.

터키군은 질풍처럼 들이닥쳤다가 질풍처럼 사라졌지만 베네치아에 준 심리적 타격은 컸다. 프리울리 주민들의 요청을 받아들여 베네치아 정부는 처음으로 본토에 터키를 막을 수비병을 상주시키지 않을 수 없었다.

터키는 또 하나의 전선에는 기병이 아니고 보병을 주체로 한 8만의 대군을 보냈다. 알바니아의 가장 중요한 거점 스쿠타리(오늘날의 슈코더르)가 공격목표였다. 스칸데르베그가 죽은 후 그로부터 알바니아 방위를 위탁받은 베네치아는 집정관을 그곳에 파견하고 해상으로 보급물자를 수송하면서 버티고 있었는데, 터키는 이 기회에 아주 결판을 낼 작정을 한 것이었다.

그러나 제1차 스쿠타리 공격은 베네치아의 승리로 끝났다. 무하마드 2세가 임명한 총사령관은 술탄의 남색취미 상대인 술레이만 파샤였는데, 남색뿐 아니라 군사적 재능이 별로 없는 사나이였던 것이 베네치아에는 다행이었다. 말라리아를 앓으면서도 총책임을 맡은 베네치아의 집정관 안드레아 로레단의 임기응변의 지휘 아래 일치단결한 알바니아인들의 건투가 한 달 반에 걸친 농성전을 버티어내게 했다. 터키에서는 패군의 장은 거의 예외없이 목을 베어 처형했지만 술레이만 파샤는 좌천당하는 정도로 넘어갔다.

해가 바뀐 1475년 1월 6일, 베네치아 국가원수 관저의 홀에서는 의회의 의사진행 때 사용되는 의자들이 치워지고 나폴리 왕의 동생인 아라곤 가의 페데리코를 맞는 대무도회가 열리고 있었다. 야반이 지나 무도회의 흥이 한창 무르익어갈 즈음, 원수의 등 뒤로 슬그머니 다가선 내무장관이 원수에게 귀엣말로 뭔가를 속삭였다. 원수는 네그로폰테 함락 후에 해군 총사령관으로 선출되어 사기가 떨어진 베네치아 해군을 재편성해 동지중해의 제해권을 회복하는 데 성공한 피에트로 모체니고였다. 뭔가를 귀띔받은 원수는 아무 일도 없는 척하면서 자리를 떠났다.

별실에는 술탄의 의모 마라가 보낸 사람이 기다리고 있었다. 그는 술탄이 강화 협상을 할 의사를 갖고 있다는 것을 전하고 베네치아가 보낼 특사를 위한 통행허가증을 갖고 있었다. 원수는 곧 10인 위원회를 소집했다.

10인의 위원과 6명의 원수 보좌관이 귀띔을 받고 모여들었다. 황금 비단의 예복으로 단장한 원수와 제각기 그 직책과 신분에 상응하는 예복을 차려입은 그들은 그 화려한 옷차림과는 전혀 어울리지 않는 심각한 얼굴로 토의를 거듭했다.

그날 밤은 결론을 내리지 못했다. 무하마드 2세가 왜 이 시기에 강화를 바라는가, 그 진의가 무엇인가를 헤아릴 수가 없었다. 그러나 별실에서 열렸던 이 비밀회합은 당사자들 이외에는 아무도 눈치채지 못했다. 능란한 정치가로서도 정평이 나 있던 아라곤 왕가의 왕제도 전혀 아무것도 모른 채 화려한 무도회와 훌륭한 접대에 고맙다는 인사를 원수에게 하고 만족스러운 마음으로 숙소로 돌아갔다.

10인 위원회는 다음 날에도 여러 차례 회의를 거듭했다. 원로원에는 아직 아무것도 알리지 않고 있었다. 그러던 중 정보의 분석정리도 끝나가고 새로운 정보들도 들어오기 시작했다. 무하마드 2세가 스쿠타리 공격에 실패했을 뿐 아니라 어려운 문제들에 둘러싸여 있다는 것을 알게 되었다.

페르시아 왕이 다시 동방을 위협하기 시작하고 있었다. 헝가리 왕도 터키에 대해 공격적인 태도로 나오기 시작하고 있었다. 한 술 더 떠서 터키인 이상 잔인한 것으로 소문나 있는 슬라브족의 한 갈래인 발라키아인들이 적병을 모두 꼬치에 꽂듯 창으로 산적꽂이하는 잔학행위로 터키인들 사이에 공포를 불러일으키고 있었다. 그뿐만 아니라 서유럽에서도 로마교회가 중심이 되어 밀라노와 피렌체도 10만 두카토씩 분담하는 것으로 하여 터키에 대항하는 십자군 재편성 문제가 토의되고 있었다. 베네치아는 별로 그 움직임을 신용하지 않았지만, 베네치아만큼 서유럽이 단결하고 있는 상황을 모르고 있는 터키는 그것을 믿을 수밖에 없었던 것이다.

또한 무하마드 2세는 차남이기는 해도 가장 총애하고 있었던 무스타파를 그 전해에 잃고 낙담한 나머지 기력을 잃어가고 있다는 정보도 들어왔다. 10인 위원회는 강화교섭을 위한 특사를 파견하기로 결정을 내렸다.

특사 지롤라모 조르조를 접견한 무하마드 2세는 종전과 거의 같은 조건을 제시해 특사를 낙담시켰다. 알바니아와 펠로폰네소스반도, 그리고 에게해의 섬들을 반환할 것과 연공금 15만 두카토의 지불이라는 조건이었다. 대사 조르조는 본국 정부와 협의를 위해 필요하다면서 얼마 동안의 휴전을 요청했다. 무하마드 2세는 이것을 쾌히 받아들였다. 그것도 6개월이나 휴전하자는 너그러움을 보였다.

그런데 그 6개월이 채 지나기도 전에 터키군은 흑해로 진군해 카파, 타나 등의 소도시를 공략했다. 비록 어려운 가운데서도 그래도 소규모로나마 계속되어왔던 이탈리아 해양도시국가와 흑해 및 러시아와의 교역은 이것으로 완전히 길이 막히고 말았다. 카파는 제노바 상인들의, 그리고 타나는 베네치아 상업의 동방에서의 최전방 기지였다.

베네치아는 이렇게 되고 보니 더더욱 에게해의 섬들을 포기할 수 없게 되었다. 흑해 쪽도 막히고 콘스탄티노플도 안 된다면 오리엔트 방면의 남은 시장은 시리아와 이집트뿐이게 된다. 그쪽으로 항해하는 선박들의 중계기지인 크레타섬만은 절대로 넘길 수 없는 일이었다. 그것을 내놓는 것을 조건으로 하는 술탄과의 교섭은 끊어버릴 수밖에 없었다.

다음 해인 1476년, 북에서는 헝가리가 선전하고, 남에서는 베네치아가 침공을 당하면서도 잘 버티어내고 있었다. 공략을 당해도 그것이 바다에 닿아 있는 기지면 해상보급을 이용해 되찾을 수도 있었다. 무하마드 2세는 콘스탄티노플에 머물면서 움직이지 않았다. 토프카피 궁전 밖으로 나가는 일도 거의 없었다. 자객을 두려워했던 것이다.

해가 바뀌어 1477년이 되자 북으로부터는 이스켄데르베그가 이끄는 터키 기병대가 다시 베네치아의 본토 속령들을 짓밟고 다녔고, 남으로는 대군을 동원한 알바니아 정벌이 재개되었다. 그러나 두 번째 스쿠타리 공방전도 농성군이 잘도 버텨내어 터키군은 포위진을 풀 수밖에 없었다. 마치 서유럽 그리스도교 세계의 최전선을 헝가리와 베네치아만으로 지키고 있다는 생각이 들 정도였다. 페르시아에서는 결국 재기에 성공하지 못한 채 하산이 죽었다.

그해의 연말 무렵, 베네치아의 10인 위원회는 중대한 정보를 입수하고 있었다. 나폴리 왕인 페란테가 그의 사위이기도 한 헝가리 왕 마티아슈 1세와 공모해 터키와 강화하기 위해 특사를 콘스탄티노플로 보냈다는 것이었다. 헝가리까지 전선을 빠져나가면 베네치아 단독으로는 도저히 싸워낼 수가 없다. 게다가 남이탈리아를 영유하고 있는 나폴리 왕이 터키 쪽에 붙으면 베네치아는 아드리아해 출구의 양쪽에 적을 두는 것이 된다. 헝가리와 터키와 나폴리 사이에 동맹이 맺어지고 베네치아가 고립되는 사태는 절대로 피해야 한다. 원로원은 강화 교섭의 재개를 결의했다. 교섭을 위해 터키로 나갈 특사에게는 코르푸섬, 모도네, 코로네의 기지들과 크레타 및 에게해의 섬들을 확보할 수 있고 상업활동의 자유보장을 얻어낼 수만 있다면 다른 것은 무엇이든 양보해도 상관없다는 비통한 밀명을 주어 출발시켰다.

교섭은 난항이었다. 술탄이 직접 이끄는 터키군에 의한 세 번째 스쿠타리 공격으로 중단되기도 했지만 타결에 이르는 데 1년이나 걸렸다. 이 어려운 협상에 처음에는 톰마소 말리피에로가 파견되었고, 이어서 외교경험은 전연 없었지만 크레타 태생으로 오리엔트 교역의 경험이 풍부한 조반니 다리오가 뒤를 이었다.

다리오를 선출한 것은 성공이었다. 오리엔트 교역이 베네치아를 지탱시키는 등뼈와 같은 것임을 뼈저리게 알고 있는 이 식민지 출신 베네치아 시민은 실로 집요하게 물고늘어지고 또 버티었다. 술탄이 직접 지휘하는 12만 터키 대군을 세 번이나 패퇴시킨 스쿠타리 방위군의 용감한 투쟁이 협상 테이블에 임하는 65세의 특사에게 조금은 힘을 보태는 요인이 되었을지도 모른다. 1479년 1월 25일에 조인을 마쳤다. 그 내용은 다음과 같다.

베네치아는 이미 터키군 수중에 들어간 네그로폰테, 펠로폰네소스반도의 내륙부분, 스쿠타리를 포함한 알바니아 일대를 터키령으로 인정한다.

한편, 터키는 코르푸섬, 펠로폰네소스반도의 모도네와 코로네의 기지들, 크레타섬과 에게해의 섬들을 베네치아령으로 재확인한다.

베네치아는 술탄에게 터키 내에서의 통상료로서 연 1만 두카토를 지불한다. 또한 콘스탄티노플에 대사를 상주시키는 권리와 그 곳에 치외법권을 가지는 베네치아인 거주구를 두는 권리를 가진다.

터키는 터키령 전 해역에 걸쳐 베네치아인의 통상 및 항행의 완전한 자유를 보장한다.

베네치아는 술탄에게 과거에 터키령 안에서 발굴한 백반광(白礬鑛)의 전매료 미불에 대한 배상으로 15만 두카토 중 10만 두카토를 2년 이내에 분할상환할 의무를 진다.

베네치아와 터키는 다 같이 서로 상대국의 영토를 침해하지 않을 것을 서약하고 상대국의 적을 원조하지 않을 것임을 서약한다.

화가 젠틸레 벨리니와 무하마드 2세

두세 차례에 걸친 공격에도 버텨내고 지켰던 스쿠타리를 베네치아는 버린 것이다. 또 백반의 전매료라는 것은 로마 교황청도 징수하고 있으니까 도리 없다고 하더라도, 통상적인 관세를 무는 것 외에 매년 1만 두카토를 통상료라는 명목으로 지불한다는 새로운 관례를 만드는 것을 받아들인 것이다. 이것은 실질적인 연공금이라고 해석되어도 할 말이 없었다. 역사가들이 베네치아 건국 이래 일찍이 없었던 굴욕적인 강화라고 말하는 것은 그 이유가 이런 데에 있었다.

베네치아는 그러나 이미 터키에 공략당해 그 수중에 들어가 있는 땅은 접어두고, 그밖에 스쿠타리말고는 해외기지를 더 잃지 않고 넘어갈 수가 있었다. 또한 베네치아는 통상의 자유라고 하는 절대로 양보할 수 없는 최후의 일선은 어찌했든 확보할 수 있었다. '통상료'라는 것도 15만 두카토나 요구해온 것을 백반석의 전매료 미불분 배상에 끼워 일괄로 흥정한 결과 1만 두카토로 줄이는 데 성공한 것이었다. 암살을 제안해온 술탄의 주치의에게 3만 5천 두카토 지불을 즉석에서 승낙했던 베네치아이니 활발한 교역이 보장되는 일치곤 값싼 비용이었다.

이것은 베네치아의 가치판단 기준일 뿐이다. 다른 나라는, 특히 통상을 생업으로 삼지 않는 나라들은 그렇게 생각하지 않았다. 터키와 평화조약을 맺은 베네치아에 그리스도교 세계의 배반자라는 비난이 집중된 것이다. 돈을 위해 그리스도의 적인 이슬람에 굴복한 지조 없는 나라라고, 교황청만이 아니라 이탈리아의 여러 나라, 터키와의 전쟁에 조금도 관심을 보이지 않던 프랑스며 에스파냐도, 독일의 신성로마제국에서부터 그들 자신이 평화조약을 추진했던 헝가리까지도 베네치아를 비난하는 대합창에 합세했다.

16년간 계속된 터키-베네치아 전쟁 중에 정전이나 강화조약 교섭은 6회나 시도되었는데 그때마다 극비에 붙여졌던 까닭에 다른 나라들은 그 자초지종을 모르고 지냈던 것이다. 단 한 번 밀라노 대사가 눈치챈 적이 있었다. 그래도 베네치아는 조심에 조심을 거듭해 특사 파견도 상용을 위한 것처럼 꾸미는 등 보안유지를 위해 온갖 고생을 했던 것이다. 각국은 저 장사치의 나라 베네치아라고 의심을 하고는 있었지만 확증은 없었다. 그러나 조인된 강화조약을 숨길 수는 없는 일이었다. 공표된 것을 보고 비로소 알게 된 다른 나라들은 그만큼 참기 어려웠을 것이다.

강화가 성립된 후 베네치아가 최초로 한 일은 콘스탄티노플에 대사를 보내는 일이었다. 그것과 때를 같이해 착수한 것은 스쿠타리를 넘겨주는 일이었다. 터키는 농성전을 버텨냈던 스쿠타리를 비롯해 새로이 터키령으로 편입되는 알바니아 지방에서 터키의 통치 아래 머무르느냐 아니냐는 각자 결정하도록 내버려두었다. 베네치아인은 본국으로 돌아가면 될 일이지만 문제는 알바니아인들이 어디로 갈 것이냐 하는 문제였다. 난민들 전원은 터키령에 머무르는 것보다는 이주를 희망했다.

산악지대의 백성인 알바니아인들은 그러나 바다 위의 도시 베네치아에서 사는 것은 원하지 않았고 고국과 지세가 비슷한 산지에서 살기를 희망했다. 베네치아의 선박에 실린 그들은 남부 이탈리아의 폴리아와 칼라브리아 지방의 산지에 집단으로 이주했다. 오늘날에도 보통의 지명 다음에 '알바네세'가 붙는 지명을 이 지방에서는 흔히 볼 수 있다. 터키를 싫어한 알바니아 난민들이 개척한 마을들인 것이다.

난민은 알바니아뿐 아니라 터키령으로 결정된 그리스에서도 많이 왔다. 이들 난민의 이주로 개발이 된 지방에서는 이탈리아어가 아니고 아직까지도 그리스어나 알바니아어에 가까운 언어를 사용한다. 베네치아 정부는 마지막까지 싸운 스쿠타리의 알바니아인들에게는 이주에 즈음해 연금 형식으로 그들의 희생에 보답했다. 1,600명이나 되었던 남자들이 세 차례의 공방전이 끝나자 450명으로 줄어 있었던 것이다.

어찌했든, 16년이나 계속되었던 교전 상태는 끝이 났다. 그동안 끊겼던 그리스와 콘스탄티노플행 정기항로도 재개된다. 지체

없이 즉각 콘스탄티노플로 파견된 대사에게는 할 일이 산더미같이 쌓여 있었다. 대사관의 정비, 통역진의 재편성, 창고와 선착장의 준비 등 16년의 공백을 메우는 일은 이런 일에 익숙해 있던 베네치아인들에게도 여간한 일이 아니었다. 베네치아가 이 일을 얼마나 중요시했는가는 그때 대사를 임명하는 절차에도 잘 나타나 있다.

강화조약이 조인되었다는 소식이 들어오자마자 베네치아 정부는 강화 후 첫 대사에 알바니아 원정 때 터키군의 포로로 잡혀 있던 참사관 피에트로 부토리를 급히 대사로 임명한다. 원로원에서 선출된 대사가 베네치아에서 출발해 부임한다고 하는 통상적인 절차를 밟을 시간마저 아까웠던 것이다. 콘스탄티노플의 감옥에 있던 피에트로 부토리는 당연한 일이지만 곧 풀려나서 감옥에서 바로 대사관으로 직행했다. 그리고 통상적인 절차를 밟아 선출된 바티스타 그리티가 베네치아를 출발해 콘스탄티노플에 도착할 때까지 대사의 임무를 계속 수행했다.

터키로부터 오는 사절도 서유럽 국가들의 반응을 두려워해 한밤중에 남몰래 상륙하는 일 같은 것도 없어졌다. 터키는 국가적으로는 오리엔트와 관계가 깊었고, 베네치아 시정아치들은 개인적으로는 한 번도 터키에 가보지 못했다. 베네치아 항구에 대낮에 당당히 상륙하는 터키인 일행은 그 이국적인 복장으로 이런 베네치아 상인들을 꼼짝없이 매료했다.

강화 후 이렇게 베네치아를 방문한 최초의 터키 사절은 무하마드 2세의 요청을 전달했다. 술탄은 베네치아에서 가장 우수한 화가를 한 사람 보내달라고 베네치아 정부에 요청했다. 베네치아는

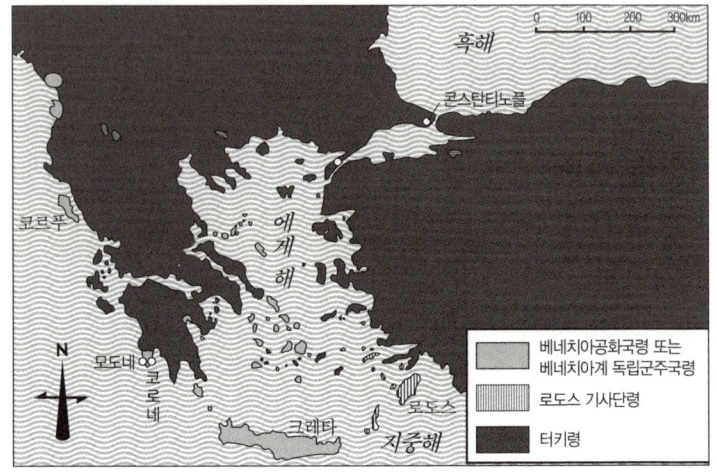

1480년 당시의 세력분포도(Ostrogorsky, G., *Storia dell' Impero Bizantino*)

이것을 '문화사절'이라고 생각한 것 같다. 당시 베네치아 제일의 화가로 이름이 높았던 젠틸레 벨리니에게 이것을 부탁하기로 결정하고, 그와 그를 따라갈 네 사람의 터키행에 드는 일체 비용을 국고에서 지출하기로 결정했다.

50세였던 젠틸레는 5년 전부터 손대고 있던 원수 관저의 벽화 수복작업을 동생에게 맡기고 9월 3일 베네치아 배편으로 콘스탄티노플을 향해 출발했다. 무하마드 2세의 요청을 전하는 터키 사절이 도착한 것은 8월 1일이다. 가져갈 갖가지 연장을 갖추는 시간을 생각해보면 한 달 만의 출발은 베네치아 정부가 방금 체결한 이 강화조약을 얼마나 중시했는가를 실증해준다. 젠틸레 벨리니는 9월 말에 콘스탄티노플에 도착하자 갓 완성된 토프카피 궁전으로 초대되어 그곳에 머무르게 되었다.

1479년 9월 말부터 1481년 1월 말까지 1년 반 동안에 젠틸레 벨리니가 토프카피 궁전에서 어떤 일을 하면서 지냈는가 하는 것은 이 화가가 아무 기록도 남겨놓은 것이 없어서 알 수가 없다. 그래도 그가 술탄이나 술탄 가족들의 초상화만 그리고 지냈던 것이 아님은 당시에 술탄의 궁전에 있었던 또 한 사람의 베네치아인 잔 마리아 안조이엘로가 써서 남겨놓은 기록으로 알 수가 있다.

네그로폰테 함락 때 포로가 되어 그 후 술탄의 차남 무스타파의 신변 시종이 되었고, 무스타파가 죽은 후에는 무하마드 2세의 시종을 오랫동안 지낸 안조이엘로의 기록은 서유럽인의 접근이 어려웠던 시기의 터키 궁정을 아는 데 가장 믿을 수 있는 사료로 평가되고 있다. 그에 따르면 벨리니가 한 일은 초상화를 그리는 것 외에 무하마드 2세의 전용 사실(私室)의 벽에 에로틱한 그림을 그리는 일이었다고 한다.

그러나 이들 작품은 무하마드 2세가 죽은 후 술탄을 계승한 그의 아들 바예지드가 모두 그 위에 덧칠을 하여 없애버렸고, 초상화도 바자에 매물로 내놓아버렸다. 이것들은 모두 이리저리 흩어져 없어지고 오늘날까지 남아 있는 것은 초상화 한 점뿐이다. 런던의 내셔널 갤러리에 있는, 유명한 무하마드 2세의 초상화가 바로 그것이다. 이것도 다른 것들과 마찬가지로 바자에 매물로 나와 있는 것을 콘스탄티노플에 거주하던 베네치아인이 사들여서 베네치아로 반입했고, 그 후 몇 차례 주인이 바뀐 끝에 19세기 말 영국인 귀족의 손에 들어갔다. 그 귀족이 죽은 후 미망인이 그것을 내셔널 갤러리에 기증한 것이다.

이 그림에는 화가의 이름과 함께 1481년 1월 15일이라는 날짜도 적혀 있다. 젊었을 때 수심에 잠긴 풍모였다고 전해지는 무하마드 2세가 풍겼던 인상은 50세가 가까워진 무렵까지도 그대로 남아 있는 것이 벨리니의 화필로 훌륭히 재현되어 있다.

무하마드 2세는 이 베네치아인 화가가 유달리 마음에 들었던 것 같다. 안조이엘로에 따르면 화가는 이 전제군주에 대해 어떤 일이라도 의견을 말할 수 있었다고 한다. 그만큼 후한 대우를 받고도 왜 벨리니는 1년 반이라는 짧은 기간만 머무르고 돌아갔을까? 사료에 의해 증명된 것이 없으므로 알 수는 없는 일이지만 어떤 한 사건이 화가로 하여금 귀국을 결심케 한 것으로 되어 있다.

어느 날 벨리니는 자기가 그린 세례자 성 요한의 참수된 목의 그림을 보여주었다. 무하마드 2세는 그것을 한참 바라보고서 잘 그렸다고 칭찬을 했는데, 그런 다음에 그는 그 그림에 잘못이 있다고 말하는 것이었다. 참수된 직후 사람 목의 혈관이나 신경은 베인 데에 대한 반동으로 목의 안쪽으로 움츠러드는 법인데 이 그림에서는 그것이 도로 튀어나와 있다는 것이었다. 화가는 자기를 데려다 쓰고 있는 이 주인의 날카로운 지적에 놀라 아무 말도 할 수가 없었다. 무하마드 2세는 화가의 침묵을 어떻게 받아들였는지 몸종을 시켜 노예를 한 명 데려오게 한 뒤 벨리니가 보는 앞에서 그 노예의 목을 베게 했다. 눈앞에 벌어진 광경은 무하마드 2세의 지적이 옳다는 것을 보여주고 있었다.

이런 일이 있은 후 베네치아의 화가는 고국으로 돌아가기로 결심했다는 것이다. 무하마드 2세는 토프카피 궁전을 떠나는 화가에게 터키제국의 기사 칭호와 황금의 사슬을 주면서 그 공에 감사를 표했다. 그로부터 3개월 후 술탄은 죽는다.

무하마드 2세의 죽음을 그리스도교 세계는 마치 신의 은총인 양

무하마드 2세의 초상(젠틸레 벨리니 그림)

반기고 축하했다. 로마에서는 3일 동안 축제가 열렸고, 교황은 각
국 대사를 초대해 '그리스도의 적'의 죽음을 감사하는 미사를 올렸
다. 서유럽뿐만이 아니었다. 베네치아와의 강화가 성립된 후에도
두 차례나 공격을 당했던 로도스섬도, 이집트의 술탄도 안도의 한
숨을 내쉬었을 것이다.

　무하마드 2세는 대군을 이끌고 아시아 쪽으로 건너간 직후에 죽
었는데 그 대군의 공격 목표는 시리아와 이집트가 아닌가 하는 소
문이 자자했던 차였으니 말이다. 그리고 베네치아와 강화조약이
성립된 이후에 시작된 남이탈리아 오트란토의 터키군 상륙도 술탄
의 급사 소식과 함께 포진을 풀고 콘스탄티노플로 철수해 큰 변을
겪지 않게 되었다. 이들 경우에서도 베네치아는 조약을 지켜 중립
적 태도를 바꾸지 않았다. 오트란토에 대한 터키군 침공의 경우,
아드리아해로 접근해가는 터키 함대가 북쪽으로 뱃머리를 돌려 베

네치아를 공격할 기미가 조금이라도 보이면 즉시 전투를 시작하라는 지령을 받은 베네치아 함대 60척이 터키 함대 옆에 바짝 붙어 항해하다가, 그것이 틀림없이 오트란토로 향하는 것을 눈으로 확인한 후에 비로소 뱃머리를 돌린 일도 있었다. 코란과 예언자 마호메트와 이슬람의 검(劍)에 맹세한다는 터키 전제군주의 서약 따위를 베네치아는 믿지 않았던 것이다.

무하마드 2세의 뒤를 계승한 바예지드는 베네치아와의 조약을 재확인한다. 위대한 창업자의 뒤를 잇는 자에게서 흔히 볼 수 있는 일이지만 확장에 확장을 거듭해왔던 영토를 하나로 묶어 통합을 유지하는 것만으로도 힘에 벅찬 일이었기 때문이다. 이것은 베네치아에는 20년 동안 평화를 누리게 되는 것을 의미했다.

신흥국 터키와의 대결은 베네치아에 시대의 흐름이 바뀌었다는 것을 깨닫게 했다. 15세기 후반 베네치아인들은 1세기 전에 겪었던 제노바와의 전쟁을 향수를 느끼며 회상하지나 않았을까. 제노바와의 전쟁은 그것이 아무리 격렬했다 해도 결국 두 나라의 조건은 같은 것이었다. 그런 조건에 기초를 둔 가치관도 같았다. 이들이 모두 같다면 두 나라 사이의 승패를 가리는 것은 그것들을 활용하는 능력의 차이다. 그 능력에서 베네치아가 우월했던 까닭에 베네치아가 이긴 것이었다.

터키와의 경우는 전혀 달랐다. 그들 사이의 승패를 결정하는 것은 능력이 아니라 그 방대한 양이었다. 대포에 착안한 무하마드 2세는 천재였지만 전쟁의 승패를 결정한 것은 터키군 병력의 숫자였다. 호령 한마디로 베네치아의 전체 남자 인구와 맞먹는 병력을 소집할 수 있는 나라에 어떻게 대항할 수 있었겠는가. 베네치아인은 전쟁 규모가 일변한 것을 인정할 수밖에 없었다.

베네치아가 사활의 문제로 중요시했던 제해권 확보 문제도 가까운 전략적 요지를 수중에 넣어야만 비로소 성립한다. 이들 거점이라는 것도 대병력을 상륙시켜 육지에서 공격하면 아무리 해상을 마음대로 항해하는 능력이 있다 해도 당해낼 수가 없다. 베네치아는 종전처럼 성밖 둘레에 해자를 파서 거리로 바닷물을 끌어들이던 축성법이 아니라, 반도 끝부분을 잘라내어 성채를 바다 위에 고립시키는 방법으로 바꾸었다. 그렇게 해놓으면 사방이 바다니까 해군국인 베네치아로서는 방위하기가 쉽게 된다.

지형적으로 그런 방법이 적용될 수 있는 전략적 거점의 성채는 크레타섬의 스피나롱가, 코르푸섬 등과 같이 모두 해상요새로 바꾸어놓았다. 원래 바다에 면한 성벽은 육지에 면한 것보다 덜 험한 구조다. 그런 발상을 한층 더 발전시킨 것이었지만, 해상에 고립되어 있는 성채는 난공불락의 험한 바위산 위에 축조한 것보다도 터키군과 싸우기에 유리했던 것은 그 후 전쟁사에 의해 증명이 된다.

이렇게 애를 쓰고 손을 썼건만, 베네치아는 터키의 위협으로부터 벗어날 수가 없었다. 해양국가에 비해 육지형 국가는 손바닥만한 땅에도 집착하는 법이다. 그리고 자기네 영토를 조금이라도 확장할 때마다 이상할 정도로 만족감을 느낀다. 이런 상대를, 더구나 힘이 있는 이런 상대를 적으로 삼지 않으면 안 되었던 베네치아는 임기응변의 방식으로 대응할 수밖에 없게 된다. 1463년에 시작해 70년간의 교전 상태를 포함한 255년 동안 숙적 터키와의 대결을 베네치아는 바로 이 임기응변적 대응주의로 헤쳐나간 것이다.

　그것은 도시국가의 시대가 끝나고 동방에서나 서방에서나 중앙
집권의 대국가시대를 맞이하여, 마치 파도를 헤치고 오가는 대선
박 사이를 스쳐나가듯 하는 작은 배의 키를 잡고 방향을 잡아나가
는 어려움과 비슷한 어려움이었을 것이다. 그런데도 천신만고 끝
에 무하마드 2세와 강화를 성립시킨 10년 후에 베네치아는 실로
베네치아다운 방법으로, 다시 말하면 전쟁을 치르지 않고도 키프
로스섬을 합병하는 데 성공하게 된다. 네그로폰테를 잃은 결과 생
긴 베네치아 해외기지망의 구멍은 키프로스를 얻음으로써 우선은
메울 수 있게 된 것이었다.

　(키프로스의 병합에 대해서는 저자의 다른 책『르네상스의 여인들』
제4부를 참조하기 바란다-저자)

9
성지순례 패키지 투어

성지순례는 예수 그리스도가 십자가에 못 박혀 죽었을 때
시작되어 이슬람교도의 방해를 받으면서도 연면히
계속되어온 것이다. 다만 이 종교적 현상은 베네치아인이
개입하면서 단순한 성지순례가 아니라 잘 조직된 영리를
목적으로 하는 훌륭한 사업으로 변했다.

베네치아공화국의 관광정책

언젠가 브루텐베르그 백작은 도미니쿠스파의 성직자 슈미트에게 이런 말을 했다.

"세상에는 남에게 권하는 것이 좋을까, 권하지 않는 것이 좋을까 하고 망설이게 되는 일이 세 가지 있다. 첫째는 결혼, 둘째는 전쟁, 그리고 마지막 하나는 성지순례다."

1480년에 있었던 이야기다. 이해에 이탈리아 밀라노공국의 관리 산토 브라스카는 오랜 소원이던 성지순례를 실행에 옮기기로 마음을 굳히고 있었다.

500년 전이지만 공무에 매인 사람은 그때도 역시 휴직원은 내야 했다. 반년 이상이나 걸릴 여행 동안에 자기가 보던 일을 대신 맡아 해줄 사람을 지정해둘 필요도 있었다. 또 여행에서 죽게 될 경우도 생각해서 공적으로는 자기 후임자까지 정했고 사적으로는 형 에라스모를 상속인으로 지명했다. 산토 브라스카는 그해에 35세. 독신인 그는 나중에 신성로마제국 황제의 궁정에 대사로 파견되기도 했지만 그때만 해도 일개 관료에 지나지 않았다. 성지순례를 이유로 낸 휴직원에 재가가 내려진 것은 3월 28일이었다.

4월 29일이 출발일이었다. 그의 교구 사제는 성지순례에 나서는 그를 위해 미사를 올려주었다. 미사가 끝나면 형제며 친구들이 파비아까지 그를 배웅해주기로 되어 있었다. 형도 동생도, 친구들도 산토 브라스카와 마찬가지로 관료들이었다. 라틴어는 말할 것도 없고 그리스어까지도 해독하는 그와 그의 주변 사람들은 지적인 면에서는 상층계급에 속한다고 할 수 있었다. 그들은 가는 길목이라며 파비아의 수도원에도 들러 이탈리아에서 가장 아름답다는 그 수도원을 견학했다. 그날 밤은 파비아에서 묵었다.

4월 30일, 파비아에서 포강을 따라 내려갔다. 베네치아로 타고 갈 배가 출범준비를 다 끝마칠 때까지 기다리면서 종일 형제며 친구들과 이야기를 나누며 보냈다.

5월 1일, 정오가 가까워져 배에 올랐다. 형, 동생, 친구들과는 거기서 헤어졌다. 선객 가운데는 장사일로 밀라노로부터 베네치아로 가는 사람들이 많았다. 육지를 떠나 강 한가운데에 이르자 배 위에서 상인들은 브라스카에게 말바지아의 고급 포도주며 음식들을 내놓고 권했다. 여행에 익숙한 사람들이어서 이런 일에도 빈틈이 없었다. 그날 밤은 강가 마을에서 잤다.

5월 2일, 크레모나에서 배를 내려 읍내에 사는 친구를 찾았다. 아마도 산토 브라스카는 크레모나에서 볼일을 보는 상인들을 위해 배가 잠깐 육지에 닿자 그 틈을 이용한 것이리라. 그날 밤은 만토바 후작령인 카살마조레에서 묵었다.

5월 3일, 그 한 사람만 도중에서 배를 내려 성 베네딕투스 수도원을 견학했다. 그날 밤은 그 수도원에서 잤다. 다음 날 이른 아침 작은 배를 삯내어 큰 배에 따라붙어 그 배로 갈아탔다.

5월 4일, 페라라에서 일박한다. 에스테 공작령의 수도인 이곳은 아름다운 궁전들이 많다. 브라스카는 동승한 상인들이 사업상의 볼일에 매달려 있는 틈을 이용해 스키아보니 궁전을 비롯해 부지런히 읍내를 관광하며 돌아다녔다.

5월 6일, 아드리아해로 빠지는 출구인 키오자에 도착했다.

5월 7일, 여기서부터는 지금까지 강을 내려온 것과 사정이 달라진다. 정오 무렵까지 순풍을 기다려 대기하다가 바람이 일기 시작하자 베네치아로 향했다. 오후 3시 베네치아 도착. 산토 브라스카는 베네치아가 초행이다. 일단 친구 집을 찾아가서 여장을 풀었다. 베네치아에서는 6일간 묵게 된다. 타고 갈 갤리선의 무장 채비가 끝나지 않아 기다려야 했기 때문이다. 그 기간을 이용해서 베네치아 시가를 견학했다.

이렇게 산토 브라스카는 써내려가고 있지만 실은 알고 보면 그도 다른 순례자들과 마찬가지로 베네치아공화국의 관광정책이 교묘하게 깔아놓은 궤도 위에서 그대로 움직이고 있는 것이었다.

베네치아는 상인의 나라다. 상인들은 영리를 바랄 수 있는 일이면 그것이 무엇이건 관심을 갖는다. 성지순례는 이교도의 방해 위험과 긴 여정에 따르는 불안이 있는데도 늘 서유럽 그리스도교도들의 꿈이었다. 게다가 해양국가인 베네치아는 배를 가지고 있었으므로 성지순례가 훌륭한 영리사업이 될 수 있다고 판단했던 것이다.

이렇게 되니 '행정지도'를 좋아하는 베네치아인들은 온 나라 전체가 이 관광사업에 적극적으로 힘을 쏟아붓기 시작한다. 맨 먼저 포고된 것이 12세기 말에 교황이 내려준 '면죄' 특권이었다. 그리스도 승천절 때 베네치아를 찾아 그곳에 안치되어 있는 성스러운 유품들을 예배하면 '완전면죄'를 얻을 수 있다는 특권이었다. 이것은 신성로마제국과의 분쟁을 끝낼 때 베네치아가 교황과 황제의 회담장소를 제공하는 등 애를 많이 썼다 하여 교황 알렉산데르 3세가 베풀어준 특전으로, 수도원이나 교회가 아닌 도시로서 이런 특전을 누리는 곳으로는 베네치아 이외에 단지 로마가 있을 뿐이었다. 면죄를 얻을 수 있다 하니 자연히 신앙심이 돈독한 사람들이 모여들었다. 이렇게 해서 베네치아가 얻게 되는 이익은 설명할 필요가 없을 것이다. 1480년의 그리스도 승천절은 5월 13일이다. 산토 브라스카도 물론 성유물들에 예배를 올리고 '완전면죄'를 얻었다고 일기장에 기록해놓고 있다.

그런데 그것으로 끝나는 것이 아니다. 그 후로도 약 열흘의 간격을 두고 성령강림절, 그리스도 성체절 등으로 이어진다. 그때마다 안치된 성유물들이 공개되고 산 마르코 광장에서는 그날을 기리는 경축행렬이 호화롭게 펼쳐지며 이국적 풍경을 더욱 발한다. 서유럽 각지에서 모여들어 배를 기다리고 있는 순례자들도 이제는 단순한 구경꾼이 아니다. 베네치아의 귀족들 한 사람씩에 이끌려 그들도 모두 이 경축행렬에 참가하게 된다. 정부의 이 같은 방침은 순례자들 사이에서 큰 호평을 받았다.

중세에는 성유물 신앙이 매우 성해 이런 유물을 가지지 못한 교회나 수도원은 영리적으로 매우 불리했는데, 베네치아 시가의 여기저기에 안치되어 있는 성유물은 그 양으로나 질적인 면에서 로마 다음으로 많고 훌륭하다는 평을 들을 정도였다. 우리의 주인공 산토 브라스카도 지칠 줄 모르고 이 유물들을 보러 돌아다녔다.

산 안토니오 수도원에서는 복음서를 쓴 네 사람 가운데 하나인 성 루가의 팔, 사도 시몬의 발뼈, 성녀 우르술라의 허벅다리뼈, 예수 그리스도에게 씌운 가시관에 붙어 있던 가시돋힌 잔가지 하나, 그리고 그리스도가 못 박혔던 십자가의 나뭇조각 하나 등을 참관했다.

산 살바토레 수도원에서는 순교자 성 테오도로스의 신체, 성 시스토의 두개골, 사도 성 안드레아의 팔, 사도 성 바르톨로메오의 팔. 그밖에도 성 크리스토포로의 이, 성 조르조의 두개골 일부와 팔……

여기서 이들 유물의 진품 여부를 문제삼으면 이야기를 진행할 수가 없다. 500년 전의 옛 베네치아에서 산토 브라스카가 참배했던 성유물은 여기에 열거한 것들의 4배는 훨씬 넘을 만큼 많았다.

베네치아 정부는 순례자들의 베네치아 체류기간을 그저 순전히 종교적인 분위기만으로 채우려고 하지는 않았다. 세속적인 축제에도 참가할 수 있도록 편의를 베풀었고 세속적인 일반 건축물도 견학할 수 있도록 너그러운 조치를 해주었다. 산토 브라스카의 일기에는 다음과 같은 대목도 나온다.

리도의 난바다에서 거행되는 '베네치아와 바다의 결혼식'을 보러 갔다. 국가원수가 바다를 향해 "너와 결혼한다"고 말하고서 손에 든 반지를 바닷속에 떨어뜨리는 의식행사였다. 베네치아와 바다 사이의 깊은 관계를 상징하는 축제행사인데 화려하게 차려 입은 수많은 남녀가 곤돌라를 몰아 국가원수가 탄 주홍빛 어용선을 뒤따르는 광경은 한 폭의 그림처럼 아름다웠다.

조선소도 견학했다. 국영 조선소인 이곳은 폭약과 대포를 갈무리하는 창고를 겸하고 있다. 여기서는 온갖 종류의 배를 견학할 수 있다. 큰 창고 5개에는 무기가 가득했고 큰 방 2개에서는 많은 여자가 돛을 만들 피륙을 짜고 있었다. 이 조선소는 자재값과 노임을 합쳐 해마다 20만 두카토를 쓴다고 했다. 바로 곁에

짓고 있는 새 공장도 견학했는데 이 공장이 완성되는 날엔 100척의 대형 갤리선을 동시에 건조할 수 있게 된다고 들었다. 대단한 경관이었다. 이만한 규모의 조선소는 베네치아말고는 아무데도 없을 것이다.

산 마르코 대성당은 짬이 날 때마다 찾았다. 내부는 위에서 아래까지 모자이크로 온통 덮여 있다시피 했다. 정말 말할 수 없이 아름다웠다. 산 조반니 파올로 대성당도, 그리고 바로 옆에 있는 산 마르코 조합도 참관했다. 산 바르톨로메오 성당에서는 독일어로 미사가 진행되는 게 관례였는데 거기에도 참예했다. 베네치아에 사는 독일 상인들을 위한 것인데 독일에서 온 순례자들도 많이 와 있었다.

국가원수 관저는 위아래를 두루 돌아보았다. 참으로 굉장하다는 한마디밖엔 다른 말을 할 수가 없다. 맨 위층에는 엄청나게 큰 홀이 있다. 원수의 좌석은 바다를 향해 놓여 있었다. 천장도 벽도 모두 그림으로 덮여 있다시피 했다. 피사넬로가 그린 황제와 교황과의 화해 장면, 젠틸레 파브리아노가 그렸고 젠틸레 벨리니가 손질해 복원한 해전(海戰) 그림, 그중에서도 조반니 벨리니와 젠틸레 벨리니 형제가 그린 벽화가 압권이었다.

산토 브라스카가 보았던 이런 그림들은 1577년의 화재로 모두 타버렸다. 우리가 오늘날 볼 수 있는 틴토레토와 베로네세의 벽화나 천장화는 그 후에 제작된 것이다. 우리의 주인공 산토 브라스카는 관료였던 만큼 베네치아 정치의 중심인 국가원수 관저를 특히 관심있게 참관했던 것 같다. 국회 의사당을 보고는 25세 이상의 귀족 남자에 의해 의회가 구성되는 사실에 주목했고, 원로원 회의장으로 안내받고는 의석수까지 기록에 남기고, 외국으로부터 오는 공문서는 여기서 낭독되었다고도 기록해놓았다. 아마도 밀라노공국이 베네치아공화국으로 보내는 문서의 정서 같은 작업도 했기 때문일 것이다. 10인 위원회의 방에서는 최고 국가기밀을 다루는 이 위원회의 성격을 정확히 파악해서 이를 일기에 기록해놓았다.

원수 관저를 견학할 때는 그곳에 근무하는 공무원의 안내를 받았다. 오늘날과는 달리 당시의 원수 관저는 정치·행정·사법의 중심으로서 기능을 완전히 발휘하고 있었으므로 순례자들에게 문호를 개방했다고는 하지만, 회의가 없는 날과 시간을 골라 외국인에게 개방한 것 같다. 같은 건물 안의 감옥은 물론 '관계자 외 출입금지' 구역이었다. 전문적인 안내자가 아닌 공무원이 안내자로 붙는 견학이나 참관은 국립 조선소의 경우도 마찬가지였다. 산업스파이 대책이 아니라 군사스파이 대책이었던 것이다. 남의 나라 사람에게 자기 나라 군사에 관한 세부사항까지 보여줄 바보가 어디 있겠는가? 안내자가 붙으면 보이기 곤란한 곳은 슬쩍 그냥 지나쳐버릴 수도 있으니 말이다.

베네치아인들은 그곳으로 찾아드는 순례자들이 산토 브라스카와 같은 지식인만 있는 것이 아니라는 것도 알고 있었다. 그런 사람들을 위해 산 마르코 광장에서 갖가지 구경거리 행사를 여는 일도 잊지 않았다. 순례자들은 그곳 베네치아에 와서 처음으로 코끼리라는 거대한 짐승을 보고 놀라곤 했다. 또 두 팔이 없는 여자가 발을 잘 놀려 음식을 먹고 마시고 하는가 하면 보통 사람이 손으로 하는 일을 발로 척척 해내는 것을 보고 고국으로 돌아가서 좋은 이야깃거리가 된다고 좋아하기도 했다. 동정심에서 푼돈을 던져주는 관광객도 많았다.

산 마르코의 종루에 올라가서 바다 위에 떠 있는 도시, 베네치아의 전경을 바라보고 싶어 하는 사람에겐 그것을 허용해주었고, 배를 타고 무라노섬으로 건너가서 그곳 유리 공방을 보겠다는 사람을 위해서는 배편이 제공되었다. 불을 다루는 까닭에 화재발생의 위험이 높고 그때마다 온 시가로 불이 번지는 것을 두려워한 정부에 의해 유리 공방들은 13세기 중에 몽땅 무라노의 섬들로 옮겨졌던 것이다. 지식인이건 비지식인이건 가리지 않고 순례자들을 열광케 한 구경거리는 해외로부터 귀항하는 베네치아 함대의 당당한 위용이었다.

산토 브라스카가 본 것은 6년 만에 귀국하는 제독 안드레아 로레단이 이끄는 함대였다. 안드레아 로레단은 10배 전력을 가진 터키군에 맞서 한치도 후퇴하지 않았던 스쿠타리 농성전을 총지휘했던 군인이었으므로 비록 1년 전에 화평이 이루어졌다고는 하지만 과거 16년에 걸쳤던 터키와의 전쟁 기억이 아직도 생생한 베네치아인들은 지위의 고하나 남녀노소를 불문하고 모두 항구로 마중을 나갔다. 그것은 참으로 장관이었다.

차례로 항구로 들어오는 갤리 군선들의 높이 솟은 돛대의 꼭대기에는 주홍색 바탕에 금실로 성 마르코의 사자가 수놓인 베네치아 국기가 나부끼고 있었다. 선착장에 나란히 놓인 대포에서는 축포의 굉음이 터진다. 산토 브라스카에게는 마치 고대 로마의 개선식이 재현되고 있는 것이 아닌가 하는 느낌이었다.

보고 들을 것이 이렇게도 많고 보면 배편을 기다리는 한 달의 기간이 무료하기는커녕 어느새 지나가버린다. '기일 안으로 베네치아에 당도하기 바람'이라는 통지를 받고 서둘러 와보니 다음 목적지로 갈 배편을 한 달이나 기다려야 할 처지여서 맥이 풀려 있던 사람들도 그런 기분은 깨끗이 잊고 있었다. 낙담은커녕 수많은 축제에도 참가했겠다, 성유물도 참배했겠다, 게다가 그들에게는 이국정취가 넘쳐 보이는 베네치아의 아름다움까지 만끽했으니 더할 나위 없이 만족스러웠다.

만족스럽기로는 베네치아인들도 마찬가지였다. 순례자들이 한 달 동안의 베네치아 체류 중에 뿌리고 간 돈은 헤아릴 수 없을 정도였다. 하지만 베네치아 정신이 정녕 제대로 발휘된 것은 그와 같은 화려한 면에서가 아닌 다른 곳에서였다.

기획관광상품 성지순례

이른 아침부터 해질 무렵까지 산 마르코 광장, 리알토 다리 근처, 스키아보니 선착장 등 베네치아를 찾는 관광객들이 첫발을 들여놓음 직한 곳에는 두 남자씩 짝을 지어 패트롤을 도는 것을 볼 수 있다. '트로마리오'라고 불리는 사내들로 이들은 경찰관이 아니다. 베네치아공화국의 공무원인 이들은 외국인 가운데서도 순례자들을 전문으로 대하는 관광요원이라고나 할까. 외국인이라도 상인들이라면 독일인 상관(商館)을 비롯해 나라별로 상인 공동체가 제대로 정비되어 있었기 때문에 그들에게 맡겨놓으면 될 일이었지만 순례자들은 그렇게 할 수가 없다. 산토 브라스카처럼 친지 집에 묵을 수 있는 사람은 극소수였다. 그래서 트로마리오들은 외국에서 온 순례자들을 보면 다가가서 정중히 말을 건다.

"저희들이 뭔가 도와드릴 일이 없겠습니까?"

그들은 두 사람이 한 조가 되어 3개국 말이 다 통하도록 짜여 있었다. 독일어, 프랑스어 그리고 영어. 이 세 나라에서 오는 순례자가 가장 많았던 것이다.

순례자들이 첫째로 해결해야 할 문제가 숙소를 정하는 일이라는 것을 그들 트로마리오는 잘 알고 있었다. 호텔 예약 같은 제도가 없었던 시대의 일이다. 트로마리오들은 재빨리 눈알을 굴려 순례꾼들의 주머니 사정을 대충은 짐작하고 있는 터였지만 그래도 일단은 숙박비로 얼마나 쓸 수 있는가를 묻는다. 대답 내용에 따라 데리고 갈 곳을 정하는 것이다.

될 수 있는 한 돈을 안 쓰려 하는 자들에게는 아주 소액의 희사를 받고 순례꾼들을 재워주는 수도원을 소개해준다. 순례자들은 고향의 소속 교회 사제들로부터 어느 교구의 아무개가 순례를 도는 중이니 잘 부탁한다는 내용을 적어 서명까지 한 증서 같은 것을 가지고 다니니까 부랑자들과 헷갈릴 염려는 없다. 일종의 여권 구실을 하는 셈이다.

돈을 좀 쓸 수 있다는 순례자들에겐 2류, 3류의 여관을 소개해준다. 베네치아 정부는 이런 곳의 위생상태와 치안관계는 각별히 신경을 쓰고 있었으므로 2류, 3류라 해도 마음놓고 묵을 만했다. 각 지구의 위생원들이 1주일마다 이부자리부터 부엌에 이르기까지 검사를 하고 있었다. 여관 측이 지켜야 할 또 하나의 의무는 날마다 숙박인 명단을 소속 관리들에게 보고하는 일이었다.

그리고 아무 구애 없이 돈을 쓸 수 있는 사람들에겐 외국의 국왕이나 고관대작들이 묵는 그야말로 최고급 호텔을 소개해준다. 1355년에 제정된 여관조합법에는 고급 호텔로 '잉글랜드 여왕관' '프랑스 방패관' '몰타 십자관' '흰 사자관' 등의 이름을 들고 있다. 이들 호텔의 방은 서유럽식으로 번호가 붙어 있지 않았는데, 예를 들면 '임금님의 방' '태양의 방' '천사의 방' 따위다. 그리고 이런 호텔들은 주인이야 바뀌었겠지만 상당히 오래 존속해 18세기 말에 베네치아를 찾았던 괴테나 19세기 초에 이곳에 온 스탕달도 '잉글랜드 여왕관'에 묵었다.

소개받은 곳으로 가서 베네치아에서의 첫날밤을 코가 비틀어지게 자고 난 순례자는 다음 날 아침에 생각지도 않았던 방문객을 맞고는 깜짝 놀란다. 어제의 그 트로마리오가 이번엔 혼자서, 물론 순례자가 영국인이면 영어를 지껄일 줄 아는 쪽이 방에 들어서면서 여행에 필요한 물건들을 사시겠다면 쇼핑을 거들어드리겠다고 나서는 것이다. 이것은 최고급 호텔의 독방에서 잔 사람이나 수도원의 큰 홀 같은 방의 나무침대에서 잔 순례자나 아무런 차별이 없다.

성지순례는 아주 열광적인 성직자라면 혹 몰라도 그렇지 않고는 달리 베테랑이 있을 수 없다. 순례자들은 거의 모두가 초행길 여행을 나선 것이다. 게다가 그들은 해상여행도, 중근동의 사막을 건너는 여행도 익숙지 않은 사람들이었다. 도대체 그런 여행에 어떤 것이 필요한지 어림짐작도 할 줄 모르는 사람들이다. 그리고 여행은 6개월에 이르는 긴 여정이다. 그러니 전문가의 조언을 듣는 것이 온당한 일이다. 트로마리오는 이들을 이끌고 여행용품을 파는 가게로 데리고 간다. 이에 관한 한 베네치아에는 20개 가까운 전문점이 있었다.

먼저 길고 따뜻하며 큼직한 망토를 사야 한다. 바다나 사막은 밤이면 기온이 내려가니까 그것으로 몸을 감싸야 하는 것이다. 색깔은 어떤 색이든 괜찮다. 금실이나 은실로 수놓은 것은 피하는 것이 좋다고 안내해온 전문가는 충고해준다. 너무 화려하면 부자로 보고 몸값을 노리는 아랍인들에게 납치당할 위험이 있다는 것이다. 망토를 정하고 나면 다음은 셔츠 차례다. 깔끔한 순례자에게는 되도록 많이 사라고 권한다. 그밖에도 잠자리에 까는 매트류, 손수건, 냅킨 등 긴 여행길을 쾌적하게 지내려면 신중하고 세심하게 챙기지 않으면 안 될 것이 많다.

이럴 때 트로마리오에게 침대도 사고 싶다고 말하는 순례자가 있다면 그는 배편으로 하는 해상여행이 어떤 것인지 모르는 사람이다. 관광국 소속의 이 국가공무원은 정중하게 "깔개만으로 충분합니다"라고 답한다. 사실 모두가 침대를 사가지고 배를 타려 한다면 세워둘 공간도 없는 것이다. 하지만 그런 내색은 하지 않고 말한다.

"매트라면 다시 베네치아에 돌아왔을 때 되팔 수도 있으니까요."

실제로 중고품을 매매하는 가게들이 있었고, 숫제 여행기간 중 빌려주는 가게도 있었다. 빌려주는 삯은 1두카토 반. 이탈리아말로 '마테라소'라는 이 순례자용 깔개는 오늘날의 서유럽식이 아니고 접었다 폈다 할 수 있는 담요처럼 되어 있다.

또 하나 여럿이 한방에서 지내지 않으면 안 되는 배편 여행을 해본 경험이 없는 사람에겐 상상도 되지 않는 물건이 있다. 서랍이 여럿 붙은 조그마한 장롱 같은 것이다. 물건을 넣어 보관하기 위한 것으로 바깥쪽 뚜껑 같은 것을 자물쇠로 잠글 수도 있고 들고 다닐 수도 있게 만든 것이다. 이것은 여행이 끝난 후에도 쓸모가 있고 기념도 되고 하여 모두들 고향으로 들고 돌아갔기 때문에 따로 중고품 가게는 없었다. 그리고 또 하나는 조그마한 대야다. 얼굴을 씻는 데 쓰이기보다는 토하는 데 많이 쓰인다는 것을 순례자들은 나중에야 알게 된다.

식료품을 마련하는 것도 중요한 일이다. 선상여행 중이나 성지 순례 중이나 지불한 요금에는 식사대도 포함되어 있다. 공식적으로는 식료품은 미리 준비해야 할 필수품은 아니지만 음식에는 개인의 기호라는 것도 있다. 그리고 별 할 일이라고는 없는 선상생활에서는 입이 심심하기도 하다. 햄, 살라메 소시지, 소금에 절인 육류, 갖가지 치즈 등 장기여행용으로 소금기 많은 것들이 온갖 구색이 갖추어져 있어 각자 기호에 따라 고르면 된다. 비스킷도 딱딱하게 구운 것이다. 설탕에 절인 과일류나 나무 열매들도 물기를 완전히 뺀 것이다. 영국에서 온 순례자들을 위해 베이컨도 물론 마련되어 있다. 또 마실 것도 생각해둘 필요가 있다. 포도주는 소화에 좋은 파도바산을 권한다. 더울 때를 위해 과일이 든 시럽, 배 멀미를 진정시키는 진저(생강류)가 든 시럽도 없어서는 안 되는 것들이다. "이것은 물에 타서 마셔야 합니다"라고 트로마리오는 친절하게 설명해준다.

'베이컨 앤드 에그'용은 아니지만 배 안에서 싱싱한 달걀을 먹기를 원하는 사람을 위해 산 닭도 팔고 있다. 배 안에는 신선한 육류를 공급해야 할 필요가 있어 동물을 가두어 키우는 우리가 있는데 그 옆에서 닭을 기를 수가 있는 것이다.

순례자들이 이런저런 물건들을 모두 사들였지만 배가 출범할 때까지 그 물건들을 어디다 둘 것인가를 가지고 낭패를 당하는 일은 생기지 않는다. 출항 날짜가 확정되었을 때 그것을 가게에 알리면 가게주인이 부두까지 갖다주는 것으로 되어 있었다. 정부의 엄한 감시의 눈이 번득이고 있기 때문에 이들 점포가 불량품을 팔거나 바가지를 씌울 수는 없게 되어 있다. 부정행위를 당하면 순례자들은 순례자 전담 재판소에 제소할 수 있다. 트로마리오들도 호텔이나 상점들과 부정한 관계를 맺을 수는 없다. 베네치아공화국의 법률은 국가공무원의 독직과 수뢰에 대해 사형에 처하도록 하고 있었다.

그런데 이들 필요한 물건들을 모두 다 사서 빠짐없이 갖추었다고 해도 가장 중요한 일, 그러니까 탈 배를 정하고 배표를 사는 일이 남아 있다.

여느 해 같으면 그리스도 성체절이 지나고 출항하는 순례자 전용 여객선은 다 해서 2척이다. 그리고 스키아보니 선착장에 정박하고 있는 이 두 배 앞에는 선원들이 무리를 지어 서로 자기 배를 타라고 순례자들에게 권하곤 하는데, 1480년이라는 해는 순례자 전용선으로는 한 척만 출항했다. 1년 전에 터키와의 전쟁이 끝났다고는 하지만 그 후로도 터키는 남이탈리아의 오트란토에 상륙하기도 하고 로도스섬에 공격을 가해오기도 하는 형편이었으므로 동지중해 일대의 항해의 안전을 고려해 1척만 취항시키기로 정부가 결정한 것이다. 물론 이것은 순례자 전용선 이야기이고, 일반 상선에 편승하는 순례자는 어느 해이고 적잖이 있었다. 어찌했든 우리의 산토 브라스카는 어느 배를 택할지도 신경을 쓸 필요가 없게 되었다. 아고스티노 콘타리니가 선장으로 있는 그 대형 갤리선은 '콘타리나'호라는 이름이었다.

콘타리노 선장은 그 이름으로도 알 수 있듯이 어엿한 베네치아 귀족이다. 그의 형 암브로조는 페르시아 주재 대사로 있었다. 형제들 중 한둘만 정치를 하고 다른 형제들은 장사에 전념하는 것은 베네치아의 귀족 집안에서 흔히 볼 수 있는 일이다. 아고스티노도 20세 무렵부터 바다로 나가기 시작, 이후 해마다 동지중해로 출항해온 바다의 사나이였다. 산토 브라스카가 그 배를 탈 당시에는 나이도 50세에 가깝고 '갈바람 아고스티노'라는 별명만으로 통할 만큼 노련한 베테랑 선장으로, 이후에도 16년 동안이나 '갈바람 아고스티노'는 순례자들을 성지로 실어 나르는 일을 한다.

성지순례와 관련해서 가장 우리의 흥미를 끄는 일은 비용문제인데, 1458년에 성지순례를 한 파도바의 기사 카포디리스타는 다음과 같이 기술하고 있다.

느긋이 바다여행을 즐길 생각이면 한 사람 앞에 60두카토는 준비해야 한다. 그중 베네치아로부터 야파까지의 왕복 배삯(식대와 출입국세 포함)이 35에서 40두카토. 팔레스티나에 상륙한 후의 성지와 성유적 참관료로 이교도들에게 지불할 돈이 15두카토. 그밖에 성지에 머무르는 약 20일 동안의 경비는 각자가 부담해야 하니까 이것까지 포함하면 60두카토는 최소한의 필요경비라 할 수 있다.

그러나 60두카토나 든다는 말에 아예 성지순례를 단념해버릴 사람도 생길 것이지만 걱정할 것 없다. 배에는 2등실도 있고 3등실도 있으며, 35두카토에서 40두카토라고 한 것은 1등실 선객이 물 배삯이다. 그것말고 25두카토, 20두카토, 또는 15두카토만 내고도 탈 수 있다. 그러나 이슬람교도에게 지불할 15두카토만은 싸게 낼 생각을 말아야 한다. 이교도들이 성지순례에 대한 그리스도교도의 열성을 아랑곳할 리가 만무하니 싸게 해줄 까닭이 없다.

펙 재미있게 생각되는 것은 그로부터 22년 후에 성지순례를 한 산토 브라스카의 경우도 비용의 액수가 변한 것이 없고 똑같다는 사실이다.

산토 브라스카는 신사로서 아무 불편없이 여행을 즐기려면 적어도 150두카토는 준비하라고 말한다. 그 가운데 50두카토는 병을 앓는 등의 일에 대비하는 비상금이고, 그다음 50 또는 60두카토는 선장에게 지불할 돈이다. 30에서 40두카토라고 했던 22년 전보다 값이 오른 것처럼 보이지만 내용을 살펴보면, 베네치아와 야파 간의 왕복 승선료(물론 식사대 포함)에 입국세와 출국세가 포함되어 있는 것도 전과 같으나 1480년이 되면 각 성역의 성유적 참관료(이것은 여전히 성지 지배자인 이슬람교도에게 지불한다)와 20일 간에 걸친 팔레스티나 체류 중의 노새삯, 다시 말하면 교통비까지 포함되어 있는 금액이다. 그러니 금액이 오르기는커녕 오히려 싸졌다고 할 수 있다.

아마도 이것은 베네치아인들이 기획한 성지순례 여행이 점점 더 그룹화되면서 개인별로 하지 않고 일괄적으로 흥정하고 지불하게 되어 더 싸게 치인 듯하다. 요컨대 단체할인이 된 셈인데 순례자들로서는 시간과 수고가 그만큼 덜어진 것이다. 또 '특별 코스'에 해당하는 시나이반도 경유 순례를 하고자 하는 사람들을 위해 예루살렘으로부터 시나이반도, 그리고 카이로를 거쳐 알렉산드리아로 빠져 그곳에서 베네치아 배편으로 베네치아로 돌아오는 코스가 기획되어 있었다. 이 몫의 비용은 따로 23두카토를 내게 되어 있었다.

개인 부담, 그것도 사무적 부담을 되도록 적게 하는 것은 관광사업을 성공시키는 중요한 열쇠의 하나라 할 수 있다.

성지순례를 나서려면 세 가지 증명서가 필요하다. 첫째는 교구의 사제가 발행해주는 순례자 전용 패스포트 비슷한 것. 둘째는 로마 교황이 발행하는 성지순례 인가서 비슷한 것. 이것이 없으면 이곳저곳의 성스러운 유적들을 참배해 얻게 되는 '면죄'가 무효가 되니 순례자들에겐 없어서는 안 될 서류였다. 셋째는 이슬람 국가인 맘루크 왕조 지배하에 있는 팔레스티나와 시나이반도를 지나려면 이슬람 국가가 발행하는 통행허가증을 받아야 한다. 이를테면 비자인 셈인데, 이 비자와 두 번째의 것, 즉 교황의 인가서를 베네치아 정부가 일괄적으로 받아주는 것이다.

순례자들로서는 이런 서류를 받아내는 일이 외국과 관계되는 일이고 언어의 장벽도 있고 해서 이런 일에 익숙한 베네치아인들이 대행해준다는 것은 여간 편리한 일이 아니었을 것이다. 패스포트를 받는 일은 각자가 해결할 수 있는 일이어서 별 문제가 되지 않았다.

베네치아가 기획하는 성지순례사업이 다른 나라들과 다른 점은 그것말고도 또 하나 있었다. '순례사업법'이라는 법률의 존재였다.

이 법에 의거해 배에 태우는 순례자의 수를 제한해 '과적'이 몰고 올 재난을 예방하고 그밖에도 배에서 제공하는 식사의 질에도 눈을 번득여 감시하고, 또 무장병과 의사의 승선을 의무화해 여행의 안전과 쾌적성을 기하는 노력을 잊지 않았던 것이다. 그뿐만 아니라 만약 순례자가 순례여행 중에 사망하는 경우에는 상황에 상응해 정중하게 시체를 처리함은 물론이고 사망자의 유품은 유족에게 송환하도록 법으로 규정해놓았고, 또 죽은 날을 기준으로 나머지 일수만큼의 여비를 반환하는 것도 선장의 의무로 정해놓고 있었다. 프랑스의 선박에는 그런 법의 규정이 없었으므로 여행 중 사망자의 유품은 선장 차지가 되는 것이 보통이었다. 그러니 여비의 반환 따위는 아예 논외의 일이었다.

선상 일지

위에서 이야기한 것이 성지순례라고 하는 중세 최대 관광사업의 왕좌를 200년 동안이나 베네치아가 차지할 수 있었던 이유다. 라이벌인 마르세유는 결국 완전히 뒤떨어져 나가고 두 항구의 경쟁은 그렇게 끝나게 되는 것이다.

마르세유는 분명히 지리적 조건은 유리했다. 독일인은 몰라도 영국인이나 프랑스인은 마르세유에서 배를 타는 것이 훨씬 유리했다. 두 항로의 바닷길 거리는 대차가 없었으니까 프랑스를 가로지르고 알프스를 넘고도 또 북부 이탈리아를 가로질러야 하는 수고와 시일을 덜 수 있는 것이다. 게다가 마르세유에서 배를 타는 것이 항상 10퍼센트가량 싸게 먹혔다. 그런데도 프랑스인들마저 베네치아에서 배를 타는 쪽을 선호했다. 순례자들의 귀국담이 당시로서는 최선의 선전이 되는 것을 익히 알고 있던 베네치아식 상술의 성과라고밖엔 달리 생각할 수가 없다.

6월 1일의 그리스도 성체절이 끝나면 순례선 주위는 갑자기 바삐 돌아가기 시작한다. 짐들이 잇따라 반입된다. 그달 6일로 출항일자가 잡힌 것이다. 산토 브라스카도 자주 선착장에 들러보곤 했다. 콘타리나호에 탈 순례자가 90명이나 된다는 것, 그리고 그중에는 그가 섬기는 주군인 밀라노 공의 백부의 제네바 주교, 레 만의 주교, 그리고 영국 귀족 4명 등 지체 높은 인사들이 포함되어 있는 것을 알게 되었다. 권할 것인가 말 것인가 망설이게 되는 일 가운데 하나가 성지순례라는 말을 브루텐베르그 백작으로부터 들은 도미니쿠스파의 성직자 슈미트도 승객 가운데 한 사람이었다. 이때의 순례에 관한 여행일기를 남긴 사람이 세 사람이나 된다. 산토 브라스카와 성직자 슈미트, 그리고 또 한 사람은 무명의 프랑스인이다.

6월 6일 이른 아침 6시, 선착장에 모인 친구들의 배웅을 받으며 콘타리나호는 출항했다. 미풍이 불고 있었다. 선장은 3개의 돛대에 모두 돛을 올리게 했다. 얼마 지나지 않아 이스트라반도의 산등성이가 수평선 너머에 아련히 보이기 시작했다. 이스트라반도에는 폴라, 파렌초 등과 같은 좋은 항구가 있었고 이들은 베네치아공화국 영토의 일부였다. 오후 4시 무렵 90해리쯤이나 항해했을까. 이대로 나아가면 오늘 안으로 파렌초에 도착할 수 있을 것이라고 모두들 확신한다.

그런데 바로 직후에 바람이 갑자기 시로코로 바뀌었다. 남동쪽에서 불어오는 이 강한 역풍으로 그때까지 순조롭던 뱃걸음이 더디어진다.

6월 7일, 바람은 여전히 시로코로 배는 지그재그로 역풍을 맞아가며 전진할 수밖에 없다. 해가 기우는 것을 보며 순례자들은 성가를 합창한다. 선원들도 함께 따라 부른다.

6월 8일 아침 5시, 겨우겨우 파렌초의 항구로 들어선다. 얼른 돛을 내리고 노꾼들이 힘을 다해 노를 저어 항구 안으로 들어갔다.

파렌초에 토요일까지 정박한다는 통고다. 물과 신선한 식료품을 보급받는 데는 하루면 족하지만 역풍 아래서의 항해로 지친 순례자들을 휴양시키기 위해서란다. 휴양이 필요 없는 순례자들은 이틈을 이용해 항해의 수호신 니콜로의 교회를 참배키로 한다. 산토 브라스카도 그 가운데 한 사람.

6월 10일, 해질 무렵 파렌초를 출항한다. 밤중에는 노를 저어 항행, 다음 날 아침에 이르러 겨우 돛을 올리기는 했으나 바람은 또 역풍. 밤과 낮, 만 하루로 40해리나 항해했을까.

한낮이 가까워올 무렵 노 젓는 한 선원이 이상한 증세를 보였다. 그는 아내와 아이를 베네치아의 격리병원에서 잃었다고 한다. 페스트의 증세를 보이더니 끝내 숨을 거두었다. 바다에 던져 수장. 선장과 순례자들은 곧 미사를 올려 병이 번지지 않기를 신에게 빌었다.

6월 14일, 달마치야 지방의 자라라는 읍에 도착했다. 바다를 마주 보고 자리 잡은 이 읍내는 둘레를 단단한 성벽이 둘러싼, 참으로 훌륭한 시가를 가진 읍이었다. 한때 헝가리 왕의 지배를 받던

파렌초(순례에 동행한 데생 화가의 그림, 목판화)

시기도 있었지만 지금은 베네치아령으로 돌아와 있었다. 순례자들은 모두가 시가 모습의 당당한 위용에 감탄해 꼭 상륙하여 구경하기를 원했으나 자라의 행정관은 페스트 전염의 위험이 있다며 끝내 선장에게 상륙을 허가하지 않았다.

순풍이 불기 시작해 항해를 계속하게 되었다. 왼쪽 뱃전 너머로 스팔라토의 읍내 모습을 보면서 배는 달린다. 수없이 많은 돌고래가 배 둘레를 헤엄치고 다닌다. 순례자들은 모두 뱃전으로 모여들어 이 보기 드문 돌고래 뛰노는 모양을 구경한다. 뱃사람이 이것은 행운을 몰고 오는 길조라고 가르쳐준다. 그 말대로 되면 좋으련만.

6월 16일, 해가 뜨고 보니 어제보다도 훨씬 많은 돌고래가 배의 앞뒤를 헤엄치고 다니는 것이 보였다. 물 위로 높이 뛰어올랐다가 바닷속으로 가라앉았다가 하는 모양이 꽤나 애교가 있다. 앞으로

레시나섬까지 5해리. 이 지점에서 바람이 시로코로 바뀌었다. 이 근처는 암초가 많아 이대로 항해를 계속하는 것이 위험하다며 닻을 내린다. 그동안 순례자들은 바닷가로 올라가서 파도와 장난하고 향기 좋은 풀잎을 뜯어모으면서 시간을 보냈다.

6월 18일, 바람이 바뀌어 다시 돛을 올린다. 레시나섬을 따라 순풍이 계속되는 동안은 항해하기로 하여 레시나 읍내에는 들르지 않고 그냥 달렸다. 해질 무렵 쿠르촐라섬에 기항했다.

그런데 바로 이때, 기항을 위해 돛을 내리는 작업을 하던 중에 사고가 일어났다. 돛을 조금씩 내리면서 동시에 돛을 접는 작업을 하는데 돛을 조금씩 내려야 하는 것을 갑자기 많이 내리는 바람에 밑에서 돛 접는 작업을 하고 있던 석궁수의 머리 위에 돛이 떨어져 내린 것이다. 그 후 선장의 엄중한 명령으로 우리 선객들은 입항 때나 풍향이 바뀔 때 돛을 내려 접는 작업 중에는 절대적으로 안전한 고물 쪽에 모여 있게 되었다. 불행한 사고의 재발을 막기 위해서였다.

6월 19일, 정오까지 쿠르촐라 항구 안에 머물렀다. 물과 식량을 더 싣기 위해서였다. 그 시간을 이용해 읍내에 있는 성 프란체스코 회 수도원을 찾았다. 수도원장은 70세라는데 그 건장함이 놀랍다. 예루살렘에 오래 체류한 적이 있다면서 우리 순례자 일행의 사기를 크게 북돋워주었다. 그리고 정오 가까이 되어 우리 일행을 자기 배로 모선인 갤리선까지 보내주었다.

시원한 갈바람이 불기 시작한 덕분에 쿠르촐라에서 70해리 떨어진 라구사의 항구에 밤 9시경 도착할 수 있었다.

6월 20일 선객 전원이 라구사에 상륙했다. 훌륭하고 아름답고 수비가 철통 같은 곳이었다. 두 산 사이의 골짜기에 생긴 소도시로 두 방향은 산, 나머지 두 방향은 바다로 둘러싸여 있다. 길바닥을 돌로 포장한 거리는 참으로 아름다웠으며 베네치아를 닮았다는 생각이 들었다.

대성당을 찾았다. 그다지 크지는 않으나 참으로 아름답다. 은에다가 금으로 덧칠을 한 성자의 상이 여럿 세워져 있다. 살림살이가 넉넉하다는 것을 짐작할 수 있다. 성유물도 많은데 이것들을 모두 은으로 만든 상 위에 안치해놓았다. 공화제 독립국이나 지금은 헝가리 왕, 나폴리 왕, 그리고 터키, 베네치아에 해마다 공금을 바쳐야 하는 처지다. 그 총액이 2만 5천 두카토라고 한다.

6월 21일 새벽, 해뜨기 전에 전원이 배에 집합한다. 썩 좋은 갈바람이 불고 있다. 라구사를 떠나 출범하는데 바람은 점점 더 강해져 중앙부 돛대의 돛만을 올렸는데도 카타로, 부두아, 안티바리 등 베네치아령 소도시가 바라다보이는 난바다를 쏜살같이 빠른 속도로 항해해 갔다. 터키령인 스쿠타리의 산등성이도 삽시간에 저 멀리 물러난다. 한밤까지 아마 125해리는 달린 것 같다.

6월 22일, 야간항해를 계속했으나 날이 밝기 2시간 전부터 바람이 약해지기 시작했다. 세 개의 돛대에 모두 돛을 올렸다. 해가 뜰 무렵 두라초에 도착했다. 여기도 베네치아령이기는 하나 이 근처는 벌써 알바니아 지방에 속한다. 두라초는 아주 오래된 고장으로 고대 로마 시대에 브린디시에서 끝나는 아피아 가도를 이어나가 그리스를 가로지르는 에그나티아 가도의 기점이 되었던 곳이다. 율리우스 카이사르도, 브루투스도 이곳에서 출발해 동쪽으로 향했다.

멈추었던 바람이 정오를 지나자 다시 불기 시작했다. 고맙게도 갈바람이다. 배는 당장에 모든 돛을 올려 터키령 발로나를 왼편으로 바라보며 곧장 남하한다. 발로나는 터키령의 서쪽 끝이므로 100척이나 되는 배를 배치해놓고 있다고 한다. 바람이 좀 세게 불어주었으면 하고 모두들 바란다. 라구사에서 200해리를 항해해 온 끝에 오트란토의 해협으로 들어간다. 여기까지가 '베네치아만' 이라고 불리는 아드리아해이고 여기서부터 이오니아해가 시작된다.

해질 무렵, 바람이 남서로 바뀌었을 때의 일이다. 발로나 쪽으로 부터 터키 범선 두 척이 다가오고 있는 것이 보였다. 사람들은 모두가 공포에 사로잡혔다. 터무니없는 공포가 아니다. 베네치아인은 터키와 평화조약을 맺은 사이다. 평화조약의 한 조항에 터키 군선이 돛을 내리라고 명하면 베네치아 선박은 이에 따라야 한다는 대목이 있다. 이런 경우 평화관계에 있는 베네치아인은 안전할지 모르나 베네치아인이 아닌 사람들은 어떻게 되는가에 대해서 조약에는 아무 언급이 없다. 아고스티노 선장은 승객의 안전은 보장한다고 말하지만 도무지 안심할 수가 없다. 베네치아인들의 말을 못 믿어서가 아니라 이슬람교도들이 어떤 생각을 하고 어떻게 행동할지를 순례자들은 도무지 짐작할 수가 없기 때문이다.

그러나 이때만은 시로코 역풍의 덕을 보게 되었다. 콘타리나호는 도리 없이 이탈리아 쪽으로 떠밀려 내려가고 있었는데 돛의 조종에 베네치아인들만큼 능숙하지 못한 터키인들의 배는 서쪽이 아닌 북서 방향으로 떠내려갔기 때문이다. 아차 하는 사이에 멀어져 가는 터키의 배를 보면서 모두들 감사의 십자를 긋곤 했다.

6월 23일, 여전히 역풍에 시달리면서 배는 이탈리아의 산들이 수평선 위로 바라보이는 곳까지 떠내려갔다. 다시 고생고생하면서 돛을 이리저리 조종하다 보니 배는 어느새 동쪽으로 떠밀려가서 발로나로부터 30해리쯤 되는 곳까지 되돌아오게 되었다. 우리가 타고 있는 배는 갈레아차라고 불리는 대형 갤리선이어서 배의 높이가 범선과 같은 수준으로 높았기 때문에 바람의 저항이 거세다. 마침 세례자 성 요한 축제일의 전야였으므로 순례자들은 모두 이교도들로부터 우리를 지켜주십사 하고 성 요한의 가호를 비는 기도를 올렸다.

6월 24일, 한밤이 지나자 우리의 기도가 받아들여진 것인지 바람이 남서풍으로 바뀌었다. 이윽고 날이 밝아지면서 코르푸섬 가까이 와 있는 것을 알게 된다. 여기서부터는 그리스다. 그리고 무엇보다도 베네치아 영내로 들어선 것이다. 바람도 순풍인 갈바람으로 바뀌었다.

잠시 후에 근해를 초계 중이던 베네치아의 갤리 군선이 접근해 왔다. 관례에 따라 우리 배를 코르푸섬의 항구로 인도해준다. 한밤중이 되어서야 항구에 도착했다.

이곳은 베네치아공화국의 해군기지의 하나일 뿐 아니라 이 일대 해역을 담당하는 함대 총사령부가 있는 곳이기도 하다. 항구 안에는 22척의 갤리 군선이 정연히 대열지어 정박하고 있었다.

함대 총사령관 비토리오 소란초 제독은 우리가 여행을 속행하는 것에 찬성하지 않는 것같이 보였다. 발로나 앞바다에서의 일이 큰 변에 이르지 않고 넘어간 것은 참으로 요행이라는 투의 말이었다. 바로 얼마 전에도 터키 군선 64척이 발로나 수비함대의 전력 보강

차 북으로 향했다는 것이었다. 게다가 터키는 350척이라는 대함대를 움직여 지난해 12월부터 로도스섬에 대한 공격전을 수행 중이라는 것이다. 제독은 절대로 그만두라는 투는 아니지만 앞으로 여행을 속행하는 문제는 충분히 의논을 한 후 결정하는 것이 좋을 거라고 하며 말을 맺었다.

순례자들은 배에 돌아가서 의논한 끝에 결단은 각자의 의사에 맡기기로 했다. 제네바와 레 만의 주교들은 여기서 되돌아가겠다고 한다. 중지하기로 한 사람은 그밖에도 이럭저럭 20명이나 되었다. 나는 여정도 제법 많이 진척되었고, 나 자신 배멀미에도 강하다는 것을 알게 된데다가 여기서 되돌아간다고 해서 위험이 없는 것도 아니며 여비는 이미 다 지불한 터이니 이제는 신의 가호를 믿을 수밖에 없을 것 같아 여행을 그대로 강행하는 편에 끼기로 결정했다. 발로나에서도 위기를 무사히 넘겼는데 로도스섬에서 잘 빠져나가지 못하란 법도 없을 것 아닌가. 어찌했든 순례자들의 3분의 1쯤은 대충 여기서 떨어져나가고 말았다.

이런 결과를 제독에게 전했더니 소란초 제독은 속행파도 코르푸섬에서 7일간 대기하라는 말을 전해왔다. 크레타에서 갤리선이 오기로 되어 있으니 그 배가 가져올 최신 정보를 들어보고 출항하라는 것이었다.

크레타를 떠난 배가 도착한 것은 6월 30일이었다. 그 배가 가져온 정보는 로도스섬 앞바다에서 돛을 내리라는 명령을 따르지 않았던 베네치아 선박 2척이 터키군에 노획되었다가 얼마 후에 풀려났다는 내용이었다. 아고스티노 선장과 우리 속행파 일동은 동방 세계를 향해 출발하기로 결정했다.

여러 가지 일이 벌어지는 바람에 경치를 감상할 겨를도 그동안 없었지만 코르푸섬은 정말 아름다운 섬이었다. 바다 바로 가까이까지 실같이 가는 침엽의 사이프러스 삼목의 숲이 들어서 있고 꽃도 많아 코모 호수를 생각나게 하는 경관이었다. 밀라노 태생인 나는 고향에 와 있는 것 같은 기분이 된 일이 한두 번이 아니었다.

목적지가 보인다

7월 1일, 우리 일행은 모두 신의 가호가 있기를 빌면서 코르푸섬 북단의 항구를 떠났다. 바다 위에서 바라보니 바위산 위에 솟은 성곽의 당당한 위용이 주위를 압도하는 느낌이다. 베네치아가 중요시하는 기지이니만큼 어디가 달라도 다른 데가 있다는 것을 통감했다. 갤리선 세 척이 항구로부터 3해리 떨어진 난바다까지 우리 배를 끌어다주었다. 바람은 약했다. 30해리 거리의 코르푸섬 남쪽 끝을 통과할 때는 이미 캄캄한 밤이었다.

7월 2일, 한밤을 지났을 무렵 갑자기 바람이 거세어졌다. 시속 15해리의 속도로 배는 항진을 계속했고 아침까지 한 100해리쯤은 나아간 것 같았다. 케팔리니아섬도 어느새 시계를 스치며 지나갔다. 베네치아령이었던 이 섬은 8년 전부터 터키의 속령이다. 그다음으로 다가온 잔테섬도 좌현 쪽으로 바라보이다가 지나가버렸다. 이것은 베네치아령이다. 쾌속에 힘입어 저녁까지 대충 220해리를 항해했다.

7월 3일, 이날은 종일 바람이 약해서 펠로폰네소스섬을 따라 남쪽으로 내려가면서 저녁까지 80해리밖에 항해하지 못했다.

한 달 가까이를 배 위에서 생활하다 보니 선객의 기분이 항해가 잘되고 있느냐 아니냐에 전적으로 비례한다는 것을 알게 되었다. 돛 가득히 순풍을 안고 화살처럼 배가 달릴 때는 선객들이 명랑하고 서로 너그럽고 친절하다. 식사 때 음식에 대해 불평하는 사람도 없고 갑판 위에서 선원들로부터 움직이는 배 위에서의 보행법 따위를 배우는 등 모두 해상여행을 즐기는 듯이 보인다.

그러던 것이 일단 바람이 역풍으로 바뀌거나 바람이 약해져서 배의 속도가 떨어지고, 또는 선체에 정면으로 부딪쳐오는 바람으로 심하게 구르거나 하면 선객들의 기분도 당장에 일변한다. 아침 식탁에 곁들인 말바지아 포도주가 가짜가 아니냐고 트집을 잡는다든가, 식사준비가 왜 이렇게 더디냐고 볼멘소리를 하거나, 심지어는 자기가 배 안에서 기르는 닭이 낳은 달걀 수가 모자라는데 뱃사람 누군가가 훔친 것이 아니냐고 의심을 하기도 한다.

이럴 때는 조용히 사색을 하거나 류트라도 퉁기거나 책이라도 읽고 있으면 시간 보내기가 좋은데 좀처럼 그렇게들 하지 못한다. 배가 쾌속으로 달리고 있을 때는 형제처럼 다정하던 사람들이 일변해 원수라도 되는 양 으르렁거린다. 그래도 양식이 있는 사람들이 많아서 그런 사람들끼리는 곧잘 이런저런 이야기를 하며 지내는 일이 많다. 각자가 경험한 일이나 알고 있는 민화 따위를 나누는 것이다. 이런 이야기들을 모으면 훌륭히 한 권의 책을 엮어낼 수도 있을 것 같았다.

7월 4일, 아침 8시에 겨우 모도네 항구에 도착했다. 모도네는 펠로폰네소스반도의 남쪽 끝에 위치해 바로 옆에 있는 코로네와 함께 '베네치아의 두 개의 눈'이라 일컬어지는 중요한 기지다. 베네치아로부터 레반트(동지중해)로 향하는 배들은 갈 때나 올 때나 반드시 그곳에 기항해야 하는 것으로 되어 있다. 콘타리나호도 이곳에서 2박하기로 되어 있다.

이 항구도시는 평지 위에 자리 잡았지만 견고한 성벽이 둘레를 둘러싸고 있었다. 선착장도 훌륭하고 배를 수리할 수 있는 조선소 설비도 훌륭하다. 항구는 긴 방파제에 의해 외해로부터 완전히 보호되어 있어 배 100척이 그 안으로 피난하거나 순풍을 기다려 대기할 수 있게 되어 있다. 제방 위에는 많은 풍차를 설치해 밀을 제분하는 데 이용하도록 해놓았다. 항구나 시가의 방위책은 완벽해 보였다. 터키령과 경계가 3마일 떨어진 곳에 있는 터라 당연한 대책이라 하겠다. 이 항구는 베네치아 원로원이 선출하는 집정관이 다스린다.

7월 6일, 동이 트기 전에 출발한다. 항구를 빠져나갈 때까지는 노를 저어 항해했고 나가자마자 돛을 올렸다. 바람은 트라몬타나(알프스 쪽에서 불어오는 북풍). 순풍이라고는 할 수 없으나 베네치아의 뱃사람들이 배를 모는 데 능한 덕분에 배멀미로 크게 고생하는 사람도 없다. 하루 밤낮 걸려 130해리를 달렸을까. 항로는 남동쪽.

7월 7일, 정오 무렵 체리고라는 작은 섬의 옆을 지나간다. 헬레네가 태어난 곳이라고 전해지는 섬이다. 옛 그리스의 시인은 체리고섬에 희생의 제사를 올리러 온 헬레네를 파리스가 납치한 것이라고도 노래하고 있다. 바로 옆을 지나갔는데 지금은 무인도인 것 같았다.

항로를 계속 남동쪽으로 잡고 나아가니 한참 만에 지중해 최대의 섬 크레타의 서쪽 끝부분이 보이기 시작했다. 이 섬은 1204년 이래 베네치아공화국의 영토다. 크레타는 포도주 가운데 최고로 치는 말바지아주의 산지로도 유명하다. 또 밀농사도 성하다. 물산이 풍부하고 인구도 많으며 견고한 성곽 요새를 갖춘 것으로도 이름나 있다. 그중에서도 수도 칸디아, 서쪽 끝의 카니아, 동쪽으로 나아가서 레티모, 그리고 동쪽 끝의 스피나롱가는 난공불락의 요새로 이름나 있다.

크레타의 산들을 오른쪽 뱃전 너머로 바라보면서 다음 날 아침까지 100해리를 항해했다.

7월 8일, 노젓기와 돛올리기를 번갈아 하면서 하루 밤낮 동안에 100해리를 달렸다.

우리가 타고 있는 대형 갤리선에서는 우현과 좌현에 긴 나무의자가 나란히 놓여 있고 거기에 세 사람씩 노꾼이 앉아 각기 노를 하나씩 잡고 놀린다. 삼단노 갤리선이라 부르는 바로 그것이다. 바람이 있어 돛으로 갈 때는 노꾼들은 쉬고 그동안 노는 긴 의자에 고정해놓는다. 배의 앞쪽에서 보면 마치 날개를 활짝 편 큰 새처럼 보인다. 바람이 좋아도 항구에 들어갈 때는 노를 사용한다.

돛은 라틴돛이라 일컬어지는 삼각돛을 세 개의 돛대에 펴서 올린다. 돛의 방향을 바꾼다든가 바람의 강약에 따라 얇은 돛, 두꺼운 돛으로 바꾸는 일은 여간 힘드는 작업이 아니다. 삼각돛의 경우 돛 활대는 돛대에 고정해놓은 것이 아니기 때문에 그때마다 활대를 일일이 올렸다 내렸다 하지 않으면 안 된다. 끌어내려 돛을 바꾸어 달고 다시 그것을 올리는 것이다.

사각돛을 쓰면 그런 고생을 안 해도 된다. 돛의 활대가 돛대에 고정되어 있기 때문에 바람의 강약에 따라 돛의 폭을 넓히거나 좁히는 작업만 하면 된다. 그렇다면 사각돛을 쓰면 될 것 아니냐고 하겠지만 사각돛은 역풍 때는 움직이지 못하는 결점이 있다. 지중해에서는 바람의 방향이 늘 잘 바뀌며 순풍이 불고 있어도 그것이 오래가는 일은 좀처럼 없으므로 역풍 아래서도 지그재그로나마 앞으로 나아갈 수가 있는 삼각돛이 유리할 것이다.

또 노를 저어 움직일 수 있는 갤리선이 돛에만 의존해야 하는 범선보다 확실하다. 바람이 멈추고 나면 아무것도 못하고 바다 위를 표류할 수밖에 없는 배 위에 있는 기분은 남에게 권할 만한 경험이라고 할 수 없다.

7월 9일 아침녘, 기다란 배같이 생긴 크레타섬의 가운데쯤에 있는 수도 칸디아까지는 4해리밖에 안 된다. 선장은 돛을 내리게 하고 닻을 던진 후 작은 배에 서기를 태워 항구까지 가게 했다. 선객이나 선원 중에서 페스트에 걸린 듯한 사람이 없다는 것을 항만 당국자에게 알리고 상륙허가를 얻기 위해서였다.

조금 있으니 배를 타고 크레타인들 여럿이 다가왔다. 그들이 하는 말로는 크레타에서도 페스트가 유행해 2만 명이나 목숨을 잃었단다. 그러나 최근 한 달 동안은 죽은 사람이 한 사람도 없단다. 우리는 상륙을 허가받았다. 나흘 동안 정박하기로 되었다. 코르푸섬 이후로 물과 식량을 보급받아 배에 실을 때말고는 흙을 밟지 못한 선객과 선원들에게 휴식을 주기 위해서였다. 상륙 소식에 모두 크게 좋아했다.

이곳 크레타에서는 로도스섬에서 벌어지고 있는 전황을 훤히 알고 있었다. 육지와 바다의 양면에서 공격하고 있는 터키군이 대포를 많이 쏘아대는 바람에 성벽의 파괴도가 아주 심하다고 한다. 성 니콜로 탑도 파괴되었다. 그러나 성 요한 기사단을 비롯한 도민들의 저항이 맹렬해 지금까지 터키군 전사자가 5천 명에 이른다고 한다.

칸디아의 시가는 크고 풍요롭고 아름답다. 시가는 성벽으로 둘러싸여 있으며, 항구의 어귀에도 작은 성이 축조되어 있다. 그 작은 성에는 바다에 떠 있는 배의 중간 허리를 겨냥할 수 있는 높이에 조금씩 간격을 두고 구멍이 나란히 뚫려 있고 포구는 이쪽을 겨누고 있어 보기에도 무시무시하다. 바다로부터의 공격은 거의 불가능할 것이다. 베네치아의 가장 중요한 기지이니 역시 유별난 데가 있다.

크레타섬은 베네치아 영토다. 그래서인지 정치 형태도 본국을 닮았다. 총독이 있고 총독을 보좌하는 위원회도 있다. 본국으로부터 이주해 와서 산 지 아주 오래된 베네치아인들이 많다. 이 섬은 고대에도 번영을 누렸으며 미노스 왕이 다스렸던 곳으로도 유명하다.

7월 13일, 동이 틀 무렵 칸디아를 출항하다. 바람은 순풍. 게다가 그 순풍의 힘이 조금씩 세어지는 바람에 하루 밤낮 동안에 250해리를 항해할 수 있었다. 카소, 스카르파노 등 여러 섬이 삽시간에 저 뒤로 처진다. 카소는 무인도이지만 스카르파노는 베네치아령이다.

7월 14일, 이날도 순풍은 계속되어 배의 속도는 쏜살같다. 로도스섬을 왼편으로 바라보며 그 길로 곧장 동을 향해 달린다. 로도스섬과는 70해리의 거리를 유지한 항로다. 이렇게 하면 터키 선박에

크레타섬의 수도 칸디아(순례에 동행한 데생 화가의 그림, 목판화)

들킬 위험도 없다. 그러나 순례선은 로도스섬에 들르는 것이 관례로 되어 있는 만큼 터키인들에게 들키지 않기를 빌면서도 한편으로는 로도스섬이 저 멀리로 사라지는 것을 바라보는 것이 말할 수 없이 서운했다. 로도스섬을 영유하고 있는 것은 성 요한 기사단이다. 성 요한 기사단은 원래 성지순례자들을 위해 숙소를 제공하고 병을 앓는 순례자에게 의료를 베풀 목적으로 창설된 기사단이다. 그러니까 순례자들은 로도스섬에 들르는 것을 극히 당연한 일로 생각해왔다. 그런 곳이 지금 이교도의 공격을 받고 있는 것이다. 순례자들은 갑판 위에 엎드려 로도스섬의 기사들에게 신의 가호가 있기를 기도했다.

이날도 밤과 낮을 합쳐 250해리를 나아갔다.

7월 15일, 조금 약해지기는 했지만 바람은 여전히 순풍인 갈바람이다. 터키령 소아시아의 산들이 우현 너머 멀리 수평선 위에 연기처럼 아련하게 떠 있는 것을 보면서 항로를 동으로 잡고 키프로스를 향해 곧장 항해한다. 이날의 항해거리는 170해리.

7월 16일, 정오 가까이 되어 키프로스섬 근해를 경비 중인 베네치아 함대와 마주 스쳐지나갔다. 우리 배는 키프로스 남단의 여러 곳 중 하나인 아스프로곶으로 향했다. 그곳으로 들어서자 나팔과 북소리가 우리를 맞이했다. 그곳 집정관이 일부러 마중 나와 우리가 타고 있는 콘타리나호까지 올라왔다. 그는 서유럽의 사정 등 여러 가지 이야기를 우리 선장으로부터 들었다. 그는 우리 배편으로 50해리 밖에 있는 리마솔항까지 동행하기로 했다.

리마솔은 키프로스섬 남부의 가장 큰 도시이지만 아주 최근에 터키군의 습격을 받았고, 다행히 격퇴하기는 했지만 시가가 크게 파괴를 당해 상처 그대로의 모습이었다. 이 항구에서 화요일 밤까지 정박하기로 되어 있다.

7월 19일, 동이 트기 전에 출항했다. 순풍이어서 이날은 170해리를 가다.

선장은 나를 아들처럼 잘 대해주는데 오늘은 내게 묘한 충고를 해준다. 긴 항해인 터라 나는 게을러져서 수염을 깎지 않고 지냈는데 그는 그대로 계속 수염을 깎지 않는 것이 좋겠다는 것이었다. 아랍인들은 수염이 없는 남자를 남색 상대로 보니 위험하다, 그러니 성지순례 중에는 수염을 기르고 있는 것이 좋겠다는 것이 선장의 충고였다. 그는 나만이 아니고 젊은 순례자들에게 모두 같은 충고를 한 것 같았다.

7월 20일, 순풍을 만나 돛을 내리지도 방향을 바꾸는 일도 없이 100해리가량 갔을 때 목적지 야파의 시가가 수평선 위에 모습을 드러냈다. 순례자들은 누가 먼저랄 것도 없이 모두 갑판 위에 엎드려 '테 데움 라우다무스'를 부르기 시작했다.

오후 2시, 배는 야파의 항구 안으로 들어갔다. 우리는 바로 상륙하고 싶었지만 선장으로부터 통행허가증이 내려오기 전에는 절대로 상륙하지 말라는 말이 있어 배에서 허가증의 도착을 기다리게 되었다. 이교도의 땅인 이곳에서는 통행허가증이 없는 그리스도교도의 안전은 신도 보장하지 못할 만큼 이교도들의 변덕스러운 기분에 달려 있는 것이 오늘날의 실정이다. 그래서 통행증을 하루빨리 얻으려고 선장은 입항 직후 서기를 라마 읍내로 급파한 것이다. 선장은 허가증을 가지고 돌아오는 데는 사흘이 걸릴 거라 했다.

그사이 우리 배에 작은 배를 몰고 온 많은 아랍인이 먹을 것을 팔려고 몰려들었다. 이러는 것이 이곳 관습인가 보다. 그 덕분에 우리는 선상생활을 하면서도 먹을 것에 아무런 부족을 모르고 지냈다. 선장은 우리 순례자들에게 팔레스티나에서만 산출되는 과일이라며 그밖의 먹을 것에 관해 설명해주었다.

7월 24일, 아침녘에 학수고대하던 통행허가증을 가지고 일행이 돌아왔다. 그들과 함께 몇십 마리나 되는 노새며 나귀도 도착했다. 우리를 성지로 실어나를 짐승들이다.

밤 9시부터 마침내 하선을 시작했다. 순례자들은 맨 먼저 동굴로, 그 옛날 십자군 시대에 그리스도교도 상인들이 창고로 사용했던 동굴로 안내되었다. 지금은 묵힐 대로 묵혀 몹시 누추하고 불결하다. 여기서 아랍인 관리들은 마치 가축의 머릿수를 헤아리듯 몇 번이고 우리 인원수를 헤아렸다. 그러는 동안에 우리의 휴대하물도 운반되어왔다. 이런 모든 절차가 끝난 것은 한밤을 훨씬 지나서였다. 그날 밤은 그 동굴에서 자게 되었다. 가지고 온 두꺼운 모직천으로 만든 긴 망토의 고마움을 비로소 알게 된 밤이었다.

성경에 나오는 노아의 방주의 그 노아의 아들이 건설했다는 이 야파 읍내는 200년 전 아랍인들에게 정복당하기 전까지는 팔레스티나 지방의 중요 항구로서 서유럽에서 온 배들로 붐비고 북적대고 번영을 누리는 도읍이었을 것으로 짐작된다. 지금은 폐허가 되고 만 수많은 그 시대 건물이 한때 영화를 자랑하던 시대의 일들을 그립게 한다. 지금은 겨우 선착장만이 쓸 만한 시설로 남아 있을 뿐이다. 아랍인들에겐 이곳이 고작 서유럽 성지순례자들의 발착항구일 뿐이니 그럴 만도 하다. 시가에는 탑이 두 개 남아 있어 밤낮을 가리지 않고 아랍인 초병이 지키고 있다.

7월 25일, 밤에 라마를 향해 출발한다. 야파로부터 12마일의 거리다. 우리는 한 사람씩 나귀에 태워졌다. 나귀는 목에 맨 밧줄 하나로 몰게 되어 있어 모두들 익숙지 않아 고생한다.

우리 일행을 앞장서서 인도하는 것은 그리스도교도 순례자들을 전문으로 하는 통역 겸 가이드들이다. 이들은 '가젤라'라고 불린다. 이 지방의 주민들이며 사도 토마에 의해 영세를 받은 사람들의 자손들이란 말이 있다.

야파로부터 한 4마일쯤 떨어진 곳에 허물어진 성채가 두 개 있다. 십자군 시대의 유물인 듯하다. 라마 읍내까지 화살을 쏘면 닿을 거리인 지점에서 모두 나귀를 내려야 했다. 그리스도교도는 모두 걸어서 들어가야 하는 규칙 때문이었다.

그러나 다행스럽게도 가까이에 그리스도교도의 수도원이 있었다. 우리 일행은 수도사들로부터 대환영을 받았다. 대뜸 미사를 올려주었다. 이곳에서 세금지불 사무가 끝날 때까지 이틀을 머물렀다. 밤에 맨바닥에서 잠을 자야 하는 것이 고통스럽다. 순례자들의 관례에 따르는 일이지만 한쪽 어깨가 아프다.

라마 읍내는 엄청나게 크다. 그러나 가옥은 뜨문뜨문 있고 잘 가꾸고 사는 것 같지도 않다. 온갖 과실이 참으로 풍부하다. 이곳은 아리마태아의 요셉의 출생지라고 전해 내려오는 곳이다.

7월 27일, 정오 가까이 되어 각자 나귀를 타고 예루살렘을 향해 출발했다. 라마를 떠나 1마일쯤 왔을 때 가이드는 이 근처 이교도들의 묘지 옆을 지날 때는 조심하면서 지나라는 주의를 주었다. 묘지 가까운 곳에서 이교도들의 기분을 상하게 하는 언동을 하면 그들로부터 몹쓸 보복을 받게 된다는 말이었다. 우리 일행은 멀리 우회해 말소리도 내지 않고 그곳을 지나갔다.

라마로부터 15마일쯤 되는 곳까지 왔을 때 활과 창으로 무장한 아랍인 한 무리가 기다리고 있었다. 통행허가증을 안 가진 자들로부터 통행세를 뜯기 위해서였다. 그러나 가이드가 허가증을 보여주며 뭐라고 말을 하니 그들도 억지는 부릴 수 없는지 별 탈 없이 통과시켜주었다.

우리 일행은 거칠고 척박한 산지의 광막한 곳을 나귀의 등 위에서 흔들리면서 계속 앞으로 나아갔다. 한밤 가까이 되어 모두 나귀에서 내려 달빛 비치는 산등성이를 바라보면서 3시간쯤 식사와 휴식으로 시간을 보냈다. 그 후 다시 나귀를 타고 긴 행렬을 지어 가는데 날이 밝아왔다. 날이 밝아온 지 2시간 후 마침내 황폐한 산지 저쪽에서 신성한 도시 예루살렘을 바라볼 수가 있었다. 교회의 둥근 지붕이 아침햇살을 받아 빛나고 있었다.

순례자들은 저도 모르게 나귀에서 뛰어내려 무릎을 꿇었다. 누구 입에서랄 것도 없었다.

"라우다 예루살렘 도미눔 라우다 데움 투움……."

기도 소리가 흘러나왔다. 모두들 뺨을 눈물로 적시며 화창(話唱)했다. 기도가 끝나고 나서도 누구 한 사람 나귀에 올라탈 생각을 하지 않았다. 한 사람 한 사람 각자의 나귀를 몰고 예루살렘을 향해 걸어나갔다.

예루살렘 시가지까지의 거리가 9마일쯤 되는 지점부터는 성유적이 잇따라 나타난다. 부활한 예수가 제자들과 함께 빵을 든 곳을 참배한 사람은 7년하고도 40일간의 면죄.

성지순례의 일환으로 참배하는 성유적에서의 면죄는 완전면죄이거나 아니면 7년 40일간의 면죄이거나 둘 중 하나다.

7월 28일, 해가 진 후 2시간 만에 예루살렘 시가를 벗어났다. 순례자들은 가까운 성 요한 숙사에서 묵기로 되어 있었다. 자는 곳도, 식사하는 곳도 맨바닥이어서 매우 불편했다. 배에서 자기가 마실 포도주를 가져오지 않은 사람은 맹물을 마실 수밖엔 없다. 나는 다른 순례자 몇 사람과 함께 콘타리나호 선장의 인도로 시온 산에 있는 수도원으로 잠자리를 구하러 갔다. 수도원이 있는 장소는 예수와 성모 마리아가 살았다는 바로 그곳이다.

그날 밤은 다음 날부터 시작되는 성유적 순례를 앞두고 전원이 일찍 잠자리에 들어 충분한 휴식을 취하도록 하라는 주의사항이 내려왔다.

성도(聖都) 예루살렘

예루살렘은 평지에 형성된 시가다. 파비아만 한 크기일까. 아름다운 도시다. 둘레를 에워싸는 성벽은 없다. 시가 안으로 들어서도 성채라고는 그리스도교도들이 이곳을 지배하던 시절 피사인들이 세웠다는 것 하나밖엔 없다. 그밖에는 솔로몬의 성당 벽이 남아 있을 뿐이다.

이곳 사람들이 사는 집은 우리네 집들처럼 지붕으로 덮여 있지 않다. 건물 윗부분은 석회 반죽으로 발라서 다져놓은 평면이다. 아랍인들은 축제 때가 되면 이 위로 올라와서 음악에 맞추어 여자들은 춤을 추고 남자들은 그것을 바라보며 즐긴다. 남자와 여자는 절대로 함께 춤추지 않는다. 악기는 서유럽의 악기들과 매우 흡사하다.

그들의 바자는 그 안을 거니는 것도, 구경하는 것도 모두가 참으로 즐겁다. 길 양쪽엔 가게들이 즐비하게 들어서 있고 빛만이 통과하도록 만들어진 천장은 태양과 비바람을 막아주어 마치 긴 터널 속을 지나는 것 같다.

바자 내부는 가게들이 취급하는 품목에 따라 여러 구획으로 나뉘어 있다. 비단을 파는 가게만 있는 구획, 보석을 파는 가게만이 처마를 나란히 하고 있는 거리, 갖가지 피륙으로부터 다 완성된 의복까지 파는 가게……. 향료의 향기가 코를 찌른다.

음식물을 파는 가게들이 모여 있는 한 구획은 완연히 축제일의 밀라노 시장 같다. 온갖 먹을 것이 다 갖추어져 있어 손님들은 구미가 당기는 것을 골라잡아 사들고 간다. 아랍인들은 집에서는 음식을 요리하지 않으므로 점심 때나 저녁 때면 많은 인파가 몰려들어 성황을 이룬다.

이들 아랍인의 복식풍속은 우리네와는 크게 다르다. 남자들은 온갖 색깔의 터번을 쓴다. 마로 된 피륙을 펴서 만든 것으로, 길게 늘어뜨리면 잠자리의 깔개가 될 만큼 큰 천이다. 이것을 접고 말아서 머리에다 쓴다. 옷은 발목을 덮을 만큼 긴 흰색의 장포이며 목과 허리께를 좁게 졸라맨다. 버선은 신지 않는다. 그 대신 신발은 헝겊으로 만든 것이라 버선처럼 부드럽다.

여자들은 흰색 피륙으로 머리부터 발끝까지 온몸을 감싼다. 마치 네모난 상자꼴의 옷감을 몸에 씌우고 목과 허리 부분만을 졸라맨 꼴이다. 얼굴은 검은 베일로 완전히 가려 눈이 어디 붙었는지도 분간 못할 지경이다. 이쯤 되니 얼굴빛이 흰지 검은지조차 확인할 길이 없고 검은 때가 낀 손톱만을 겨우 볼 수 있을 뿐이다.

우리 눈에 그들은 참으로 희한한 법에 따라 살아가고 있는 것 같았다. 포도주는 마시지 않는다. 그러나 그것은 남의 눈앞에서일 뿐 숨어서는 마신다. 마시는 양으로는 우리 그리스도교도들보다도 오히려 더 많이 마시는 게 아닌가 싶다. 해거름이 되면 미나레트라 불리는 뾰족탑 위에서 큰 소리로 기도 시간이 되었다는 것을 사람들에게 알린다. 그러면 기도가 시작된다. 그럴 때면 길가는 사람들도 그 자리에서 땅에 무릎을 꿇고 하늘을 향해 두 팔을 벌린 다음 땅에 머리를 100번은 박는다. 흡사 돈을 구걸할 때의 거지의 몸짓 같다.

언제나 다 터진 신을 신고 있다. 왜 그런가 하면 집에 들어서자마자 나타나는 봉당에다 신발을 벗기 때문이다. 예배를 위해 모스크에 들어갈 때도 먼저 신발을 벗어들고 안으로 들어가도록 되어 있다. 식사도 융단 위에서 발을 앞으로 펑다리치고서 한다.

재미있는 것은 그들이 달걀에서 병아리를 까는 법이다. 우리는

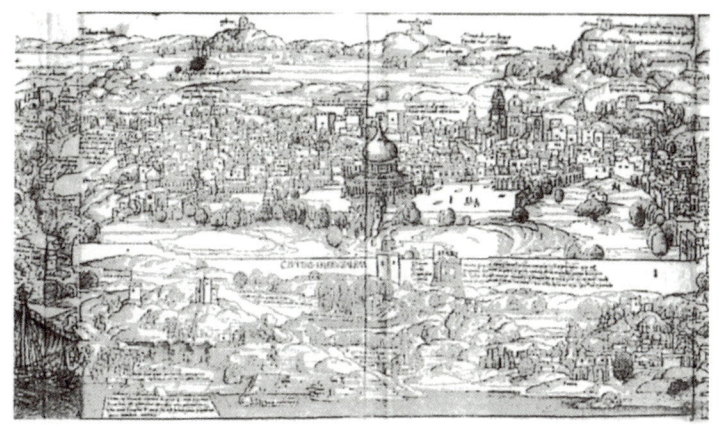
예루살렘(순례에 동행한 데생 화가의 그림, 목판화)

암탉으로 하여금 달걀을 품어 병아리를 까게 하는데 그들은 5천 개, 6천 개나 되는 달걀을 가마솥에 넣고서 솥 주변을 불로 덮여 적당한 때에 달걀을 밖으로 끄집어낸다. 조금 있으면 달걀 속에서 병아리가 뛰쳐나오는 것이다. 얼핏 보기에 여자들은 별로 하는 일이 없는 것 같다. 왜냐하면 이런 일을 모두 남자들이 해치우니 말이다.

그들 아랍인들의 신앙은 같은 이슬람교도인 만큼 터키인들과 아주 비슷하다. 그들 사이에서는 우리 예수 그리스도도 상당히 중요시되고 있다. 그러나 최후의 선에 가면 달라진다.

그들은 예수를 성자라고 보며 훌륭하고 정의로운 사람이라고 말한다. 그러나 그들에게 예수는 신의 예언자이기는 해도 신의 아들은 아니다. 그들은 신의 예언자로서 예수 앞에 절을 한다. 나도 예수가 탄생한 동굴 안에서 이슬람교도들이 신발을 벗고 들어와서 예배하는 것을 내 눈으로 직접 목격한 적이 있다.

그러나 성묘(聖墓)의 유래나 예수가 십자가에 못 박힌 골고다의 언덕에 관한 이야기 등을 그들은 웃으며 믿으려 하지 않는다. 예수 그리스도는 신의 예언자인데 그런 고뇌에 찬 일을 당할 까닭이 없다고 말하는 것이다.

7월 29일, 수도원에 묵은 사람이나 숙사에서 잔 사람이나 모두 해가 뜨는 것과 동시에 잠자리에서 일어나 차림을 갖추고 전원이 함께 수도사와 가이드의 인도를 받으며 성유적 참배의 길에 나섰다. 먼저 성 스테파노의 대문으로 향한다.

예수가 십자가를 등에 지고 끌려간 비아 크루치스로 간다. 조금 뒤, 여기서부터 크레네 사람인 시몬이 예수를 대신해서 십자가를 짊어졌다고 가이드가 설명한다. 또 조금 더 가니 성모 마리아가 십자가를 지고 병사들의 매질을 당하면서 걸어가는 예수를 보고 비탄에 잠겼다는 장소에 이른다. 그곳에는 교회가 세워졌는데 이교도의 지배를 받게 된 뒤 허물어뜨려 지금은 폐허로 남아 있다.

빌라도의 유적지를 돌아보았다. 크고 흰 대리석이 있다. 그 위에 앉아 빌라도가 이유 없는 죽음을 예수에게 선고했다고 한다. 근처에 나지막한 작은 집이 있다. 마리아의 학교라 이르는 성유적이다. 마리아가 소녀 시절 글을 배우러 다녔던 곳이란다. 그 집 맞은편으로 난 길을 걷노라니 헤로데의 궁터에 이른다. 아랍인이 살고 있어서 안에 들어가지는 못했다. 빌라도의 저택 유적도 보았다. 그 안으로 예수는 연행되어 매질을 당하고 머리에는 가시관이 씌워지고 흰옷이 입혀졌던 것이다. 이곳의 면죄는 7년 40일간의 면죄.

유대교의 성소도 견학했고 다비데가 천사를 보았다는 곳에도 가보았다. 유대교의 보물들은 베스파시아누스 황제와 티투스 황제의 이스라엘 공략으로 성도(聖都) 예루살렘이 잿더미로 변할 당시 로마로 반출되어 지금은 산 조반니 인 라테라노 대성당에 수장되어 있다고 한다. 솔로몬의 신전 터도 멀리서 보았다. 물론 솔로몬 시대의 건물은 아니다. 『유대 전기(戰記)』의 저자 플라비우스 요세푸스에 따르면 솔로몬의 궁전은 다섯 번 세워졌고 다섯 번 파괴당했다고 한다. 건물은 어찌되었든 장소는 청년 그리스도가 신전 안을 더럽히는 자들을 쫓아냈던 바로 그 장소인 것이다. 그밖에 성 마리아가 태어난 집, 성 안나의 묘소 등을 참배했다. 성모 마리아의 어머니 성 안나의 유체는 콘스탄티누스 대제의 모후 헬레나가 콘스탄티노플로 가져가버려 지금은 이곳에 없다. 그러나 이곳의 면죄는 완전 면죄.

올리브산 기슭에 있는, 성모 마리아에게 헌납된 교회를 참배했다. 성모의 유체가 봉안되어 있는 곳이다. 여기도 완전 면죄.

이 교회로부터 그리 멀지 않은 곳에 큰 동굴이 있다. 여기는 주 예수가 "나의 아버지시여! 이 술잔을 내 손에서 앗아가소서" 하고 기도했던 곳이다. 올리브산을 내려오니 겟세마네라고 불리는 밭이 나온다. 유다가 그리스도를 여기서 팔아먹었다는데 일대는 온통 올리브밭이다. 유다가 주 예수에게 입맞춤을 했던 곳에는 순례자들이 가져다 나른 돌멩이들이 수북히 쌓여 석총을 이루고 있다. 면죄는 7년 40일.

왼쪽으로 더 내려가니 성모 마리아가 승천한 장소에 이른다. 여기도 7년 40일 동안 면죄.

그리스도가 승천한 산 위에는 검은색의 단단한 돌이 그 위 그리스도의 발자국과 함께 남아 있다. 이것들은 작고 둥근 예배당 안에 안치되어 있다. 완전 면죄. 산상의 설교를 한 곳에는 예수가 그 위에 서서 설교했다는 대리석이 지금도 그대로 남아 있다. 그밖에도 수많은 성유적과 예수가 기적을 행한 장소 등을 차례로 순례했다. 그러나 이교도 치하에서 손질도 미흡하고 수리도 되지 않아 고양이나 살 수 있을까 할 정도로 황폐한 곳이 많았다.

그리스도가 제자들과 함께 최후의 만찬을 들었다는 집도 참배했다. 크고 긴 나무 탁자가 있고 이 탁자에서 이곳을 지키는 수도사들에게서 순례자들은 만찬을 대접받았다. 너나 할 것 없이 모두 예수가 앉았던 곳에 앉아보기를 원한다. 완전 면죄.

성묘교회

같은 배를 타고 왔고 같은 배로 돌아가게 될 순례자들에게는 20일간의 성지 체류가 예정되어 있다. 그동안은 전원이 함께 행동한다. 가이드 겸 통역에게 이끌려 성적을 참배하고 밤이 되면 지정된 숙소로 돌아와서 잔다. 그러나 성지 참배는 점심 때까지이며 오후부터 저녁까지는 각자가 자유로이 행동할 수 있다. 성소에 틀어박혀 기도로 시간을 보내는 사람도 있고 거리를 돌아다니거나 바자를 구경해도 무방하다.

이 20일 동안에 오후의 자유행동이 허용되지 않는 날이 세 번 있다. 그날은 오후에 숙소로 돌아와서 휴식하고, 저녁식사를 마친 다음 시내로 나가서 성묘교회에서 야간기도를 올려야 하는 날이기 때문이다.

그날 성묘교회에 도착해 교회 안으로 들어가기 전에, 아랍인 감시관은 다시 또 우리를 일렬로 줄지어 서게 하고 마치 가축수를 세듯 우리의 인원수를 세는 일을 되풀이했다. 참배료를 정확히 거두기 위해 하는 짓이다. 성묘교회는 성지의 여러 성유적 중에서도 가장 중요한 곳이며 아랍인들도 그것을 알고 있으므로 참배료가 가장 비싸다. 이 교회 안으로는 일정하게 정한 인원수 이외에는 결코 입장시키는 일이 없다.

십자가에 못 박힌 예수의 시체를 아리마태아의 요셉이 인수해 매장한 동굴 자리에 세워진 성묘교회는 앞광장부터 완전히 포장되어 있다. 교회 안으로 순례자들이 들어가고 나면 문을 닫고 밖에서 자물쇠를 채운다. 다음 날 아침까지 일절 열어주지 않는다.

교회 건물은 직사각형이며 한가운데는 구리로 된 원형지붕이 씌워져 있다. 이것은 로마의 산타 마리아 로톤다 교회(판테온)를 닮았고 천장 한가운데가 둥글게 뚫려 있어 그곳을 통해 햇빛이 들어오게 되어 있다. 비가 적은 곳이니 별 문제가 없는 모양이다. 그 열린 천장 너머로 별빛 반짝이는 밤하늘을 볼 수 있었다.

순례자들이 모두 자리에 앉자 시온산 수도원 수도사의 집전으로 미사가 올려졌다. 미사에 사용되는 언어는 라틴어, 이탈리아어, 프랑스어, 독일어다. 물론 기도는 라틴어로 하므로 출신국이 달라도 모두 함께 화창할 수 있다.

미사가 끝나면 순례자들에게 초 한 자루씩을 나누어준다. 순례자들은 초에 불을 켜서 손으로 들고 사제를 앞세워 너도나도 기도문을 외면서 줄을 짓는다. 그리고 성묘교회 안에 있는 여러 성소를 찾아 줄줄이 참배하는 것이다. 순례자들 중에는 감격에 겨워 눈물을 흘리는 사람이 많다. 성묘교회를 참배한 사람에겐 물론 완전 면

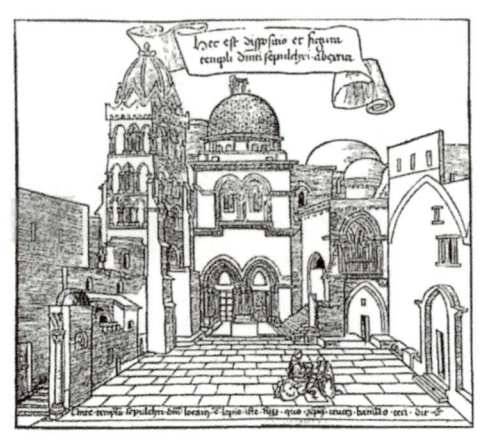

성묘교회

죄가 주어진다.

성유적 가운데서도 옛날에 동굴이었던 곳은 안팎을 모두 흰 대리석으로 덧붙여놓았다. 그대로 두면 순례자들이 기념으로 너도나도 바위 조각을 깎아가지고 갈 것이고, 내버려두면 얼마 안 가서 성유적 자체가 없어지게 될 것이라 이를 미연에 방지하기 위해 그렇게 해놓은 것이다. 예수가 못 박혔고 그 후 4세기에 이르러 콘스탄티누스 대제의 어머니 헬레나가 찾아낸 성십자가도 같은 이유로 순례자들이 그것에 입맞춤하면서 이로 뜯어가는 일이 없도록 수도사들이 좌우에 늘어서서 감시하고 있다. 이런 성유적들을 참배할 때 순례자들은 신발을 벗고 맨발로 예배한다. 모든 예배를 끝낸 후에도 순례자들은 기도를 올리면서 교회 안에서 밤을 지새운다. 이런 일이 20일에 걸치는 성지 체류기간 중 세 번이나 되풀이된다.

두 번째 때, 성묘교회의 수호를 취지로 하는 성묘교회 기사단의 단원 7명을 순례자 중에서 뽑게 된다. 나는 그 7명 중 한 사람으로 뽑히는 영광을 얻게 되었다. 기사로 임명하는 의식은 장엄하고 경건한 분위기에서 거행되며, 신성로마제국 황제 대리인의 손으로 검(劍)에 의해 축성(祝聖)된다.

예루살렘의 성유적은 4개 교파의 그리스도교 성직자들이 관리한다. 가톨릭, 그리스정교, 아르메니아, 에티오피아의 4개 교파다. 그 가운데 서유럽 가톨릭 교파는 성묘교회를, 그리스정교도는 갈보리(골고다) 언덕을 관리하고 있다.

예루살렘과 그 주변 성지의 순례를 마친 우리 일행은 베들레헴으로 향했다. 예루살렘에서 베들레헴까지의 거리는 7마일가량인데 우리 일행은 나귀를 타고 일렬로 줄지어 나아갔다. 그 도중에 우물이 있다. 아기 예수를 찾아가는 3인의 동방박사 앞에 천사가 나타난 곳이다. 다시 조금 더 가면 구약의 예언자 엘리야의 생가가 있다. 지금은 이슬람교도의 모스크로 변해 있다.

베들레헴은 작은 골짜기이지만 그리스도가 탄생한 곳이다. 탄생한 동굴 자리에는 성 프란체스코회가 관리하는 아름다운 교회가 딸린 수도원이 있다. 이 성유적도 벽 전체가 흰 대리석으로 덮여 있다. 순례자들이 벽에서 뭔가를 뜯어가지 못하도록 생각해낸 조치일 것이다.

교회 벽면의 모자이크는 정말로 아름다웠다. 그것은 베네치아의 산 마르코 대성당을 떠올리게 했다. 천장도 금색과 파란색의 모자이크로 덮여 있어 그 아름다움이 사막의 밤하늘을 연상시킨다. 그 아래에 작은 소와 양과 양치기들에게 둘러싸인 아기 예수와 성모 마리아, 성 요셉, 가까이 다가오는 3인의 동방박사와 세 마리 낙타를 나타낸 인형들을 배치해 예수 탄생 장면을 재현하고 있다. 여기를 참배한 자는 완전 면죄.

주 예수가 탄생한 터에 세워진 교회에서는 선물을 들고 와서 배례한 3인의 동방박사를 본받아 우리 순례자들도 돈을 얼마 정도 교회에 내는 것으로 되어 있다. 1두카토를 기부하는 자도 있고 4두카토를 내는 사람도 있다. 각자의 호주머니 형편대로 하게 되어 있는 갹출이므로 그만한 여유가 없어 자기 손으로 만든 나무 십자가를 내놓고 가는 사람도 있다. 수도원 안에 있는 성 히에로니무스의 동굴도 구경했다.

성모 마리아가 아기 예수에게 젖을 물렸다는 성유적에도 참배했다. 그곳의 어느 한 장소는 기적이 일어나는 곳이란다. 젖이 안 나는 젖먹이 아기의 어머니가 물이 든 컵을 그곳에 두면 얼마 지나지 않아 젖이 불어 넉넉해진단다. 또 마리아에게 헤로데 왕의 박해를 피해 아기를 이집트로 보내라고 천사가 전했다는 장소에서도 예배를 올렸다.

베들레헴을 등 뒤로하고 다시 나귀 등에 오른 우리 일행은 한여름의 더위에 애를 먹으며 헤브론으로 향했다. 이 근처에는 구약의 성유적이 많다. 신이 아담을 창조했다는 장소도 거쳐갔다. 헤브론은 아담, 아브라함, 이삭 그리고 야곱과 그들의 아내들인 에바, 사라, 레베카, 리아 등의 무덤이 있는 곳이다.

유대의 산지를 나귀로 건너는 것은 매우 힘든 일이다. 돌멩이가 많고 땅은 메마르고 거칠어 나무그늘이라곤 찾아보기가 어려울 지경이다. 그러나 바로 이 땅이야말로 세례자 요한과 성 자카리아 등이 예수의 가르침을 포교한 곳이 아닌가.

다시 예루살렘으로 돌아온 우리는 이번엔 요르단강을 향해 떠났다. 다만 우리 일행 48명은 반 이하로 수가 줄었다. 왜냐하면 시온산 수도원의 성직자들도 콘타리나호 선장도 또 가이드까지도 요르단강까지의 길은 험하고 황량한 산길이니 더위로 고생하게 될 뿐 아니라 아랍인의 습격을 받을 위험도 있다고 말했기 때문이다. 아랍인들은 무리를 이루어 젤리코 골짜기 근처에 매복해 기다리고 있다고까지 하니……. 그래서 예루살렘에 남아 있기로 한 사람이 많았다. 그러나 나는 이번에도 운명을 하늘에 맡기고 강행하는 사람들에 끼기로 했다. 야영 준비도 갖추고 식량도 휴대해야 하는 상황이었다. 가이드와 수도사와 짐 나르는 아랍인들을 데리고 간다.

더위를 피해 해거름이 되어 출발한다. 2시간 간격으로 나귀에서 내려 휴식했다. 길은 좁고 돌이 많아 한 번에 한 사람씩밖에 지나갈 수 없다. 땅은 붉은색을 띠고 있다.

다음 날 젤리코의 평원에 도착. 그곳을 지나 2마일쯤 더 간 곳에 있는 산이 예수가 40일간 수행한 곳이다. 이 산의 여기저기에 수행자들의 동굴을 이용해 지은 작은 교회들이 여럿 있으나 지금은 모두 빈집이다.

황무지를 한참 더 가서 세례자 요한에게 지어 바친 교회에 도착했다. 교회 바로 저쪽이 요르단강이다. 세례자 요한이 그리스도에게 세례를 베풀었던 장소에 세워져 있는 교회는 지금은 황폐할 대로 황폐해 있다. 완전 면죄.

요르단 강가에 이르자 순례자들은 모두 옷을 훨훨 벗어던지고 속옷 차림으로 강물에 뛰어든다. 더위 속의 여행이었으니 상쾌하기가 이를 데 없다. 순례자들은 목까지 물에 잠겨 한참 동안은 누구도 강에서 나오려 하지 않는다. 모두 강물을 마시고 손을 씻고 온몸을 문지른다. 작은 병에 강물을 채우는 사람도 있다. 그러나 아랍인이 내습할까 걱정하는 성직자와 가이드의 주의로 모두 강에서 나와 옷을 입었다.

요르단강은 그다지 큰 강이 아니다. 물이 흐르는 속도도 완만하고 물은 흐리다. 강바닥의 개펄은 무릎 위를 덮을 만큼 깊다. 강물은 북쪽에서 흘러와서 사해로 흘러든다. 사해 위는 증발하는 수증기로 안개구름이 끼어 있는 것처럼 보인다. 사해의 물은 간기가 많아 쓰다. 이 간물 때문에 사해 주변에는 식물이 자라지 않는다. 불모의 땅이란 이를 두고 하는 말일 것이다.

예루살렘으로 돌아가는 길에 베타니에 들렀다. 막달라 마리아가 예수 앞에서 땅바닥에 몸을 던져 죄를 뉘우치고 용서를 빈 장소다. 예루살렘까지 3마일의 거리다. 예수가 기적으로 되살아나게 했던 라자로의 무덤도 여기에 있다. 그 바로 이웃에 마르타의 집도 있다. 라자로의 집은 훌륭한 모습으로 남아 있으나 마르타의 집은 묵힐 대로 묵혀 황폐해 있다. 여기 베타니 일대에서 나는 과실류는 질도 좋고 양도 많다. 예루살렘의 저자나 가게에서 볼 수 있는 과일류의 태반이 여기 베타니에서 출하된 것이라고 한다. 그리스도도 이곳에 묵으면서 매일같이 예루살렘으로 나들이를 하신 것 같다.

예루살렘으로 온 후 세 번째이자 마지막인 성묘교회 기도회로 밤을 새웠다. 성지순례가 소원이면서도 이루지 못하고 있는 부모와 형제들, 그리고 가까운 벗들을 위해서도 기도를 올렸다.

예루살렘에서의 12일은 눈깜짝할 사이에 지나가버린 느낌이다. 내일이면 드디어 이곳을 떠나 이탈리아로 돌아가는 여로에 오르게 된다.

귀로

8월 8일, 날이 밝기 전 일행은 짐을 꾸려 예루살렘을 떠났다. 우리 일행 중 두 영국인은 예루살렘으로부터 시나이반도를 돌아서 카이로를 거쳐 알렉산드리아에서 베네치아 선박을 타고 귀국하는 '특별 코스'를 취하기로 해서 여기서 헤어졌다. 이 두 영국인을 제외하고는 병으로 쓰러진 사람 하나 없이 전원이 선장, 가이드, 성직자 등에 이끌려 나귀 등에 올라 길을 떠났다. 올 때와 같은 길을 따라 라마를 거쳐 야파에 도착한 것은 다음 또 다음 날 해거름 무렵이었다.

8월 10일, 야파의 항구에 도착한 우리를 콘타리나호의 선원들이 작은 배를 몰아 마중 나와주었다. 나팔을 불어대고 북을 치고 류트를 불고 깃발을 바다 수면에 띄우는 등 마치 우리가 악마의 품 안에서 탈출해 나오기라도 한 듯 반기는 떠들썩한 환영이었다. 하기는 생각해보면 그렇게 엉뚱한 생각이랄 것도 없다. 어찌했든 우리는 신의 은총에 힘입어 이렇게 전원 무사히 돌아올 수 있었다고 해야 할 것이다.

8월 11일, 저녁에 야파를 출항했다. 바람은 갈바람. 돛만으로 항행해 15일에 키프로스섬에 도착했다. 여기서 키프로스 왕실 고문관으로 있던 선장의 형 암브로조 콘타리니 씨가 3년간의 직무를 마치고 귀국하게 되어 우리와 동승하게 되었다. 그 준비가 끝나는 것을 기다리는 동안 순례자들은 키프로스 관광으로 소일하기로 했다. 말을 타고 니코시아로 향했다.

니코시아에서 순례자 가운데 한 사람으로부터 그의 절친한 친구인 밀라노 태생의 부유한 상인 한 사람을 소개받았다. 이 사람은 키프로스에서 산 지 오래이고 이곳 니코시아에서 발넓게 장사를 하고 있다. 니코시아에 머무르는 동안은 이 사람 집에서 묵었다. 여왕과의 알현도 허용되었다. 여왕 카테리나는 베네치아 출생이며, 따라서 키프로스는 지금은 사실상 베네치아령이다.

키프로스섬의 도시들은 그런 탓도 있어서인지 베네치아풍의 건물이 많고 참으로 아름답다. 게다가 온갖 과실이 풍부하며 최상급 품질의 포도주와 소금과 면화의 산지로도 유명하다. 이런저런 조건들이 두루 좋아서 사람이 살기에는 천국이지만 한 가지 이 더위만은 견디기가 힘들다. 사람들은 짧은 셔츠에 긴 윗도리를 걸친 차림이다. 키프로스는 가는 길에 섬의 남단에 잠깐 들렀던 것뿐이었으니까 이 기회에 실컷 보아둘 양으로 더위를 무릅쓰고 구경을 하러 열심히 돌아다닌다.

키프로스는 비너스 탄생의 고장으로 전해지는 곳이다. 반쯤 허물어진 오랜 옛 성이 남아 있어서 '사랑의 성'이라 불리고 있다. 여기에는 고대 사랑의 관습이 지금도 남아 있을까. 소금밭도 구경했다. 정말 잘 정비되어 있는 염전인데 베네치아인이 경영하는 염전이었다. 서유럽에서 사용하는 암염이 아닌 소금은 대부분 이곳에서 출하되는 것이라 하던가. 염전의 광대함을 실제로 두 눈으로 보고는 그 말이 사실임을 납득하지 않을 수가 없다.

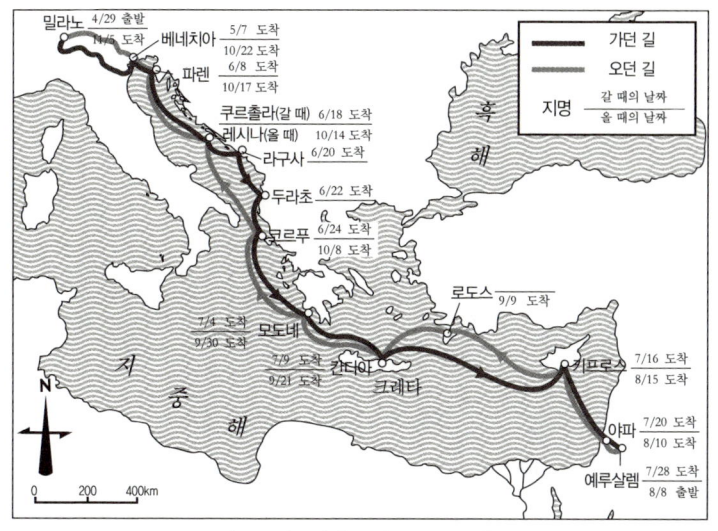

밀라노 4/29 출발
11/5 도착
베네치아 5/7 도착
10/22 도착
파렌 6/8 도착
10/17 도착
쿠르촐라(갈 때) 6/18 도착
레시나(올 때) 10/14 도착
라구사 6/20 도착
두라초 6/22 도착
코르푸 6/24 도착
10/8 도착
로도스 9/9 도착
모도네 7/4 도착
9/30 도착
칸디아 7/9 도착
9/21 도착
크레타
키프로스 7/16 도착
8/15 도착
야파 7/20 도착
8/10 도착
예루살렘 7/28 도착
8/8 출발
흑해
지 중 해
N
0 200 400km

갈 길
오던 길
지명 갈 때의 날짜 / 올 때의 날짜

산토 브라스카의 순례 코스(1480년)

항구에 돌아와 보니 우리 갤리선에서는 큰일이 일어나 있었다. 순례자 둘이 죽은 것이다. 키프로스섬 특유의 더위가 내뿜는 그 지독한 열기를 견뎌내지 못한 것이었다. 다른 순례자들도 출항은 했지만 거의 모두 이 열병에 걸려 있었다.

그 가운데 한 사람, 지기스문트란 이름의 독일인 기사는 고열에 시달린 나머지 실성해서 자기 몸을 세 군데나 단검으로 베었다. 결국 출혈로 죽고 말았다. 또 한 사람, 이 사람도 독일의 기사인데 똑같은 짓을 하려다가 달려간 선원들로 해서 뜻을 이루지 못했고, 선원들은 그의 두 손을 결박해 눕혀놓았는데, 다음 날 아침에 보니 그대로의 자세로 죽어 있었다. 또 어떤 선원은 고열을 참지 못해 바다에 뛰어들려는 것을 동료들이 껴안고 말려 못하게 했는데 덕분에 그는 목숨을 건졌다.

나 자신도 예외는 아니었다. 배에 돌아와서부터 심한 고열에 시달려 엿새를 몹시 앓았다. 그런 며칠 동안 바람이 전연 없어 배의 움직임은 몹시 둔해졌고 저장 중인 물까지 썩기 시작해 마시려고 입으로 가져간 물컵 바닥에 구더기가 붙어 있는 그런 형편이었다.

썩은 물에 썩은 대기, 출항은 했지만 도무지 지지부진한 뱃걸음. 동행인 프랑스인 순례자는 마르세유에서 출발하는 프랑스 순례선은 비너스가 탄생한 곳이라 하여 키프로스에는 들르지 않는데 베네치아 배는 그런 것을 무시하고 기항을 했으니 이교의 여신까지 숭상하는 베네치아인들에게 신이 벌을 내리는 것이라고 말했다.

나쁜 일은 겹쳐서 오는 법인가 보다. 갈 때에 쿠르촐라에서 일어났던 불상사가 귀로에 또다시 일어난 것이다. 돛을 바꾸다는 작업 중에 실수로 또 돛의 활대가 떨어져서 한 선원이 그 밑에 깔려 목숨을 잃고 말았다. 이 선원은 뱃사람으로서 유능했을 뿐 아니라 사람됨이 참으로 착해 순례자들을 여러모로 도와주었으므로 그의 죽음은 동료 선원들뿐 아니라 선객인 우리까지도 몹시 슬프게 만들었다. 이 선원의 시체는 앞서 죽은 독일인 두 기사의 경우와 마찬가지로 육지에서보다도 더 장엄한 장례를 거쳐 바다 깊이 잠들게 했다. 키프로스 기항 중에 죽은 순례자 세 사람은 키프로스섬에 묻혔다. 이번 선상여행에서 죽은 사람은 갈 때에 페스트에 걸린 것이 아닌가 생각되었다. 죽은 선원 한 명과 돛의 활대에 깔려 죽은 석궁수 두 사람까지 합쳐 모두 7명이나 이번 여행에서 죽은 셈이다. 콘타리나호 선장이 전에 항해는 놀이가 아니라고 말한 적이 있지만 정말 맞는 말이라는 것을 통감했다.

키프로스를 떠난 후로 한 번도 순풍을 만나지 못했다. 그러나 노를 저어 항해하려 해도 이런 혹서이고 보니 노꾼들을 그리 혹사할 수도 없는 일이다. 그래서 조금 가다가 조금 쉬다가 하는 식으로 어쨌든 서쪽을 향해 계속 항해해나갔다. 로도스섬에는 기항하지 않을 작정이었다. 왜냐하면 키프로스에서도 로도스섬은 아직도 터키군에게 포위되어 있는 상태라는 정보밖에는 얻지 못했기 때문이었다.

로도스를 피하면서 서쪽으로 항진하고 있던 우리 배는 로도스로부터 최신 정보를 가지고 키프로스로 가고 있는 베네치아 군선을 만났다. 우리 배에 게양된 깃발, 그러니까 베네치아 순례 전용선임을 나타내는 깃발을 식별한 그 배는 돛과 노로 급히 우리 쪽으로 접근해왔다. 우리 배에서 내려보낸 작은 배를 타고 우리 배 위로 옮겨온 그 군선의 지휘관은 최신 정보를 전하면서 로도스 기항을 우리에게 권하는 것이었다.

터키군이 마침내 그 이상의 공격을 단념하고 포위를 풀어 섬에서 물러났다는 것이었다. 7월 27일 마지막 총공격에 실패한 터키군은 8월 6일에 진지 철거를 끝내고 8월 17일 전군이 섬에서 철수했다고 한다. 우리가 키프로스에 체류 중일 때 7만의 터키 대군이 로도스섬을 떠나고 있었던 것이다. 로도스를 사수하던 기사의 수는 600명. 그 가운데 200명이 전사했다. 그런데 터키 측 전사자는 1만 2천 명을 넘었다고 한다.

어찌했든 로도스에 기항할 수 있다는 것은 우리에게는 여간 고

마운 일이 아니었다. 다만 며칠이라도 움직이지 않는 땅바닥을 밟고 서서 선선한 나무그늘에서 휴식을 취할 수도 있을 것이니 말이다. 그래서 항로를 북으로 돌렸던 것인데 이 근처는 해면 아래 숨은 바위가 많아 항해가 어렵기로 이름난 곳이다. 이런 어려운 곳에서 바람 방향이 시시각각 바뀐다면 아무리 솜씨가 뛰어난 뱃사람들이라도 감당할 수 없을 것이다.

콘스탄티누스 대제의 어머니 헬레나가 성지순례를 마치고 예루살렘에서 돌아오는 도중에도 이 근처에서 몹시 변덕스러운 바람을 만나 혼이 날아간 적이 있다. 그때 헬레나는 예루살렘에서 가져온 못, 즉 예수를 십자가에 못 박을 때 썼다는 못을 사나운 바다에 던졌더니 바다가 조용해지더라는 말이 전해진다. 그런데 우리가 만난 바다는 사나운 것이 아니라 너무 얌전해서 16일 동안 바람 한 점이 없는 상태였다.

콘타리나호 선장은 1,200년 전 헬레나의 고지(故智)를 한 번 다시 본떠보자고 우리에게 말하는 것이었다. 순례자들이 작은 병에 담아 소중히 간직하고 있는 요르단강의 물을 바다에 던져달라고 부탁하는 것이었다. 요르단강의 성스러운 물이 배 안에 있는 한 바다는 조용히 얌전을 빼고 움직이지 않으니 배는 그 때문에 앞으로 나아갈 수가 없다는 것이었다. 그 더위에 나귀 등 위에서 흔들리며 어려운 걸음을 하여 얻은 성수이니 애석하기 그지없는 일이지만 바람 한 점 없는 바다 위에서 며칠이고 표류한다는 것도 할 짓은 아니다. 그래서 요르단강 성수를 가지고 있는 순례자들은 모두 그것을 가지고 와서 뱃전에서 일제히 바닷속으로 쏟아부었다. 뱃사람들이 카드놀이 할 때 곧잘 질러대는 그런 큰 소리를 선원들이 내지르는 가운데 성수는 해면 위로 흩어졌다. 나중에 안 일이지만 요르단강의 물은 배에 불운을 가져온다고 바다 사나이들은 믿고 있었다고 한다.

요르단강의 물을 바다에 쏟은 것이 효험을 낸 것인지 얼마 후 마파람이 불어와서 로도스섬에 도착할 수가 있었다. 9월 9일이었다.

로도스는 참으로 오랜 역사를 간직한 곳이다. 율리우스 카이사르와 티베리우스 황제도 체류한 일이 있는, 예부터 그 아름다움으로 이름난 섬이다.

로도스섬의 현재 영유자는 성 요한 기사단이다. 이 기사단은 서유럽의 모든 명문대가의 자제들을 단원으로 하고 있는 것으로도 유명하다. 이 섬에 우리 배가 사흘 동안 정박한다는 것이어서 우리는 그동안 섬 구경을 하며 소일하기로 했다.

먼저 성 요한 기사단장의 성에 안치되어 있는 성유물 참배에 나섰다. 그 가운데 하나는 매우 중요한 유물이다. 예수 그리스도에게 씌워진 가시관에 돋아 있던 가시다. 이 가시는 은으로 만든 상 위에 얹힌 수정 상자 안에 안치되어 있었다. 성금요일의 정오부터 오후 3시 사이에 꽃이 핀다는 기적의 가시다. 왜 다른 가시와 달리 이 가시만이 꽃을 피우는가 하면, 예수 이마에 꽂혔던 것이 바로 이 가시이기 때문이란다.

성유물 참배를 마치고 거리 구경을 나섰다. 크지는 않으나 시가는 참 잘되어 있다. 그러나 3개월에 걸친 공방전이 끝난 지 한 달도 안 되었으니 당연하지만 시가의 파괴된 모습은 두 손으로 눈을 가리고 싶을 정도였다. 특히 터키군의 포격을 받은 성벽은 파손이

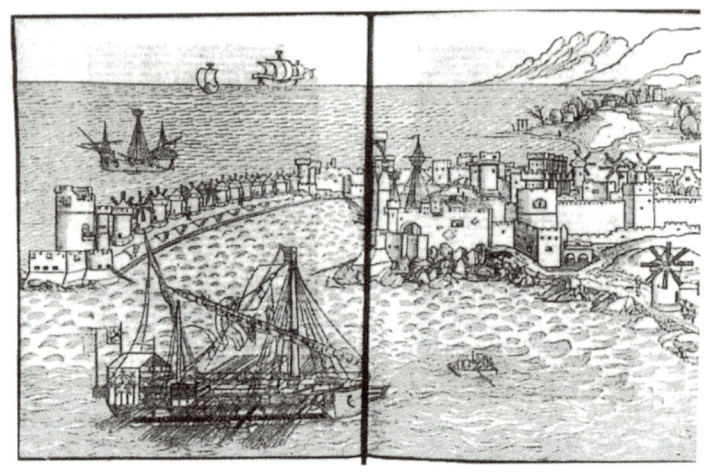
로도스섬의 항구(순례에 동행한 데생 화가의 그림, 목판화)

매우 심했다. 그래도 언제 또다시 내습해올지 모를 적에 대비해 기사들의 지도 아래 도민들은 복구작업을 시작하고 있었다.

항구는 넓고 훌륭하다. 두 팔로 에워싸듯 축조된 제방 위에는 풍차가 한 줄로 줄지어 있어 바라보는 것만으로도 즐겁다. 밀라노 출신 기사의 안내로 섬을 구경했다. 이 기사는 성 요한 기사단의 기사들이 거의 모두 그렇듯이, 무기를 들고 이교도와 싸울 뿐 아니라 순례자들을 치료하는 의술에도 능한 조용한 젊은 신사였다. 그는 공방전의 양상을 마치 남의 일이라도 이야기하듯 담담하게 말해주었다. 아녀자와 노인들을 섬의 내륙 쪽으로 피난시킨 도민들이 기사들과 일심동체가 되어 방위에 애썼다는 이야기였다. 터키군이 대포로 쏘아던진 돌 포탄이 시가 여기저기에 흩어져 있었다. 화약이 폭파되면서 파괴된 성벽의 참상들은 우리로 하여금 공방전이 얼마나 치열했던가를 상상할 수 있도록 해주었다.

9월 13일, 이날 로도스를 출항한다는 것이어서 미리 배에 돌아와 있던 우리는 그대로 배 위에서 하루 밤낮을 허송하고 말았다. 막 출범하려는 참에 갑자기 바람의 방향이 서북서로 바뀌었기 때문이다. 다음 날 저녁, 그래도 출항은 했지만 바람이 약해 크레타섬의 칸디아에 입항한 것은 9월 21일이나 되어서였다.

크레타에는 사흘 동안 정박했다. 말바지아의 포도주를 싣기 위해서였다. 베네치아의 순례 전용선은 갈 때는 상업목적의 기항이나 정박을 할 수 없도록 정부는 금하고 있었다. 그러나 돌아올 때는 그것을 허용한다. 포도주 적재를 마치고 크레타를 출항한 우리 배가 펠로폰네소스반도 남단의 베네치아 기지에 도착한 것은 9월의 마지막 날이었다.

모도네를 떠나 북상을 계속, 코르푸섬에는 10월 8일에 도착했다. 크레타나 모도네도 마찬가지지만 이곳 코르푸섬에서도 금년 8월에 터키의 습격을 받은 남이탈리아 풀리아 지방의 항구도시 오트란토에 관한 풍문으로 야단법석이었다. 지휘관도 대주교도 터키병의 반월도(半月刀)에 무참히 살해되고 그밖에 많은 주민이 목숨을 잃었으며 8천 명이나 되는 사람들이 터키인의 노예로 끌려갔다는 것이었다. 내가 밀라노로 돌아간 지 2개월 만인 그 이듬해, 즉 1481년 1월 오트란토의 터키군이 물러가서 큰 변에 이르지는 않고 넘어갔지만, 내가 오트란토의 대안 바로 눈앞에 위치한 코르푸섬 근처를 여행 중일 당시만 해도 터키의 잔학행위를 입에 올리는 주민들은 거의가 공포에 질린 얼굴이었다. 터키와 평화조약을 맺고 있는 사이인 냉철한 기질의 베네치아 시민들마저 살기등등하게 임전태세 확립을 서두르고 있었다. 코르푸섬의 대요새와 성곽 안에는 능히 3개월간의 농성을 버텨낼 만큼의 탄환과 식량이 비축되어 있다는 이야기들이었다.

전쟁을 눈앞에 둔 듯 긴장된 분위기의 코르푸섬을 떠난 우리 배는 한참 북으로 나아가다가 맹렬한 폭풍우를 만나고 말았다. 산더미 같은 파도가 배 앞을 가로막는가 했더니 어느새 뱃머리가 물속에다 곤두박질치는 형국이 되어 바닷물이 여기저기서 마구 침수해 들어와 갑판이고 어디고 난리였다.

뱃사람들은 풍파에서 벗어나려고 바삐 움직이지만 우리 선객들은 뭔가를 붙잡고 매달려 버티는 것이 고작이고 더러는 멀미하고 야단이지만 돌볼 엄두도 내지 못한다.

그런 가운데서도 돛의 교환작업은 처음 보는 일이라 매우 인상적이었다. 그다지 세지 않은 바람을 받으며 코르푸섬을 떠난 후 내내 달고 있던 '알티모네'라 부르는 큼직한 삼각돛의 활대를 내리고, 같은 삼각돛이지만 조금 소형의 돛인 '테르체르올로'로 바꾸어 단다. 그러나 바람은 점점 더 세지기만 했다. 그렇다고 근처에 피난할 만한 항구도 없다. 그래서 이번엔 '파파피코'라는 소형 삼각돛과 '코키나'라는 소형 사각돛을 세 돛대 중 두 돛대에 다는 것이다. 폭풍우를 뚫고 이 풍파를 한사코 벗어나야 하므로 돛대를 부러뜨릴 만한 강풍이라도 불지 않는 한 뱃사람들은 돛 없이 항해하는 것을 싫어한다.

그러나 이번에 만난 폭풍우는 매우 거칠어서 끝내는 돛을 다 내리고 배를 파도에 맡기는 상태가 되어버렸다. 이렇게 하면 돛대가 부러지는 일은 피할 수 있겠지만 큰 파도 사이를 노만으로 나아간다는 것은 미덥지가 않아 불안함을 넘어 두려움에 떨게까지 한다.

이때 선장이 제안하는 것이었다. 이번에 이 파도를 이겨내면 산타 마리아 데 카조폴리로 순례를 가자고. 다들 찬성해 희사금 같은 것을 갹출하기로 결정이 났다.

산타 마리아 데 카조폴리 교회는 코르푸섬으로부터 20마일가량 북쪽으로 올라간 아드리아해 동안에 있는 교회로, 배 타는 사람들이 이 교회에 대해 갖는 신앙은 두터운 것으로 이름나 있다. 폭풍우가 지나간 뒤 맨 처음 눈에 들어온 해안에 닻을 내린 다음 대표를 그 교회에 보내어 참배하게 하고 우리는 그들이 돌아올 때까지 배에서 기다린 것은 말할 것도 없다.

산타 마리아 데 카조폴리 교회를 참배해 감사의 희사를 마친 우리는 그대로 북쪽으로 뱃머리를 돌려 항해를 계속했는데 어느 날 밤 고물 쪽에 촛대 모양을 한 푸른빛 불꽃이 보이는 것이었다. 이 이상한 현상은 4시간이나 계속되다가 사라졌다. 선원들의 말로는 이것은 성모 마리아가 내려오신 증거이며 우리에게 행운이 다가오는 것을 의심치 말도록 용기를 북돋워주고 계신 것이란다.

그런데 이런 기적이 이틀 후에 또 일어났다. 이번에는 고물 쪽과 돛대 위에 만들어놓은 감시대 위의 두 군데에 이런 현상이 나타났다. 둘 다 전과 마찬가지로 촛대 모양을 한 푸른빛 불꽃이었다. 뱃사람들은 성모 마리아와 성 니콜라와 성 엘모의 불이라 설명을 붙인다.

10월 14일, 레시나의 항구에 입항할 수 있었다. 기나긴 바다여행도 이제는 아드리아해의 절반만을 남기게 되었다. 이 항구에서 이틀을 묵으면서 바다가 잔잔해지는 것을 기다리기로 했다. 그동안은 성 프란체스코회에 속하는 한 수도원에서 숙박했다. 성지순례의 길목에 있는 수도원들은, 특히 팔레스티나를 비롯한 오리엔트 지방의 수도원들은 순례자들에 대해 진심 어린 접대를 해준다. 가난한 수도원은 순례의 길손들을 재우기 위해 자기네 거실까지 내주는 정도다. 이럴 때 수도사 자신들은 식당의 식탁 위에서 잠을 자는 것이다. 이런 친절을 그들은 비단 순례자에 대해서뿐 아니라 그리스도교도이면 부자이건 가난뱅이건 가리지 않고 베푼다.

10월 17일, 이스트라의 파렌초에 도착했다. 여기서 베네치아까지는 순풍을 만나기만 하면 하루 밤낮의 거리다. 기나긴 여행도 이제는 다 끝난 것이나 다름없다. 그래서 우리 순례자들은 선장, 선원, 노꾼 등과 함께 뱃사람들의 수호성인인 성 니콜라에게 헌납된 교회로 가서 긴 여행을 무사히 마친 데 대한 감사의 미사를 올리기로 했다. 이 행사는 항해를 마치고 모국으로 돌아가는 베네치아 선원들이 베네치아로 입항하기 전에 꼭 치르는 관습이다.

그런데 이번은 성 니콜라가 어디 외출이라도 하고 교회를 비웠던 것인지 우리의 무사귀국을 빈 기도는 좀처럼 받아들여지지 않았다. 왜냐하면 시로코가 계속 불고 앞으로 며칠 동안은 바람의 방향이 바뀌지 않을 것이라는 것이 선장의 판단이니 말이다. 파렌초부터 베네치아까지 가는 데 부는 이 남서풍은 완전한 역풍이다. 선장은 여기까지 왔으니 이젠 서두를 것 없다면서 시로코가 멈출 때까지 파렌초에 머무는 것으로 결정해버리는 것이었다. 그러나 귀로가 급한 사람을 위해서는 연안을 따라 우회해서라도 베네치아로 갈 수 있는 작은 배편으로 갈아탈 수 있는 편의를 도모해주기에 나는 다른 몇몇 순례자와 함께 그 편을 이용하기로 했다. 이것도 좋은 경험이 될 것이다.

베네치아에 도착한 것은 10월 22일이었다. 저 파도 위에 모습을 나타낸 이 도시가 얼마나 아름답게 내 눈에 비쳤고 얼마나 내 마음을 평화롭게 해주었는지! 너무나 마음이 놓인 탓에, 그리고 불편한 작은 배에서 지낸 마지막 며칠 동안의 여행에서 얻은 피로 때문에 나는 연 사흘 동안을 계속 잠만 잤다.

여행 그 이후

산토 브라스카가 밀라노로 돌아간 것은 11월 5일이 되어서였다. 35세인 그는 베네치아에 도착한 후 연 사흘을 잠만 자서 원기를 회복한 후 파도바, 비첸차, 베로나 등 밀라노로 가는 길목의 도시들을 진력이 날 정도로 실컷 구경하고서 밀라노로 돌아갔다. 베로나에서는 고대 로마 시대의 유적인 원형극장 위까지 올라가보기도 했다. 그러고는 밀라노 근교까지 나온 형제와 친구들의 마중을 받는 행복한 귀향을 치렀다. 한편 산토 브라스카와 같은 관광단의 일원으로 성지순례를 했던 독일인 성직자 슈미트도 고향으로 돌아왔다. 그런데 그를 깜짝 놀라게 만드는 소식이 기다리고 있었다. 그가 터키인의 손에 죽었다 하여 그를 장례 지내는 미사를 올렸다는 것이다. 당시의 독일은 이탈리아와는 달리 뉴스가 전달되어오는 속도가 엄청 늦었고 그 정확성도 뒤떨어진다는 것을 이것으로도 짐작할 수 있다.

어찌했든 브라스카나 슈미트에게 이 순례역정은 갈 때의 바다여행 45일, 야파에 상륙해 성지를 순례하고 야파로 돌아와서 다시 배를 탈 때까지 22일, 그리고 귀로의 바다여행 72일이라는 기나 긴 여행이었다. 거기다 고향으로부터 베네치아까지의 왕복에 걸린 일수와 베네치아 체류기간을 합친 전체 일수를 생각하면 성지순례에 앞서 그가 직장의 직무대행자를 지명하지 않을 수 없었던 것도 이해가 간다. 베네치아를 시발점으로 하는 순례자들 중에서도 가장 편리하고 거리가 가까운 밀라노에서 출발한 산토 브라스카의 경우, 집을 나선 것이 4월 29일이고 귀향한 날짜가 11월 5일이다. 독일에서 출발한 슈미트나 프랑스의 순례자들은 브라스카보다 2개월은 더 걸렸을 것이다. 예루살렘에서 일행과 헤어지고 시나이반도를 돌아 알렉산드리아에서 귀국길에 오른 영국인들의 경우 성지순례는 실로 1년간의 여행을 의미했을 것이다. 순풍을 만나는 행운을 오래 누릴 수 있거나 예측하지 못한 사고 같은 것을 당하지 않으면 해상여행 부분은 더 단축될 수도 있었다. 베네치아와 야파 간을 34일 만에 항해해낸 기록도 있다. 그러나 계속 순풍을 탄다는 것은 극히 드문 일이고, 또 사고를 전혀 당하지 않는다는 것도 매우 드문 일이므로 성지순례에는 적어도 6개월이 걸린다는 것이 그 시대 사람들의 상식이 되어 있었을 것이다.

산토 브라스카의 『성지순례기』는 1481년 2월에 초판본이 출판되었다. 여행에서 돌아와서 불과 3개월 후의 일이다. 출판한 곳은 밀라노. 다시 관료생활로 돌아간 그가 밤잠을 설치면서 교정에 매달렸을 모습을 상상할 수 있다. 제2판은 1494년, 제3판은 1519년에 출판되었다. 성지순례에 관한 기행문을 남긴 것은 산토 브라스카 한 사람만이 아니다. 1458년에서 1498년으로 기간을 국한해서 살펴보아도 영국인 3명, 프랑스인 4명, 이탈리아인 11명이 제각기 독자적인 관점에서 여행기를 남겼다.

그들이 여행기를 남긴 동기는 무엇일까? 아마도 첫째 동기는 자기의 체험을 어떤 형태로든 남기고 싶어 한 것일 게다. 둘째 동기는 앞으로 성지순례를 하려는 사람들에게 참고가 되었으면 하는 바람이었을 것이다. 셋째 동기는 성지순례를 하고 싶으나 이런저런 이유로 해서 가지 못하는 사람들에게 종이 위에서나마 성지순례를 실현해주려는 것이었을 게다. 산토 브라스카의 것뿐 아니라 이런 종류의 책이 당시로서는 잘 팔렸던 이면에는 이상과 같은 이유가 작용했다.

이런 여행기에는 간단한 데생 삽화가 붙는 것이 보통이었다. 산토 브라스카의 책에도 별로 잘 그렸다고는 할 수 없는 삽화가 몇 개 붙어 있다. 삽화가 붙은 이런 유의 여행기 가운데 압권은 두 독일인의 여행기다. 이들 독일인 귀족은 각기 따로, 그리고 해를 달리해 베네치아를 시발로 하는 성지순례단에 참가했는데, 카메라가 없던 시절이라 한 사람은 화가를, 다른 한 사람은 조판장(彫版匠)을 데리고 순례를 했다. 이 화가와 조판장이 그려서 남긴 것을 통해 우리는 15세기 말 베네치아의 시가 모습, 순례 전용선 콘타리나호의 생김새, 파렌초, 자라, 라구사, 코르푸, 모도네, 크레타 섬의 칸디아, 로도스섬, 베네치아 순례 전용선의 여러 기항지, 상륙항인 야파의 모습, 그리고 시가만이 아니라 성묘교회에 이르기까지 잘 묘사된 예루살렘 등을 마치 직접 눈으로 보듯 파악할 수가 있다. 이 두 독일인의 성향이 20세기 카메라 산업의 발달로 이어진다고 생각하는 것은 다소 지나친 즐거운 공상이겠지만 말이다.

여기서 한 가지 밝혀두지만, 이 글이 산토 브라스카의 여행기를 충실히 소개한 것처럼 보이겠지만 실은 전부가 그런 것은 아니다. 15세기 말의 그리스도교도들에겐 상식이라 할 것도 20세기의 독자들에게는 낯선 것들이 많아, 그런 부분과 또 항해에 관한 것 등 많은 것은 다른 순례자들의 기록과 당시 항해기를 참고로 해 내가 산토 브라스카의 필법을 흉내내어 쓴 부분도 많다.

그밖에도, 여행기에 수시로 나오는 기도 문구들은 간단하게 한두 군데 소개된 것말고는 모두 삭제했다. 순례자를 위한 실용적인 안내서를 제공한다는 목적이 있었던 그 당시가 아니더라도 성지순례를 하려는 오늘날의 신자들에게도 어느 성유적에서는 어떤 기도문을 왼다든가 하는 것은 흥미가 가는 일이겠지만, 저자가 그렇듯이 그리스도교도가 아닌 사람들의 사정을 고려해 삭제하기로 한 것이다.

1480년이라는 해는 '꽃의 도시'라 일컬어지는 피렌체를 중심으로 르네상스 문화가 그 화려한 꽃을 활짝 피운 해이기도 하다. 이런 흐름의 정신적·경제적 중심의 역할을 했다 하여 위대한 인물이라는 뜻인 '일 마니피코'라는 별명으로도 불린, 유명한 메디치 가문의 로렌초는 이때 31세, 남성으로서 한창 나이에 막 접어든 해였다. 피렌체공화국은 이 사실상의 군주의 영도 아래 역사상 가장 우아하고도 복된 시기를 맞이하고 있었다.

보티첼리는 35세. 「프리마베라」, 「비너스의 탄생」 등 그의 걸작뿐 아니라 15세기 말 당시 세계 최고의 미술 걸작이라고 해야 할 작품을 그리느라 붓을 휘두르고 있던 해다.

레오나르도는 28세. 역시 피렌체에서 「동방박사들의 경배」의 제작을 시작하고 있었다.

피렌체에서 그리 멀지 않은 카프레세의 전원에서는 다섯 살이 된 미켈란젤로가 동네 악동들과 어울려 장난하고 뛰노느라 정신이 없었을 것이다.

같은 해, 카프레세로부터 피렌체 쪽으로 조금 다가선 키안티 지방의 한 마을에서는 후일 정치철학의 면에서 참다운 르네상스를 창시하게 될 마키아벨리가 열한 살이 되자 가까운 사제관으로 라틴어와 산수를 배우러 다니고 있었다. 다니는 도중 딴짓 하느라고 한눈을 팔던 장난꾸러기였다.

피렌체와 함께 르네상스 시대를 대표하는 또 하나의 도시국가인 베네치아에서는 벨리니 일가에 의해 베네치아 회화 최초의 꽃들이 피기 시작하고 있었다. 그중 한 사람인 젠틸레 벨리니는 훌륭한 화가를 파견해달라는 터키 술탄의 요청을 받아 정부 명령의 문화사절로서 콘스탄티노플 토프카피 궁전에서 일을 하고 있었다. 그러나 베네치아파 회화의 제1인자가 되는 티치아노는 그해 세 살짜리 아기였다.

그리고 그때엔 아직 태어나지도 않았지만 화가 이름을 줄줄이 들먹이고 보니 빼놓을 수 없는 르네상스인이 있다. 라파엘로다. 이때 마이너스 3세.

이러고 보니 1480년이라는 해는 성지순례 이야기가 별로 어울리지 않을 만큼 이교도적인 화려한 색깔로 물들여져 있는 것처럼 보인다. 그리고 이 현세주의적 경향은 그 후로 약해지기는커녕 오히려 더 짙어져간다. 이런 시대에 일부러 성지순례를 주제로 삼은 것은 비종교시대에도 사람들이 신앙을 지켜나갔다는 것을 실증해 보이려고 해서가 아니다. 간단하게 말해서 이렇다. 성지순례라는 현상은 예수 그리스도가 십자가에 못 박혀 죽었을 때 시작되어 이슬람교도의 방해를 받으면서도 연면히 계속되어온 것이다. 다만, 이 종교적 현상은 베네치아인이 개입하면서 성지순례가 단순한 순례여행이 아니라 잘 조직된 영리를 목적으로 하는 훌륭한 사업으로 변한다. 나는 조직된 집단적 관광사업이 결코 현대의 산물만은 아니라는 것을 실증하고 싶었던 것뿐이다.

물론 산토 브라스카의 여행기를 소개하는 일은 나로서도 즐거운 작업이었다. 성지순례로 꽤나 많은 면죄권을 모으고 축적할 수 있다는 것을 안 것도 재미있고 즐거운 일이었다. 산토 브라스카는 다시 직장에 복직해 대사까지 지냈고, 독신으로 지내면서 자선사업에도 열심이었다니까 이렇다 할 나쁜 짓도 하지 않았을 것이다. 1522년에 57세로 죽은 그는 성지순례에서 얻은 그 많은 면죄특권도 다 쓰지 못해 많이 남겼을 것이다. 천국에서 일등석은 자기 것이라고 안심하고 죽었을까.

10
대항해 시대의 도전

바다로 나가는 사나이는 근사하고 멋있어 보인다.
해적마저도 뭔가 근사한 것으로 비친다.
그러나 옛 베네치아인들이라고 바다를 사랑해서 바다로
나간 것은 아니다. 바다로 나가는 것이 타산에
맞기 때문에 나갔던 것이다.

대항해 시대의 주역들

5개월 후면 16세기에 접어드는 1499년 7월, 베네치아공화국의 경제 중심구역인 리알토 다리 일대는 방금 날아온 소식으로 시끌벅적했다. 포르투갈의 선대가 아프리카의 남단을 돌아 인도양으로 빠져서 캘리컷에 도착했다는 소식이었다. 인도에 이르는 새로운 항로의 발견이라는 이 쇼킹한 뉴스는 그러나 상당히 혼란스러운 것이어서, 카이로에서 들어온 제일 첫 소식은 포르투갈 선대의 선장을 콜럼버스라고 전한 정도였다. 그러나 시일이 경과함에 따라서 좀더 정확한 정보가 리알토에 도착하기 시작했다.

알렉산드리아에서 들어온 정보는 포르투갈 선대의 캘리컷 출항을 확인해준다. 리스본으로부터는 7월 10일에 이미 바스코 다 가마가 이끄는 선단이 귀항하고 있다는 기별까지 보내왔다. 리알토 지구 일대가 이제는 의심할 여지도 없게 된 이 사실을 두고 충격을 받은 것도 무리가 아니다. 베네치아는 지중해 항로를 활용함으로써 그들 교역의 주종 인기상품인 향신료를 지난 300년 동안 거의 독점해왔기 때문이다. 전날의 도매가격 시세의 최종가를 보도하는, 매일 아침 배달되는 '리알토 저널'이라고도 할 만한 '신문'을 받아든 교역상인들은 새 항로의 개통으로 일어날 금후의 사태 추이에 관해 의견을 나누면서 거래가 끝나는 시간이 되어도 자리에서 일어설 줄 몰랐다.

만약 '리알토 저널'이 오늘날의 『월스트리트 저널』이나 『파이낸셜 타임스』처럼 만들어지는 신문이었다면 1499년 7월과 8월에 걸친 기간에 제1면은 날마다 다음과 같이 대문짝만 한 제목의 기사로 메워졌을 것이다.

"포르투갈, 새로운 인도 항로 발견!"

"포르투갈 함대, 홍해 봉쇄를 고려?"

"후추 쇼크! 베네치아 경제 파괴할까?"

"정부, 서둘러 원로원 회의 소집."

"정부, 리알토 시장의 일시 폐쇄도 고려 중."

은행가로서 리알토의 단골이기도 했던 연대기 작가 지롤라모 프리울리는 "젖줄이 끊긴 젖먹이 어린아이와 같다"고 써놓았다.

그러나 바스코 다 가마의 쾌거에 관해 자세한 것이 알려지면서 리알토의 여론도 낙관론과 비관론으로 갈리기 시작했다.

낙관파는 이렇게 주장한다.

"희망봉을 우회하는 새 항로를 왕복하는 데 걸리는 2년이라는 기간은 횟수를 거듭함에 따라 단축될 수 있겠지만 그렇더라도 너무 거리가 멀다. 그리고 내보낸 배 13척 중에서 무사히 귀항한 것이 6척뿐이라니 위험이 너무 크다. 포르투갈은 결국은 이 항로의 활용을 단념하지 않을 수 없을 것이고 베네치아의 동지중해 무역에 미치는 영향은 크지 않을 것이다."

그러나 프리울리는 그런 주장을 납득할 수가 없었다. 그와 의견을 같이하는 비관파는 다음과 같이 반론한다.

"포르투갈인들은 새 항로에 계속 배를 내보낼 것이다. 항해기간도 그들의 항해기술이면 조만간 지금의 절반으로 단축될 것이고 항해 도중에 발생하는 선박 손실도 줄일 수 있게 될 것이다. 그리고 무엇보다도 중요한 일은, 베네치아의 교역이 중간에 여러 중개인을 거쳐서 많은 액수의 관세를 여러 차례 물어야 하는 데 반해 포르투갈은 인도인에게서 직접 구매한 뒤로는 중개인을 거치는 일이 없기 때문에 아주 싼값으로 팔 수 있다는 점이다. 베네치아가 주도해온 지중해 무역은 이제 장래가 캄캄하다."

프리울리를 포함한 비관파의 이 같은 예측은 반은 들어맞았고 반은 빗나간다. 포르투갈은 신항로에 계속 배를 내보냈지만 그것으로 해서 베네치아의 경제가 파멸하지는 않았기 때문이다. 베네치아는 베네치아 나름으로 이 도전에 대응을 했다.

콜럼버스가 신대륙, 아니 정확히 말해서 서인도제도를 발견한 1492년을 중세와 근세를 가르는 분기점으로 보는 것이 역사에 관심을 갖는 사람들 사이의 상식으로 되어 있다.

대항해 시대의 개막을 의미하는 이 사건으로 해서 서유럽과 그 밖 세계의 관계는 분명 판이하게 변했다. 이전에는 지중해를 경유했으므로 베네치아가 그 활동의 중심자리를 차지할 수 있었지만 그 이후로는 무대가 지중해가 아닌 더 큰 대해로 바뀐다. 베네치아는 다년간 보유해온 주도권을 포기하지 않을 수 없게 된다. 그러나 대항해 시대라는 시대의 흐름을 제때에 타지 못한 것이 베네치아 쇠퇴의 원인이라고 한마디로 해치우기에는 사실들이 너무나 복잡하다.

레오나르도 다 빈치의 출현이 돌연변이로 이루어진 것이 아니듯이, 제노바인 크리스토포로 콜롬보(콜럼버스의 이탈리아어명)의 위업도 돌발적으로 이루어진 것이 아니다. 200년 전부터 그 기반의 조성이 착착 진행되어왔던 것이다. 달걀을 세우는 일뿐이라면 종래의 사고방식으로부터 자유로운 것만으로도 충분했을 것이다. 그러나 미지의 세계를 탐험하는 항해를 하려면 굳센 의지력과 운을 타는 것이 절대로 필요하다. 콜럼버스도 바스코 다 가마도, 그리고 마젤란도 운이 센 사나이들이었다.

항해는 미지의 세계로 향하는 항해일수록 정확한 해도를 필요로 한다. 최초의 근대적 지도는 1300년대 전반에 베네치아에서 만들어졌다. 베네치아인 수도사와 한 귀족과 베네치아에 살고 있는 제노바 태생의 제도공, 이 세 사람의 공동작업의 산물이었다. 그 지도는 중근동과 지중해 주변의 지도로서는 지금 보아도 정말 정확한 지도다. 그리스도교 세계에 의한 이슬람 세계 진공이라는 세 사람의 당초 의도는 이루어지지 못했지만 근대적인 지도 및 해도의 역사에서 최초의 이정표를 세우게 된 것이다.

1400년대에 들어서도 이 분야에서 베네치아의 지도적 위치는 흔들리지 않았다. 제노바인들도 만들었겠지만 공동체 의식이 박약했던 그들은 그것을 복제해서 보존한다든가 하는 생각과는 거리가 멀었다. 이런 경향은 같은 세기 후반에 무대 전면에 나서는 포르투갈의 항해자들도 마찬가지였다. 포르투갈 지도로서 남아 있는 것은 거의 모두가 베네치아에서 만들어졌거나 베네치아인이 복제한 것이다.

15세기에 만들어진 해도의 특징은 지중해 세계에 한정된 것이 아니고 대상이 훨씬 넓어진 점이다. 그중에서도 베네치아 무라노 섬의 수도사 마우로가 만든 세계지도는 고대 이후로 끊겼던 세계지도 제작을 다시 살려 그것을 새로운 지식으로 수정한 것이었다. 수도사 마우로는 고대의 지도를 연구하고 마르코 폴로의 기록들을 검토했을 뿐 아니라 항해경험이 풍부한 한 베네치아인의 협력을

프라 마우로가 만든 세계지도(위가 남쪽)

받는 행운도 얻었다.

마우로를 알게 되기 전에도 이미 두 번이나 해도제작을 해본 경험이 있는 안드레아 비안코의 본업은 해군사관이었다. 베네치아 상선은 해군사관을 의무적으로 배에 태우도록 되어 있었다. 이 직업을 통해 그는 흑해 연안의 타나에서부터 베이루트, 알렉산드리아, 그리고 그리스의 여러 섬은 물론이고 북아프리카 연안까지도 샅샅이 알고 있었다. 지브롤터해협을 건너 대서양을 북상하는 '플랑드르 항로'라 불리는 베네치아의 정기항로를 그는 7번이나 왕래한 경험이 있었다.

그가 만든 해도의 하나는 런던에서 만들어졌는데, 거기엔 상상의 날개를 크게 펼치면 아메리카라고까지 생각할 수도 있을 법한 형태로 '크고도 의심할 바 없는 섬'을 그려놓았다. 그가 실제로 가

본 일이 없는 대서양의 여러 섬은 아마도 리스본에서 사우샘프턴까지 배를 타는 대서양 항로 전문 포르투갈인 수로 안내인들에게서 얻어낸 정보에 의거한 것인 듯하다.

그러나 모험심을 자극하는 데는 해도도 충분치 않다. 기록이 필요하다. 여행기이건 무엇이건 실제로 가본 사람들이 쓴 기록이 가보지 못한 사람의 마음에 불을 지른다. 이 분야에서도 베네치아는 선진국의 자리를 계속 지켜나갔다. 서유럽 최초의 여행기 전집이 출판된 것도 1550년 베네치아에서였으니까.

1400년대 중반 무렵 출현하기 시작한 신세계 관계 기록물들 가운데 최초의 것은 베네치아의 귀족 알비제 다 모스토가 쓴 것이다. 그의 경우는 우연한 일이 계기가 되어 미지의 세계에 발을 들여놓게 된 예가 많았던 베네치아 항해자의 전형이라 할 수 있다.

1454년 알비제가 상용으로 탑승했던 플랑드르 항로의 정기 상선단이 지브롤터해협을 빠져나가 리스본으로 가던 도중 순풍을 기다려 한 항구에 잠깐 기항해 있을 때, 후세에 가서 엔리케 항해왕이라 불리게 될 포르투갈 왕자의 한 신하의 내방을 받았다. 이것은 우호국 간에 흔히 주고받는 의례적인 방문이지만, 당시에는 또한 상담(商談)을 주목적으로 하는 방문인 것이 보통이었다.

22세의 알비제는 이때 알게 된 포르투갈인의 이야기에 흥미를 느낀다. 그가 모르는 세계의 이야기가 그를 자극한 것이다. 그러나 그해는 당초 예정했던 대로 사우샘프턴에 상륙해 런던에서 장사를 마치고 베네치아로 귀국한다. 그러나 그다음에는 아프리카 시장에서 잘 팔릴 것으로 생각되는 상품을 준비해 다시 플랑드르 항로 정기선을 탄다.

이번에는 리스본에서 배를 내린다. 여기서 포르투갈 배로 바꾸어 타고 아프리카 연안을 따라 남하, 세네갈에 도착했다. 부근 추장들은 꽤나 우호적이어서 말 한 필을 몰고 가면 9명에서 14명까지의 원주민과 기꺼이 맞바꾸어주었다. 흑인 노예는 리스본에서 잘 팔렸다. 물론 알비제가 얻은 것은 경제적 이득만이 아니었다. 호기심도 흡족하게 만족시킬 수 있었다.

다음 해에 알비제는 포르투갈 상선들에 좀더 남쪽으로 내려가자고 권한다. 그해 그들은 감비아까지 이르게 된다. 그런데 그들은 남하하는 도중에 바람에 떠밀려 내려가다가 우연히도 '카보 베르데'섬을 발견한다.

알비제 다 모스토는 포르투갈에 10년 남짓 체류한다. 동료 베네치아 상인이 리스본까지 날라오는 상품과 포르투갈에서 사들인 물품들을 아프리카로 가져가고 아프리카의 물건을 리스본에서 처분하는 것이 그의 일이었다. 그러는 동안에도 그는 자신의 체험은 물론이고 포르투갈 선원들의 증언을 기록하는 것을 잊지 않았다.

10년의 해외생활 후에 모국에 돌아온 알비제는 베네치아 귀족으로서 의무를 충실히 지켜 그 후의 인생을 정치와 군사에 바친다. 터키와의 전쟁에도 참전했고 원로원 의원으로도 선출되었으며, 함대를 지휘하는 일도 해보았고 해외기지 요새의 사령관으로도 복무했다. 이러한 공직생활 틈틈이 써모은 자료들을 기초로 하여 그는 아프리카 적도지대에 관한 최초의 기록을 남겼다.

북아메리카 방면에서는 1300년대 말기에 한 베네치아인이 그린란드를 발견했다. 제노바와 전쟁할 때의 영웅 카를로 젠의 동생 니콜로가 바로 그 사람이다. 그는 정기 상선단의 지휘관을 맡고 있어서 1385년에는 플랑드르 항로를 왕복하기도 했다. 다만 그 후에 모도네, 코로네 총독 시절에 공갈죄로 기소당해 그 이후로는 공직에 임명되는 일이 없게 되었다.

그는 플랑드르 항로의 항해 중에 알게 된 영국인들의 이야기에 자극을 받아 서쪽으로 항해하기로 마음먹게 되었고, 공직추방 중에 그 꿈을 실현한다. 이 여행의 견문을 기술한 기록에서는 래브라도의 에스키모 가옥이나 카약의 묘사가 실로 정확해 실제로 보고서 쓴 것이라고밖에 볼 수 없다. 또한 뜨거운 온천 물로 몸을 덥히기도 하고 그 물을 요리 때도 쓰고 하는 그리스도교 수도원이 있다고 그가 쓴 곳은 오늘날의 그린란드라는 것이 정설이다.

다만 니콜로 젠이 정말 직접 발견한 것인지 아닌지를 가려낼 확증은 아직 없다. 그의 기록은 여행기 전집을 기획한 라무시오에 의해 150년 후에 젠 집안 서고에서 발견되었기 때문이다. 이런 경우 후세 사람에 의한 첨가나 수정이 절대로 없었다고는 단정적으로 말할 수 없다. 니콜로 젠은 북대서양 여행에서 돌아온 지 얼마 안 된 1400년에 사망했다. 기록을 공표할 만한 시간 여유가 없었던 것일까.

북아메리카 방면에 관해서는 순수한 베네치아인은 아니지만 조반니 카보트의 이름을 들 수 있다. 원래는 제노바 태생이지만 젊을 때부터 베네치아에서 살았고 베네치아 여성과 결혼해 아이도 베네치아에서 낳았다. 15년 동안 거주한 후에 베네치아 시민권을 획득한 것은 1472년이었다. 여행하는 일이 많았던 그는 향신료를 주교역상품으로 다루었다. 이슬람 세계에 그의 발자취가 미치지 않은 곳이 없었고 메카에도 갔다고 그 자신이 기록에 써놓았다.

　그는 1493년, 발렌시아 체류 중에 콜럼버스와도 만났다. 콜럼버스는 그때 서인도제도를 발견한 탐험여행을 마치고 귀국, 그 사실을 왕과 여왕에게 보고하러 가는 도중이었다. 콜럼버스는 카보트에게 인도로 가는 가장 가깝고 가장 훌륭한 항로를 발견했다고 말한다. 그러나 카보트는 마르코 폴로의 여행기도 읽은 바 있었고 오리엔트에서 인도 상인들과 접촉해본 일도 있어 콜럼버스의 의견에는 찬성할 수가 없었다. 콜럼버스가 가져온 원주민들의 작물이나 그가 데리고 온 원주민이 내놓는 물건도 인도의 것은 아니라는 것을 간파했기 때문이다. 게다가 그 당시엔 카타이라 불린 중국을 가는 데도 서행길을 잡는다면 그렇게 빨리 갈 수 있을 것 같지가 않았다.

　그러나 콜럼버스와의 만남이 카보트에게 큰 영향을 준 것은 확실하다. 물론 그도 콜럼버스와 마찬가지로 신대륙의 존재를 상상조차 할 줄 몰랐다. 다만, 인도로 가는 최선의 항로는 콜럼버스가 건넨 지점이 아니라 지구가 둥근 사실에 비추어 항해가 가능하면서도 가장 위도가 높은 지점의 대양을 넘어 거기서부터 육지 연안을 따라 남하해 지팡그(일본)로 가서 다시 더 남하해 향신료를 생산하는 섬들로 가는 것이 가장 능률적일 것이라고 생각했다.

　카보트는 이 발상을 실현하는 곳으로 영국을 선택했다. 전에 가본 적이 있는 사우샘프턴에서의 이야기, 즉 영국의 서부지역에서는 100년 전부터 해오고 있는 아일랜드 근해어업의 경험으로 어부들이 북해의 항해에 익숙하다는 것이었다.

브리스틀에서 선원을 모집하자 이렇게 그는 마음을 정한다. 자금조달은 콜럼버스의 선례를 본떠서 왕에게 간청하기로 했다. 당시의 영국 왕은 헨리 7세, 장미전쟁도 끝나서 국력증강을 생각할 여유가 생긴 것인지 헨리 7세는 상업을 일으키는 일에 열심이어서 카보트의 제안에 원조를 아끼지 않겠다고 약속해주었다.

카보트는 베네치아에 있는 가족을 브리스틀로 불러들이고 본격적으로 항해준비에 착수했다. 영국 왕은 대양의 저편에 새로운 땅을 발견하고 그곳이 그리스도교를 모르는 주민들의 땅이라면 그 지역에 대한 특권을 카보트에게 주겠다고 약속했다. 자금은 왕이 추천한 브리스틀의 상인들이 출자하기로 했다.

그러나 영국인들이 의심이 많았던 탓인지, 1497년에 출발한 카보트의 탐험여행에 참가한 배는 단 한 척. 선원도 브리스틀의 상인 대표 2명을 합쳐서 겨우 18명이었다. 너무나 검소한 탐험에 신도 동정한 것인지 항해는 그래도 순조롭게 진행되어 35일 후에는 테라노바(뉴펀들랜드섬)를 발견한다. 카보트는 이 섬에 영국 국기와 교황청기와 베네치아 국기를 게양했다. 그곳으로부터 다시 300리게(약 2천 킬로미터)가량 해안선을 따라 계속 남하했다. 풍요로운 대륙을 발견했다고 하는 확신은 후일 플로리다라고 불리게 되는 반도에 접근해감에 따라 점점 더 굳어졌다. 그러나 그 이상의 항해를 계속하기에는 장비가 너무 허술했다. 카보트는 일단 브리스틀로 돌아가기로 결정했다.

귀항한 카보트나 그를 맞이한 브리스틀의 상인들이나 그리고 탐험의 성공을 보고받은 헨리 7세나 한결같이 모두 새로 발견한 대륙이 아시아의 어디엔가에 위치한다고 믿어 의심치 않았다. 그래서 중단했던 항해를 계속해 카타이로 가고 다시 지팡그에도 기항해서 향신료가 나는 섬들로 가겠다는 카보트의 생각을 이번에는 적극적으로 지원한다. 다음 해, 브리스틀을 출항한 카보트의 선단은 배가 다섯 척으로 불어나 있었다. 그러나 기다리고 기다려도 그 어느 한 척도 그리고 어느 한 사람도 돌아오지 않았다.

그 후 영국에서는 그 누구도 바다 건너 새 대륙으로 가보려고 생각하는 사람이 없었다. 헨리 7세의 뒤를 이은 헨리 8세가 상업진흥에 열의가 없었던 탓도 있었다. 조반니가 브리스틀에 남긴 아들 세바스티아노도 서쪽으로 항해하기 위한 온갖 자료를 간직하고 있는 터였지만 그와 같은 정세 아래서는 아무것도 할 수 없었다.

세바스티아노는 에스파냐로 건너간다. 에스파냐에서 그는 '피로타 마홀'이라는 직책을 30년간이나 맡아 했다. 그 직책은 이를테면 수로 안내인들의 우두머리 격이었다. 이 직책은 그러니 대단히 중요한 감투여서, 그때까지의 모든 항해기록을 세밀히 검토하고 천체관측에 의거해 대서양에 도전하는 에스파냐 선박의 모든 항로를 결정하는 것이 그 주임무였다. 16세기 중에야 지배적으로 보급되었던 이 천체관측을 그가 누구에게서 배운 것인지는 알 수 없다. 만약 자기 부친에게서 배운 것이라면 조반니 카보트의 항해기술은 콜럼버스를 포함한 동시대 항해자들의 수준을 훨씬 능가한 것이라 할 수 있다.

세바스티아노 카보트는 에스파냐에서 '피로타 마홀' 노릇을 하면서도 책상 위에서 하는 이 일에 만족하지 못했던 것인지 직접 선단을 이끌고 탐험을 나서겠다고 베네치아 정부에 제안했다. 중국으로 가는 가장 효율적인 새 항로 발견의 가능성을 모든 면에서 실증할 수 있다고 그는 생각했던 것이다.

　부족한 것은 자금뿐이었다. 그는 시민권을 보유하고 있는 베네치아공화국에서 그 자금을 제공받겠다는 생각이었다. 베네치아 정부는 여행기 전집 편찬 기획자인 라무시오에게 카보트의 제안을 검토해보라고 했다. 라무시오는 여행기 전집의 편찬과 관련해 세바스티아노 카보트와 서신왕래가 있는 사람이었다. 이 사람의 답신을 기초로 하여 한 위원회가 가부 결정을 내리기로 했다. 그러나 한참 후에야 온 답신은 부결이었다. 이유는 비실용적이라고 판단된다는 것이었다.

　베네치아는 원래 개개인의 업적이 특색을 이루는 그런 성격의 나라가 아니다. 이런 점에서는 라이벌 관계인 제노바와는 전적으로 대조적이다. 제노바인은 신시장 개척에서나 신항로 발견에서나 항상 베네치아인들을 한 발 앞질렀다. 그러나 베네치아인들은 남의 나라 사람들이 개척한 것이라도 될 만한 일이라는 판단이 서면 공사(公私)가 한 덩어리가 되어 그것의 실용화에 전념하는 특색이 있다. 공동체의 이익을 중시하고 정치 · 외교 · 군사도 모두 이 목적에 집중함으로써 그것을 향수하지 못하는 다른 국가들은 곧 불리한 처지에 놓이게 되는 것이 상례였다. 신제품 개발에는 뒤져도 그 기업화에는 발군의 능력을 자랑하는 것이 베네치아였다.

　이러한 베네치아가 대서양 문제에 대해서는 시종 소극적이었던 것은 국력이 쇠퇴해서 그런 것도 아니고 국민이 소극적이어서도 아니었다. 요컨대 대서양으로 진출한다 해도 후추 획득에는 도움을 주지 않는다는 판단 때문이었다. 콜럼버스의 무사귀환을 알고서도 리알토 지구는 아무런 충격도 느끼지 않았지만 바스코 다 가마의 귀항 때는 베네치아 경제가 파멸하는 것이 아닌가 하고 야단 법석을 떤 것은 포르투갈의 배가 향신료를 가득 싣고 돌아온 것과 는 달리 산타 마리아호는 인디언은 태우고 왔어도 후추는 한 톨도 가져오지 않았기 때문이었다.

또 베네치아인들은 식민제국 사상에는 거의 전적으로 무관심했 다. 베네치아인의 여행기와 에스파냐인이나 포르투갈인들의 여행 기를 비교해보면, 그들의 관점이 아주 다른 것을 발견하게 된다. 에스파냐인이나 포르투갈인들의 관점은 온통 어떻게 하면 새로운 영토를 차지할 수 있을까 하는 데에 모아져 있었다. 시대는 이제 통상관계가 아닌 식민지에 기반을 둔 서유럽 세력 신장의 시대에 접어들고 있었다. 1542년에 발견한 군도의 이름을 필리핀이라고 이름한 것은 당시의 에스파냐 국왕 펠리페 2세의 이름을 딴 것이 었다.

여행기

그러나 베네치아는 비록 그 일이 '한 건' 될 만한 것이 아니라고 보았다 해도 이런 일에 전혀 무관심한 것은 아니었다. 통상국가의 숙명이라 할까, 정보수집의 습성화가 아마 그렇게 만들었을 것이 다. 1550년에 출간된 『항해와 여행』이라는 이름의 여행기 전집에 는 당시의 베네치아로서는 '한 건'의 대상으로는 생각하지 않았을 일본에 관한 기록까지도 실려 있다.

이 전집을 편찬한 것은 베네치아 정부의 최고 중요사항 결정기 관으로 외국에도 잘 알려져 있는 10인 위원회의 서기관 조반니 바

티스타 라무시오다. 관료가 공무 틈틈이 한 여기(余技)의 산물이라
고는 도저히 믿어지지 않을 만큼 빈 구석이 없는 치밀하고도 공정
한 편찬이다. 전집에 포함된 여행기를 열거해보면 당시 베네치아
인들의 관심사의 범위를 상상할 수가 있을 것이다. 이 전집은 전 6
권으로 되어 있고 각권은 오늘의 인쇄로 환산해서 1천 쪽을 넘는
분량이다.

〈제1권〉
레오네 아프리카노(본명 하산 알 와잔, 에스파냐 태생의 아랍인)
의 아프리카에 관한 기술.
알비제 다 모스토, 페로 다 신트라, 카르타고 제독 안노네, 무명
의 포르투갈 수로 안내인 등의 아프리카 서해안에 관한 기술.
바스코 다 가마, 페드루 알바레스 카브랄, 알폰소 알브쿠에르크
등의 인도 항해에 관한 기술.
아메리고 베스푸치의 2회에 걸친 신대륙 연안 항해에 관해 그
자신이 피렌체공화국 통령에게 보낸 보고.
루드비코 발테마의 아라비아-인도-동남아시아 여행기.
그리스인 얀보로의 인도양 항해기.

〈제2권〉
안드레아 코르사리의 인도에서 보낸 편지 2통.
프란체스코 알바레스의 에티오피아 여행기.
나일강의 홍수에 관한 라무시오와 지롤라모 프라카스트로의 대담.
알렉산드로스 대왕의 제독 니아르코스의 페르시아만 항해기.

베네치아 상선 선장의 인도 봄베이, 페르시아만, 홍해 여행에 관한 기술.

알렉산드리아의 무명 상인의 홍해부터 서인도까지 항해기.

오드아르도 바르보사의 동인도에 관한 기술.

토메 피레스의 홍해로부터 중국까지의 왕국, 도시, 주민에 관한 기술의 요지.

니콜로 디 콘티, 지롤라모 산토 스테파노의 동남아시아 여행기.

마젤란의 세계일주 여행에 관한 보고.

후추 무역에 관한 라무시오의 고찰.

루이 로페스 데 비랄로보스의 태평양 항해기.

프란체스코 사비에르 등 예수회 선교사들이 일본에서 보낸 편지 5통.

주앙 데 바로스의 아시아에 관한 5장.

〈제3권〉

마르코 폴로의 아시아 여행기.

헤이톤 아르메노의 페르시아의 역사에 관하여.

조반마리아 안조이엘로, 무명의 한 상인, 호사와 바르바로, 암브로조 콘타리니 등의 페르시아 여행기.

알베르토 칸펜세, 파올로 조비오 등의 모스크바에 관한 저술.

지기스문트 폰 헤르베르슈타인의 모스크바와 러시아에 관한 보고.

〈제4권〉

아리아노스의 흑해 일주기.

조르조 인텔리아노의 코카서스인의 생활에 관한 보고.

히포크라테스의 시이트족에 관한 기술.

피에트로 쿠엘리니, 크리스토포로 피오라반티, 니콜로 미키엘 등의 노르웨이 항해와 난파기.

카보트 부자의 대서양 항해기.

카텔리노 젠의 페르시아 여행기.

니콜로 및 안토니오 젠의 그린란드 발견기.

조반니 다 피안 델 카르미네와 시모네 디 산 퀸티노의 몽골인 거주지역 여행기.

오드리코 다 포르데노네의 중국 여행에 관한 2개 기술.

알레산드로 구아니노와 마테오 미케오보에 의한 동유럽 여행 보고.

〈제5권〉

피에트로 마르틸레 단겔라의 신세계에 관한 10장 요약.

곤살로 페르난데스 데 오비에도의 서인도제도의 역사 요약.

〈제6권〉

코르테스의 멕시코에 관한 보고 3건.

페드로 데 알바라도와 디에고 고도이의 과테말라에 관한 보고.

무명의 에스파냐인에 의한 멕시코인에 관한 보고.

판필로 데 나르바에스 등의 멕시코 탐험기.

프란시스코 데 우요아의 캘리포니아만 탐험기.

코로나도, 안토니오 데 멘도사, 수도사 마르코, 페르난도 데 아랄콘 등에 의한 북아메리카 탐험 보고.

프란체스코 피사로의 페루 정복에 관한 무명의 에스파냐 기사,
프란체스코 쿠세레스, 페로 산초 등의 보고.

아마존강 유역 탐험기.

프랑스인에 의한 북아메리카(오늘날의 캐나다) 탐험기.

조반니 다 베랄차아노 등의 북아메리카 동해안 탐험기.

체사레 데 페데리치의 북아메리카 여행기.

네덜란드인에 의한 세 차례에 걸친 북해 항해기.

16세기 중반에 편찬된 점을 생각하면 거의 완벽한 내용이라 할
수 있다. 그러나 한 가지 지적해야 할 것은 이 전집에 들어갈 절대
적인 권리가 있는데도 빠진 것이 하나 있다. 콜럼버스의 여행기다.
하지만 여기에는 복잡한 사정이 있다.

라무시오가 백방으로 손을 써서 구하려 해도 그때로서는 도저히
구할 수가 없었을 것이다. 포르투갈과 에스파냐 사이의 정치적 사
정으로 에스파냐 측으로서는 공개할 뜻이 없었을 뿐 아니라 원본
이 표지와 본문 두 쪽만 남고 모두 분실되었기 때문이다. 사본도
사본이라기보다 충실한 요약본이라 해야 할 내용인데 그나마 출판
된 것은 1825년이 되어서였다. 라무시오가 여행기 전집을 편찬할
당시에는 콜럼버스는 벌써 반세기 전에 죽고 없었으며, 유족이라
는 사람들도 사본을 곧 남의 손에 넘길 정도로 관심이 적었다.

그러니 카보트에게 그랬던 것처럼 라무시오가 서신으로나마 조
회하려 해도 길이 없었을 것이다.

그렇다고 베네치아 정부가 콜럼버스의 사업에 대해 아는 것이
없었던 것은 아니다. 에스파냐 주재 베네치아 대사의 비서관 피사

니는 콜럼버스의 항해기 사본을 요약해 극비문서로 분류, 본국으로 보낸 바 있었다. 원로원 의원이자 군지휘관을 지내기도 했던 연대기 작가 말리피에로는 그것을 두 쪽 분량으로 요약해 자기의 『연대기』에 실어놓았다.

후추 한 톨도 가져오지 않았던 콜럼버스에 대해서마저 베네치아는 첩자를 접근시켰다. 후추를 배 가득히 싣고 돌아온 바스코 다 가마의 항해에 관해 포르투갈 왕의 공식발표만을 기다리며 가만히 있을 수만은 없었던 것은 너무나 당연하다. 즉각 상인을 위장한 첩자를 들여보냈다.

스파이 파스퀴노는 포르투갈에 입국한 직후 피렌체인의 밀고로 체포되지만 베네치아 대사의 이면공작으로 석방된다. 그는 겉으로는 장사에 종사하는 척하면서 수집한 정보를 본국으로 보냈다. 바스코 다 가마 선단의 리스본 출항 및 귀항의 정확한 날짜, 선단을 구성하는 배의 종류와 승무원의 수, 항해 중의 항로와 바람에 관한 정보, 배를 잃었을 때의 상황, 캘리컷에 도착했을 때 인도 측의 반응, 인도에서의 향신료 구매의 진상, 가는 데 12개월 돌아오는 데 4개월 걸린 일, 포르투갈 측은 왕복에 드는 시일을 8개월에서 10개월로 단축할 수 있는 것으로 잡고 있다는 것 등을 보고했고 가지고 온 향신료의 종류와 수량까지도 빠뜨리지 않고 보고했다. 그뿐 아니라, 그가 스파이라는 것을 아는지 모르는지 그를 불러들여 만난 포르투갈 왕은 이집트의 술탄이 물건을 팔지 않겠다고 해도 베네치아는 이제 걱정할 것 없다, 그런 이교도들은 제쳐두고 리스본으로 와서 사면 어떤가, 포르투갈은 해마다 배 40척을 인도로 보낼 생각이며 인도를 정복하는 일도 생각하고 있다, 하는 등등의 말을 그에게 한 것이다.

바스코 다 가마의 항해에 관해 후세 사람들이 자세한 것을 알 수 있는 것은 그의 항해기가 남아 있기 때문이 아니다. 가마가 리스본으로 귀항했을 때 상용으로 그곳에 가 있던 피렌체인이 고국으로 보낸 보고서 덕분인 것이다. 그러니 오랫동안 문서창고 안에서 잠자고 있던 이 보고문을 라무시오가 인쇄해 여행기 전집에 포함시켜 많은 사람이 읽을 수 있게 되기 반세기 전에 이미 베네치아는 정확한 세부내용까지 알고 있었던 것이다.

바꾸어 말하면 베네치아는 대항해 시대의 도래를 정보 면에서는 완전히 파악하고 있었다는 것이 된다. 그러면서도 왜 베네치아는 스스로 자신들의 선단을 보내지 않았을까? 그들은 식민지 획득이라는 야심과는 무관했으니까 대서양 항로에 대해 소극적이었다는 것은 이해가 간다. 그러나 아프리카 항로에 대한 소극성은 그것으로는 설명이 되지 않는다. 인도에 이르는 신항로에 내보낸 포르투갈 선단의 규모와 비교해볼 때 당시 베네치아는 그것을 훨씬 능가하는 해운력을 가졌다. 그들의 조직력으로 대응하면 포르투갈 따위는 단숨에 내쫓을 수도 있었을 것이다. 그런데도 베네치아는 그렇게 하려고 하지 않았다.

후세의 관점에서 단순하게 역사를 재단하는 사람들은 이때 베네치아인들의 태도를 그들의 보수성의 반영이라고 말한다. 하지만 만약 동지중해 시장이 절망적이었더라면 베네치아도 낙후된 그들의 항해기술을 고려할 여유도 없이 아프리카 항로에 전력을 쏟아넣었을 것이다. 후추는 베네치아 경제에서는 젖먹이 아기의 젖과 같은 것이다. 그런데 실제로는 지중해 무역은 절망적이기는커녕

호조를 누리고 있었던 것이다. 포르투갈을 아프리카 항로 개척으로 치닫게 한 것은 적어도 서유럽에서의 향신료 부족으로 인한 것은 아니었다.

'이슬람의 분노'를 막아라!

대항해 시대에 들어서기 전 베네치아의 통상로는 300년 전 이래로 주종 인기상품의 자리를 지키는 향신료를 기준으로 할 때 다음 4개 루트에 의존하고 있었다.

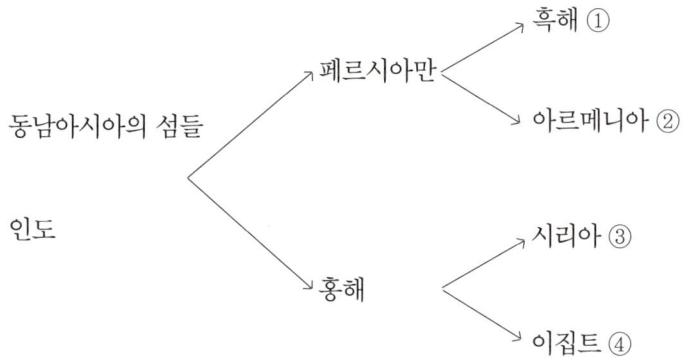

그런데 몽골제국의 와해는 산적들의 출몰 등으로 ①과 ②의 통상로의 안전도를 크게 떨어뜨리는 결과를 낳았다. 안전하지 않게 된다는 것은 리스크의 증대를 의미하니까 당연히 상품값의 상승으로 이어진다. 흑해 연안의 타나며 트레비존드로부터 베네치아 상인들이 철수해버린 것은 아니지만 이들 도시에서 거래되는 것은 모피와 노예 따위 그밖의 물산들이며 멀리 페르시아를 거쳐 실려오던 상품은 거의 자취를 감추어버렸다.

③과 ④, 즉 시리아와 이집트의 통상로가 상대적으로나마 안전했던 것은 이 두 지역이 모두 맘루크 왕조의 지배 아래 있었기 때문이다. 동남아시아의 섬들과 인도의 향신료뿐 아니라 중국의 물산들도 1400년대에 접어들면서부터는 이 루트를 따라 실려오는 일이 많아졌다.

그러나 이집트를 본거지로 하는 맘루크 왕조는 이집트와 시리아 등 아라비아 대부분을 지배했지만 오늘날 이라크가 자리 잡고 있는 메소포타미아 지방은 지배하지 못하고 있었다. 이 말은 바그다드를 통과하는 상로는 그것이 유프라테스강을 거슬러 올라가서 다마스쿠스나 알레포로 가는 것이건 혹은 페르시아만의 입구 호르무즈해협을 벗어난 지점에서 상륙해 타브리즈를 거쳐 흑해로 빠지는 것이건 그 안전이 보장되지 않음을 뜻한다. 한마디로, 페르시아가 지배하는 티그리스와 유프라테스 근처는 피하는 것이 좋다는 것이 된다. 이러한 이유 때문만으로도 홍해를 지나는 ③과 ④ 통상로는 통과하는 상품의 양과 질에서도 단연 ①과 ② 통상로를 압도하는 결과가 되었다. 홍해 통상로는 메카 순례도 겸할 수 있었기에 이슬람 상인들에게는 여러모로 편리했다.

인도로부터 실려오는 상품은 지다에서 육지에 짐을 푼다. 순례를 마친 이슬람 상인들은 메카의 성문을 다 빠져나오는 데 이틀 밤낮이 걸릴 정도의 대규모 캐러밴(대상)을 편성해 병사들의 경호를 받으며 사막을 북상한다. 캐러밴은 수에즈 가까이 오면 북과 서의 2개조로 갈라진다. 북은 다마스쿠스로 향하는 캐러밴이고 서는 카이로를 거쳐 알렉산드리아로 향하는 캐러밴이었다.

시리아 통상로는 사막을 넘어오는 아랍 상인들을 맞이하는 베네치아 상인들에게는 향신료의 집결지로서만 중요한 것이 아니었다. 베네치아특산물의 수출대상으로서도 중요했던 것이다. 특히 티무르가 제국의 수도를 사마르칸트로 정하고 다마스쿠스로부터 많은 장인들을 강제이주시킨 후로는 시리아의 베네치아에 대한 의존도가 더욱 커진다. 이 무렵부터 시작되는 베네치아 공업의 발전은 첫째로 시리아의 수요를 충족해주기 위한 것이라 해도 지나친 말이 아니었다. 시리아 통상로에서 지중해로의 출구는 베이루트와 트리폴리였다.

이러한 이유로 해서 홍해 통상로의 안전은 베네치아의 큰 관심사였지만 그렇다고 어디까지나 상대적으로 안전하다는 것이지 절대 안전한 것은 아니었다. 병사들의 경호를 받으며 사막을 넘는 대규모 캐러밴이라도 아라비아 말을 몰고 질풍처럼 대드는 베두인족의 습격을 당하는 일이 종종 있었고, 이집트 술탄의 변덕도 매양 자기네와는 무관한 일처럼 지낼 수만은 없었다. 그리고 이집트의 술탄에게 언제나 고분고분하지만은 않았던 홍해 연안의 소호족(小豪族)들이 제멋대로 부과하는 관세도 상품의 원가 안정을 꾀하는 베네치아 상인에게 장애가 되었다.

그러나 1424년 이후로는 상황이 호전된다. 이집트의 술탄이 홍해를 완전히 지배하는 데 성공했기 때문이다. 베네치아는 무기 원조로 그 일에 협조했는데 그 결과 홍해 항해에 따르는 리스크가 저하되었을 뿐 아니라 홍해 어귀를 쥐고 있던 아덴이 술탄의 지배 아래 들어갔기 때문에 비싼 관세를 물어야 하는 일이 없어졌다. 아라비아 선박들은 항행상 이유로 아덴에 기항할 필요가 없을 때는 바로 지다로 향할 수 있게 된 것이다.

이집트 술탄의 지배권 확대는 또 사막의 주인 베두인의 움직임을 상대적으로 진정시키는 데도 도움이 된다. 이런 일련의 정세변화는 모두 당연히 비용 절감과 연결되었다. 베네치아가 그 통상의 중점을 이집트와 시리아로 집중한 것도 무리는 아니다. 1453년에 콘스탄티노플이 터키군 손에 떨어졌지만 이 덕분에 베네치아는 치명적인 타격을 받지 않아도 되었던 것이다.

14세기, 15세기, 16세기에 걸치는 시기에 베네치아인들에게 이집트의 알렉산드리아가 지녔던 중요성은 오늘날 뉴욕이나 런던이 일본인들에게 가지는 중요성과 닮은 데가 있다. 큰 상인들과 은행들은 모두 그곳에 출장소를 두고 있었고 전속 주재원을 둘 처지가 못 되는 중간 크기의 교역상인들까지도 상담대행이나 정보수집을 위해 계약한 인물을 알렉산드리아에 두지 않고는 장사가 성립되지 않았다. 카이로에 있는 대사관보다도 알렉산드리아의 영사관 쪽이 활동량이나 지출경비가 많을 정도였다.

베네치아는 알렉산드리아에 큰 상관을 2개 가지고 있었다. 실용목적의 것이지만 베네치아인들의 미적 감각의 예리함은 여기서도 발휘되어 알렉산드리아에서 가장 아름다운 건조물이라는 평이 자자한 건물이었다. 라이벌인 제노바는 큰 상관을 하나밖에 갖고 있지 않았고, 카탈루냐인들도 그 무렵 막 지중해 무역에 진출하기 시작한 프랑스인들도 훨씬 작은 상관밖에 갖고 있지 않았다.

상관은 이교도들의 사회에 있는 만큼 높은 담으로 둘러싸여 있었다. 담 위에는 베네치아에서 레이스 짜개라고 부르는 아랍 세계 특유의 것이 장식되어 있었다. 이 장식은 베네치아 건축에도 영향을 주어 원수 관저를 비롯한 여러 건물에서 지금도 볼 수 있다.

상관은 중정을 가운데 두고 지은 건물이다. 중정은 아랍 건축에서 흔히 볼 수 있듯이, 정원수와 분수 등으로 조경이 되어 있다. 아치가 잇따라 나타나는 회랑은 쉴 새 없이 들락날락하는 상품들을 쌓아두는 곳으로 사용되고 있고 그 안쪽의 방들은 창고와 상담(商談)하는 장소로 쓰이고 있다. 위층은 단기 체류하는 상인들의 숙소였다. 장기 체류하는 상인들은 상관 바로 근처에 독립된 가옥을 구하는 경우가 많았다. 부엌과 빨래 (하는) 장소도 위층에 있었다. 화재 발생에 대비한 공간배치였다. 그밖에 이발소도 있어서 일상적인 생활은 상관 안에서는 불편 없이 할 수 있게 되어 있었다.

교회도 있었고, 상관 내의 치외법권은 술탄의 분노 폭발이라도 있지 않는 한 지켜지고 있었다. 그러나 상관 안에서 사는 이들은 야간외출이 금지되었고, 또 이슬람교도의 휴식일인 금요일과 이슬람 축제일에도 외출이 금지되어 있었다. 광신자들의 폭력행위로부터 그리스도교도를 보호하기 위해 취해진 조치였다. 이런 상관은 비단 알렉산드리아에서뿐 아니라 이슬람 세계에서 베네치아 통상의 거점으로 되어 있었다.

교역은 교(交)자가 붙어 있는 만큼 수입만 해서는 건전한 교역이라 할 수 없고, 또 오래 지속될 수도 없다. 시리아가 베네치아 상인을 필요로 했던 것과 마찬가지로 이집트와 베네치아 사이에도 상호의존의 관계가 성립되어 있었다. 이집트 방면으로 내보내는 수출품은 독일인들이 베네치아로 가져와서 파는 무쇠, 놋쇠, 구리와 은제품, 그리고 이탈리아산 직물이었다. 그밖에 베네치아 특산 유리제품도 단골품목이었다. 소형 휴대용 나침반 같은 것도 있었다. 이것은 항해용이라기보다는 아랍인들이 모래바다를 건너는 데 없어서는 안 될 물건이었다.

그러나 이들 상품은 베네치아 상인이 아니면 사고팔 수 없는 품목은 아니었다. 제노바인도 카탈루냐인도 마르세유의 상인들도 각 품목의 비중에 차이가 있을망정 같은 상품을 오리엔트로 수출하고 있었던 것이다. 그러니까 베네치아가 항상 이들 라이벌 국가들을 멀리 따돌리고 앞서갈 수 있었던 것은 수출품목에 의해서가 아니라 통상을 완전히 조직화한 후에야 밀고 나가는 베네치아 특유의 방식 때문이었다.

알렉산드리아나 베이루트로 향하는 베네치아의 정기항로는 해마다 초겨울에 베네치아로 돌아오게 되는 스케줄이었고, 10척의 상선으로 편성되는 것이 보통인 선단은 군용 갤리선 함대의 호위를 받았다. 안전과 규칙 바른 교역이야말로 베네치아가 자기 나라 통상의 과제로 내건 모토였다.

이것을 지키기 위해서 배 한 척, 상인 한 사람에게까지 베네치아 정부의 조정통제의 손길이 미쳤다. 그리고 각 상업기지에 배치된 베네치아의 대사와 영사는 상대국 통치자와 밀접한 접촉을 유지하고 그곳에서 장사에 종사하는 자국 상인들을 보호·감독하는 것을 주업무로 삼았다.

그러나 '행정지도'가 너무 철저하면 도리어 개개인의 사적 활동을 억누르는 결과로 끝나는 법이다. 베네치아의 해상법에서는 후추를 주로 하는 향신료는 정기항로를 지나는 갤리 상선에만 싣는 것으로 정하고 있었지만, 정기 상선편만으로는 다 소화하지 못할 만큼 화물이 많거나 어떤 사정으로 정기편을 내보내지 못하는 경우에는 범선으로 크레타나 키프로스까지 실어 나른 다음 거기서부터 갤리선 정기편으로 바꾸어 싣고 본국으로 보내는 것을 허용하고 있었다. 동맥경화를 미리 막기 위해서였다.

이런 조치들은 이슬람 세계에서 볼 때 베네치아 상인을 가장 신뢰할 수 있는 장사 파트너로 만드는 데 큰 힘이 되었다. 올지 안 올지 모르는 상대보다 오기로 되어 있는 상대를 누구라도 파트너로 택하게 되는 법이다. 지중해 무역 전체량의 3분의 1에서 4분의 3을 베네치아가 독점할 수 있었던 것은 이와 같이 순 경제적인 배려의 결과였다.

그러나 교역은 어느 시대에나 교역을 교역으로서 똑같이 생각하고 있는 민족들하고만 할 수 있는 것이 아니다. 시리아건 이집트건 홍해를 통과하는 통상로를 지배하고 있던 것은 전제군주인 술탄이었다. 게다가 맘루크 왕조의 술탄은 전제군주일 뿐 아니라 이슬람교도이기도 했다. 그리스도교도인 베네치아인들과 장사의 면에서 공존공영하는 것은 이성적으로는 이해할 수 있어도 때때로 일어나는 '이슬람의 분노'와는 무관할 만큼 현실적인 것은 아니었다. 술탄의 '이슬람의 분노'가 폭발하면 치외법권을 인정하기로 되어 있는 상관에 거주하는 베네치아인마저도 감옥에 갇히고 상품은 몰수당하는 쓰라림을 겪게 된다. 베네치아 국내에서는 아랍 상인의 상업활동의 자유와 인신의 안전을 보장해주지 않느냐고 호소해보았자 이슬람 측이 우리에겐 그런 법이 없다고 잡아떼면 그만이라는 것을 베네치아 측은 몇백 년에 걸친 교역으로 알 만큼 알고 있었다. 베네치아가 한 일은 이슬람교도를 세심하고 조심스럽게 대하고 그들로 하여금 무법적인 행동으로 나오게 하는 어떤 사소한 빌미도 주지 않는 것이었다.

그 한 예를 1442년에 베네치아 시민 피에로 마르첼로라는 상인이 일으킨 사건에 대해 베네치아 정부가 촌각의 지체도 없이 단호하게 취한 대처에서 찾아볼 수가 있다. 마르첼로가 팔레스티나의 아콘에서 장사를 하고 있을 때 상담이 성립되었는데도 상대편인 시리아인이 도무지 돈을 지불하지 않았다. 화가 난 마르첼로는 그 시리아인을 배에 올라오게 한 후 그대로 돛을 올려 항구를 떠났다. 배는 범선으로 그와 그의 동업자의 소유였다. 다음 기항지 베이루트에서 그는 그 시리아인을 하선시키기는커녕 다른 이슬람교도 10명까지도 상담을 하자고 속여 배에 태우고는 그대로 출항해 로도스섬으로 향했고 그곳에서 그들을 노예로 팔아먹었다.

이 사건을 안 베네치아 정부는 마르첼로를 교수형에 처하기로 하고 그를 잡기 위해 현상금을 내걸었다. 그를 사로잡아 오는 경우는 4천 두카토, 사체를 넘겨주는 사람에게는 2천 두카토를 지불하는 것으로 현상금을 걸었던 것이다. 그리고 급히 카이로에 특사를 파견해 이 사고를 알고 노한 술탄의 명령으로 잡혀들어간 베네치아 상인 전원의 석방과 베네치아 상업이 그곳에서 누리고 있던 특권을 도로 회복해줄 것을 요청하게 했다.

둘째의 예는 북아프리카 연안을 항해 중이던 베네치아 선박을 로도스섬의 성 요한 기사단에 속하는 배가 습격해 로도스섬으로 끌고 갔을 뿐 아니라 그 배에 승객으로 타고 있던 아랍인 10명을 노예로 팔아먹은 사건이다. 베네치아 정부는 승객의 안전을 보장하는 것은 선장의 의무라면서 크레타 주둔 함대에 급거 출동을 명했다. 그리고 로도스섬의 항구를 메우다시피 모여든 베네치아 군선들의 대포가 항구의 성곽에 포구를 겨누고 있는 가운데 기사단에게 아랍인을 돌려줄 것인가 아니면 베네치아와 한판 전쟁을 벌일 것인가 결정하라고 다그쳤던 것이다. 베네치아 선박이 그 승객들과 함께 반환되어온 것은 두말할 것도 없다.

세상사란 불행하게도 사리에 맞는 일만 하고 있다고 해서 세평이 좋아지는 것은 아니다. 베네치아가 취한 일련의 이 같은 조치들은 그리스도교국가로부터 이익 앞에서는 지조고 의리고 아랑곳하지 않고 이교도의 비위 맞추기에만 급급해한다는 비난을 받았고, 그래서 이교도 박멸을 대의명분으로 내걸고 지중해에 출몰하는 성요한 기사단, 프랑스, 에스파냐 등의 해적선들에게 베네치아 상선을 습격하는 빌미를 주게 되었다. 군용 갤리선의 경호를 받으며 항해하는 베네치아의 정기 상선단은 전통적으로 해적의 소굴이었던 알제리의 해적선 습격에 대비하는 동시에, 이제는 같은 그리스도교도의 배에 대해서도 상선이라는 것이 확실한 경우가 아니고는 배를 옆에다가 대고서 의례적 방문을 주고받는 따위의 일은 좀처럼 할 수 없게 된 것이었다.

그러나 베네치아가 결코 이슬람에 밀착 일변도였던 것은 아니다. 강경하게 나가는 것이 효과적이라고 판단하면 단기적 불이익을 희생하면서도 강경정책을 취했다. 전제군주인 이집트의 술탄은 홍해 통상로를 쥐고 있었던 만큼 홍해를 통과해 지중해로 수송되는 향신료의 값을 올려서 많은 이익을 얻으려 한다. 그래서 어느 때 그 값 이하로는 팔지 않기로 정해버렸다. 이에 대해 베네치아 측은 상식 밖의 가격이란 판단을 내린다.

베네치아 정부는 자기 나라 국민들이 이집트와 시리아에 가지고 있는 재산과 투자를 모두 빼서 크레타와 모도네로 옮기도록 지령을 내렸다. 외교관 이외에는 상인과 그 가족들도 모두 크레타로 옮기게 했다. 술탄이 베네치아인의 재산과 상품을 몰수하거나 베네치아인을 인질로 잡을 위험이 없는 단계에 가서 모든 베네치아 선박에 이렇게 지령을 주어 출항하게 했다.

"가지고 간 상품을 육지에 올리지 말고 배에 실어둔 채 상담은 배 위에서 하라."

그 결과 1430년에 출항했던 상선단은 극소량의 향신료만을 싣고 귀국할 수밖에 없었으나 다음 해인 1431년에는 출항한 배들이 모두 한 배 가득 후추를 싣고 귀항할 수 있었다.

전제군주의 욕심은 그러나 단 한 번 데었다고 아주 꺾일 까닭이 없었다. 칼리프라는 칭호로 불리기도 했던 이집트 술탄에 의한 향신료 시장 지배 시도는 이밖에도 여러 번 되풀이되었다. 그때마다 베네치아는 어떤 경우는 강경하게 나갔지만 때로는 타협할 수밖에 없었다. 하지만 타협하지 않을 수 없는 때라도 베네치아는 버틸 만큼은 버텼다.

술탄과 베네치아 대사 간에 벌어지는 교섭은 체면 따위가 문제인 것이 아니라 베네치아 측의 재고량 사정의 여하에 달려 있었기 때문이다.

베네치아는 술탄이 부르는 값으로 후추를 210칼리코 사들이는 계약에 조인했다. 그 이상의 것은 알렉산드리아의 바자에서 베네치아 상인들이 자유로이 사들인다는 조건이었다. 210칼리코의 후추라면 알렉산드리아에서 베네치아의 상인들이 사들이는 후추 총량의 10분의 1에 해당했다. 그런 다음 베네치아 정부는 술탄이 제시한 가격과 바자에서의 시세 사이에 생기는 차액만큼을 일종의 세금으로서 알렉산드리아에서 상업에 종사하는 모든 베네치아 상인에게 부과했다. 당연한 일로 이 타협은 베네치아 본국의 후추값을 크게 좌우하는 결과를 몰고 오는 데까지 이르지 않을 수가 있었다.

이런 일련의 사실에서 볼 수 있듯이 원가를 내리기 위해 베네치아인들은 끊임없이 노력했다. 이러한 노력과 홍해 항해의 상대적 안전에 힘입어 베네치아 상인들은 시장의 후추 도매값 시세를 1420년에서 1440년 사이에 그 이전에 비해 50퍼센트나 끌어내리는 데 성공한다. 그리고 1칼리코당 40~50두카토라는 시가는 15세기 말에 이르기까지 다소 변동이 있었을 뿐 대체로 보합기조를 유지했다. 그런 값으로 해마다 2만에서 4만 톤의 향신료를 서유럽으로 공급했다. 그 대부분이 후추였으므로 향신료 전체 시가의 움직임은 후추의 그것에 의해 좌우되었다.

이상과 같은 것이 15세기 말에 포르투갈은 바스코 다 가마를 내세우고 에스파냐는 콜럼버스에게 투자해 향신료를 찾아, 전자는 남쪽으로 후자는 서쪽으로 미지의 세계를 향해 진출을 시작했을 당시의 시대적 상황이다. 서유럽은 향신료가 부족했던 것이 아니다. 부족하기는커녕 값은 싸고 양도 충분했다. 그러니까 당초에 포르투갈이나 에스파냐가 추구한 것은 지중해 무역을 계속하는 한 이길 수 있는 방도가 없을 것 같은 베네치아에 의한 독점체제를 무너뜨리는 일이었던 것이다. 그것을 무너뜨리는 가장 효과적인 수단은 지중해를 변두리 물웅덩이 정도의 존재로 바꾸어버리는 것밖에 없었던 것이다.

포르투갈의 도전

자급자족이 불가능할 뿐 아니라 인구도 적고 자원이라고는 국민의 두뇌와 의지뿐인 베네치아공화국의 역사는 참으로 온갖 시련에 어떻게 대처하느냐 하는 시련극복 대책의 역사라고나 해야 할 그런 것이었다. 나는 그런 온갖 곡절을 대부분 생략하면서 써내려가고 있는 것이다. 일일이 다 기술한다는 것은 너무나 복잡할 뿐 아니라 읽을 사람도 없을 것이고, 그보다도 먼저 저자인 나 자신의 머리가 마비되고 말 것이다. 역사란 복잡한 것이 묘미라지만 그 묘미를 음미할 수 있을 만큼은 정리할 필요가 있을 것이다.

이 정리된 '시련'을 앞에 두고도 우리라면 야단법석을 떨 것이 틀림없다는 생각을 가끔 하게 된다. 하지만 당시의 기록을 읽어보면 베네치아인들도 역시 어찌할 바를 몰라 제법 야단법석을 떨었던 것을 알 수 있어 그러면 그렇지 하고 마음을 놓는다. 침착하고 냉정을 잃지 않는다는 것은 어느 시대이고 참으로 어려운 일이 아닌가 싶다.

다만 베네치아인들은 야단을 떨다가도 한참 지나면 신기할 정도로 그럭저럭 잘 넘긴다. 어찌했든 인간사란 무엇이 득이 되고 안 되는 것인지 알 수가 없다. 긴요한 것은 운수가 돌아올 때까지 지긋이 기다리는 일인데 기다리는 데도 기다릴 수 있을 만한 저력이 필요하다. 베네치아가 에스파냐나 포르투갈의 도전을 받고도 버텨낼 수 있었던 것은 그들의 '다각경영'에 힘입은 것이기도 했다.

그런 가운데서도 1499년이라는 해는 베네치아에는 시련의 해임을 넘어 흉년이라 할 해였다. 나쁜 일이 둘이나 겹쳐 일어나버린 것이다.

바스코 다 가마가 인도로부터 후추를 가지고 돌아오자 야단스럽게 떠들썩하기는 했지만 베네치아의 한 해 거래량의 50분의 1이 안 되는 분량이었으므로 실은 리알토의 시장세를 당장 좌우할 만한 영향을 미치지는 않았다. 그러나 그해에 일어난 터키와의 전쟁은 당장 다음 해에 뚜렷한 위협으로 작용해 리알토 일대를 뒤흔든다. 20년간의 평화를 깨뜨린 쪽은 전쟁을 하면 손해 보는 베네치아가 아니라 육지형 국가인 터키였다. 그리스 전역의 완전한 지배를 노리는 터키제국은 펠로폰네소스반도의 맨 끝부분 손바닥만 한 땅이나마 베네치아령으로 남아 있는 것을 용납할 수가 없었던 것이다. 터키의 공격 목표는 모도네와 코로네에 있는 베네치아의 해군 기지였다.

이 두 곳은 베네치아공화국의 두 눈이라 일컬어지는 곳으로, 아드리아해를 빠져나온 후 코르푸섬, 모도네, 그리고 크레타섬을 들러 오리엔트로 향하는 베네치아 정기항로 위에 위치한다. 이를테면 베네치아가 닦아놓은 해상 '고속도로'의 중요한 정류장의 하나였다. 코르푸와 크레타에 기항하는 것이 의무였듯이 모도네나 코로네 가운데 한 곳에는 기항하는 것이 모든 베네치아 선박의 의무로 되어 있었다. 여기를 공격당한 베네치아는 전쟁을 하는 것이 이롭지 않다는 것을 알면서도 일어서 응전할 수밖에 없었다.

원래 전쟁을 예상한 해군력을 상시 유지하는 처지가 아닌 베네치아는 전쟁이 발발하는 즉시 대규모 함대를 동원할 수 있는 체제는 아니었다. 베네치아의 상비해군은 코르푸섬, 모도네, 크레타섬, 키프로스섬의 각 해군기지에 주둔해 그 근해 경비를 담당하는 함대만으로 구성되어 있었다. 일단 유사시에는 본국으로부터 새로운 함대 편성이나 함대의 즉시 도착을 바랄 수 없는 처지였던 만큼 본국 또는 각 기지에서 출항 준비 중이거나 그 부근을 항해 중인 상선단의 호위함대에 동원령을 내려 상비해군에 편입시키는 것이 관례가 되어 있었다. 그해에도 연합함대 총사령관 안토니오 그리마니는 호위함대에 총동원령을 내렸다.

함대의 호위를 의무적으로 받게 되어 있는 정기항로 상선은 이 때문에 항구에 닻을 내린 채 꼼짝 못하고 발이 묶여버린다. 정기항로가 아닌 곳을 오가는 배나 범선들은 움직이고는 있었지만 후추는 정기 상선단에서만 수송하는 것으로 정해져 있다. 이 후추가 베네치아로 거의 입하되지 않게 되었다. 그 결과 한 해 전인 1498년에 1칼리코당 56두카토 하던 것이 1500년에는 100두카토까지 폭등했다. 40~50두카토라는 상대적인 안정가격을 유지함으로써 베네치아는 80년 동안이나 향신료 시장을 지배해왔다. 후추란 그것이 없다고 해서 사람이 살지 못하는 것은 아니다. 생활필수품이 아닌 후추값이 갑자기 이렇게 폭등하고 보면 누구나 사지 않게 된다. 베네치아가 받은 타격은 컸다.

원로원은 연일 뜨거운 토론으로 들끓었다. 총동원령 해제의 시기, 그리고 해제가 당분간 불가능한 일이라면 호위 없는 상선단 출항을 허용할 것인가 말 것인가 하는 것이 논의의 초점이었다. 연대기 작가 사누도는 원로원에서의 논쟁을, 재고를 가진 상인들과 갖지 못한 상인들 간의 이해대립의 반영이라고 썼다. 리알토에서는 총사령관 출신 가문인 그리마니 일족이 이 소동으로 4만 두카토를 벌었다는 소문이 쑥덕공론으로 나돌고 있었다.

다음 해 1501년 2월에는 리알토 시장의 주종 인기상품인 후추의 도매시세가 130두카토까지 치솟았다. 원로원도 마침내 호위 없는 상선단 출항을 허용키로 결의했다. 한 달 후 후추값은 62두카토로 떨어졌다.

그러나 이 무렵이면 포르투갈의 도전이 뚜렷한 형태를 띠면서 리알토 시장을 위협하기 시작한다. 1500년, 포르투갈 왕은 페드루 알바레스 카브랄이 지휘하는 대함대를 인도양으로 보내어 비우호적인 캘리컷을 공격하게 했다. 그뿐 아니라 향신료를 가득 싣고 인도양을 항해 중인 아랍 선박을 격침시켰다. 이런저런 일들의 영향은 해를 넘겨 1502년 가을에 이르러 구체적으로 나타났다. 베네치아에서 후추값이 또다시 95두카토로 뛴 것이다.

인도양에서 홍해로 가는 상선의 안전도는 즉각 떨어졌다. 당연히 홍해 통상로를 통해 실려오는 향신료의 양도 줄어든다. 이렇게 해서 베네치아에서 후추값은 100두카토 수준으로 오른 채 몇 년을 가게 된다.

설상가상으로, 양이 준 데 당황한 이집트의 술탄이 손실을 단숨에 만회하려고 알렉산드리아에서의 매도가격을 올렸다. 베네치아는 이 가격이 비경제적이라고 판단했다. 그해에 알렉산드리아에는 베네치아의 정기 상선단이 가지 않았다.

그러나 포르투갈의 도전에 대항해야 한다는 점에서는 서로 이해가 일치했다. 후추 가격문제를 가지고 다투면서도 베네치아는 카이로에 특사를 보냈고 술탄도 특사를 상대로 진지하게 대책을 의논했다.

첫째로, 할 수 있는 일은 다 해보자는 주의에서 술탄은 인도의 왕에게 포르투갈과 거래하지 말라는 전갈을 보낸다. 그러나 포르투갈의 '이양선'에 잔뜩 겁을 먹은 인도 왕은 예부터의 오랜 단골 거래처의 요구인데도 이를 받아들일 수 있는 처지가 아니었다.

이집트의 술탄은 또 로마의 교황에게도 연락해 교황청이 포르투갈로 하여금 인도양에서 손을 떼게 하도록 힘써주지 않으면 성지 예루살렘을 파괴해 서유럽 사람들이 성지순례를 할 수 없게 만들겠다는 말을 전했다. 그러나 이것도 포르투갈 왕이 즉시 로마로 보낸 특사를 통해 그만큼 수익성이 높은 사업을 포기할 리가 만무하다고 바람을 넣는 바람에 별 효과를 보지 못했다. 성지순례를 기업화해 이익을 얻고 있었던 것은 베네치아다. 이 사업이 얼마나 이익이 많은 사업인가는 누구보다도 베네치아가 잘 알고 있는 터였으니 속으론 다소 당황했을 법도 하다.

좀더 현실적이라 할 수 있는 것은 술탄이 베네치아에 낸 무기 및 기술 원조 요청이다. 인도양과 홍해로부터 포르투갈 선박을 내쫓기 위해 아랍 측으로서는 먼저 배의 구조부터 바꿀 필요가 있었다. 아랍의 배는 튼튼하고 크기는 했지만 대포를 장착하고 있는 포르투갈 배를 당해낼 수는 없었다. 같은 이슬람교도이면서도 터키가 대포 면에서 선진국이었던 데 비해 이집트는 이 방면에서 많이 뒤지고 있었다.

그러나 이집트의 이러한 원조 요청은 베네치아에는 그리 간단히 받아들일 수 있는 성질의 것이 아니었다. 이교도인 아랍의 중개 없이 직접 향신료 무역을 개척한다는 기치를 내걸어 그리스도교 세계에서 호의적으로 받아들여지고 있는 포르투갈에 대항하기 위해 하물며 이교도의 힘을 빌렸다는 것이 되고 보면 그리스도교 국가인 베네치아로서는 정치적으로 난처한 처지에 빠지게 된다.

베네치아는 공식적으로는 술탄의 요청을 거절했다. 그러나 속으로는 포르투갈이 아닌 이집트가 승리하기를 바라고 있었다. 베네치아는 술탄에게 은밀히 권하기를, 대포는 터키에서 사들이라고 그리고 선원은 그리스에서 모집하라고 했다. 이면공작은 물론 베네치아 상인들이 개인자격으로 나서서 담당했다.

이렇게 해서 근대화된 이집트 함대는 홍해로부터 인도양으로 향했다. 포르투갈과의 최초 해전은 이집트의 승리로 끝난다. 그러나 두 번째 해전에서 이집트는 완패를 당한다. 설상가상으로 새로운 함대를 편성하기 위해 터키로부터 오고 있던 대포며 자재가 동지중해를 남하하던 중에 로도스 기사단 군선의 습격을 받아 몽땅 탈취당하는 사고가 겹친다. 인도양과 홍해를 내 집 안마당 드나들듯하는 것은 포르투갈 선박뿐이었다. 베네치아에는 최악의 사태가 오고 말았다.

1503년에 터키와의 화평도 성립되어 알렉산드리아나 베이루트에도 당당히 정기 상선단을 보낼 수 있게 되었는데 홍해를 거쳐올 화물이 끊겨버린 것이다. 다음 해 1504년에도 알렉산드리아로 나갔던 상선은 후추를 싣지 못하고 귀국할 수밖에 없었다. 베네치아 정부는 수에즈운하를 뚫는 안을 토의에 부쳤다.

수에즈운하는 옛날부터 생각했던 일이다. 페르시아 왕 다리우스가 이 일에 대단한 열의를 보였다는 것은 고대 사서에도 나와 있다. 베네치아가 이런 생각을 한 것도 고대에 있었던 그런 기도를 상기했기 때문인데, 운하를 뚫을 장소로는 지금과 동일한 곳을 생각하고 있었다. 지중해와 홍해를 연결할 수만 있으면 문제는 해결된다. 베네치아의 해군력으로는 능히 포르투갈에 대항할 수 있을 뿐 아니라 인도양과 홍해의 제해권을 아랍인들로부터 탈환할 수도 있을 것이었다. 베네치아는 운하 건설에 드는 모든 비용을 부담할 생각이었다. 그리고 당시 이탈리아는 최고의 공학수준에 도달한 기술자로 꽉 차 있었다.

그러나 수에즈운하가 레세푸스의 손을 빌리지 않고도 실현되었을지도 모를 이 웅대한 기도는 이집트의 술탄이 절대로 안 된다고 반대하는 바람에 실현하지 못하고 만다. 운하가 개통되면 베네치아 상인들이 아랍의 어깨 너머로 인도와 통상하게 될 것이고, 술탄은 이를 두려워했던 것이다.

이러저러한 일들이 일어나는 동안에 리스본을 본거지로 안트웨르펜을 지점으로 하는 포르투갈의 통상은 향신료 시장에 착실히 침투해 들어가고 있었다.

한편, 베네치아 시장은 문을 닫은 것이나 마찬가지였다. 1505년에 이어 1506년에도 후추의 입하는 끊긴 상태 그대로였다. 그렇다고 후추가 한 톨도 안 들어온 것은 아니다. 홍해의 완전봉쇄를 목표로 삼는 포르투갈도 아덴만은 도저히 점거할 수가 없었던 것이다. 홍해 어귀를 누르고 있는 아덴의 획득 없이는 홍해의 완전봉쇄는 불가능한 일이다. 향신료는 비록 소량이지만 봉쇄망을 뚫고 들어오는 데 성공했던 것이다. 그러나 이 정도 양으로는 베네치아를 활발한 시장으로 되살리는 데는 태부족이었다.

1506년, 오랫동안 서열 첫째의 단골이었던 독일 상인들이 후추 구입처를 베네치아에서 안트웨르펜으로 옮기기로 결정한다. 영국, 프랑스, 플랑드르는 이미 안트웨르펜으로 바꾼 바가 있었다. 베네치아는 최소한 독일만이라도 잃지 않으려고 리스본에서 구입해 베네치아에서 파는 방안의 가능성까지도 검토하기에 이른다. 그러나 여기에는 두 가지 장애가 있었다. 첫째는 포르투갈의 향신료 가격이 너무 비싸다는 것, 둘째는 레반트(동지중해) 시장은 베네치아에는 향신료 시장으로서뿐 아니라 베네치아 물산의 시장으로서도 너무나 중요하다는 사실이다.

이러한 상황에 놓인 베네치아 정부는 원로원 부속으로 '통상 5인 위원회'를 설립한다.

이 위원회가 할 일은 베네치아 경제를 재편성하는 일이었다. 젖줄이 끊긴 젖먹이의 처지와 유사한 상태를 이유기의 유아 상태에 비정해 젖을 대신할 국내산업의 진흥에 힘을 기울이기로 결정한 것이다. 그것을 위한 기반은 벌써 상당한 정도로 준비되어 있었다.

그밖에도 여러 가지 새로운 안이 검토되었다. 모스크바로부터 카스피해를 경유해 타타르인 거주지대를 비켜가면서 인도에 이르는 새로운 상로의 개발도 생각할 수 있는 일이다. 모스크바에는 벌써 베네치아의 상업기지가 설립되어 있는 터였다. 그러나 이 안의 실현에는 북으로부터 인도로 들어가는 길의 험난함이 큰 장애로 앞을 가로막는다. 그렇다면 후추나무 묘목을 가져와서 지중해의 어느 섬인가에 이식해 직접 재배하면 어떨까. 그러나 이 안도 기상조건이 전혀 판이하다는 동남아시아의 섬들에 관한 기록들이 들먹

여지면서 결국 불발이 된다. 베네치아인들은 이보다 1세기 앞서 이미 수마트라며 자바며 실론에 도달한 적이 있었다. 주로 육로를 많이 이용했지만 말이다.

나쁜 일은 겹치는 법이다. 상업의 기술과 함께 베네치아인들의 유일한 자원이라 하여 명성이 자자하던 외교가 전무후무한 단 한 번의 실수를 저지름으로써 베네치아는 전 유럽을 적으로 돌리는 전쟁에 돌입하게 되어버린 것이다. 1508년의 캉브레 전쟁이 곧 그것이다. 독일의 신성로마제국 황제, 프랑스 왕, 에스파냐 왕, 교황청, 큼직한 상대만 들어도 이러하다. 적들을 하나로 뭉치지 못하게 하는 교묘한 솜씨로 이름이 높던 베네치아 외교가 저지른, 어떻게 변명할 여지도 없는 실수였다.

동시대인인 마키아벨리는 이것을 이렇게 비평하고 있다.

"현실주의자가 과오를 범하는 것은 왕왕 저쪽도 이쪽과 같은 생각을 할 것이라고 믿으면서, 그러니까 그런 어리석은 짓은 안 할 것이라고 판단하는 데서 일어난다. 베네치아는 이 한 번의 전쟁으로 그들이 800년 동안 쌓아올린 것을 모두 잃어버렸다."

캉브레 동맹 측이 선전포고를 한 이유는 베네치아가 침략주의적이며 그대로 버려두면 위험하다는 것, 이 한마디가 전부였다. 실제로 베네치아 영토는 당시에 최대로 팽창해 도시국가로서는 달리 예가 없을 만큼 넓은 영토를 영유하고 있었다. 다만 직할통치는 극히 작은 부분에 한정되어 있었고 나머지는 주민 자치에 맡겨놓고 있었다. 베네치아가 추구한 것은 영토가 아니라 통상로의 안전이었던 것이다. 그러나 이탈리아반도에 세력을 침투시킬 기회를 노리고 있던 독일, 프랑스, 에스파냐 등 열강들로서는 남쪽으로 나폴리, 서쪽으로 밀라노에 대한 침투가 성공한 지금 실질적으로 유일한 독립국으로 남아 있는 베네치아는 눈엣가시 같은 존재 이외의 다른 아무것도 아니었다. 이런 판국에 중부 이탈리아에서 베네치아의 이해와 충돌한 교황청마저 대세에 편승하고 나섰다.

이탈리아 독립을 바란다는 점에서 이해관계가 일치하는 교황청을 적대적인 편에 서게 한 것은 전적으로 베네치아 외교의 실수 탓이었다. 교황청은 군사력의 면에서는 문제될 것이 없었지만 군사력을 가지고 있는 적국에 대의명분을 부여할 힘을 가진 까닭에 신중히 대처할 필요가 있는 상대인데도 말이다. 이런 에피소드가 기록에 남아 있다.

어느 날 교황 율리우스 2세는 로마 주재 베네치아 대사 피사노와 만나고 있었다. 여느 때와 마찬가지로 교황은 로마냐 지방의 두 도시를 반환하라고 요구하고 있었던 것이다. 피사노는 그러나 여전히 고개를 가로저을 뿐이다. 기분이 뒤틀린 교황은 큰 소리로 고함을 질렀다.

"그렇다면 나는 누군가의 힘을 빌려서라도 베네치아를 옛날의 고기잡이 어촌의 신세로 만들고 말 테다."

베네치아 대사는 조용한 말투로 대꾸했다.

"교황 예하! 예하께서 이성을 차려주시지 않으시면 우리인들 예하를 다시 옛날의 시골 사제님으로 모실 수밖에 달리 도리가 없겠습니다."

마지막 순간까지 이럴까 저럴까 망설이던 교황이 캉브레 동맹에 가담할 것을 수락한 것은 이런 일이 있은 후의 일이었다. 이 일화는 외교란 생각을 가슴 깊이 간직하고 입 밖에 내서는 안 될 때도 있다는 것을 깨우쳐준다. 미켈란젤로로 하여금 웅대한 예술을 창작하게 하여 의기가 매우 양양하던 율리우스 2세가 성직자 사회에서의 첫걸음을 시골의 사제로 시작했다는 사실을 가지고 입을 놀린 것이 일을 그르치는 실마리가 된 것이다.

전쟁은 처음에는 베네치아에 유리하게 전개되었지만 아냐델로의 회전에서 베네치아는 완패하고 만다. 향신료 입하량이 바닥을 보였던 해에도 큰 동요를 보이지 않던 베네치아 정부 발행 국채의 시세가 이해에는 반값으로 폭락했다. 베네치아가 800년에 걸쳐 쌓아올린 것을 고스란히 날려버렸다고 생각한 것은 마키아벨리만이 아니었다.

그러나 2년 후에는 베네치아의 반격이 군사면에서 그리고 무엇보다도 외교의 면에서 성과를 나타내기 시작한다. 첫째로, 교황을 동맹으로부터 떼어내는 데 성공한 것이다. 이어서 프랑스와 독일 사이를 이간시키는 데도 성공한다. 그뿐 아니라 독일과 교황청 및 에스파냐가 힘을 모아 프랑스를 적대하게 하는 일에도 성공한다. 그러한 결과 베네치아와 영토상 이해가 가장 직접적으로 부딪치는 프랑스는 북이탈리아의 영유는커녕 이탈리아에서 쫓겨나는 처지가 되고 말았다. 그리하여 베네치아는 다소 시일이 걸리기는 했지만 빼앗겼던 영토 대부분을 되찾았다. 국채도 머잖아 원래 시세를 회복했다. 그리고 지중해 무역도 오랜 어두운 세월을 끝내려 하고 있었다.

포르투갈의 향신료 시장 붕괴

세상사는 새옹지마(塞翁之馬)라는 말이 있듯이 무엇이 언제 행운으로 바뀔지 알 수가 없다. 베네치아의 동지중해 무역 부활에 가장 큰 힘이 되어준 것은 베네치아의 오랜 숙적 터키였고 또 당면의 적이었던 포르투갈이었으니 재미있는 일이 아닐 수 없다.

포르투갈이 베네치아를 향신료 시장에서 몰아낼 수 있었던 것은 상업적 경쟁에서 이겨서가 아니라 군사력으로 베네치아의 수입로를 차단하는 데 성공했기 때문이었다.

실제로, 리스본으로 수송되어 안트웨르펜에서 판매되는 향신료의 가격은 베네치아가 비상업적이라고 평할 정도로 비쌌다. 포르투갈 왕이 이집트의 술탄이 생각하고 있었던 것과 똑같은 식으로 상업이라는 것을 생각하고 실행한 결과였다. 통상로를 독점하고 있으니까 값은 되도록 비싸게 받고 이익을 되도록 많이 챙기는 것은 당연하다는 생각인 것이다.

경쟁자가 없는 동안은 그것으로도 통했다. 독일이나 영국의 상인들은 달리 구할 길이 없으니까 그 값으로도 산다. 그러나 구입량은 포르투갈이 속셈했던 것만큼 늘지를 않았다. 아니, 많이 는다고 해도 포르투갈에는 수요를 채워줄 만큼 공급할 능력이 없었다. 왜냐하면 포르투갈의 향신료 무역은 국영기업의 형태를 취하고 있었기 때문이다. 이익이 오르면 오를수록 득을 보는 것은 국왕뿐이었다. 다른 관계자들은 다 국가공무원적 존재였으므로 자본의 효율적 운용이라는 면에서는 국영기업체의 모든 결함이 한꺼번에 다나타나게 된다.

이에 반해 베네치아는 전통적으로 아주 부득이한 경우가 아니고는 기업의 국영화를 극도로 싫어하는 민족이었다. 통상로의 획득이나 확보 같은 것은 해군과 외교의 힘을 동원하는 등 국가 차원에서 했지만 상품의 매매는 개인에게 맡기고 있었다. 정기항로를 달리는 상선단도 배는 국유였지만 한 차례 항해를 할 때마다 입찰을 통해 배를 개인에게 임대하는 방식을 취하고 있었다. 16세기 말에 이르기까지는 국립은행도 창설하지 않았다. 창설한 후에도 총재는 국가공무원이 아니고 3년마다 계약하는 지배인(매니저) 제도를 채택했을 정도였다. 베네치아에서는 개개인 사이의 경쟁은 극히 치열했지만 국가로서는 단결해 다른 나라에 대처하는 방식을 취하는 것이 상례였다.

요컨대 통상을 어떻게 생각하느냐의 차이에서 오는 것이리라. 경제적으로 타당하다고 생각되는 가격선에서 안정을 도모함으로써 시장의 영속과 확대를 기하는 것이 베네치아의 방식인 것이다.

그렇게 하려면 무슨 일이 있어도 국가의 일관된 방침과 개개 상인 간의 자유경쟁이 확보되어야 했다. 그런데 포르투갈은 상업이라는 것을, 경쟁상대를 밀어낸 다음 폭리를 취할 만큼 취하는 것으로밖에 생각하지 않는다. 향신료 무역이란 원래가 이윤이 큰 장사다. 그런데다가 한술 더 떠서, 해로는 멀고 길지만 많은 중개인을 통할 필요가 없는 포르투갈의 후추를 비싼 값으로만 판다면 이것은 동시대 포르투갈 상인들의 증언대로 폭리 이외의 아무것도 아니었다. 이러한 상태에서 포르투갈이 향신료 시장을 독점할 수 있었던 것은 오로지 단 하나 홍해 봉쇄라는 군사력에 의존한 것이었다.

은행가이며 연대기 작가이기도 했던 지롤라모 프리울리라는 그 한 비관파가, 바스코 다 가마가 신항로를 발견한 단계에서 베네치아 경제는 포르투갈의 도전으로 파멸하게 될 것이라고 예측했던 까닭은, 베네치아가 만약 포르투갈의 처지에 놓이게 되면 취하게 될 것과 동일한 일들을 포르투갈도 틀림없이 할 것이라고 보았기 때문이었다.

홍해 봉쇄로 베네치아의 수입항로를 차단하고 그와 동시에 아프리카 항로도 조직하면서 비용 인하를 도모한다. 게다가 중개수수료를 지불할 필요가 없는 만큼 그것을 뺀 싼값으로 팔 수 있을 것이니까 지중해 무역이 다시 살아난다 하더라도 가격 경쟁력만으로도 포르투갈은 충분히 베네치아를 제압할 수 있을 것이라고 비관파들은 예상했던 것이다.

현실주의자가 오산을 하는 것은 상대방도 자기네와 마찬가지로 생각하고 행동할 것이라고 볼 때 생기는 일이라지만 이때의 오산은 베네치아에는 다행스러운 오산이라고나 할까.

이 일을 달리 생각해보면, 결국 포르투갈이 향신료 시장을 독점할 수 있었던 것이 오로지 홍해 봉쇄라는 군사력에 의존한 것이었다면 홍해 봉쇄가 위협을 받으면 포르투갈의 독점체제 자체가 결국은 위협받는다는 것이 된다. 1516년 터키의 시리아 정복, 그리고 1517년 이집트에 대한 지배 확립은 포르투갈로 하여금 이전의 맘루크 왕조와는 비교도 되지 않을 만큼 강력한 적과 맞서지 않으면 안 되는 처지에 빠뜨렸다. 베네치아에는 숙적 터키의 세력권 확대가 결코 반가운 현상은 아니었지만 포르투갈을 어려운 처지에 몰아넣었다는 점에서 득을 본 것은 베네치아였다. 바로 이것이 지중해 무역 부활의 실마리가 된다.

메카를 손에 넣음으로써 종교적으로도 이슬람 세계의 종주국이
되고자 하여 시리아와 이집트를 정복한 터키로서 홍해의 완전 지
배를 주목적으로 삼는 것은 당연하다. 터키는 아덴에 정예군을 상
주시킨다. 원래는 완벽하다고 할 수 없었던 포르투갈의 홍해 봉쇄
는 이로써 무로 돌아갔다. 홍해 통상로가 이래서 다시 뚫린다.

그뿐이 아니다. 인도양의 제해권 확보를 두고 여기서도 터키와
싸우지 않으면 안 되게 된 포르투갈은 터키와는 적대관계에 있는
페르시아와 동맹을 맺는다. 이렇게 해서 페르시아만을 장악할 수
있게 되기는 했지만 페르시아에 그 반대급부로서 인도로부터 실어
내는 향신료의 적지 않은 분량을 아프리카 항로로 보내지 않고 호
르무즈해협을 지나 페르시아로 보내겠다는 약속을 마지못해 하고
말았다.

페르시아만을 지나는 상품의 집결지는 바그다드다. 바그다드까
지 갖다놓으면 그 후로는 향신료 수요가 많은 지중해 쪽으로 향할
것은 정해진 이치다. 지배자들끼리는 적이라도 상인이면 누구나
같은 것을 생각하게 될 것이다. 이렇게 해서 포르투갈의 상선이 애
써서 나른 향신료의 적지 않은 부분이 알레포와 다마스쿠스로 가
는 결과가 되었다. 알레포와 다마스쿠스에서는 베네치아 상인들이
목을 빼며 기다리고 있는 것이다. 페르시아 통상로도 다시 뚫렸다
는 정보를 접한 베네치아 정부는 기다렸다는 듯이 알레포에 알렉
산드리아급의 대상관을 설치했다.

이것말고도 포르투갈은 베네치아에 다른 경로를 통해 힘을 보태
주고 있었다. 공무원에 의한 부정 유출이라는 경로 말이다. 이전부

터 포르투갈 선단의 선장이나 승무원들은 급료의 체불을 개탄해왔는데 터키의 진출로 항해에 따르는 위험뿐 아니라 터키와의 대결 위험까지 겹치면서 급료 체불을 전보다도 한결 더 무거운 압력으로 느끼게 되었던 것 같다. 그래서 배에 실은 하물의 일부를 아랍인과의 밀무역 쪽으로 빼돌리기 시작한 것이다. 이것이 또한 홍해를 거쳐 베네치아인들의 손으로 들어가게 되었다.

베네치아는 지중해 무역의 회복에 성공하자 곧 향신료의 값을 내렸다. 이것은 당연히 안트웨르펜으로 자국 제품을 가져가서 그곳에서 향신료를 사오던 상인들을 다시금 베네치아로 모여들게 하는 결과를 가져왔다. 당황한 포르투갈이 값을 내리려 했지만 그들의 상업체제상 그것은 그리 간단한 일이 아니었다.

지중해 무역의 특징인 많은 중개자의 개입은 중개자 간의 거리가 짧다는 것을 의미하며 또 좀더 적은 리스크를 의미하기도 한다. 이런 경우 중앙정부의 지배가 제대로 미치지 않아 각지에 소호족들이 할거하고 있는 상태라면 호족들이 제각기 거두는 터무니없는 관세 등으로 해서 값을 내려도 그 효과는 잘 나타나지 않는다. 이것은 유통과정이 복잡하면 최종가격에 큰 영향을 미치는 것과 같은 이치다.

그런데 일단 중앙정부의 지령이 제대로 시행되는 조건에서는 터무니없는 관세부담의 대부분을 물지 않게 되므로 유리한 면이 강조되기에 이른다. 터키는 맘루크 왕조와는 딴판으로 중앙집권이 확립되어 있었다. 이렇게 되면 포르투갈 선박은 그 항해거리가 긴 만큼 그동안의 손실도 만만치 않게 된다. 포르투갈이 값을 크게 끌어내리지 못한 데는 이런 사정도 원인으로 작용한 것이었다.

1517년에 시작되어 1530년에는 완전히 궤도에 오른 베네치아의 지중해 무역은 1550년 무렵에는 반세기 전에 어두운 전망을 했던 것이 악몽이 아니었던가 싶을 정도로 결정적으로 자리가 잡힌다. 메카를 출발하는 대상은 상인 20만 명과 낙타 30만 필로 구성된 대규모 캐러밴이 되었으며, 이렇게 해서 홍해 통상로를 통해서만도 3만 톤에서 4만 톤의 향신료가 시장에 넘치게 되었다. 바스코 다 가마 파동 이전의 교역량으로 완전히 복귀한 것이다. 물론 리스본 도착량보다도 훨씬 많은 물량이다.

후추가 이만큼 나돈다는 것은 다른 상품도 많이 움직인다는 것을 뜻했다. 베네치아는 이 무렵에는 수요가 많은 물산을 자기 나라에서 생산할 수 있게끔 되어 있었다. 그러나 포르투갈은 자국 공업을 갖지 않았을 뿐 아니라 나라의 독립도 위태로워지더니 끝내는 에스파냐에 통합된다. 이것이 1580년의 일이다.

포르투갈의 향신료 시장 독점은 이와 같이 오래 지속되지 못했지만 베네치아도 또한 이전과 같은 독점체제를 구가할 수는 없었다. 페르시아, 홍해, 아프리카 3개 통상로의 공존이 16세기 내내 계속되는 것이다. 아프리카 항로가 살아남은 것은 터키와 베네치아 사이에 전쟁이 터질 때마다 페르시아 항로와 홍해 항로가 마비되기 때문이었다. 베네치아도 이런 사태에 대비해 그쪽에서 향신료를 구매함으로써 아프리카 항로의 존속을 꾀해오고 있었다. 지중해 무역의 부활이 결정적으로 자리 잡히기 전에는 리스본에서 오는 향신료에 대해서는 오리엔트에서 구입한 것보다도 관세를 3퍼센트 더 부과함으로써 지중해 무역 보호책으로 삼아왔는데, 이 법안도 1570년에는 폐지된다. 1570년은 터키의 키프로스 공략과 그것에 뒤이은 레판토의 해전이 있는 해다.

펠리페 2세의 제안

1580년에 포르투갈까지 합병한 펠리페 2세 치하 에스파냐 제국의 세력권은 전례 없이 확대되었다. '신에스파냐'라 일컬어졌던 멕시코는 말할 것도 없고 남아메리카, 아프리카 연안, 펠리페 2세의 이름을 딴 필리핀을 중심으로 남아시아 일부에까지 미쳤다. 유럽에서는 오스트리아의 합스부르크 왕가까지도 그 세력권 안에 두었고 이탈리아반도의 남부와 북부도 부왕(副王)을 두어 통치하기에 이른다. '에스파냐제국에는 해 저무는 일이 없다'라고 일컬어질 만큼 그 육군과 해군도 정상의 위치에 있었던 시기다. 펠리페 2세와 어깨를 나란히 할 수 있는 단 한 사람의 군주는 아마도 터키의 술탄이었을 것이다. 이 양대세력은 아일랜드에서 동유럽, 도나우강, 지중해, 페르시아만, 그리고 수마트라에 이르기까지 세계 도처에서 맞부딪치고 있었다.

터키는 1530년에 수에즈운하 건설에 착수한다. 그들도 유럽인과 마찬가지로 아시아에 대한 야심에 눈을 뜨고 있었던 것이다. 그리고 베네치아가 운하 건설을 기도했던 때와는 달리 터키는 이집트를 손아귀에 넣은 처지였다. 성패는 오직 그들의 의지 하나에 달려 있는 셈이었다.

베네치아는 이 일에 비상한 관심을 가지고 첩자를 잠입시켜 일의 추이를 살피게 했다. 터키와 베네치아는 군용과 상용의 차이가 있기는 해도 인도양을 활용할 필요가 있다는 점에서는 이해가 완전히 일치되어 있었다. 그러나 공사는 중지된다. 이유는 페르시아와의 전쟁비용 조달의 필요 때문이라고 설명되었다.

터키의 수에즈운하 건설공사는 1586년에도 착공된다. 이번에는 제법 본격적으로 진행되는 성싶더니 또다시 페르시아와의 전쟁으로 중단돼버렸다.

바로 그 무렵, 에스파냐의 펠리페 2세가 베네치아에 하나의 제안을 했다. 펠리페 2세는 식민제국 건설의 비용조달 수단으로서 아프리카 항로를 이용한 향신료 무역에 눈독을 들여온 처지였다. 그는 포르투갈의 향신료 무역을 열세에 빠뜨린 지중해 무역 부활의 원인의 하나가 베네치아의 상술이라고 보고 있었다.

1584년에 공식으로 발표된 에스파냐 왕의 제안은 다음과 같은 조항으로 되어 있었다. 물론 베네치아도 5년 전부터 벌써 왕의 의향을 눈치채고 있었다.

리스본에 들어오는 모든 향신료를 베네치아에 독점적으로 판매한다.

왕은 아프리카 항로를 거쳐 수송되는 향신료의 총량을 최저 3만 톤으로 보장한다.

베네치아에 대해서는 관세를 인하해 우대한다.

리스본에서 베네치아로 향신료를 실어 나르는 배에는 시칠리아까지 에스파냐 함대의 호위를 붙인다.

베네치아가 왕에게 지불하는 대금은 그 3분의 1을 현금즉불로 하고 나머지 3분의 2를 6개월 분할지불로 한다.

베네치아에 이러한 펠리페 왕의 제안은 거부하기에는 너무 매력적이고 그렇다고 받아들이기에는 너무 위험이 많았다. 베네치아 정부는 '통상 5인 위원회'에 엄밀한 검토를 하도록 위임했고 위원회의 답신이 나온 후에도 원로원에서 신중하게 토의를 거듭했다.

아무 문제없이 유리한 조항은 에스파냐 함대가 베네치아 상선단을 시칠리아까지 호송한다는 조항이었다. 동지중해에 비해 서지중해는 베네치아 기지망의 정비가 충분하지 않았으므로 베네치아 함대에 의한 호송을 절약할 수 있다면 더할 나위 없는 일이었다.

둘째 매력은 관세의 절감이다. 터키와 관계에서는 관세의 세율면에서 터키의 동맹국인 프랑스에 비해 냉대를 받고 있던 터였다.

그러나 불안한 재료도 너무나 많았다.

첫째로는, 그만큼 많은 향신료 물량을 과연 아프리카 항로만으로 보장할 수 있을까 하는 의문이다. 이 의문에 대해 에스파냐 왕은 베네치아의 자본력과 그밖에 조선기술과 항해기술을 도입하면 가능한 일이라고 대사에게 말했다. 이것은 베네치아가 원하기만 한다면 에스파냐 군사력의 우산 아래서 아시아뿐 아니라 신대륙에까지도 시장을 확대할 수 있을지 모른다는 것이 될 수도 있었다. 그러나 이것은 완전한 '양날의 칼' 격의 제안으로 베네치아의 독립을 대단히 미묘한 처지로 몰아넣게 되는 것을 의미했다.

이것을 두고 새로운 일을 시작하는 것이 얼마나 어려운 것인가를 보여주는 좋은 예라고 많은 역사가는 말한다. 베네치아가 발전한 것은 비잔틴제국 산하에 들어간 뒤의 일이 아닌가라고도 말한다. 그리고 12세기의 베네치아인에 비해 16세기의 베네치아인들이 얼마나 진취적 기상이 결여되어 있는가, 이것이 바로 베네치아 쇠퇴의 주원인이라고까지 주장한다.

그러나 '기브 앤드 테이크'의 관계가 좋은 효과를 낳는 것은 상대편이 절대적으로 필요로 하는 것을 '기브'하는 경우다. 비잔틴제국이 베푼 무관세 대우에 대해 베네치아가 줄 수 있었던 것은 해군력이었다. 에스파냐에 베네치아가 줄 수 있는 자본력, 상업, 조선, 항해기술의 그 어느 하나도 당시 에스파냐가 그것 없이는 버티지 못한다는 정도의 것은 아니었다. 있으면 편리하겠지만 전제군주가 다른 나라로 바꿔치우려고 하면 어느 정도까지 베네치아의 대리역할을 해낼 수 있는 제노바 상인이라는 라이벌이 존재했던 것이다.

그러나 이 모든 일이 다 잘 풀려간다 해도 이만큼 대규모의 통상관계를 에스파냐와 사이에 확립하는 이상 레반트 시장은 포기하지 않으면 안 될 것이다. 레반트로부터도 전과 다름없이 구입하다가는 후추값은 대폭락할 것이고 향신료 시장은 경제적으로 성립이 되지 않을 것이다. 그뿐만 아니라 홍해나 페르시아만을 통해 향신료가 들어오는 것을 완전히 막는다는 것은 포르투갈이 실패한 전례도 있고 그 누구도 성공을 보장할 수 없는 일이다. 그렇게 되면 베네치아가 리스본 시장에서의 후추 구매를 독점하고 있는 사이에 레반트 시장에서는 지금 베네치아가 차지하고 있는 자리를 다른 누구인가가 차지하게 되는 꼴이 눈에 선하게 떠오른다.

게다가 지중해는 향신료를 구매하는 곳으로만 중요한 것이 아니다. 독일이나 이탈리아나 베네치아 자신에게도 자기네 물산을 파는 곳으로 중요했다. 다마스쿠스, 알레포, 알렉산드리아, 카이로의

4개 도시에 거주하는 베네치아인 가족만도 4천 명이 넘을 만큼 오리엔트에서 베네치아 경제는 기반이 확립되어 있었다. 1204년의 제4차 십자군에 거국적으로 투자해 나라의 비약에 훌륭히 성공하지 않았느냐고 말들을 하지만, 그때의 베네치아는 설혹 실패하는 일이 있다 해도 별로 잃을 것이 많지 않을 때였다. 그리고 펠리페 2세가 보내온 제안을 심의하던 당시는 지중해와 홍해를 잇는 운하 건설 이야기가 성공할지도 모를 그런 때이기도 했다.

베네치아 정부가 에스파냐 국왕에게 보낸 회답은 거부였다. 선택은 순수하게 경제상의 판단에 의거해 내려졌는데 그런 면에서는 옳았다고 할 수밖에 없다.

펠리페 2세는 베네치아로부터 거부당한 후로 같은 제안을 밀라노에도 피렌체에도, 또 제노바의 상인들에게도 했다. 그러나 모두 거절당한다. 1586년이 되어서야 드디어 그의 제안을 받아들이는 상인이 나타났다. 푸거를 대표로 해 독일, 에스파냐, 포르투갈의 상인들에 이탈리아 상인까지 참가한 일종의 국제주식회사가 특별히 그 사업을 위해 설립된 것이었다. 푸거가 최대주주였으며, 지점을 안트웨르펜, 뤼베크, 미텔베르그, 함부르크, 베네치아에 둔 체제로 발족했다.

1591년에는 벌써 활동을 시작하고 있었다. 뤼베크와 베네치아에 대량의 향신료를 들여보낸 초년도는 좋았으나 곧 활동이 둔화되기 시작했다. 3년 전인 1588년에 에스파냐의 무적함대가 영국 해군에 패하고, 그 뒤로 기고만장해진 영국 해적의 횡행으로 대서양 항로만이 아니라 아프리카 항로도 그 안전도가 크게 떨어졌기 때문이었다. 그래서 리스본을 거쳐 나오는 후추의 가격은 베네치아의 시장가격보다 비싸져버렸다. 주주 자신들이 베네치아에서 사는 것이 유리하다고 판단했을 정도였다. 리알토 시장에서 팔기로 했던 것이 거꾸로 베네치아에서 사들이는 처지가 되어버린 것이다. 그리고 1600년대 초두에 본격화하는 영국과 네덜란드의 대두는 에스파냐 왕과 독일 상인들의 야망을 한낱 속절없는 백일몽으로 만들어버렸다.

이것이 베네치아가 자리를 뜬 한 승부의 결말이다. 당시로서는 어느 누구도 자리를 뜬 베네치아를 비난한 사람이 없었을 것이다.

베네치아의 향신료 시장이 치명적인 타격을 입는 것은 1600년대에 들어서다. 16세기 전반에 네덜란드가 향신료 산지인 몰루카 제도를 식민지화해 산출지 자체를 눌러버렸기 때문이었다. 네덜란드는 포르투갈도 해내지 못했던, 통상로 차단을 할 생각은 하지 않고 생산 자체를 장악해버린 것이다.

베네치아는 따라서 대항해 시대에 대항해낼 수 없어서 쇠퇴한 것이 아니다. 식민제국 시대에 대응하지 못해 쇠퇴의 첫걸음을 내디딘 것이었다.

쇠퇴 상품과 인기 상품

그러나 향신료 무역은 대항해 시대의 도전에도 어쨌거나 1세기 이상을 버텨낸 데 비해 버티지 못하고서 두 손 들고 밀려난 상품도 있었다.

먼저 설탕을 들 수 있다. 중세에 설탕 수요를 메워준 것은 키프로스에 광대한 농원을 경영하고 있던 베네치아인이었다. 그러던 것이 1470년 전후에 포르투갈이 마데이라군도를 발견했고 풍부한 노예와 연료를 써서 사탕수수 재배를 시작했으며, 이윽고 마데이라 설탕이 서유럽 시장에 나돌게 된다. 1490년, 그러니까 바스코 다 가마가 신항로를 발견하기 10년 앞서 베네치아와 안트웨르펜 시장의 설탕 도매시세가 이전 값의 3분의 1 수준으로 떨어져버렸다. 그리고 마데이라가 그 생산 원가를 더는 유지할 수 없게 되었을 무렵 이번에는 브라질이 나타나는 것이다.

베네치아는 1489년에 키프로스를 평화리에 합병하고 키프로스의 설탕 생산을 본격적으로 진흥시키려던 때였던 만큼 베네치아가 받은 타격은 컸다. 그러나 베네치아는 곧 키프로스를 면화 산지로 전환시킨다. 키프로스는 원래 면화도 생산하는 곳이었으므로 설탕 산업 대신에 면화 생산 쪽으로 그 진흥의 중점을 돌린 것이다. 그리하여 키프로스의 면화 생산은 대뜸 3배로 늘어났다. 독일에서 면공업이 발전하기 시작하던 시기여서 키프로스 면화의 판로를 걱정할 필요가 없었다. 키프로스가 1571년에 터키 영토로 넘어간 후에도 터키인들은 산업활동에 능하지 못해 키프로스 면화는 16세기 내내 리알토 시장에서 거래되었던 것이다. 신대륙의 면화가 서유럽 시장으로 나돌게 되는 것은 훨씬 훗날의 일이다.

베네치아가 생산에는 참가하지 않고 단순한 중개무역 상품으로 취급했기 때문에 달리 전환할 수도 없고 문자 그대로 쇠퇴한 상품의 하나로 염색료, 즉 물감을 들 수 있다. 섬유산업 발전과 밀접한 관계가 있는 만큼 서유럽에서 염색료의 수요는 증가 일로에 있는데도 그렇게 되었다.

염색료 중에서도 가장 수요가 많은 빨간색 물감은 그리스에서

자라는 떡갈나무와 패랭이나무에 기생하는 벌레로부터 채취되며, 과거 몇백 년 동안 베네치아가 그리스와 크레타로부터 수입해 서유럽에 팔아왔던 것이다. 그런데 그것이 '브라지레'라는 이름의 나무에서도 난다는 것이 알려진다. 이 빨간색 나무는 남아메리카, 특히 브라질의 특산물이었다. 브라질이라는 국가명은 이 브라지레에서 유래된 것이다. 브라질산 물감은 16세기 후반에 서유럽 시장을 독점하게 된다.

시장에서 물러날 수밖에 없게 된 또 다른 상품에는 은과 놋쇠가 있다. 이들은 예부터 독일과 헝가리에서 많이 산출되었는데, 그것이 베네치아로 집하되어 베네치아 상인의 손을 거쳐 일부는 튀니지를 중심으로 북아프리카로 날라져서 사하라사막을 넘어오는 금과 교환되었다. 나머지 대부분은 이집트로 건너가서 다시 인도로 보내진다. 물론 향신료와 교환하기 위해서다. 이런 경향은 포르투갈이 아프리카의 금을 유럽으로 갖다 나르게 되고도 한참은 계속되었다. 결국 은이 베네치아로 몰려들고, 베네치아가 그것을 남과 동으로 갖다 나르는 관계가 계속되는 한 베네치아는 이익을 얻을 수 있었던 것이다. 아메리카 대륙 발견 후에도 신대륙의 은과 독일산 은의 비율은 한참 동안 독일산 은이 유리했다. 그러나 1580년 무렵을 고비로 대량으로 나돌기 시작한 신대륙의 은이 독일산 은을 밀어낸다. 1590년부터 1600년에 걸쳐서 신대륙의 은 수입은 절정에 달했다. 이렇게 되고 보니 은 시장이 베네치아라야만 할 이유가 사라진다. 이후로 은 시장은 안트웨르펜으로 옮겨가버렸다.

아메리카 은의 대량 유입은 베네치아를 은 시장으로부터 몰아냈을 뿐 아니라 서유럽에 맹렬한 인플레이션을 일으키기도 했다. 1350년에서 1520년 무렵까지는 금은의 가치변동이 거의 없었다. 금화의 금 함유율은 일정했다. 그뿐 아니라 통상에 직접 사용되는 은화의 은 함유량도 조금씩은 감소하는 경향이기는 했지만 변동은 대수로운 것이 아니었다. 그러던 것이 16세기도 마감이 가까워지는 무렵에 갑자기 움직이기 시작한 것이다. 그 이전 국가재정의 숫자와 그 이후 그것 사이에는 숫자상 큰 격차가 나타나는데 그 격차는 비교를 불가능하게 할 정도였다. 이런 숫자를 후세 사람에게 보여줄 수 있는 자료가 남아 있는 것은 베네치아뿐이지만 다른 나라들에 그런 자료가 존재한다 해도 그 점은 같으리라.

1455년-1두카토 금화=124솔리더스 은화
1515년-1두카토 금화=124솔리더스
1593년-1두카토 금화=200솔리더스(은 함유율은 3분의 2 감소)

서기 1500년의 베네치아 국고 수입은 115만 두카토였다. 그러던 것이 1570년 후로는 200만을 훨씬 넘고 있다. 이는 베네치아 경제가 16세기 중에도 쇠퇴하기는커녕 융성을 자랑하고 있었다는 증거가 되기도 하지만 그와 동시에 신대륙 은의 유입으로 일어난 인플레이션이 300년 가까이 지속된 안정을 흔들어놓을 만큼 심각한 것이었음을 증명해주는 것이기도 하다.

그러나 잃은 시장이 있기도 했지만 반대로 새로이 획득한 시장도 있다는 것은 비단 설탕에서 전환한 면화에 한하는 것이 아니었다.

종래의 역사학자들은 대항해 시대의 도래와 터키제국의 강대화를 베네치아 쇠퇴의 2대 요인으로 보았다. 그러나 향신료 시장의 추이에서 볼 수 있듯이, 이 두 요인은 베네치아에 반드시 마이너스 요인으로만 작용한 것은 아니었다.

첫째로, 신항로와 신대륙의 잇따른 발견은 베네치아의 오랜 경쟁자인 제노바인(국가로서는 이미 독립을 잃었으므로 개인으로 취급한다)과 새로이 경쟁자로 대두하기 시작한 포르투갈의 눈을 지중해로부터 대서양과 인도양, 태평양 쪽으로 돌리게 했다. 원래 지중해 무역에서 우세했던 베네치아는 그런 결과로 해서 더욱더 지중해 무역에서의 우세를 강화하게 된다. 서유럽의 산업발전은 교역량의 증대로 이어져서 대양 교역과 지중해 교역의 두 방향에서 공존공영의 기반이 되어준다.

둘째의 터키제국 강대화도 베네치아에 반드시 마이너스만은 아니었다는 것은 향신료 시장 회복의 경우와 마찬가지다. 1453년의 비잔틴제국 붕괴 때 10만이었던 콘스탄티노플의 인구가 1580년에는 70만으로 늘어나 있었다. 융성의 절정에 있던 터키제국 수도의 인구 증가는 거기로 모여드는 부의 증대로 연결된다. 터키인은 그들의 주머니 안이 넉넉해지면 넉넉해질수록 자기들이 생산 못하는 물품들, 즉 베네치아에서 만들어지거나 아니면 베네치아가 중개하는 물품들을 더 많이 원했다.

이런 경향은 터키에 국한된 일이 아니었다. 산업의 발전으로 풍요로워지기 시작한 서유럽에서도 생활필수품 이외의 상품에 대한 수요가 늘어나기만 했다.

동방에서나 서방세계에서나 원인은 달랐지만 수요가 늘기는 마찬가지였다. 공급도 동방에서나 서방에서나 보장되어 있기로는 마찬가지였다. 동방에서는 강대한 전제군주국가의 통제하에서 유통 과정이 간소화되고 안정화됨으로써 그러했고, 서방세계에서는 산업의 발전에 따라 그러했다. 이렇게 되니 교역시장에서 성패를 결정하는 것은 시장동향을 정확히 파악하고 이에 대응하는 유연하고도 민첩한 상행위를 할 수 있느냐 없느냐 하는 것이었다. 이 점에서는 그 어느 나라도 베네치아를 따를 나라가 없었다.

종전에 비해서 폭발적으로 늘어난 것의 하나가 비단 등 견직물에 대한 수요였다. 대량의 견사가 페르시아로부터 알레포로 집결되어 베네치아 상인의 손을 거쳐 독일 견직산업의 중심지인 프랑크푸르트와 쾰른으로 유입되었다. 견사를 가공한 완제품이 같은 루트를 역방향으로 실려나간 것은 말할 것도 없다. 다만 후자의 경우 종착역이 콘스탄티노플이 되는 경우가 많았다.

베네치아에서도 견직산업이 활발하게 가동되고 있었다. 이 일은 나중에 더 언급하게 될 것이지만, 베네치아 비단산업의 원료는 오리엔트 비단이 아니고 북이탈리아산의 좀더 가벼운 견사를 사용했다. 이 이탈리아 비단산업의 완제품도 동쪽과 서쪽으로 실려나가기는 마찬가지였다.

견직물 및 앞에서 언급했던 면직물과 함께 16세기 중에 수요가 급증한 품목으로는 그밖에도 포도주와 건포도를 들 수 있다. 그 당시 오늘의 샴페인과 마찬가지 자리를 차지했던 말바지아주는 그 이름이 유래하는 펠로폰네소스반도 말바지아, 그리고 베네치아가 그곳으로 이식해 보급시킨 크레타와 키프로스가 주산지였다. 원래이 술은 영국인들이 즐겨 찾았는데 고급주이므로 시장은 역시 한정되어 있었다. 그러던 것이 항해의 위험률 감소와 생산 합리화로

15세기 말에는 베네치아가 사우샘프턴 시장에서의 도매가격을 그 전의 반값으로 끌어내리는 데 성공한다. 값이 절반으로 싸지니 수요가 느는 것은 당연한 결과였다.

건포도도 그리스 각지에서 생산되는 것을 베네치아 상인들이 돌아다니며 수매하던 때에 비하면 생산량도 월등히 증대했고 동시에 값도 내렸다. 펠로폰네소스반도의 서쪽 잔테섬을 베네치아가 주산지로 계획, 개발한 후 일어난 현상이었다. 이것도 판매의 주시장은 영국이었다. 영국인들이 좋아하는 커스터드 크림이나 파운드 케이크를 만드는 데는 건포도가 없어서는 안 된다는 사정을 안 베네치아인들이 생산을 늘려서 그 결과로 값이 내려간 것인지, 베네치아인들이 실어나르는 건포도가 값이 싸져서 크림이나 파운드 케이크를 만들 때 반드시 써야 하게 된 것인지 거기까지는 내 조사가 미치지 못했다.

수공업의 발전

16세기 베네치아가 시대의 격변에 밀려 표류하는 일도 없었을 뿐 아니라 경제적인 비약의 세기인 14세기, 15세기에 비해서도 종합적인 경제력에서 우세할 수 있었던 것은 교역의 다각경영에 따른 것이 아니다. 베네치아 경제 전반의 다각화에 힘입은 것이었다. 교역을 독점할 수 없게 된 16세기 베네치아는 수공업의 진흥에 노력함으로써 그 힘의 좀더 효율적인 운영에 성공한 것이었다.

15세기까지 베네치아 지배계급은 귀족이 해야 할 일은 교역이라고 믿고 동시대의 피렌체 귀족들이 견직업이나 모직공업에 적극적인 것을 비웃고 있었다. 그들은 자기 나라 수공업에 투자는 했지만 그 경영면에는 거의 개입하지 않았다. 그들은 교역 분야에서는 직접 배를 이끌고 머나먼 타국까지 상품을 싣고 가서 장사할 정도로 적극적이었다.

15세기까지의 공업에 대한 이러한 그들의 소극성과 16세기 이후의 방향전환은 귀족이 할 일은 교역이라던 이전의 호언 따위는 깨끗이 잊어버리는 베네치아인의 일면을 보여주고 있어 흥미롭다. 교역 부문에서도 충분히 활약하면서 동시에 수공업 부문에도 적극적으로 진출한다는 새로운 방침을 생각해낸 것은 '통상 5인 위원회'였다. 이 위원회는 1506년 베네치아의 향신료 무역이 위기에 빠졌을 때 설립된 기구다. 정부는 이 위원회의 답신에 따라 원료의 운송료와 관세의 경감, 새로운 원료시장의 개척, 장인들의 지위 보장 등의 조치를 강구해 수공업 진흥에 힘을 기울였던 것이다.

그 결과로 16세기 중에 가장 비약적인 발전을 한 것은 아무래도 모직물 공업일 것이다. 그때까지 베네치아는 모직공업 부문에서는 가까이에 밀라노를 중심으로 한 롬바르디아 지방, 피렌체를 중심으로 한 토스카나 지방 등 2대 생산지대가 있었고, 멀리는 독일의 모직공업이 있었기 때문에 자국에서 생산하기보다는 이들 지역에 원료를 공급하고 완성품을 판매하는 일에만 주로 힘을 써왔다. 그러던 것이 16세기에 들어오면서 자국에서의 생산이 많아졌고 머지않아 유럽 모직공업의 중심지의 하나가 될 만큼 발전하게 된다. 이렇게 되는 데는 16세기 초두의 이탈리아 정치정세의 변화가 베네치아에 유리하게 작용했다.

16세기 초의 이탈리아는 그 정치상황에 비분강개한 나머지 정치철학의 걸작이라 할 저작 업적을 남긴 마키아벨리를 배출한 사실에서도 알 수 있듯이 독일, 에스파냐, 프랑스에 의한 침탈의 제물이 되어가고 있었다. 이탈리아가 유럽 열강의 싸움터로 변해 있었던 것이다. 베네치아도 캉브레 동맹과의 싸움에 말려들기는 했지만 개펄 위에 떠 있는 베네치아 시가가 전화에 휩싸이는 일을 면한 것만도 다른 나라들에 비하면 행운이라 할 수 있었다.

전쟁의 불길은 공장을 파괴하고 원료와 완성품의 유통 흐름을 막히게 하고 장인들의 일터를 잃게 한다. 밀라노와 피렌체의 모직물 생산량은 그 때문에 크게 감소했다. 그뿐 아니라 이들 지방의 정치권력의 불안은 자본을 가진 자들의 투자 의욕을 잃게 하고 기능직 장인들의 노동의욕을 저하시켰다.

자본을 가진 사람들은 대부분 지배계급에 속해 있고 그밖의 이해관계도 있어서 그리 간단하게 타국으로 이주할 수가 없었지만 장인이며 그밖의 기능직들은 몸이 가벼워서 롬바르디아와 토스카나 지방으로부터 베네치아로 대거 이주해왔다. 그들은 베네치아에서 일하는 것이 몇 가지 점에서 유리하다고 판단했던 것이다. 그 첫째는 싸움터로 변할 위험이 거의 없다는 것. 둘째는 정정이 안정되어 있어서 내란의 위험도 없다는 점. 셋째는 원료확보와 완성품 판매가 유리하다는 것. 마지막으로 정부가 열성적이라는 것. 그래서 베네치아는 별로 고생하지 않고 기술 도입에도 성공할 수 있었다.

그 결과 베네치아의 모직공업은 눈이 휘둥그레질 만큼의 발전을 하게 된다. 1516년에 2천 페초였던 생산실적이 50년 후인 1565년에는 10배인 2만 페초로 늘었고 그 4년 후인 1569년에는 2만 6천 페초라는 속도로 생산이 가속화된다. 1598년까지의 연간 성장률로 치면 9.8퍼센트라는 고율의 성장을 계속했다. 같은 시기에 일어난 에스파냐의 양모 산출량이 영국을 추월한 현상도 원료 운송 비용의 저하로 베네치아의 모직공업 발전을 위해 유리한 조건이 되었다.

모직물 다음으로 16세기 베네치아에서 번창한 것이 견직공업이다. 이 분야에서도 장인이나 기능직의 수가 이전의 3배로 늘었고 16세기 말에는 견직공업에 종사하는 기능인력의 총수가 조선 부문의 목수와 도장공의 수보다도 많아졌다는 말이 나올 정도였다. 기능직 인력의 증대 원인은 모직공업의 경우와 똑같았다.

16세기에 베네치아에서 대약진을 한 세 번째 산업은 비누를 만드는 수공업이다. 고대 로마인과는 달리 목욕하는 것을 지상의 낙으로는 생각하지 않은 점에서는 중세적이라 할 르네상스인들도 비누가 증산되고 흔해졌으니 좀더 청결해졌으리라. 상상만 해도 즐거워진다. 그런데 이 시기에는 가루비누를 물에 녹여 공격해오는 적에게 퍼부어서 바닥을 미끌미끌하게 만들어 적의 동작을 둔하게 할 수 있었으니 당시로는 비누가 훌륭한 무기였던 셈이다. 데모대 진압 때 물에 비누를 타서 소방 호스로 퍼붓는 경우를 상상해보라. 베네치아의 갤리선에는 항상 상당한 양의 가루비누를 싣고 있었는데 그 용도는 선원들의 목욕용이 아니라 무기용이었던 것이다.

유리공업도 고도성장 산업의 하나로 꼽아야 할 것 같다. 원래 이 산업은 조선업과 함께 베네치아의 전통적인 산업으로 간주되어왔지만 16세기 중에 그 생산 실적이 절정에 도달하는 것이다. 글라스와 샹들리에는 물론이고 무라노섬에서 제조되는 유리제품의 구색과 물량의 풍부함은 놀랄 만하며, 모래시계 같은 것은 시장을 독점하고 있었다. 거울도 크리스탈을 가공해 만드는 기술이 개발되어 생산이 수요를 따르지 못할 만큼 팔려나갔다. 이러한 급속한 발전의 결과 1564년에는 유리장인조합에서 거울 장인이 독립해 따로 거울공조합을 만들었을 정도였다.

안경의 보급도 이 세기의 특색이다. 다만, 렌즈의 개발은 이미 13세기에 무라노섬의 유리공업 단지에서 이루어졌다는 말이 있지만 14세기 초에 안경 제조가 허가되었다는 기록이 남아 있다. 안경을 낀 인물의 초상화는 1352년에 처음 그려졌다. 이 초상화는 어느 추기경이 그린 것으로 베네치아 근교의 한 수도원에 남아 있다. 안경 사용이 일반화하는 데는 200년쯤 걸린 것 같은데 이것은 렌즈 제조상의 기술진보를 기다려야 했기 때문일 것이다. 16세기에 이르면 안경을 꼈거나 손에 든 초상화가 제법 흔해진다. 원시경이 만들어지는 것은 16세기도 끝나갈 무렵의 일이다.

창 유리의 보급도 사람들의 일상생활을 일변시킨 점에서 무시할 수 없는 사건이다. 그때까지는 교회 같은 건물에서는 대리석을 아주 얇게 뜬 것을, 일반 가옥에서는 얇은 천을 친 것이 창이었다. 유리병의 바닥면 같은 것이기는 하지만 유리를 쓸 수 있었던 것은 정부건물이나 부호들의 집에서만이었다. 그러던 것이 16세기의 베네치아에서는 구(콘트라다)마다 한 집씩 유리가게가 있었다고 한다. 옥내 생활이 그전보다 크게 쾌적해졌을 것이다.

유리산업의 중심지인 무라노섬의 이야기를 한 이상 그것과 발음이 비슷한 부라노, 레이스산업의 중심지인 부라노섬의 이야기를 아니할 수 없다. 16, 17세기의 그림으로 나체화가 아닌 그림 중에서 어디인가에 레이스가 그려져 있지 않은 것을 찾기는 어렵다. 레이스산업의 전성시대에 부라노는 무라노보다도 인구가 많았을 정도였다.

16세기의 베네치아인이라고 모두가 지중해 무역의 부활이니 수공업 진흥이니 하는 큰 문제만 생각했던 것은 아니다. 티치아노도 틴토레토도 파올로 베로네세도 모두 16세기를 살았던 베네치아 사람이다. 르네상스 회화 중에서도 그림 보는 즐거움을 가장 많이 우리에게 주는 베네치아파 회화는 이런 사람들에 의해 최성기를 이루었던 것이다.

문화사업으로 또 한 가지 유럽 최고 수준을 자랑하고 있었던 것으로 출판업을 들어야 할 것이다. 출판업은 예술과 달리 기업으로 16세기에 절정에 도달해 그것으로써 베네치아 경제의 다각화에 기여한 산업의 하나이므로 이 항목에서 다룰 충분한 가치가 있다.

인쇄기술은 15세기 중반에 구텐베르크가 발명한 것으로 알려져 있다. 그것이 베네치아에 소개된 것은 발명 후 20년이 지나서였다. 베네치아에서 최초로 인쇄된 책은 『키케로 서간집』이었는데 4개월이 걸려 100부를 찍어냈다. 그러나 같은 책의 재판인쇄 때는 기간은 같았지만 부수는 600부로 늘어났다. 이렇게 되면 필사본보다 월등히 경제적인 것은 명백하다.

베네치아 출판업이 크게 약진할 수 있었던 요인은 모직공업이나 견직물공업의 경우와 마찬가지인데, 그 시작은 남의 나라로부터

미려장정본일 경우가 많았다. 필사본의 전통적인 생산장소인 수도원에서 인쇄되는 경우가 많았기 때문일 것이다. 당연한 일이지만 가격이 엄청나게 비쌌다. 그래도 수도원에서 출판하는 만큼 어느 정도의 구독자 수는 보장되었고, 게다가 성직자이기도 했던 학자는 자기 돈을 축내지 않아도 되었으므로 값이 비싸다는 것이 큰 장애요인이 되지는 않았다.

그런데 알도 출판사는 그런 특전의 혜택을 입을 수 없는 사기업이었다. 본토로부터 베네치아로 옮겨온 사람들 가운데 하나였던 알도는 인쇄본의 장래가 새로운 구독자층 개척에 달렸다고 판단했다. 새로운 구독자층이란 당시 대학의 학생이었다. 그때는 대학에 부속출판부 같은 것이 없었던 시대다.

그는 먼저 알도사의 심벌 마크를 정했다. 돌고래와 닻을 하나로 묶은 도안이었다. 이 심벌은 독자들에게 출판사 이미지를 깊이 각인하기 위한 것이었다. 돌고래는 출판되기까지의 속도를, 닻은 내용의 정확성을 상징했다.

그런 다음에 소형본의 발매를 시작했다. 대형본은 휴대하기에 불편할 뿐 아니라 무엇보다도 비싼 것이 탈이었다. 소형으로 하니 휴대하기 편할 뿐 아니라 값도 아주 싸졌다.

그런데 대형본에서 아무 불편이 없었던 고딕 활자가 소형본에서는 읽기 힘들다는 것을 알게 되었다. 그래서 알도는 오늘날 우리가 이탤릭이라 부르는 서체를 발명했다. 이탤릭으로 하면 소형본도 읽기에 불편이 없다.

이런 방식으로 출판된 최초의 책이 베르길리우스의 저서였다. 소형이고 값도 종래의 8분의 1 수준이고 보니 순식간에 학생들 사

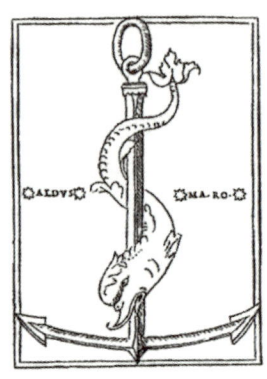

알도 출판사의 심벌 마크

이의 베스트셀러가 되었다. 그러나 이 '문고판'은 오늘날과는 달리 하드커버였다. 그때는 소프트커버가 더 비싸게 먹히기 때문이었다. 왜냐하면 책을 사랑하는 애서가 중에는 자기 취향에 맞는 커버를 만들게 하여 자기 장서를 일정한 이미지로 통일시켜 책등을 바라보면서 즐기는 버릇이 있는 사람이 많았다. 출판사도 그런 것을 알고서 미리 책장을 일일이 자르지 않은 책을 그대로 서점에 내놓는다. 책 장정을 전문으로 하는 장인이 가죽이나 호화로운 천으로 커버를 만들고 때로는 거기에 은으로 돋을새김까지 한 후에 책장을 자를 수 있게 하기 위해서였다. 그런데 이렇게 하는 경우 커버에 그토록 돈을 들일 바엔 그 돈으로 다른 책을 더 사겠다는 사람들은 곤란해진다. 당시 이런 종류의 소프트커버는 문자 그대로 소프트여서 책의 보호에는 조금도 도움이 되지 않았다. 할 수 없이 평범한 보드지로 커버를 하려 해도 장정 가게에 보내야 한다. 개인으로 시키는 일이니까 당연히 비싸게 먹힌다. 알도사는 이런저런 사정을 두루 고려해 염가판이면서 하드커버를 씌우는 것으로 했던 것이다.

알도사는 소형판과 이탤릭 서체와 하드커버를 한 건으로 묶어서 정부에 특허를 신청해 인가를 얻어냈다. 그러나 곧 다른 출판사가 너도나도 흉내내는 것을 막을 수는 없었다. 어찌했든 이 새로운 아이디어가 구독자층 확대에 기여한 정도는 헤아릴 수 없이 컸을 것이다.

알도 상술의 뛰어남은 그러나 이에 그치지 않았다. 전집까지 기획했으니 감탄할 수밖에 없다. 물론 전대미문의 아이디어였다. 1480년에 이미 아리스토텔레스 전집을 냈고, 이어서 호라티우스, 소포클레스, 에우리피데스 등등으로 전집 출판이 잇따랐다. 문법책은 물론이고 친절하게 라틴어 대역본까지 냈으니, 지식인층의 지지를 얻지 못했다면 오히려 이상한 일이라 하겠다.

단테와 페트라르카의 전집도 잊지 않았다. 읽을 만한 책은 모두 구색을 갖추어놓은 것이다. 한 술 더 떠서 출판 카탈로그를 독자에게 제공하기까지 했다. 알도사의 출판 안내지에는 자사가 출판한 것뿐 아니라 같은 저자의 책이면 다른 출판사에서 나온 책도 함께 소개했다.

그 출판사에서 책을 내고 권위가 붙어서 책이 더 팔린다면 글쓰는 사람치고 누구라도 무관심할 수는 없다. 에라스무스가 알도사에 접근한 것은 1507년의 일이었다. 7년 전에 파리에서 출판했던 『격언집』을 알도사에서 새로이 내기로 한 것은 다음 해인 1508년. 이 알도사판 『격언집』의 매출실적은 대단해서 16세기 말까지 132판을 거듭하는 최대 베스트셀러가 되었다.

에라스무스도 교정을 보러 드나들었던 알도사의 출입문에는 다음과 같은 구인광고가 붙어 있었다. 광고문이 훌륭한 라틴어 문장인 것을 보면 자기 자신이 당대 일류의 지식인이었던 알도 마누치오가 입사시험 문제를 겸하게 할 생각이었는지도 모른다.

"어느 누구임을 묻지 않는다. 주인 알도는 귀하가 내방목적을 간단명료하게 말하고 빨리 물러가주기를 바란다. 단, 피로에 지친 거인 아틀라스에게 손을 내민 헤라클레스처럼 우리에게 구원의 손을 내밀 생각이 있는 분이면 대환영. 여기는 그런 생각의 소유자라면 얼마든지 할 일이 있는 곳임."

1515년에 그가 죽었을 때 그의 유해 둘레를 장식한 것은 꽃이 아니라 생전에 그가 손을 댄 책들이었다. 베네치아는 알도가 생전에 닦아놓은 궤도 위를 그대로 달림으로써 그후 100년 동안 출판왕국의 이름을 독점적으로 누리게 된다.

베네치아의 노사관계와 '길드'

당시에 존재할 수 있었던 모든 업종에서 예외없이 이토록 눈부신 발전을 한 베네치아의 산업계에서 노사관계는 어떠했을까? 현대를 사는 우리로서는 이런 의문을 안 가질 수가 없다. 아니, 근대 자본주의사회에서처럼 노와 사로 갈라져 있었을까를 묻는 일로 시작해야 할지 모르겠다.

16세기뿐 아니라, 예부터 베네치아공화국은 자본투자와 그 효율적 운용을 제1의 목적으로 삼는 사나이들에 의해 지배되어왔다는 점에서 자본주의형 사회였다. 정치도 외교도 군사도 모두 그 목적을 위해 동원되었던 사회였다. 그러나 자본가가 경영에 종사했던가, 그리고 자본가의 경영참가로 노사 관계가 명확하게 갈라져 있었던가 하는 점은 업종에 따라 큰 차이가 있어서 일률적으로 논할 수가 없다.

그렇다면 전형적인 중세 길드가 지배하고 있었을까? 이렇게 물어와도 이 또한 각 업종에 따라 차이가 많고 그밖에도 베네치아 특유의 사정이 있어서 함부로 예스라고도 노라고도 답할 수가 없다. 다만 한 가지 확실히 말할 수 있는 것은, 16세기 들어 베네치아 유산계급의 경제적 관심이 공업으로 향했고 정부도 이를 적극적으로 장려했음에도 베네치아공화국의 법률이 교역의 자본주의적 발전에 대해서는 호의적이면서 공업계의 자본주의적 발전에 대해서는 이를 저지하는 움직임이 지배적이었다는 것이다.

이러한 경향은 타국으로부터 우수한 장인을 받아들이는 형식으로 이루어지는 기술 도입을 베네치아 정부가 자국의 경제다각화에 불가결한 것이라 하여 그 보호육성에 힘쓴 결과인지도 모른다.

그 가장 좋은 예가 견직공업이다. 베네치아의 법률은 직기의 소유자가 되려면 이것을 구입할 자금을 가진 것만으로는 충분치 않고 직기를 스스로 움직일 수 있는 자라야 했다. 이 규칙은 견직산업에 종사하는 모든 사람을, 원료를 제공해 직물을 발주하는 상인과 직물을 짜는 장인기능공으로 양분해버리게 된다.

그렇기는 해도 근대적 자본주의형으로 이행이 시도되지 않았던 것은 아니다. 발주자인 상인이 장인들에게 급료를 보장함으로써 제품의 제조량을 조정하려고 했던 적이 있었다. 견직물장인조합은 당장 정부에 제소했다. 이유인즉, 장인이 종업원으로 되어버리면 타국으로부터 우수한 장인이나 직공이 이주해오지 않게 될 것이고 이미 베네치아에 정착해 있는 사람들도 의욕을 잃게 될 것이니 베네치아 견직산업이 쇠퇴하게 될 것은 명백하다는 것이었다. 결과는 장인들의 승소로 끝이 난다. 견직물장인조합은 이후 품삯을 기성실적에 따라 지불받는 것으로 결정했다.

두 번째, 이번엔 장인 측에서 시도했다. 여유가 생기게 된 장인들은 그 여윳돈을 직기를 사들이는 데 투자해 개중에는 30대나 되는 직기를 가진 장인이 나타나기까지 했다. 이만한 수의 직기를 장인을 데려다 전부 돌리게 되면 더 많은 제품을 만들 수 있으니까 품삯을 내릴 수도 있게 된다. 그래서 이들 장인 기업가는 발주자인 상인에게 다른 데서는 1브라초당 품삯으로 30 또는 32솔리더스를 받지만 자기는 16에서 20솔리더스로 제조할 수 있겠다고 제안했다. 상인들은 물론 대환영이었다.

그러나 다른 장인들이 이것을 정부에 제소했다. 원래 베네치아에서는 견직물 장인은 혼자서는 직기를 6대 이상 소유하지 못하게 하는 법률이 있었던 것이다. 그러나 이것은 견직공업이 대발전을 하기 이전 시대의 것으로, 사람들은 대부분 그런 법률이 있는 것조차 잊고 있었다. 하지만 사람들이 유의하건 말건 법은 엄연히 존재한다. 베네치아에서는 어떤 법이 고칠 필요가 인정되지 않는 한 그 법률은 위력을 발휘하는 것이 정상이었다. 원로원은 이 법을 재확인했고 두 번째 시도도 실패로 돌아갔다.

이 때문인지 베네치아 견직물 장인들의 수는 늘어나기만 해 1493년에 500명이던 것이 1554년에는 1,200명이 넘었다. 그 후로도 증가 추세는 변하지 않아 이탈리아의 다른 지방이 쇠퇴해가는 것과 좋은 대조를 이루었다. 장인의 수가 너무나 늘어나서 발주자인 상인이 장인들의 제조능력에 알맞게 일거리를 보장해주지 못하는 일도 있었다. 그래서 장인들이 자기 부담으로 일을 할 수 있도록 법이 개정되었다. 그러나 그 개정법률에서도 직기 2대 이상을 그 목적에 사용해서는 안 된다는 제한을 두었다.

견직공업에 비하면 모직공업은 그래도 한결 더 자본주의적이었던 것 같다. 그 이유는 모직물이 원모의 가공에서 완제품에 이르기까지의 공정이 훨씬 더 복잡하고 많은 일손이 필요했기 때문이라 생각된다. 조합원의 구성도 자본을 가진 모직물 상인으로 되어 있었고 종업원의 독자적 조합 구성은 1539년까지 기다려야 했다. 게다가 제사 공정은 가내공업이어서 일손은 주로 여자들인 미조직 직공이다. 그리고 제사 공정이 끝나면 염색을 포함한 5개 공정으로 갈라지며 이들 공정마다 독자적인 조직을 가지고 있었다. 작업하는 장소도 모두 다르다. 그러면서도 다른 발주자 일도 맡아 하는 염색 공정을 제외하고는 동일 발주자, 즉 동일 자본가의 일을 도급으로 맡아 하게 된다.

이렇게 되면 발주자의 발주량, 즉 제조량 지배는 견직물의 경우와 달리 훨씬 용이해진다. 이런 경우 스트라이크가 일어나지 않는다면 오히려 이상하다. 아니, 스트라이크는 역시 분명코 일어났다. 1556년에 일어난 전모공(剪毛工)의 파업이 그것이다.

그들은 그에 앞서 2년 전에 이미 직공의 품삯 인상을 그 분야 정부 담당 위원회에 제소했다. 이유는 제조에 필요한 재료값이 올랐고 그밖에도 제반 물가가 올랐기 때문이라는 것이었다. 하나 속사정을 들여다보면, 발주상인들이 품삯은 그대로 눌러둔 채 길이가 긴 직물의 가공을 떠맡기는 것에 대한 반발 때문이었다.

그런데 제소를 접수한 위원회가 이것은 자기네들이 할 일이 아니라 다른 기관의 일이라면서 서로 일을 떠넘기는 바람에 좀처럼 결론이 나지 않았다. 그래서 기다리다 못해 파업이라는 수단에 호소한 것이었다.

이 파업의 지도자가 누구인지는 당시에도 끝내 알려지지 않았지만 파업 돌입의 시기가 실로 절묘했고 게다가 일사불란한 단결을 보인 점이 정말 감탄할 만하다.

베네치아의 모직물이 증산에 증산을 거듭하고 있던 시기였고, 시리아와의 사이에 큰 상담이 성립되어 베네치아의 항구에는 제품이 완성되는 대로 실어가려고 수많은 상선이 대기 중인 그런 시기였다. 게다가 전모 공정은 마지막 단계 공정이어서 전 공정을 모두 마친 제품을 대량으로 안고 있는 발주자로서는 참으로 난감한 처지였다. 그들이 장인들에게 제품을 가져가서 일을 맡기려 해도 전모공들은 다른 이들이 어떻게 하는지 보고서 결정하겠다고 하고, 혹은 또 어떤 전모공은 품삯의 증액을 요구하고, 나머지 사람들은 일거리가 많아서 시간이 나지 않는다고 나오는 형편이었다. 경영자 진영은 다른 공정에까지 파업이 번져나가지 않을까 하는 걱정을 해야 할 판이었다.

이번에는 경영자 측이 이 사태를 정부에 제소했다. 베네치아 모직공업의 파멸과 직결된다는 것이 제소 이유였다. 정부도 제소자와 동감인 듯했다. 이 파업 대책을 5인 위원회가 아닌 10인 위원회에, 국가의 중요사항을 심의·결정하는 10인 위원회에 맡긴 것을 보아도 알 수 있는 일이었다.

10인 위원회는 파업 참가자 전원에게 일을 재개하라는 명령을 내렸다. 그러나 효과가 없었다. 하지만 직공들은 기계의 파괴나 항구에 대기 중인 선박에 불을 지르거나 정부에 대한 청원 데모를 벌이는 등의 일은 하지 않았으므로 정부로서는 법으로 강제할 수도 없었다.

그러는 가운데 경영자 측은 그 이상의 타격을 받지 않기 위해 외국으로부터 장인을 초빙하려고 10인 위원회에 허가를 신청했다.

그런데 10인 위원회가 그것을 검토하고 있는 동안에 어느새 노사 간에 온건한 타협이 성립되었다. 종전보다도 길이가 긴 직물의 가공을 맡아 해주는 대신 직공의 품삯도 인상하는 것으로 양자가 합의한 것이다. 그리고 앞으로 품삯을 결정하기 위해 노사 쌍방에서 4명씩 대표를 뽑아 8명으로 구성되는 위원회를 설치하는 데도 합의가 성립되었다. 이런 것을 노동자의 경영 참여라고는 말할 수 없는 것인지.

통칭 길드라고 불리는 중세의 동일업종 상공업자조합은 경제학자들로부터 다음 세 가지 이유로 해서 근대적 공업발전에 마이너스 요인이 된 것으로 평가받고 있다. 첫째는 기술 도입에 보수적이었다는 점. 둘째는 조합원의 인원수를 제한했다는 점. 마지막으로는 수요공급의 법칙을 따르지 않았다는 점이다. 그러나 16세기 베네치아의 길드에 관해서라면 이런 비난은 맞지 않는다.

먼저, 첫째 비난을 생각해보면, 베네치아 정부는 신기술의 도입과 그것에 의한 생산의 합리화에는 매우 적극적이었다. 벌써 1474년부터 베네치아에서는 새로운 고안에 대해 10년간의 특허를 허가할 것을 법으로 정하고 있었다. 특허제도가 처음으로 확립된 것도 베네치아에서였다. 16세기에는 이런 에피소드도 있다. 나사(羅紗)를 만드는 어떤 공장에서 양털을 빗질해 가볍게 하는 기계를 구입하려 할 때의 일이었다. 그 공정에서 일하던 직공들이 자기들의 일터를 잃게 된다 하여 정부에 구입반대의 소를 냈다. 정부가 내린 판결은 다음과 같은 내용이었다.

기계의 구입은 허가한다. 다만 앞으로는 기계로 가공한 제품과 사람이 손으로 가공한 제품은 그 사실을 제품에 표시해 구별하도록 한다.

이 에피소드의 예에서 볼 수 있듯이, 정부나 조합이나 합리화 자체에 반대했던 것은 아니다. 다른 한 예를 보면 조합이 솔선해 양초공장의 합리화를 추진했다. 다만 베네치아에서의 합리화는 품질 개량에 중점을 두었으며, 대량생산을 노리는 것이 아니었다는 점을 강조해두어야 하겠다.

분명히, 16세기는 동서양 세계에서 함께 수요가 증대한 시기였다. 그러나 이때의 수요증대는 그 후의 세기에 나타나기 시작하는 대중화 시대의 도래와는 그 규모가 다르다. 베네치아의 여러 업종의 산업들이 16세기의 경쟁에서 이길 수 있었던 것은 품질로 승부했기 때문이다. 16세기에 품질로 승부를 내리려면 기능직 한 사람 한 사람의 질에 의존할 수밖에 없었다. 그리고 당시의 베네치아는 전문가로서 자부심과 능력을 갖춘 장인 내지는 기능직을 풍부히 보유하고 있었다.

조합의 참가인원을 제한했다는 두 번째 비난의 경우, 베네치아에서는 정부나 조합이나 모두 제한하기는커녕 늘리려고 갖은 애를 썼던 것이므로 전혀 당치않은 비난이다. 베네치아 정부가 장인이나 기능인의 보호에 각별히 열심이었다는 것 때문만이 아니었다. 또 조합을 구성하는 장인들이 같은 업종의 기능인들에게 인심이 후해서 그랬던 것도 아니었다. 조합의 수를 늘리고 각 조합의 참가 인원을 늘리는 것이 그들 자신의 이익이 되기 때문이었다.

베네치아 정부에는 해군의 주력인 군용 갤리선의 노젓는 일손, 즉 노꾼을 확보하는 것이 예부터 중요한 과제였다. 이전에는 노꾼을 각 구에 할당해 징집하는 일종의 징병제에 의존했다. 그러나 각 구의 경제사정에 격차가 생기기 시작하면서 이 제도로는 해나갈 수가 없게 된다. 왜냐하면 각 구는 각기 할당받은 인원수를 맞추어 제공하기만 하면 되는 것이고 보니 살림살이가 넉넉한 구는 돈을 주고 사람을 사서 인원수를 채워서 내는 일이 생기게 된 것이다. 가난한 구는 그 결과 자기네 구에 할당된 인원수 이외에 부자구로 팔려나간 인원수까지 병역에 내보내는 것이 되었다. 그래서 정부는 이 제도를 폐지하고 조합마다 그 조합의 경제능력에 따라 인원수를 할당하는 방식으로 제도를 바꾸었다.

어쨌든 베네치아공화국의 성년남자는 거의 전원이 어느 한 조합에 속해 있었으므로 평등주의의 면에서도 별 문제는 없었다. 직업별 조합에 속해 있지 않은 사람도, 그리고 속해 있어도 희망하면 또 들어갈 수 있는 동일업종 조합과는 다른 일종의 자선단체 조합이 있어서 거기에 들어갈 수 있었다. '스쿠올라'라 불리는 그런 조합이 6개나 있었던 것이다.

베네치아 정부의 처지에서 보면 결국 이들 조합에 할당하는 노꾼 차출제도는 당시에는 일반화되어 있지 않던 직접세 징수와 같은 효과가 있었다. 새로운 조합의 설립이나 조합원 증원에 대해 정부가 관대했던 진짜 이유는 이런 데에 있었다. 그리고 조합 측으로서도 같은 이유를 반대편에서 바라보는 셈이 되는데 인원의 제한이 그들의 이익에 반했던 것은 명백하다. 베네치아의 길드에서는 폐쇄적인 경향을 전혀 찾아볼 수가 없다.

세 번째 비난, 즉 수요공급의 법칙을 따르지 않았다는 비난은 그야말로 설명할 필요조차 없을 것이다. 수요와 공급의 법칙을 따르지 않고서 어떻게 거의 100년 동안 연 10퍼센트에 가까운 성장률을 계속 누릴 수 있었겠는가.

어찌되었든 베네치아의 업종별 조합은 중산계급의 안정과 그것을 통한 국내정세의 온건화에 대단한 기여를 했다. 이런 점은 '촘피'라 불리운 모직물 직공조합 설립을 계속 거부해 정정 불안정의 원인을 조성했던 피렌체공화국과는 아주 대조적이다.

인간이란 잃을 것이 있고 자치 욕구에 대한 배출구가 주어지기만 하면 어느 누구도 부질없이 급진화하지는 않는다. 제5장 '정치의 기술'에서 이미 언급한 바도 있지만 국정에서 배제된 베네치아 중산계급도 자기네 조합 내부에서는 자신들이 주인이었다. 조합장을 선출하는 방식은 공화국 원수를 선출하는 것과 똑같았으며, 국정을 담당하는 귀족은 조합원이 될 수는 있었지만 임원이 되는 것은 금지되어 있었다. 베네치아의 조합에는 정치투쟁이 벌어진 예가 없다.

이탈리아어에 '페카토 모르탈레'라는 말이 있다. 엄청난 큰 죄라든가 결정적인 죄 따위의 의미를 가지며 이런 죄를 범하면 죽은 뒤 지옥에 가는 것을 면할 길이 없다. 그런 뜻에서 파생해 절대로 해서는 안 될 일이라든가 하려고 해도 기질상 못하는 일 등의 뜻으로 쓰인다.

베네치아인에게는 자본의 비효율적 운용이란 그야말로 '페카토 모르탈레'였던 것이 아닌가 하는 생각이 내 뇌리를 떠나지 않는다. 20세기 사람으로 중세경제사학자인 예일대학의 로페츠 교수로부터 국정까지도 사기업 경영과 같은 정신으로 '경영'했다는 말을 들을 정도로 합리와 효율을 중시했던 것이 베네치아인이다.

13, 14, 15세기를 통해 베네치아인들의 활동 중심이 해외에 있었고 베네치아 경제의 주력이 교역에 의존해 있었던 것은 그렇게 하는 것이 자본의 효율적 운용에 가장 적합했기 때문이다. 그리고 16세기 들어 국내산업의 진흥에 의한 경제다각화를 꾀한 것도 그렇게 하는 것이 그들 자본의 효율적 운용에 가장 알맞았기 때문이다.

더 많은 이익의 추구는 장사의 순리다. 16세기의 베네치아인을 해양민족으로서 정신적으로 타락한 것이라고 타박한다면 그것은 마치 멋이 있어 보여 반했다가 사나이에게서 버림을 받았다고 한탄하는 로맨틱한 여자의 푸념이나 크게 다를 것이 없다고 할 수 있지 않을까?

물론 바다로 나가는 사나이는 근사하고 멋있어 보인다. 해적마저도 뭔가 근사한 것으로 비친다. 그러나 옛 베네치아인들이라고 바다를 사랑해서 바다로 나간 것은 아니다. 바다로 나가는 것이 타산이 맞기 때문에 나갔던 것이다.

16세기 베네치아인들은 그들의 조상들보다는 해양민족적인 데가 덜했을 것이다. 그러나 그것이 베네치아공화국의 쇠퇴와 직접적으로는 연결지어질 수 없다. 그들은 여전히 진취적 정신을 충분히 가지고 있었다. 젖줄이 끊긴 젖먹이 아기의 처지에 비유되었던 16세기 초두의 상태에서 거뜬히 일어섰으니 말이다.

베네치아공화국 쇠퇴의 원인으로서 첫째로 들어야 할 것은 한낱 도시국가이면서 군주제 대국들이 일제히 대두하는 현상에 직면하지 않으면 안 되었던 점이다. 르네상스 문화의 담당자로 활약했던 도시국가들이 이 시대에 차례로 역사의 무대 뒤로 사라져간다. 베네치아와 쌍벽을 이루었던 피렌체공화국은 이 세기의 중반이 되기도 전인 1530년에 멸망했다. 아말피, 피사, 제노바, 베네치아의 4개 해양도시국가 중에서 단 하나 살아남은 베네치아공화국은 이탈리아 도시국가 중에서도 마지막까지 살아남는 나라가 되는 것이다.

11
2대 제국 사이의 골짜기에서

한 개인에 권력이 집중하는 것을 극도로 배제했듯이
한 기관에 권력이 집중될지도 모를 위험에
대해서도 베네치아인들은 신경질적이라 할 만큼
배려하는 것을 잊지 않았다.

군주제 국가들의 대두

"강국이란 전쟁이건 평화이건 마음대로 할 수 있는 국가를 말하는 것입니다. 우리 베네치아공화국은 이제는 이미 그런 처지가 아니라는 것을 인정할 수밖에 없습니다."

16세기 베네치아의 외교관 프란체스코 소란초는 귀임 후의 보고문에서 이렇게 말하고 있다. 경제의 면에서는 타고난 상재(商才)와 조직적 운영으로 대항해 시대의 도전에 대응해나갈 수 있었던 베네치아도 정치와 군사의 면에서는 일이 자기들의 의욕과는 관계없는 곳에서 진행되어가는 것을 인정하지 않을 수 없는 정황에 몰려 있었다. 시대가 변한 것이었다.

다소 난폭한 분석을 감히 해본다면, 중세 르네상스의 꽃이던 도시국가는 토지소유에 기반을 두지 않고 교역을 무기로 번영에 이르렀다는 점을 보더라도 '양'보다는 '질'의 시대적 산물이라고 말해서 안 될 것도 없을 듯하다. 도시국가의 주민 1인당 생산성은 대단히 높아서 인구가 10만에서 20만 미만이면서 베네치아공화국의 세입은 인구 1,600만인 터키의 그것과 거의 같았고, 한때는 프랑스나 영국의 왕들이 피렌체 은행으로부터 융자를 받지 않고는 전쟁 하나 치러낼 수가 없었다. 중세 르네상스 시대의 터키, 에스파냐, 프랑스는 가진 힘을 충분히 활용할 방도에 아직 눈을 뜨지 못한 탓이었다.

그러나 '양형'(量型)의 국가가 그 힘을 활용하는 일에 눈을 뜨면 무서운 존재가 된다. 이들 나라는 하나같이 군주제 국가였으므로 유능한 군주를 얻기만 하면 발전은 급속히 진전된다. 16세기를 근대국가 대두의 시대로 보는 것은 이 시대 이들 나라에서 전례없이 유능한 군주들이 배출되었기 때문이다.

1516년-합스부르크 왕가 출신의 카를로스, 에스파냐 왕에 즉위.

1519년-카를로스, 그리스도교 세계에서 최고의 세속 지위인 신성로마제국 황제에 등극. 독일, 에스파냐, 네덜란드, 이탈리아의 나폴리, 시칠리아, 밀라노, 그리고 동양과 신대륙을 영유해 최초의 국제적인 군주의 출현이라는 말을 듣는다.

1556년부터 1598년까지 통치한 그의 아들 펠리페 2세에 의해 에스파냐제국은 그 최성기를 맞는다.

한편으로 터키는 1517년에 메카를 차지함으로써 이슬람 세계에서 정신적 권위까지도 거머쥔다. 그때까지의 붉은 바탕에 흰 초승달과 별로 된 터키 국기와 함께 녹색 바탕에 흰 초승달과 별을 넣은 이슬람을 표시하는 깃발도 쓸 수 있는 권리를 갖게 된 것이다. 1520년부터 1566년까지 통치했던 술레이만 대제 때의 터키는 그 지배가 서쪽 모로코로부터 동쪽으로는 페르시아만의 서해안까지, 그리고 북으로는 크림에서 빈의 성벽에 이르는, 문자 그대로 이슬람 세계의 리더라는 말에 걸맞은 광대한 지역에 미치고 있었다.

프랑스는 이 시대에 에스파냐나 터키만큼 걸출한 군주를 받드는 행운을 얻지 못했다. 그러나 이 나라도 원래가 중앙집권이 발달되어 있는 터에 나라 자체가 풍요로웠다. 전 국토가 경지나 다름없는 나라는 프랑스말고는 달리 없다. 서유럽에서 일단 유사시에 상당한 수준의 자급자족이 가능한 유일한 나라였다. 인구도 1,600만 명으로 가장 많았다. 카를로스 1세(에스파냐의 왕 카를로스 1세는 신

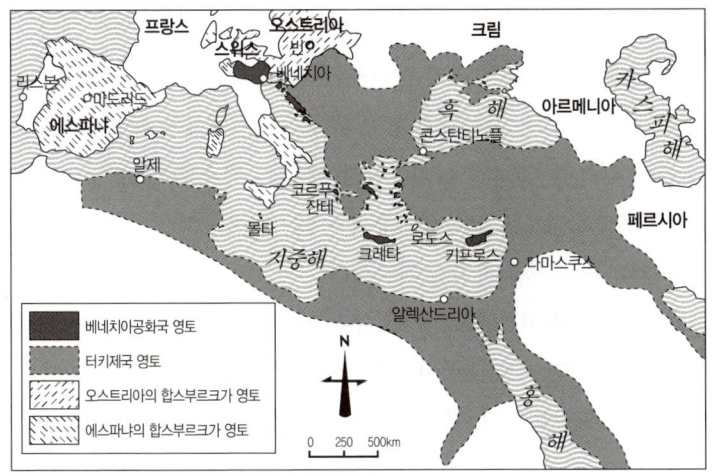

프랑스 | 오스트리아 | 크림
스위스 | 베네치아
리스본 | 오만도라르도 | 혹 해 | 아르메니아 | 카스피해
에스파냐 | 콘스탄티노플
알제
코르푸 잔테
몰타 | 로도스 | 페르시아
지중해 | 크레타 | 키프로스 | 다마스쿠스
알렉산드리아
홍 해

베네치아공화국 영토
터키제국 영토
오스트리아의 합스부르크가 영토
에스파냐의 합스부르크가 영토

N

0 250 500km

16세기의 유럽

성로마제국 황제로 불릴 때는 카를 5세가 된다) 시절 독일과 에스파
냐를 합쳐서 겨우 프랑스와 맞먹을 정도였으니 말이다. 내분을 겪
고 있기는 했지만 이 프랑스만이 '해지는 날이 없다'는 말을 듣던
에스파냐에 대항할 수 있는 서유럽 유일의 나라일 수 있었다는 것
은 당연하다.

어째서 이들 나라가 하나같이 모두 군주제를 채택하는 것으로
대국이 될 수 있었던가를 밝혀보려면, 20세기의 우리로서는 먼저
군주제는 모름지기 악이라고 보는 프랑스 혁명 이래의 색안경을
벗어던지는 일부터 해야 한다. 군주제에는 많은 폐해가 따르지만
이점도 적지 않았다는 사실을, 또 어떤 특정의 시대에는 가장 효율
적인 정체였다는 사실을 인정할 필요가 있다.

먼저 무엇보다도 혼자서 결단을 내리니 시간이 걸리지 않는다.
그리고 그 결단을 실행에 옮기는 단계에서도 명령계통이 제대로 조직되어 있기만 하면 말단까지 전달되는 것이 간단하다. 게다가 공화제에서는 좀처럼 얻기 어려운 권위까지도 갖출 수가 있다. 또 군주 이외는 권한이나 책임을 분담하는 분업체제가 될 수밖에 없으니까 전능적인 정치적 전문가를 많이는 필요로 하지 않는다는 것도 당시의 신흥국가에서는 무시 못할 이점이었다.

16세기를 고비로 하여 공화제를 특색으로 하는 도시국가가 차례로 잇따라 무너져간 것은 주변 국가들의 규모가 커져서 대항할 수 없게 된 것 때문만은 아니다. 통치능력에서도 신흥 군주국가보다 떨어졌기 때문이었다. 통치능력이 쇠퇴하면 당연한 일로 국력이 낭비된다. 국력 낭비는 다시 국력의 쇠퇴로 이어진다. 원래가 토지에 기반을 두지 않은 도시국가는 낭비를 허용할 수 있을 만한 자원을 갖고 있지 않다. 이러한 국가들은 일단 쇠퇴가 시작되면 그것을 저지하거나 하강을 완만하게 할 만한 저력이 없다.

그 전형적인 예가 피렌체공화국일 것이다. 르네상스의 중심이었던 피렌체는 합의제인 '코무네'가 벽에 부딪혀 메디치가에 의한 참주제로 이행했고, 그 후로도 통치능력을 발휘할 수 있는 정체를 모색하면서 시행착오를 되풀이한 끝에 1530년에는 마치 밤하늘 가득히 솟아오른 불꽃이 순식간에 꺼져 없어지듯 공화제는 붕괴하고 말았다. 메디치 가를 군주로 하는 군주제 국가로 바뀐 것이다. 도시국가가 아니고 영토형 국가인 토스카나대공국이 된 후의 피렌체는 이미 자그마한 영토형 국가의 수도 이상의 그 무엇도 아니게 된다. 그때 베네치아도 오스트리아 합스부르크 왕조하의 외항(外港) 정도로 바뀌었다고 해도 시대의 흐름으로 보면 당시 사람들에게 그다지 놀라운 일이 아니었을 것이다. 오히려 일이 그렇게 되지 않았다는 데 문제가 있는 것이다.

랑케에 따르면 16세기 베네치아의 정치체제는 18세기에 영국의 정체가 그랬던 것과 같은 칭찬을 받고 있었다고 한다. 18세기 대영제국의 정체는 그 효과적인 기능을 발휘함으로써 다른 나라의 칭찬과 주목의 대상이 되고 있었다고 하니 16세기의 베네치아공화국의 정체도 그것과 같은 의미에서 다른 나라들의 칭찬과 주목의 표적이 되었다는 말일 것이다. 하나 18세기 영국과 16세기 베네치아가 다른 점은, 16세기 베네치아의 정체가 얻은 명성이 유능한 군주를 얻어 효율적인 정체에 의해 가진 힘을 발휘하기 시작한 대군주국의 대두에 직면하지 않으면 안 되었기 때문에 필사적으로 이들에게 대항하려고 하다 보니 도달하게 된 결과에 불과하다는 것이다.

베네치아공화국은 다른 나라 예하로 편입된 제노바공화국이나 군주제로 이행한 피렌체공화국과 달리 공화정체를 바꾸어보려고는 하지 않았다. 공화제를 특별히 이데올로기로서 신봉하고 있었기 때문에 그러했던 것은 아니다. 단지 자기들의 기질에 가장 적합한 정체라고 확신하고 있었기 때문이다. 그러나 끝까지 그런 정체를 유지하려면 국력은 남보다 떨어지더라도 효율성에서는 영명한 군주의 지도로 급속히 발전해가는 대군주국과 대등하게 승부할 수 있을 만한 대책을 강구해둘 필요가 있었다.

제5장 '정치의 기술'에서 소개한 것을 여기서 다시 인용하는 것을 독자 여러분은 허용하기 바란다. 마키아벨리의 『정략론』의 한 부분이다.

공화국에서 시행되고 있는 정치상의 절차는 참으로 느릿느릿한 것이 보통이다. 입법이건 행정이건 무엇이든지 혼자서 결정할 수 없고 웬만한 일은 모두 몇 사람과 공동으로 하게끔 되어 있다. 그래서 이들 사이의 의사 통일을 이루는 데 상당한 시간이 필요하게 된다. 이런 완만한 진행방법은 촌각의 유예나 지체도 있어서는 안 되는 경우에는 매우 위험한 것이 된다. 그래서 공화국은 이런 경우를 위해 (고대 로마 시대의 경우처럼) 임시적인 독재 집정관과 같은 제도를 반드시 만들어놓지 않으면 안 된다.

베네치아공화국은 근래의 공화국으로서는 강력한 공화국이다. 거기서는 비상시에 공화국 국회나 원로원의 일반 토의에 부치지 않고 권한이 위임된 소수 위원들 사이에서 토의하는 것만으로 정책을 결정하는 방법을 써왔다. 이러한 제도의 필요성에 눈을 뜨지 않은 공화국의 경우, 종래와 같은 정체를 지키려고 한다면 국가는 멸망하고 말 것이고, 그렇다고 해서 국가의 멸망을 피하려고 한다면 정체 그 자체를 때려부수지 않으면 안 되는 벽에 반드시 부딪히게 마련이다.

참으로 이 한 구절 안에 16세기 공화국들이 직면하지 않으면 안 되었던 과제가 모두 담겨 있다. 마지막 부분 같은 것은 마키아벨리가 세상을 떠나고 3년 후에 일어난 그의 조국 피렌체의 운명을 예언하고 있어 훌륭하다. 정체를 바꾸지도 않았고 그렇다고 망하지도 않았던 베네치아는 그러면 이 과제를 어떻게 처리했을까?

'내륜'과 '외륜'

앞서 '정치의 기술' 대목에서 말했듯이, 베네치아공화국은 도시국가가 전성기의 정점에 있던 시기에 이미 공화정체를 채용하고 유지하면서 통치능력도 유지하기 위한 최초의 방책을 강구하고 있었다.

13세기에서 14세기에 걸쳐서 서서히 이루어진 국가원수 피에트로 그라데니고의 개혁이 그것이다. 이 개혁에 따라 베네치아는 이후의 정치를 담당하는 계급을 정하고 이들을 귀족(노빌레)이라 불렀다. 베네치아의 귀족은, 이 또한 마키아벨리가 써놓았듯이, 토지의 소유자도 아니고 신하에 대한 재판권이 있는 것도 아니며, 그렇다고 귀족과 평민 사이에 명확한 자산의 차이가 있는 것도 아니었으며 단지 국정을 담당하는 자를 가리키는 지칭에 지나지 않았다. 그러나 이 개혁은 베네치아에 전문적이고 직업적인 프로 지배계급을 확립하는 데 공이 컸다. 바꾸어 말하면 정치의 프로화를 확립하는 공이 있었다는 말이다. 전 인구의 약 1퍼센트에 해당하는 20세 이상의 남자 귀족으로 된 이 계급은 세습이었으므로 중세, 르네상스 시대에는 일관된 정책을 영속적으로 시행하는 데 유리한 작용을 했다.

새로운 피가 대량으로 수혈되어 들어온 것은 1381년 제노바와 마지막 결전을 치른 후의 일이다. 이 거국적인 한판 승부에 진력한 많은 사람이 그 계제에 귀족으로 승격되어 공화국 국회에 의석을 갖는 권리를 인정받았다. 그 이후로는 새로운 피가 주입되지 않았다. 극히 드물게 발군의 공적을 쌓은 인물이 공화국 국회에 들어가는 것을 허용받은 정도였다. 15세기 전반에 있었던 본토확장의 시대에 새로이 베네치아의 속령이 된 베로나와 파도바 등 본토 소도시의 유력자들은 그 도시의 자치에 참여해 만족을 얻을 수는 있었어도 공화국 국회 의석을 얻는 경우는 드물었다.

그러나 이런 상태이면서도 베네치아의 공화제는 근 200년 동안 실로 잘 기능할 수가 있었다. 30세 이상의 공화국 국회 의원 중에서 뽑힌 200명 미만의 원로원이 1,500명에서 2천 명이나 되는 공화국 국회에 의한 심의와 결정이라는 비능률을 극히 교묘하게 덮어주고 보완해주었기 때문일 것이다.

실제로, 15세기까지 원로원의 권한은 매우 커서 거의 모든 중요사항이 원로원에서 심의·결의되었다. 총리부, 내각, 10인 위원회 같은 것이 모두 존재하고 있었지만 총리부와 내각은 의안 제출이 주임무였고 10인 위원회는 15세기 중에는 아직 첩보활동이나 중죄조사를 담당하는 일이 많았다. 하지만 16세기에 접어들면 이 방법도 충분히 효율적이라고 말할 수 없게 된다. 유능한 군주들이 대신들의 의견을 듣기는 했겠지만 즉결로 의사결정을 하여 그것이 곧 하부로 내려가는 군주제 국가의 대두를 맞는 마당에 200명이나 되는 원로원으로서는 역시 지나치게 비능률적이었던 것이다.

결정에 참가하는 사람이 적으면 적을수록, 그런 결정자와 통하고 있는 사람이 소수이면 소수일수록 비밀은 잘 지켜진다. 비밀스럽고 민첩하게 대처하지 않으면 안 될 일이 많아지는 16세기에 들어서는 베네치아도, 바로 마키아벨리가 말하려고 했던 대로, 어떤 정체를 지키려고 하면 그 정체의 정신에 어긋나는 일이라도

'감행'하는 '용기'를 가질 필요가 있었다. 그렇게 하는 것이 베네치아에는 그 고유의 힘을 최대한으로 활용하는 길이기도 했던 것이다.

그러나 이때도 베네치아는 대개혁을 단행해 부질없이 세상 인심과 외국의 감시의 눈을 자극하는 일은 하지 않았다. 종래부터 있었던 기관들을 통치능력 유지를 대전제로 하여 재편성하는 데 그쳤다.

원수	1명
원수 보좌관	6명
6인 위원회	6명
10인 위원회의 위원장	3명
계	16명

6인 위원회란 1400년에 신설된 기관으로, 내각을 구성하는 각 부 가운데서도 중요한 부서를 담당한다. 오늘날로 말하면 내무부, 외무부, 재무부 등의 장관들이라고 보면 될 것이다. 종신직인 원수를 예외로 하고 원수 보좌관은 6개월(전에는 1년이었으나 16세기 들어 단축), 6인 위원회의 위원은 6개월, 10인 위원회의 위원장은 3개월 만에 교체된다. 어쨌든 이 16명은 '내륜'(內輪)이라는 말로 통칭되었다. 권력의 중심이 되는 이 '내륜'의 바깥둘레에 '외륜'(外輪)이 위치한다.

10인 위원회 위원	7명
내륙부(內陸部)	5명

40인 위원회의 위원장	3명
국가 감시관	3명
계	18명

임기는 모두 1년. 내륙부는 본토에 있는 속령의 통치를 담당하며, 40인 위원회는 원로원과 상호 견제의 목적으로 예부터 있어온 재정 및 사법 담당의 위원회다. 국가 감시관이라 번역해놓은 벼슬은 각 위원회에 반드시 한 사람이 출석해 그 위원회의 권한이 너무 비대해지는 것을 감시하는 임무를 한다. 이것도 또한 어느 개인이나 한 위원회에 권력이 집중되는 것을 막기 위해 베네치아인들이 생각해낸 독특한 직무였다. 임기는 1년, 공화국 국회에 의해 선출된다.

이 '내륜'과 '외륜'을 합친 34명에 군 최고사령관과 중요사항 교섭을 위해 외국으로 파견되는 특사 등을 합치면 40명이라는 숫자가 되는데, 이 40명 안팎의 사람들이 16세기에 들어선 시기 베네치아공화국의 사실상 정부를 구성했다. 200명 원로원으로부터 40명으로 집약을 해놓은 것이다.

하지만 이러한 권력 집중은 매우 교묘하게 이루어졌으므로 베네치아의 진의를 파악하려는 외국 첩자들은 그런 줄도 모르고 상당히 오랫동안 오로지 원로원의 토의내용을 탐지하는 데에 전력을 기울였을 정도였다. 물론 원로원도 일이 줄어든 것은 아니고 회의 때마다 많은 의안을 심의하고 의결해서 외국인들의 눈을 어렵지 않게 속일 수가 있었던 것이다.

하지만 여기서 제5장 '정치의 기술'을 기억하는 독자분들은 이런 의문을 제기하게 될 것이다. 직함에 따라 6개월에서 1년에 걸치는 차이는 있지만 임기라는 것이 있지 않았느냐, 또 감투마다 그 임기와 동일한 길이의 휴직기간을 두지 않으면 재선이 허용되지 않았지 않느냐.

전적으로 옳은 지적이다. 베네치아는 그들 공화제의 근본이 되는 이 제도에는 손을 대려 하지 않았다.

그렇다면 6개월이나 1년 만에 교체되고 만다 해서야 일관된 정책을 수립할 수 없을 뿐 아니라 이 비공개적 개혁의 목적인 신속민첩한 의사결정과 비밀유지라는 것도 달성할 수 없을 것 아니냐는 의문을 다시 가지게 될 것이다. 하나 여기에는 매우 편리하게도 빠져나갈 구멍이 있었다.

베네치아공화국의 법에서는 원로원을 제외한 모든 관직은 동일직에 연속으로 재선되는 것을 허용치 않고 있었다. 휴직기간을 거치지 않고는 자격이 없는 것이다. 그러나 임기만료 후 곧 다른 관직에 선출될 수 없다고는 하지 않고 있다. 실제의 예로서 국가원수 보좌관으로 6개월 근무한 후 곧 6인 위원회의 위원으로 뽑히고, 이것이 끝나면 곧바로 이번엔 10인 위원회 위원장으로 뽑히는 일도 드물지 않았다. 곧 '벼슬 돌려가며 하기'인 것이다.

같은 위원회의 위원이라도 전원이 한꺼번에 임기만료되는 일은 없었으니까 각 기관의 임기 형편에 따라 종종 한두 달은 '내륜'에서 빠지는 수가 있었지만 '외륜'의 명단에서마저 빠지는 일은 거의 없었다. 그러니 베네치아공화국 정부는 거의 같은 얼굴 구색으로 채워지는 일이 가능하다는 이야기가 된다. 이것은 내각의 위기라는 것을 모르고 지낼 수 있다는 것이 되며, 또 일개인에게로 권력이 집중되는 것을 막으면서 동시에 소수 숙련자에 의한 능률적이면서 비밀유지도 가능한 기관을 확립하는 일이 되기도 했다.

베네치아의 정체를 논한 저서도 있는 가스파로 콘타리니라는 사람의 경력을 살펴보면 40인 그룹에 속하는 사람들이 감투를 어떻게 돌려가면서 쓰게 되는가를 잘 알 수가 있다.

그는 1483년에 태어났다. 그의 가문 콘타리니가는 국가원수도 배출한 적이 있는 집안으로, 30세 무렵까지는 그도 학문도 닦고 집안에서 하는 장사일도 도우면서 지낸 듯하다. 심정적으로는 루터파였고 가까운 친구 두 사람은 수도원에 들어가 성직생활을 하고 있었다. 그러나 그는 나라의 정치에 진력하는 일에 한평생을 바치는 길을 택한다. 독신이며 정치적 야심에서 정계에 투신한 것은 아니었다.

36세 때 별로 중요하지 않은 관직을 맡아 근무한 후 포강 관개사업의 책임자로 선출되었다. 이 일을 훌륭하게 해내어 인정을 받은 그는 다음 해에 이르러 막 즉위한 신성로마제국의 젊은 황제 카를로스의 궁정에 특사로 파견되었다. 이때의 보름스(신성로마제국의 수도)행은 황제의 신뢰도 얻었던 모양이니까 성공이었다. 귀국한 그는 곧 내륙부 위원으로 선출되었다. '외륜'의 한 식구가 된 것이다. 그리고 다시 두 번째로 외교사절을 맡아 이 일에도 성공하고 로마에서 돌아온 그를 기다린 것은 6인 위원회의 위원 자리였다. 이번에는 '내륜'에도 속하게 된 것이었다. 그후 10년 동안 그의 경력은 바로 '벼슬 돌려가며 하기'의 전형이어서, 10인 위원회의 위원장을 하고 난 직후에 원수 보좌관으로 선출되는 등 거의 빠지지 않고 '내륜'에 속했고, 그렇지 않을 때라도 '외륜'에서 빠진 일은 한 번도 없었다. 그대로 잘 나아가면 해군 총사령관이나 육군의 참모라도 지내고 나서 거의 확실히 국가원수로 될 것으로 보이던 차에 갑자기 그의 경력에 공백이 온다.

교황청에 스카우트되었기 때문이다. 황제의 신임이 두텁다는 평과 독신이라는 점이 빌미가 되었다. 리슐리외를 재상으로 기용했던 프랑스나 고위 성직자를 허다히 정치고문으로 삼았던 에스파냐와는 달리 베네치아는 교황청과 관계를 맺은 자의 정부 관직 겸임을 절대로 허용치 않았으므로 추기경으로 임명이 된 가스파로 콘타리니는 공화국의 중추에서 빠질 수밖에 없었다. 당시 '내륜'의 한 식구인 어떤 사람은 이 일을 베네치아의 손실이라고 개탄했다.

그러나 콘타리니 추기경의 조국을 위하는 봉사는 그 후에도 다른 형태로 계속되었다. 교황으로부터 루터파와의 절충을 위임받은 그는 그들과 가톨릭 교회의 대립을 누그러뜨리는 데 공적을 세웠고, 또 반종교개혁파가 베네치아에 터뜨린 광신적인 증오를 조금이라도 온건한 방향으로 돌리는 일에 성공했으니 말이다. 살아남기 위해서는 이슬람교도와의 공존도 필요했고, 그래서 종교개혁파와 반종교개혁파로부터 다 같이 비난을 받고 있던 베네치아에는 가스파로 콘타리니의 노력이 매우 귀중한 일이었을 것이다.

다시 베네치아의 정치기구 이야기로 돌아가자. 그만한 권력을 수중에 넣은 사나이 40명은 원수와 10인 위원회의 세 사람의 위원장말고는 외관으로는 여느 보통 사람과 다름없는 복장을 유지하고 있었다. 원수는 베네치아의 부와 권위를 상징하는 신분이므로 공식적인 경우에는 화려한 차림을 할 필요가 있었고, 세 사람의 위원장은 중대한 재판을 직접 담당하는 처지여서 거리에서 직소나 청원을 받게 되는 경우 표가 나도록 빨간색의 길고 헐렁한 토가를 입어야 할 의무가 있었지만 다른 의원들은 검은색 토가를 입고 지냈다. 이 검은색 토가는 베네치아에서는 귀족뿐 아니라 상인들도 변호사들도 의사들도 모두 입게 되어 있었으니 외관상 다른 점은 없었다는 것이 된다. 제7장 '베네치아의 여자들'에서 언급했듯이, 베네치아는 같은 시대의 다른 나라들과 달리 권력을 가진 자일수록 수수한 옷차림을 하는 경향이 있었다. 그뿐만 아니라 체면유지비가 많이 드는 원수의 경우를 제외하고는 모두 무급이었다.

'내정'과 '외정'

그러나 16세기의 베네치아공화국이 능률적인 군주국에 대항하려고 34명에서 40명에 이르는 내부 서클로 사실상의 정부를 구성하고 그것으로 모든 중요사항을 처리한 것이었구나 하고 생각하겠지만 실은 그것과는 조금 실상이 다르다. 한 개인에 권력이 집중하는 것을 극도로 배제했듯이 한 기관에 권력이 집중될지도 모를 위험에 대해서도 베네치아인들은 신경질적이라 할 만큼 배려하는 것을 잊지 않았다. 즉 40명 미만의 사실상 정부에 대해 이 역시 40명 미만으로 구성된 10인 위원회를 배치한 것이다.

10인 위원회는 1310년, 베네치아공화국 1천 년의 역사를 통해 두 번 일어난 반정부 음모의 하나, 즉 퀴리니·티에폴로의 반란을 겪은 뒤에 창설된 기관이다. 창설의 원인이 그러했던 만큼 이 위원회의 당초 기능은 반국가 음모와 관계가 있을 만한 모든 정보의 수집과 그것을 기초로 중대재판을 하는 일이었다. 한데 베네치아에 다행한 일은 그러한 중대사는 후일 원수 파리엘의 음모를 마지막으로 없어졌으니까 10인 위원회는 실직을 해도 좋으련만 한번 만든 기관은 그리 간단하게 폐기되지 않는다. 10인 위원회의 정보수집 능력과 업적은 점차로 중요사항의 결정에 없어서는 안 되는 것으로 되어갔다. 그런 정보에 의거해 결정이 내려질 수 있기 때문이었다. CIA 국장이 미국 정부의 최고 중요사항의 결정에 반드시 참석하는 것과 마찬가지다.

10인 위원회라는 이름으로 불린다고 해서 10인의 위원만으로 구성되는 것은 아니다. 그밖에도 원수와 6명의 원수 보좌관, 그리고 국가 감시관, 이렇게 해서 18명으로 되어 있다. 국가 감시관은 출석할 권리는 있어도 투표권은 없지만 발언권을 갖고 있으니까 구성원의 한 사람으로 포함시켜도 좋을 것이다.

하지만 이것이 끝이 아니다. 최고 중요사항을 토의할 때는 '존타'를 의무적으로 참석시키는 것으로 되어 있다. 존타란 어떻게 번역할 도리가 없는 베네치아말이지만, 요컨대 원로원 중에서 뽑은 15명에서 20명 정도의 사람으로, 대사·특사와 군 사령관을 지낸 경력의 소유자가 많았다. 공정한 토의와 결론을 이끌어내기 위해서는 18명은 너무 적다는 판단에서 생긴 제도다. 그밖에도 외교관계 의안을 심의할 때는 6인 위원회 위원의 출석도 의무화되어 있었다. 존타의 구성을 15명에서 20명으로 그 인원수를 가변적으로 해놓은 것은 6인 위원회 위원의 출석 여부에 따라 달라지기 때문이다. 이러저러해서 약 40명이 되는 것이다. '10인 위원회'니 '존

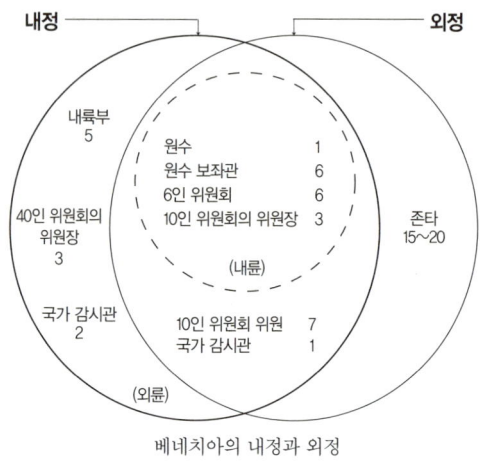

내정 ────── ────── 외정

내륙부
5

원수　　　　　　 1
원수 보좌관　　　 6
6인 위원회　　　　6
10인 위원회의 위원장 3

40인 위원회의
위원장
3

존타
15~20

(내륜)

국가 감시관
2

10인 위원회 위원　7
국가 감시관　　　 1

(외륜)

베네치아의 내정과 외정

타'니 하는 말이 16세기 공문서에 자주 나오는데 실제는 대략 모
두 30세 이상의 남자 40명으로 구성되어 있었던 것이다.

단순화해서 말하면, 앞에서 말한 '내륜'과 '외륜'의 약 40명으로
된 사실상의 정부가 내정을 담당했고, 이에 대해 10인 위원회와
존타를 합친 40명 미만의 그룹이 외정을 담당했다고 말할 수 있을
것이다. 그리고 내정과 외정을 완전히 분리하는 것이 불가능한 현
실에 맞추어 이 양 그룹의 구성원은 전혀 다른 인물들로 구성되어
있었던 것은 아니다.

원수, 원수 보좌관 6명, 10인 위원회 위원 10명은 항상 두 그룹
에 속해 있었고, 또 거의 모든 경우에 6인 위원회의 위원 6명도 참
가했으므로 '내륜'에 속하는 위원이면 거의 확실하게 내외정과 국
가의 최고기밀에 관여했다는 것이 된다. '내륜'과 '외륜'으로 나눈
것은 긴급을 요하는 사항을 결정할 때는 흔히 내륜의 사람들끼리
결정하는 일이 많았기 때문이다. 요컨대 베네치아공화국의 중추는

서로 3분의 1쯤 겹치기로 선임되어 있는 2개 기관으로 성립되어 있었던 것이다.

'10인 위원회'는 16세기 베네치아 정치체제의 두뇌라고도 할 수 있었다. 베네치아의 귀족으로 원로원 의원이기도 했던 마르코 도나토는 이런 구절을 남겨놓고 있다.

"나는 한 번도 10인 위원회에 속한 일이 없다. 그러니 나는 이 나라의 중추부와 접촉했다고 할 수 없다."

'10인 위원회'와 '존타'가 16세기에 외정의 면에서 얼마나 능동적이었는가는 다음의 예들이 잘 말해준다.

〈예 1〉

1525년, 파비아 공방전이 한창이던 때의 일이다. 신성로마제국의 황제이며 에스파냐 왕이기도 한 카를로스 1세(카를 5세)의 독일-에스파냐 연합군이 교황청령인 파비아를 공격하자 역사학자 구이차르디니가 로마냐 총독으로서 진두지휘하면서 선전하고 있었다. 유럽의 여러 나라는 이 카를로스 1세의 세력증대를 걱정스럽게 지켜보고 있었다. 황제의 권력이 너무 강대해지는 것을 환영하지 않기로는 베네치아도 마찬가지였다.

당시의 교황은 메디치 집안 출신의 클레멘스 7세. 측근에 피렌체 사람이 많았다. 어느 날 측근 제1호라고 할 자코모 살비아티의 부름을 받은 로마 주재 베네치아 대사는 황제에 대항하는 동맹 결성을 원로원을 거치지 않고 추진할 수가 있겠느냐는 질문을 살비아티로부터 받았다. 대사는 즉각 본국에 급사를 보냈다. 본국 정부의 '내륜'으로부터 곧 회답이 왔다. 아주 짧은 문서로, 단 한마디

'가능'이라고만 적혀 있었다.

베네치아에서는 지체없이 10인 위원회와 존타가 움직이기 시작한다. 3월 3일, 파비아 전쟁 직후 베네치아의 특사가 남몰래 프랑스 왕에게로 출발했다. 통칭 코냐크 동맹이라 불리는, 독일—에스파냐에 대항하는 동맹 결성을 향한 첫걸음을 내디딘 것이었다. 3월 8일, 같은 임무를 띤 특사가 이 또한 극비리에 영국을 향해 떠났다. 다음 날인 9일에는 밀라노 주재 베네치아 대사에게 이 동맹에 대한 밀라노 공의 의향을 타진하라는 지령이 내려진다. 같은 내용의 지령은 다른 관계국과 주재 대사들에게도 내려졌다.

4월, 밀라노를 밀라노 공의 영유지로 공인한다는 것을 조건으로 교섭은 본격화한다. 5월, 6월, 비밀교섭은 밀라노와 프랑스, 그리고 콘스탄티노플에서 진행되고 있었다. 콘스탄티노플에서도 진행되었던 것은 프랑스와 동맹관계에 있었던 터키를 프랑스가 끌어넣자고 주장했기 때문이다. 원로원에게 이것을 알린 것은 7월에 들어서였다. 결과가 눈에 보일 만큼 될 때까지는 아무것도 못 보고 못듣게 만들어놓은 것이었다.

〈예 2〉

1540년 8월 18일자로 10인 위원회는 원수의 이름으로 콘스탄티노플 주재 베네치아 대사에게 극비로 분류된 다음과 같은 지령을 보냈다. 2년 전에 시작된 터키와의 전쟁에서 에스파냐 및 기타 그리스도교국도 합류한 연합함대가 프레베자에서 패했기 때문에 베네치아는 독자적으로 터키와 강화를 맺기로 결정한 것이다.

"이미 원로원으로부터 수령했으리라 사료되는 원로원 결의 조건으로 술탄이 강화조약 체결을 수락하면 우리로서는 그 이상 바랄 것이 없다. 그러나 10인 위원회와 존타는 다음 조건을 추가하기로 결정했다.

만약 최고의 권위와 권력을 가진 술탄이 교섭의 직접 담당자인 귀하에게 나브플리온과 말바지아 등 두 도시의 양도를 요구한다면 우리는 귀하에게 그 두 도시 중 하나를 포기할 수 있는 자유를 인정한다. 그러나 만약 두 도시를 모두 포기하지 않으면 술탄이 조약 체결을 받아들이지 않을 경우 귀하에게 둘 다 포기하는 자유까지도 인정하겠다."

평화는 회복되었다. 그러나 마지막 조건에 의해서였다. 원로원이나 공화국 국회에 한마디 의논도 없이 10인 위원회는 해외기지 2개의 포기까지도 결정한 것이다.

〈예 3〉

이번에도 터키와의 강화조약 체결에 관한 것이다. 베네치아는 에스파냐와 그밖의 그리스도교국과 공동으로 편성했던 연합함대가 레판토에서 승리했기 때문에 전선에서는 유리한 것 같지만 강화에도 무관심할 수는 없었다. 레판토 승리 후 5개월 만인 1572년 3월, 터키 함대의 전력회복을 지연하기 위해 포로를 죽이겠다는 허가를 원수의 이름으로 교황에게 신청했던 베네치아가 6월에는 벌써 터키와의 강화조약 체결에 관한 타진을 시작하고 있다. 중개자로는 콘스탄티노플 주재 프랑스 대사를 내세울 생각을 하고 있었다. 에스파냐에 대항하겠다는 생각이 불길 같았던 프랑스도 이 일에 나서는 데 적극적이었다.

그렇지만 10인 위원회는 한참 동안은 화전(和戰) 양면의 태세였던 것 같다. 레판토의 해전에 승리해 기분이 좋은 에스파냐는 재차 연합함대를 파견하는 일에 적극적인 듯한 낌새가 보였기 때문이었다. 그러나 그것도 가망이 별로 없는 것으로 드러난 1572년 9월 19일, 10인 위원회와 존타는 콘스탄티노플에 있는 자국의 대사에게 교섭을 본격적으로 시작하도록 지시한다. 직접 상대하게 될 터키 측 교섭대표인 파샤에게 5만 제키노에 상당하는 선물을 줄 자유를 부여하면서 연공금을 인상하는 조건으로 키프로스섬을 반환받도록 요구하라는 것이었다.

그러나 해전에서는 비록 졌지만 터키는 베네치아가 놓인 처지를 속속들이 알고 있었으므로 그를 상대로 하는 협상은 난항이었다. 베네치아에서도 10인 위원회와 존타에서 원로원으로 돌리자는 소리가 나오기 시작했다. 키프로스는 이미 터키군 수중에 들어가 있었다. 그러나 함락되기는 했지만 공식으로 이것을 포기하는 것은 이 섬의 군사 및 통상 면의 중요성으로 해서 나브플리온이나 말바지아 포기 때와는 문제의 중요성이 달랐다. 그런 중대사를 40명 미만의 소수로 결정하는 것을 반대하는 자가 있었던 것이다. 그러나 원로원 이관 여부를 묻는 표결에서 찬성은 2표뿐이었다.

11월 19일, 교섭은 도무지 진전이 없다. 10인 위원회와 존타는 이 날짜로 콘스탄티노플 주재 대사에게 새로운 지령을 보냈다. 이 제는 키프로스를 반환받는 문제는 생각하지 않아도 좋다는 내용이었다. 그런데 이렇게 결정하기 전에 한 번 더 이 일을 원로원으로 이송할 것인가 말 것인가를 표결에 부쳤다. 그러나 이번에도 찬성은 3표뿐이었다.

원로원에 알린 것은 해를 넘겨 1573년 3월에 강화조약이 체결되고 난 다음이었다. 키프로스는 공식적으로 터키령이 되었다. 그동안 조선소에서는 연일 군선이 진수되었고 승무원 모집도 하고 있었으므로 다른 나라들은 물론이고 베네치아 시민들까지도 베네치아의 의도가 전쟁 계속에 있다고 믿어 의심치 않았고, 또 그렇게 믿도록 베네치아 정부가 노력해왔던 것이다.

이상에 든 세 가지 예는 모두 직접 베네치아의 운명이 관계된 일들이었지만 그렇지 않은 일이라도 원로원에도 공화국 국회에도 알리지 않고 독자적으로 처리했던 일이 많았다. 베네치아공화국의 정보수집 능력은 당시로서는 발군의 실력이었으므로 베네치아와 직접 관계가 없는 정보도 많이 들어왔다. 영국의 엘리자베스 여왕의 여관(女官)을 교황청이 매수하는 데 성공했다는 정보도 그 한 예다. 10인 위원회는 이것을 원로원에 알리지 않기로 했다. 이렇게 비공개 문서로 분류한 것은 이것이 세상에 널리 알려졌을 때 영국과 로마 교황청과의 관계가 악화되는 것을 걱정해서라기보다는 이런 유의 정보는 유사시에 교황청에 대한 견제구로 이용할 수 있기 때문이었다.

그밖에도, 귀임한 대사가 반드시 하게 되어 있는 원로원에서의 보고도 원로원에서 보고문을 낭독하기에 앞서 그 초고를 10인 위원회가 사전에 체크하는 것으로 되어 있었다. 그 시점에서 공개하는 것이 타당하지 않다고 판정된 부분의 낭독을 금하는 일은 자주 있는 일이었고, 보고서 완본이 11월에 제출되었는데도 다음 해 3월에야 낭독되는 경우도 적지 않았다. 예를 들면 프랑스 근무에서 막 돌아온 대사의 보고 중에 프랑스 왕의 비판세력에 관해 기술한 부분이 있었다. 물론 10인 위원회는 이 부분의 공개를 금했다. 그리고 그 비판세력이 프랑스의 주권을 쥐는 데 성공한 단계에서 비로소 원로원에 대한 보고를 허용했던 것이다. 새로이 왕위에 오른 한때의 '비판세력'이 이러한 베네치아의 배려를 잊지 않아 이후의 양국관계 개선에 도움이 된 것은 말할 것도 없다.

원로원이 대단히 경시당했다는 느낌이지만, 원로원과 10인 위원회 사이에는 이런 경우 흔히 생기기 쉬운 권한을 둘러싼 알력은 일어나지 않았다. 그 까닭은 10인 위원회와 존타의 구성원 전원이 원로원 의원이기도 했기 때문일 것이다. 또 1582년까지만 해도 베네치아 정치 담당자들은 기밀유지가 되지 않으면 효율적인 정치를 할 수 없다는 데 의문을 가진 자가 없었다.

마르코 도나토는 "나는 10인 위원회에 속한 일이 한 번도 없다. 따라서 나는 나라의 중추부와 접촉이 있었다고 말할 수 없다"라고 썼지만 그렇다고 그도 10인 위원회를 폐지하라고는 주장하지 않았다.

베네치아의 선거방식

그러나 '내륜'과 '외륜'의 내정 담당 그룹이건 10인 위원회와 존타 같은 외정 담당 그룹이건 서로 3분의 2쯤은 겹치기이니까 60명이라고 치고 그 정도의 수로 추릴 경우 그 구성원 개개인의 능력이 정부 업적에 영향을 미치는 정도는 필연적으로 높아지게 마련이다. 특히 16세기의 베네치아는 소수에게 당연히 요구되는 경험이라는 요소를 '벼슬 돌려가며 하기'로 확보하는 방식을 채택하고 있었기 때문에 어떻게 하든 적재(適材)를 뽑는 일이 전보다도 특별히 더 중요한 과제가 되었다. 이것은 구성원 전원의 부패를 방지하기 위해서도 전보다 한층 더 엄밀하게 시행되지 않으면 안 되는 일이었다.

뭐니뭐니 해도 일단 '벼슬 돌려가며 하기'에 한몫 긴 사람은 권력의 중추부에 여러 해 눌러앉아 있을 수도 있는 것이다. 권력을 오래 손에 쥔 사람은 반드시 타락한다는 현실을 직시해 짧은 임기와 휴직기간을 두지 않고는 재선을 하지 못하게 하는 제도로 그 폐해를 최소화하는 데 성공해온 베네치아였지만, 능률적인 군주제에 대항하기 위해선 그런 제도를 왜곡해서 운용해야 할 필요까지도 절실히 느끼게 되었던 것이다. 이렇게 되면 점점 더 어떻게 적재를 선출하는가 하는 것이 공화제의 장래를 좌우하게 된다. 베네치아에는 정치를 담당하는 귀족계급만을 대상으로 하는 귀족 감시위원회가 있고 국가 감시관이라는 제도도 있었지만 감시만으로 충분하지 않음은 당연했다.

베네치아의 국가원수 선출방식은 제5장에서 말했으니까 여기서는 다른 의원이나 위원들의 선출방식을 설명하기로 한다. 원수 선출의 경우에서 보았듯이, 베네치아의 선거방식은 단지 어떤 인물을 선출하는 것이 아니고 후보자 명단을 작성하는 인물을 선출하는 일에서 시작된다. 공정한 선출은 공정한 후보자 선발과의 병행이 아니면 완전하지 않다고 베네치아인들은 생각했던 모양이다.

베네치아 선거방식의 두 번째 특징은 찬성표만이 아니라 반대표도 던질 수 있다는 데 있다. 이 점 또한 오늘날 우리 선거방식과 다른 점이다. 그러니까 베네치아의 선거에서는 찬성표를 가장 많이 얻은 자로서 반대표의 수가 찬성표의 수를 넘지 않는 그런 사람이 뽑히는 것이다. 아무리 찬성표가 많아도 반대표가 그보다 더 많으면 뽑히지 못한다.

반대표도 함께 던지게 되니 당연한 일이지만 베네치아의 선거에서는 기립이라든가 거수 따위로 체결하는 일은 있을 수 없다. 무기명 투표이며 투표의 비밀은 엄히 지켜졌다.

공화국 국회를 예를 들면 그곳의 투표는 다음과 같이 시행된다. 공화국 국회에서 선출하는 관직은 공화국 원수와 그밖에 원로원 의원, 국가 감시관, 40인 위원회, 원수 보좌관, 해외 식민지의 총독과 기지의 사령관, 육군의 참모, 해군의 총사령관과 참모 등등이다. 그러니까 1년이면 적어도 20회, 많은 해는 40회나 다음과 같은 방식으로 투표를 시행했다. 개회일은 매일요일이다.

그 전날인 토요일에 다음 날 선출할 관직이 리알토 다리 주변에 게시·공고된다.

일요일, 원수 관저의 가장 넓은 방인 공화국 국회 의사당의 자기 자리에 착석한 의원들은 한 사람씩 원수와 원수 보좌관이 앉는 의장석 앞으로 나아가서 거기에 놓인 큰 상자의 구멍 안으로 손을 넣어 안에 있는 구슬을 하나씩 끄집어낸다. 구슬이 금색이면 그가 후보자 명부의 작성위원이 되었다는 것을 의미한다. 끄집어낸 것이 은색이면 자격을 잃는다. 금 구슬에는 정교하게 표시가 되어 있어 외부로부터 가짜를 가지고 들어오면 당장 탄로가 나게 되어 있었다.

금 구슬을 잡은 사람은 의장석 앞에 마련해놓은 좌석에 앉는다. 이 좌석에 착석하는 사람이 36명이 될 때까지 구슬 끄집어내기가 계속되는 것이다. 36명의 후보자 명부 작성위원은 착석한 순서대로 네 그룹으로 나뉜다. 네 그룹은 각각 4개의 별실로 가서 후보자 명부 작성을 시작한다. 작성이 끝난 4개의 후보자 명부가 제출되면 선거가 시작되는 것이다.

흰 구슬은 찬성, 초록색 구슬은 반대를 각각 의미한다. 후보자 이름이 호명될 때마다 1천 명이 넘는 의원들이 자리에서 일어나서 투표하러 나간다. 흰색을 던졌느냐 녹색을 던졌느냐는 본인밖에 모르도록 되어 있었다. 이런 투표가 후보자 명부에 올라 있는 마지막 한 사람에게까지 되풀이된다. 후보자 명부는 4개만인 것이 아니라 원로원이 작성한 명부, '중추' 그룹이 만든 것도 있어서 원로원의 반수를 개선할 때나 그밖의 경우 투표 횟수는 대단한 숫자에 달했다. 그래도 외국에서 온 참관자들은 투표가 혼란 없이 빨리 진행되는 데 감탄하기도 했다.

공화국 국회의 평의원이라도 4개나 되는 후보자 명부를 작성할 수 있다는 것은 모든 귀족이 평등한 권리를 가진다는 베네치아 공화제의 기본개념의 구현이다. 그러나 실제로는 가장 중요한 관직인 원수 보좌관, 총독, 함대 총사령관의 인선 등은 원로원과 중추 그룹이 제출한 후보자 명부가 그대로 통과되는 경우가 많았다.

선거가 진행되는 동안에는 발언이 일절 금지되었다. 일단 후보자 명부가 작성되면 그날 안으로 선출을 마쳐야 하는 것으로 정해져 있었다. 선거운동을 할 시간적 여유를 주지 않기 위해서였다.

득표한 찬성표수만이 선거결과를 결정하는 것이 아니고 반대표수도 고려해야 하는 베네치아 선거방식은 종종 멋진 결과를 낳았다. 1500년과 1509년의 두 해에 원로원 의원의 반수를 개선하는 선거에서 원로원이 제출한 명부에 올라 있던 후보자들은 거의 전원이 선출되지 않았던 것이다. 반대표가 찬성표보다 많았기 때문이다. 1500년에는 전해에 있었던 터키와의 전쟁, 1509년에는 캉브레 동맹 전쟁을 시작하고 만 외교상의 실책에 대한 책임을 정부와 군사 담당자에게 함께 물은 것이었다.

연대기 작가 프리울리도 사누도도 모두 이 사건을 정부의 붕괴나 마찬가지라고 썼다. 거의 모든 정부 요직은 원로원 의원 중에서 선출되었고, 원로원 의원은 베네치아의 공직 중에서 30세 이상으로 1가족에 1명이라는 규칙은 있어도 연속 재선이 허용되는 유일한 공직이었다. 그런데도 원로원이 낸 후보자나 전 의원 대신에 새로이 선출된 사람들은 경험은 적어도 가족 중 누구인가가 전사했거나 그들 자신이 종군해 잘 싸운 사람들이었던 것이다. 이때의 투표를 지배한 분위기는 내각 불신임 결의 때의 분위기와 같았을 것이다.

그러나 상대적으로 보면 16세기 베네치아의 공화정체는 효율적인 운용에 의해 당시의 군주국에 당당히 대항해내고 있었다. 가스파로 콘타리니가 이론적 근거를 제공했듯이, 아리스토텔레스 이래의 과제인 이상적인 정체, 즉 다수제와 소수제와 군주제를 혼합한 정체, 이러한 정체에 가깝게 다가선 것이 베네치아의 정체라고 말한다 해도 굳이 이의를 제기할 만한 이유를 발견할 수가 없을 정도이다.

가스파로 콘타리니로 하여금 베네치아공화국의 정체를 말하게 하면 이렇게 될 것이다. 다수제는 공화국 국회에, 소수제는 원로원과 10인 위원회로 대표되는 중추 그룹에, 군주제는 군주제의 이점을 살리면서 그 결점은 배제한 원수에 각각 구현되어 있으며 이들을 모두 혼합한 형태로 운영되고 있는 것이 베네치아의 공화제라는 것이다. 이론상으로는 전적으로 그의 말 그대로이며, 실제상으로도 다수는 다수의 횡포로 흐르지 않고 소수는 소수대로 가진 권리를 남용하지 않으며 원수도 그 지위와 명성을 이용해 군주제로 몰고 가려는 움직임을 보인 일이 없었다.

이것은 필경 당시의 베네치아인들이 가지고 있던 강렬한 공동체 의식의 공으로 돌릴 수밖에 없을 것이다. 10인 위원회의 어떤 위원이 했다는 다음의 말이 저간의 사정을 여실히 전해준다.

"베네치아 사람이 먼저, 그리스도교도는 그다음."

소수 사람들이 권력을 틀어쥐고 있어도 다수 사람들과 그 아래 서민계급들은 반권력의 반기를 들 이유를 베네치아에서는 갖지 않고 지낼 수가 있었다. 법은 누구에게나 평등하게 적용되고 있었고 이익의 분배도 일단은 공정하다 할 수 있었다. 자유는 종교개혁과 반종교개혁의 물결이 소용돌이치는 가운데서도 감동적일 만큼 잘 지켜지고 있었다. 히스테릭한 이단자 재판이 베네치아에서는 단 한 건도 일어난 일이 없었다.

베네치아의 후생사업의 수준도 페스트 방역대책에서 볼 수 있듯이, 같은 시대의 다른 나라에 비해 비교할 수 없을 만큼 뛰어났다. 병원의 이름은 '불치'(인쿠라빌레) 병원 따위로 아이러니컬한 이름이 많았지만 치료 내용의 수준은 높았으며, 전도를 위해 아시아로 떠나기 전에 사비에르도 이그나티우스 로욜라와 함께 베네치아의 병원에서 실습 공부를 했다.

베네치아는 또 외과의와 이발사를 처음으로 구별한 나라였다. 당시 다른 나라의 실정을 보면 외과의는 이발사를 겸했고 내과의

와 구별되고 있을 뿐이었다. 그러나 베네치아에서는 내과의와 외과의의 구별이 없었고 조합도 동일조합을 구성하고 있었다. 이발업은 그것대로 조합이 있었고 이발사는 이를 뽑는 것 이외의 의료시술은 금지되고 있었다. 그뿐만 아니라 베네치아의 의사는 졸업할 때의 국가시험은 물론이고 1년에 한 번씩 시험을 의무적으로 치르도록 되어 있었다.

베네치아의 선박에는 그러므로 내과도 볼 수 있는 의사를 태우도록 법으로 의무짓고 있었다. 같은 시대의 영국 배가 이발사 겸 외과의밖에 태우지 않았던 시대의 일이다. 그런 까닭에 베네치아의 선의(船醫)는 수준이 높았다. 파도바나 볼로냐의 대학에는 의학부에서 공부를 마친 후에 병원에서 인턴 근무를 한 다음 선의로서 배를 탄 경력이 있는 교수도 드물지 않았다.

선의는 베네치아의 상업이나 외교에서와 마찬가지로 실제 교육의 장으로서 중요시되었던 것이다. 그 당시부터 벌써 베네치아의 배에서는 선의가 단골로 선장과 식탁을 같이하는 말벗이었다.

본토의 속령을 통치하기 위해 파견되는 공무원들도 공정한 근무로 정평이 나 있었다. 사복을 채우는 탐관오리가 일반적이었던 동시대 다른 나라들에 비해 베네치아가 통치하는 지방의 주민들은 다른 나라의 지배를 받느니 베네치아의 속주이기를 택하는 일이 많았다. 특히 종교가 같은 가톨릭교인 이탈리아의 속주에서 그런 일이 두드러졌다. 캉브레 동맹 전쟁에서 진 베네치아를 버리고 일단은 프랑스나 독일에 성문을 열어주었던 이들 이탈리아의 도시들도 10년이 안 되어 다시 베네치아에 속하게 된 것은 대국들 사이의 다툼 때문이기도 했지만 주민들의 그 같은 정서의 반영인 점이 더 컸다. 공직자의 뇌물은 베네치아에서는 사형감이었다.

외교로 말하면 이는 경제기술과 함께 베네치아의 '자원'이었다고 말할 수 있다. 중요국가에 상주대사를 둔 최초의 나라였던 베네치아에서는 대사들이 귀국하면 원로원에서 보고하는 것을 의무로 하고 있었다. 그러한 장문의 상세한 보고에서는 주재국의 모든 것에 대한 분석·정리는 물론 장래에 대한 예측까지도 담고 있었다.

따라서 그것은 단순한 귀국보고에 그치는 것이 아니고 하는 사람이나 듣는 사람이나 매우 진지했다. 듣는 쪽인 원로원 의원들 중에는 대사로 근무한 경험이 있는 사람이 많았고, 그렇지 않은 사람도 언젠가는 자기가 그런 대사직을 맡게 될 가능성이 많은 사람들이었으므로 진지하게 경청했다. 무엇보다도 잘 정리된 정보를 얻는 가장 귀중한 기회였다. 보고서를 작성하는 쪽도 진지하기로는 마찬가지였다. 원로원에서 한 귀국보고에 대한 평가 여하에 따라 그 후의 정치적 진로와 경력이 결정되는 일이 많았으니 말이다. 귀국 후 바로 중추 그룹의 일원으로 선출된 가스파로 콘타리니도 결코 예외적인 존재가 아니었다.

오늘날 이들 보고는 책 10여 권으로 정리·편찬되어 출판이 진행되고 있다. 19세기 중엽에 피렌체에서 한 번 출판된 적이 있었지만 이번 것이 결정판이다. 이 판은 1980년 현재 출판이 끝난 것이 영국편, 프랑스편, 에스파냐편 등 9권이고, 앞으로 터키편, 이탈리아 군소국편 등이 속간될 예정이다. 이 시대의 유럽과 중근동 세계를 아는 데 가장 신뢰도가 높은 사료인 것은 말할 것도 없다.

결론을 말한다면, 한 이데올로기에 입각하지 않고 정치를 가능

성의 '기술'(아르테)로 보는 사람들에게는 16세기 베네치아의 공화
제는 대체로 효율적으로 잘 운영되었다고 말할 수 있을 것이다. 다
만, 베네치아식의 정체는 시야가 넓은 만능적인 정치가를 육성하
는 데는 유리했지만 당시의 군주제 국가에서 성장하고 있었던 분
업형의 행정관료계급 육성에는 불리함을 면하지 못했다.

정치는 어떤 면에서 예술과 마찬가지여서 정치적 능력이란 필경
천성의 소질에 의존할 수밖에 없다. 넓은 시야에 서는 정치가가 될
수 없는 자에게는 어떤 분야의 전문가라도 될 수 있는 길을 열어줄
필요가 있다. 베네치아의 정체에서는 그런 일을 맡아 할 기구가 결
여되어 있었다. 베네치아공화국에는 산업 분야만의 전문가, 행정
분야만의 전문가가 없었을 뿐 아니라 전문적인 해군마저도 없었던
것이다.

그러나 베네치아 공화정체의 이런 점도 올마이티한, 즉 만능적
인 인물을 키워내는 기구인 귀족계급이 효율적으로 그 힘을 잘 활
용하고 있던 16세기에는 결점보다는 이점이 더 두드러졌다. 베네
치아 공화제의 어두운 그림자는 이것과는 무관한 곳으로부터 보이
지 않게 다가오고 있었던 것이다. 그것은 첫째로 피의 문제였고,
둘째로는 귀족계급 안에서 점차 고정화된 빈부격차 문제였다.

원수 안드레아 그리티

두 번째 문제를 먼저 생각해보기로 하면, 제4장 '베니스의 상인'
에서 말했듯이, 베네치아의 교역은 자본이 없는 자도 경영에 참가
할 수가 있고 그럼으로써 자본의 축적도 할 수 있게 되어 있었다.

몰락한 귀족의 자제에게는 상선의 석궁수 자리를 마련해주어 그 경력을 통해 상업기술과 항해기술을 배우면서, 급료만이 아니라 통상 권리를 활용해 조금씩 돈을 모을 수 있었고, 또 4년의 경험을 쌓으면 선장이 되는 자격도 가질 수 있게 했다. 이를테면 패자부활전의 기회는 누구에게나 주어진다는 이야기가 된다. 이런 것은 가진 자와 못 가진 자 사이의 교류를 촉진하고 빈부 차이의 고정화를 막는 데 크나큰 기여를 했다.

그런데 16세기에 들어선 후의 베네치아 경제는 제10장 '대항해시대의 도전'에서 기술했듯이, 다각화하지 않을 수 없게 되어 해외교역이 주종이었던 15세기까지에 비해 국내 수공업이 차지하는 비중이 비약적으로 상승한 시기다.

공업은 자본이 없는 자에게는 장인으로서밖엔 일할 자리를 주지 않는다. 장인은 장인으로서 자기들만의 조합을 가졌고 기술자로서 긍지를 가진 사람들이었으니 그 속에 섞이는 것은 바란다고 해서 되는 일이 아니었다.

중산계급의 또 하나의 기둥이었던 사무관료직은, 귀족은 정치를 담당하고 사무는 '시민'이 담당하는 것으로 정해놓았으므로 아무리 안정된 급료가 탐이 나도 귀족인 이상 사무관료직은 할 수가 없었다. 정부는 정신적·물질적으로 풍족한 귀족계급이 건재해야만 존립할 수 있는 것이 베네치아 공화제라는 것을 잘 알고 있었으므로 '베르나보티'라 불린 몰락귀족의 구제대책에 열심이었다. 그러나 이런 구제대책이란 것도 경제구조 변화에 따라 '패자부활전'의 기회가 감소하는 마당에서는 한쪽 날개가 떨어져나간 반쪽짜리가 될 수밖에 없었다. 단순한 복지대책에 그치고 마는 것이다.

그래서 이러한 '베르나보티'가 부유한 귀족이 경영하는 공장이나 농장의 관리자가 되거나 극단의 경우는 구걸까지 하는 사태를 막을 수가 없었다. 이런 거지들은 보통 거지와는 구별되게 온몸을 검은 의상으로 가리고 눈만 내놓은 꼴을 해서 상대방이 자기를 알아볼 수 없도록 하고 구걸했으므로 사람들은 그들을 '수줍은 거지'라 불렀다.

적자생존은 어떤 의미에서는 좋은 일이라 할 수 있지만, 베네치아에서는 이들 몰락귀족들도 정치를 담당해야 했다. 귀족의 적자로 태어났다는 것만으로 그 바쁜 정치를, 그것도 무보수로 담당해야만 했다. 표를 돈으로 팔고 산다는 소문이 사람들의 입에 오르내리게 된 것은 패자부활전의 감소에 의한 가난한 귀족의 고정화와 더불어 일어난 현상이었다. 그러나 매표라는 경향도 표를 돈과 맞바꾼 것은 아니고, 수입은 많고 지출은 적은 자리, 다시 말하면 성직계의 좋은 자리에 집안의 한 사람을 추천받는 대가로 원로원의 공직자 선거 때 표를 던져준다는 정도의 것이었으므로 공화제를 허물어뜨리는 정도의 폐단을 낳는 데까지는 이르지 않을 수 있었다. 베네치아령 내의 성직은 대주교 자리 같은 것도 교황이 마음대로 자기가 좋아하는 사람을 임명하지는 못했고, 베네치아 정부가 제출하는 네 사람의 명단 중에서 교황이 뽑는 것이 관례로 되어 있었기 때문이다.

성직은 당시로서는 일가권속들을 부양하는 것쯤은 어렵지 않게 할 수 있을 정도로 수입이 많은 직업이었다. 파도바의 대주교쯤 되면 그 수입이 베네치아에서 가장 보수가 많은 국가원수의 연간 보수와 거의 맞먹는 수준이었지만 베네치아의 원수는 받은 급료를

'수줍은 거지'

전액 소비해야 할 의무가 있었다. 한 집안에서 로마 교황청과 관계가 있는 성직자가 나오면 그 집안 남자들은 로마 관계의 의안 체결에는 참가할 수 없게 되지만 그런 정도의 불편은 거지 노릇을 하기보다는 참아내기가 월등히 수월했을 것이다.

귀족 집안의 정실 몸에서 태어난 탓에 고생하는 자가 있으면 그 반대로 귀족으로 태어나지 못했다 하여 이를 가는 자가 생기는 것도 당연한 일이다. 베네치아의 귀족계급에서는 외가가 무라노의 유리장이건 장사꾼이건 또는 조선소의 직공이건 아무런 문제가 될 것이 없었지만, 귀족계급에 속하는 부친과 그 정실, 즉 정식으로 결혼한 부인 사이에서 태어난 적자가 아니면 귀족으로서 공화국 국회 의석을 보유하는 것이 허용되지 않았다. 같은 시기 이탈리아의 여러 국가가 체사레 보르자를 대표선수로 하는, 그런 핏줄을 타고나지 않더라도 실력과 행운만으로 정치적 야망을 실현할 가능성을 열어주고 있었던 것과는 대조적이다. 서자들의 메카와도 같았던 교황청은 물론이요 군주국에서도 서자라는 것이 그다지 결정적으로 불리한 조건은 아니었다. 그런데도 베네치아는 세습에 의한 지배계급의 안정화를 꾀했던 까닭에 그것을 통해 얻는 이익도 적지 않았지만 이 제도 밖으로 밀려난 자에게는 실지 만회의 가능성은 절망적이었다.

원수 안드레아 그리티 부자는 베네치아의 이와 같은 정체가 낳은 빛과 그림자를 가장 잘 체현하고 있는 듯하다.

티치아노의 손으로 그 성격까지도 잘 표현된 초상화가 오늘날까지 남아 있는 안드레아 그리티는 1455년에 탄생했다. 가정에서 교육을 받은 후 파도바로 보내져서 철학을 공부했다. 부친이 일찍이 세상을 떠나 조부 슬하에서 양육되었으며, 조부가 대사로 부임한 영국, 프랑스, 에스파냐에도 동행했다. 어학에 통달해 모국어는 물론이고 영어, 프랑스어, 에스파냐어 외에도 라틴어, 그리스어, 터키어도 말하는 데는 불편함이 없었다.

1480년 25세 무렵부터 터키의 수도 콘스탄티노플로 가는 일이 잦았으며, 그곳과 본국 사이를 연결하는 소맥 무역으로 상인으로서도 성공했다. 베네치아에서는 벤드라민 집안의 규수와 결혼해 1남 2녀를 두고 있던 그가 콘스탄티노플에서 사귄 그리스 여자와의 사이에 아들 셋을 얻은 것도 그 무렵의 일이다. 터키 궁정의 중신들과 교제도 있었고 특히 재상과는 절친한 친구 사이였다.

한데 1499년 터키와 베네치아 사이에 전쟁이 터졌을 때 그는 첩자 혐의를 받아 체포되고 말았다. 그 직전에 일어난 터키 조선소의 화재가 그의 비밀공작에 따른 것이라는 혐의를 받았던 것이다. 정

원수 안드레아 그리티

말로 그런 일이 있었는지를 밝혀주는 사료는 없다. 형은 사형으로 결정이 났다.

그러나 그리티란 사나이는 머리가 좋고 교양도 높은데다가 당당한 체구의 미남자였을 뿐 아니라, 사귀는 남자마다 반해버리는 그런 성격의 소유자였던 모양이다. 친한 친구 사이인 재상 아메드는 물론이고 술탄인 바예지드까지도 그를 몹시 마음에 들어 했고 터키인 유력자들의 구명운동도 있고 해서 사형을 면할 수가 있었다.

사형을 면했을 뿐 아니라 술탄은 그를 석방해 베네치아로 돌려보냈다. 이미 타진을 시작하고 있던 강화조약 협상을 위해서였다. 1503년에 조인을 마치게 되는 터키-베네치아 간의 강화조약은 혼자서 베네치아와 콘스탄티노플을 몇 차례나 오고 간 그리티가 이룩해낸 것이나 다름없었다. 조약이 체결된 후 베네치아는 그를 중추 그룹의 한 사람으로 선출했다. '벼슬 돌려가며 하기'에 붙들려 그는 한참 동안 베네치아에 머무르게 된다.

그러나 1508년 캉브레 동맹 전쟁의 발발과 함께 그는 총사령부 참모로 선출된다. 베네치아 육군의 총사령관은 외국인인 용병대장이 맡게 되므로 그 곁에서 총지휘 이외의 일을 맡아 하고 베네치아인 최고책임자로서 돈줄까지도 쥐고 있는 것이 '프로베디토레', 즉 총사령부 참모의 임무였다. 또 외국인인 총지휘관이 용병계약에 따라 제대로 움직이는지를 감시하는 것도 중요한 임무의 하나였다. 총지휘관에 최악의 일이 생기면 그를 대신해 지휘를 맡아서 할 의무도 있었다.

특히 캉브레 동맹 전쟁에서는 초전단계에서 아냐넬로의 전투에 대패해 베네치아 육군은 해체된 것이나 다름이 없었다. 용병대장들 사이에서도 의견이 서로 맞지 않았고 그러는 사이 적군은 파죽지세로 파도바를 점령하고 메스트레를 불태워 잿더미로 만들었다. 이제 베네치아를 가로막는 것은 좁은 바닷물뿐이었다. 참모 안드레아 그리티는 방위는커녕 패전으로 지리멸렬이 된 육군의 재편성이라는 대사업부터 시작하지 않으면 안 되었다.

그는 먼저 게릴라전법을 구사함으로써 잇단 패전으로 주눅이 든 병사들의 패배의식을 씻어 없애고 사기를 바로세워 나가기로 했다. 이 전술은 조금씩 성과를 나타내기 시작한다. 이어서 모국 정부에 강력히 요청했던 군자금의 도착을 기다려 파도바 탈환작전에 들어갔다. 파도바뿐 아니라 비첸차도 브레시아도 되찾았다. 이렇게 되면 병사들도 주민들도 기세가 오르고 힘을 더 내게 된다. 황제군이 걸어온 총공격을 물리치고 파도바 방위에 성공했을 무렵에는 해체된 거나 마찬가지였던 베네치아 육군도 안드레아 그리티의 지휘 아래 완전히 재편성이 이루어져 있었다.

하지만 모든 과정이 순조롭게 진행되기만 했던 것은 아니었다. 프랑스군 대장에게 사로잡힌 일도 있었다. 사로잡힌 그는 곧 대장 트리불치오와 친한 사이가 되어 기회를 엿보다가 말을 달려 탈주하는 데 성공한다. 한 번은 또 프랑스 왕 프랑수아 1세에게 사로잡힌 적도 있었다. 그러나 이번에도 또 왕이 그를 몹시 마음에 들어해 포로인 그에게 갓난 왕녀를 위해 영세 때 대부가 되어달라는 부탁을 해오는 일이 벌어지기도 했다.

이런저런 엎치락뒤치락의 과정에서도 그는 마치 손수 모집해 양성시킨 병사라도 되는 듯 용병들을 잘 다독거려 부려먹는 법을 터득하고 있었다. 병사들과 한 막사에서 잠을 자고 식사를 나누어 먹으면서 돈으로밖엔 움직이지 않을 용병들의 마음을 휘어잡아 나갔다.

전쟁이 끝난 후에도 그는 본토에 남아 있게 된다. 본토의 총독으로 선출되었기 때문이다. 이 시기에 본토에 있었던 베네치아의 속령들은 적군에 점령되었다가 하나둘씩 베네치아령으로 돌아오기 시작해 얼마 지나지 않아서 캉브레 동맹 전쟁이 시작되기 이전의 상태로 복귀했다.

본토 쪽 사정이 어지간히 정리가 되었다고 보았던지 1514년에 그는 해군 총사령관으로 선출되었다. 이 시기에 베네치아 해군은 실전을 치른 일이 없으므로 전술가로서 그의 능력을 헤아려볼 만한 자료는 없다. 그러나 총사령관의 임무 중에는 동맹국 해군과의 공동전선 체제의 정비, 본국으로부터 키프로스까지 뻗친 전선에 자국 해군력을 배치하고 유지·정비하는 일, 평시에도 10만 두카토에 이르는 막대한 해군예산의 효과적인 사용 등을 주요 사항으로 들 수 있다. 단순한 무인장수로는 간단히 감당해낼 수 없는 중책이었다.

1517년에는 육·해 양군의 군비 총책임자로 선출된다. 2년 후에는 다시 해군 총사령관으로, 1521년에는 다시 본토의 속령을 통치하는 총책임자로 선출된다. 이 무렵 본토의 속령은 캉브레 동맹 전쟁 이전의 상태로 돌아와 있었다. 그리고 1523년 68세의 나이에 그는 공화국 원수로 선출되었다.

그의 원수 선출은 결코 간단하게 진행된 것은 아니다. 안드레아 그리티의 자존심이 강한 데 반발하는 자도 많았고, 민중들의 인기면에서는 겸손하고 온화한 인품의 안토니오 토론이 위였다. 그리티의 반대파는 터키에 셋이나 서자를 둔 사람은 베네치아공화국 원수로 적당치 않다면서 반대파의 결집을 꾀했지만, 그리티의 그릇과 재능을 높이 평가하는 사람도 많아서 투표를 세 번이나 한 끝에 당선에 필요한 25표를 획득해 겨우 당선되었다.

원수에 취임한 후 그는 군주제의 이점은 갖추었으되 결점은 배제한 것이란 말을 듣던 베네치아 공화제의 이상적인 원수상을 체현하는 15년을 보낸다. 나중에 이야기하게 되지만 가장 사랑하는 아들을 위해 공화국의 법률을 그릇 운용할 생각은 꿈에도 하지 않았고 식량부족 때는 자기 집 재고량을 대량으로 염가방출해 국가비축양곡의 재고량 유지에 이바지했다.

베네치아의 독립은 열강 사이의 세력균형이 이루어져야만 가능하다는 것을 확신한 그는 세력균형의 실현과 유지를 위해 가능한 모든 노력을 아끼지 않았다. 어떤 때 어떤 일을 결정하기 위해 자기에게 반대하는 세력까지도 필요하게 된 경우엔 짐짓 반대의 의

사표시를 해서 반발파를 속여 결과적으로 자기가 생각하는 방향으로 몰고 간 예도 드물지 않았다. 냉철한 현실주의자로서 위신을 유지하기 위해 전쟁하는 일만큼 해로운 것은 없다고 믿고 터키건 에스파냐건 프랑스건 가능한 한 협조노선을 채택해야 한다는 것이 그의 주장이었다.

안드레아 그리티는 그러나 재간 있는 사람이 흔히 그러하듯이 자기현시욕도 상당히 강했던 모양이다. 공화국의 부와 권력의 상징으로서 원래 화려한 옷차림을 하도록 되어 있는 국가원수의 의상이 그 후 300년 동안 계속되었는데 이러한 일정 스타일의 틀을 부여한 것도 바로 현란한 복장을 좋아한 그였다. 때와 장소에 따라 그리티 원수가 차려입고 나가는 의상은 외국 사절들의 경탄을 자아냈다. 예를 들면 성모 마돈나의 축제일에는 순백의 능직(綾織) 단자(緞子)에 은실로 수를 놓은 긴 망토를 걸치고 나타났고, 에스파냐 대사를 주빈으로 초대한 연회에서는 금란(金襴) 단자 망토의 긴 자락을 끌며 나타나곤 했다. 키가 훤칠하게 큰 근육질 체구에 순백의 턱수염을 기른 그의 용모와 풍채는 차려입은 의상이 아무리 현란하여도 무색해지지는 않았을 것이다. 당시 그리스도교 세계 최고의 군주 카를 5세(카를로스 1세)의 초상화를 그린 티치아노의 화필에 안드레아 그리티만큼 어울리는 대장부도 아마 없었을 것이다.

이런 에피소드도 있다. 프랑스와 독일 및 에스파냐가 싸워 패전한 프랑스 왕이 포로가 되었을 때의 일이다. 이 소식을 가지고 원수를 만난 에스파냐 대사가 카를로스 1세의 힘이 얼마나 강대한가를 설파하면서 베네치아도 프랑스 따위는 상대하지 말고 에스파냐

편에 서라고 권한 일이 있었다. 이 말에 대해 원수 안드레아 그리
티는 이렇게 답했다.

"두 분 군주가 다 나와는 친구 사이이니 내 상념이 복잡한 것은
어쩔 수 없는 일이오. 나로서는 승리를 구가하는 왕과는 함께 그
기쁨을 나누고 불행을 한탄하는 왕과는 함께 울기로 하겠소."

이런 말을 가리켜 완전한 외교사령이라 해야 할 것이다. 외교사
령도 이에 이르면 걸작이라 해야 한다. 이 말을 전해 들은 카를로
스 1세는 베네치아를 비난하지 않았고, 옥에 갇힌 프랑수아 1세는
풀려난 뒤에도 평생 그 말을 잊지 않았다.

안드레아 그리티는 1538년 12월에 죽었다. 83세였다. 그 자신
회피하려고 온갖 노력을 기울였는데도 일어나고 만 터키와의 전쟁
에서 패전한 것을 안 지 얼마 안 되어 숨을 거둔 것이었다. 그래도
죽기 며칠 전 베르나르도 나바제로를 불러들였다. 나바제로는 정
부의 위촉으로 공화국사를 집필 중이어서 중요 인물의 장례 때는
그가 추도문을 써서 낭독했다. 내 장례식 때 읽을 추도문을 들어보
고 싶다는 원수의 희망에 급히 서둘러 기초한 것을 나바제로가 원
수의 병상 베갯머리에서 읽어주자, 다 듣고 난 그리티는 단 한마디
이렇게 말했다.

"음, 그런 것일 테지."

그로부터 닷새 후에 그는 죽었다.

야심가 알비제 그리티

알비제 그리티는 원수 그리티의 서자였다. 그리티가 콘스탄티노

플에 체류 중일 때 그리스인 여자와의 사이에 아들을 셋 두었는데, 장남은 성격이 얌전했던지 태어난 곳인 터키에서 상인으로서 평온한 일생을 살았다. 둘째 로렌초는 부친 곁에서 베네치아와 터키를 잇는 사설 사절 비슷한 일을 시작했지만 젊은 나이에 일찍 죽었다. 알비제는 셋째아들이다. 그도 콘스탄티노플에서 태어났지만 교육의 전반기는 콘스탄티노플에서, 후반기는 이탈리아로 옮겨 파도바에서 받은 것 같다. 부친인 안드레아는 자기를 닮아 재주가 많고 지기 싫어하는 셋째를 가장 사랑한 것 같다. 정실과의 사이에 난 외아들은 부친이 파도바 방위전으로 이름을 떨치기도 전에 요절했다.

젊은 알비제 그리티는 자기 아버지의 예에서 볼 수 있듯이 반영웅의 나라 베네치아이지만 그곳에서도 재능 있는 남자가 어디까지 그것을 발휘할 수 있는가를 눈으로 보았다. 그리고 이탈리아 본토에서는 서출이라도 일국의 군주까지도 오를 수 있는 예를 수없이 보아 알고 있었다. 그에게는 모든 것이 있었다. 단지 정식 결혼으로 태어난 적자가 아니라는 한 가지를 빼고서 말이다.

베네치아에서는 이 한 가지가 정치적 야심에 불타는 자의 앞을 가로막아 절대로 뛰어넘을 수 없는 벽이 되었다. 귀족의 서자들이 차지할 수 있는 공직이란 시민계급의 전업으로 되어 있는 정부 각 기관의 서기직 등 사무관료직밖에 없었다. 알비제로서는 종신직으로 안정된 급료를 받을 수 있는 이들 사무관료직의 자리를 차지해 온종일 책상 앞에 앉아 있는 일은 견디어낼 수 없는 일이었다. 그는 콘스탄티노플로 돌아가기로 마음을 정한다. 원수라는 최고 지위에 앉아 있지만 그의 부친은 그를 위해 아무것도 해줄 수가 없다. 안드레아 그리티 자신도 사적인 이유를 위해 베네치아 공화제의 근본을 허물어뜨리게 될 일은 절대로 할 인물이 아니었다.

콘스탄티노플에 주거를 정한 알비제 그리티는 소맥을 베네치아에 수출하고 그 대신 베네치아의 물산을 터키로 수입하기도 하고 터키군에게 무기를 납품하기도 했다. 얼마 안 되어 터키에서도 몇째로 꼽히는 부호가 되었다. 이 방면에서도 부친을 닮아 상재가 있었던 모양이다. 재상 이브라힘 파샤와도 다정한 친구 사이가 되었고 술탄 술레이만 대제도 이 젊은이와 함께 식사하는 것을 좋아했다.

이 시기에 알비제 그리티는 어떤 의미에서 이중 첩자와 같은 역할을 하고 있었던 듯하다. 이편과 저편 쌍방을 손안에 넣어 주무르면서 극비정보를 돈을 받고 팔아넘기는 따위의 이중 첩자가 아니라 두 나라의 실정을 정확히 알려준다는 의미에서 일종의 정보교환의 매개자 같은 것이었다.

이런 유의 일을 맡아 하는 사람은 흔히 전쟁 발발을 미연에 방지하는 데 도움이 된다. 무지는 때로 너무 잘 아는 것보다도 위험하기 때문이다. 그리고 이런 메커니즘이 잘 작용하는 것은 두 나라의 주권 자리에 현실적인 시야를 가진 사람이 앉아 있는 경우다. 당시 터키의 술탄은 술레이만 대제였고 베네치아공화국에서는 세력균형정책을 확신하는 안드레아 그리티와 그에게 공명하는 중추 그룹이었다.

1528년, 콘스탄티노플의 알비제 그리티는 빈 공격에 나서는 술레이만 대제를 동행한다. 이 기회에 그는 왕년의 정치적 야심을 상기하게 되고 또 자신의 군사적 재능에도 눈을 뜨게 된 것 같다. 해를 넘겨 1529년에 술탄으로부터 한 부대의 지휘권을 맡은 그는 황제가 기대한 바대로 훌륭한 싸움을 해내어 헝가리 전선의 영웅이 된다. 술레이만 대제로부터 헝가리 총독으로 임명된 것은 그 직후의 일이었다.

1531년 한 소문이 온 베네치아인들을 놀라게 했다. 현직 원수의 아들이 이슬람으로 개종했다는 것이다. 그해의 베네치아는 터키와 전투 상태에 있는 것은 아니었지만 베네치아에 터키는 가상적국 가운데 가장 위험한 적이었고, 또 베네치아가 아무리 가톨릭 교회로부터 독립 유지를 나라의 전통으로 삼고 있다고는 하지만 그것은 어디까지나 정교분리 방침에 따른 것일 뿐 개개 베네치아인은 종교적으로는 가톨릭교도다. 알비제 그리티의 이슬람교 개종은 베네치아에서는 역시 스캔들이 아닐 수 없었다.

부친인 원수는 아들로부터 사전에 통고를 받았던 모양이다. 개종을 번의하도록 권하고 터키 궁정과 깊은 관계를 맺지 말라고 충고한 편지사본이 남아 있다. 그 이상의 어떤 일을 이 부친이 할 수 있었겠는가? 능력 제일주의라는 면에서는 터키가 베네치아보다는 훨씬 앞서 있었으니 말이다.

마키아벨리는 터키제국을 평하여, 단 한 사람의 주인말고는 나머지는 모두 노예인 나라라고 말하고 있다. 술탄 자신도 하렘의 여자 노예의 배에서 태어났으니 외가는 노예인 셈이다. 게다가 터키인을 노예로 삼는 것은 금지되어 있었으니 터키족의 핏줄마저 엷다고 할 수 있다.

술탄의 가신이란 것도 전원이 노예다. 몇 년에 한 번씩 터키령 내의 그리스도교국에서 정기적으로 징집되어 오는 10세 남짓한 남자아이들도 부모 곁에서 완전히 떼어내 교육한다. 모인 남자아이들 중 심신이 모두 우수한 소년은 궁중에서 장차 엘리트로 커나가도록 교육을 한다. 그밖의 남자들은 군대에서 기른다. 이 아이들이 터키 육군의 정예부대로서 이름만 들어도 유럽 사람들이 벌벌 떨었다는 예니체리 군단의 실체였다. 술탄 한 사람에게만 충성을 서약하고 장가가는 것도 금지당했던 광신적 반그리스도교 병사들은 실인즉 원래는 그리스도교도였던 것이다.

말하자면 터키제국은 국명과는 반대로 비(非)터키인에 의해 통치되어온 것이라 할 수 있다. 터키 민족의 발상지인 아나톨리아에서 종종 술탄에 반대하는 반란이 일어나는데 이것은 혼혈이거나 아니면 비터키인인 술탄의 지배에 순혈통 터키인들이 반발을 표출한 것이었다. 그러나 단 한 사람의 주인 이외에는 전원이 노예인 나라라는 것은 술탄을 뺀 나머지 사람들에게는 평등한 기회가 주어진다는 것이 되기도 한다. 술탄의 변덕으로 간단하게 목이 잘릴 위험이 적잖이 있기는 했지만 베네치아에서처럼 적자가 아니면 안 된다는 법은 없다.

야심에 불타는 알비제 그리티는 아무리 기회균등이라지만 역시 이슬람교 국가인 터키에서 그리스도교도라는 이유로 가질 수밖에 없었던 군 지휘관으로서 출세 상한선에 도전한 것이었다. 그는 내밀하게 헝가리의 왕위를 노리고 있었던 것 같다.

그러나 개종한 지 4년 후 돌연히 그가 참수형에 처해졌다는 소문이 베네치아로 전해졌다. 죄명은 반역죄라는 것이었다. 하지만 베네치아와는 달라서 재판제도가 완비되어 있지 않은 터키에서는 재판기록 따위가 있을 리 없고 더욱이 그 진상은 전혀 알 수 없다.

시기를 한 동료의 밀고로 죄를 뒤집어쓰게 되었다느니, 그리스도교도와 밀회하는 것을 들켰다느니 등의 말이 있지만 진상은 지금껏 밝혀져 있지 않다. 다만 터키군의 전력을 헝가리 전선에 붙들어달라는 부탁을 베네치아 정부로부터 비밀스럽게 받고서 그렇게 노력한 것이 술탄의 노여움을 산 것이라고 전하는 사료가 있기는 하지만, 그 전반 부분이 사실이라고 하더라도 그것은 6년 전의 일이 아닌가. 어찌되었든 알비제의 너무 이른 죽음이 그의 부친인 원수를 깊은 슬픔에 빠지게 한 것은 사실이었다. 평소에 오만불손하다 하여 안드레아 그리티에게 호감을 갖지 않았던 사람들도 한참 동안은 의사당에서 반발적인 발언을 삼갔다고 한다.

물론 알비제 그리티와 같은 경우는 전무후무한 단 한 번의 예에 불과한 것이지만, 그 사나이만큼 야심가는 아니라 하더라도 얼마나 많은 젊은이가 단지 적자가 아니라는 이유만으로 타고난 재능을 발휘하지 못하고 썩이면서 삶을 마쳤을까! 혹 개중에는 베네치아가 필요로 했던 많은 인재가 묻혀 있었을지도 모른다. 이 세기의 후반에 베네치아 지배계급의 세습제도를 개혁하자는 제안이 두 번쯤 나온 일이 있다. 베네치아 본국의 귀족 적자가 아닌 사람에게도 기회를 주어 그것으로 인재등용의 문호를 넓혀야 한다는 제안인 것이다. 두 번에 걸친 제안에서 두 번 다 제안자가 콘스탄티노플에 주재한 경험이 있는 전임대사였다는 것은 뭔가 암시적이다. 하나 이런 제안도 햇빛을 보지 못하고 끝났다.

그러나 그 반면 200년 동안 잘 운영되어온 세습제는 그것이 있음으로 해서 안드레아 그리티와 같은 인물도 배출할 수 있었던 것이다. 비교적 잘 운영되어온 제도를 바꾸는 일은 누구에게나 어려운 법이다. 16세기 베네치아공화국에서는 공동체 의식을 사리사욕에 우선해 정치·외교·군사를 담당하는 '적자'들이 아직도 부족하지는 않았다.

마키아벨리의 대표작은 『군주론』과 『정략론』이다. 『군주론』은 군주제를 취한 경우 어떻게 하면 좋은가를 실용적으로 설명한 책이며 『정략론』은 그 반대로 공화제를 취한 경우에는 어떤 것을 염두에 두고 정치를 해야 할 것인가를 분석한 책이다. 거의 일반화되다시피 한 『정략론』이란 책명은 '티투스 리비우스의 로마사에 기초한 논고'라는 원제목에 비추어보더라도 잘못된 것이며 책의 내용에 비추어보더라도 어울리지 않는다고 보는데, 의역을 한다면 '공화국론'이라고나 해야 할 것이다.

아무튼 피렌체공화국 사람인 마키아벨리는 『군주론』과 『정략론』의 두 책을 쓸 필요가 있었다. 그의 조국 피렌체의 정치적 혼미 상태는 마키아벨리로 하여금 하나의 정체를 논하는 것만으로는 충분하지 않다고 생각하게 했는지도 모른다.

한편, 마키아벨리와 동시대를 살았던 베네치아의 역사가들, 가스파로 콘타리니나 마리노 사누도나 자국 정부에 비판적이었다 해서 유명한 지롤라모 프리울리에게서마저도 마키아벨리나 그밖의 다른 피렌체 역사가의 특색인 이상적 정체에 대한 모색 같은 것을 찾아볼 수가 없다. 그들은 베네치아의 공화제에 대해 말하고 있을 뿐이다. 자기 나라의 정체에 대해 조금도 회의를 보이지 않는다. 물론 바로 그렇기 때문에 정치철학으로서 마키아벨리의 저작은 고전이 되고 베네치아 역사가들의 작품은 사료로서만 살아남게 된 것도 사실이다.

그러나 피렌체공화국이 붕괴한 같은 시기의 베네치아에서는 국가원수 중에도 미움을 받으면서 죽은 사람이 있기는 했지만 공화제에 절망을 하고 그것을 뜯어고쳐야겠다고 생각한 사람은 정치에서 소외당했던 피지배계급 중에서도 없었다. 그리고 피렌체의 역사가들을 포함한 다른 나라 사람들도 시대의 흐름에 뒤떨어져 밀려나고 있는 것으로 보아야 할 도시국가라는 국체를 지켜나가는 베네치아공화국의 통치능력을 뛰어난 것이라고 칭찬하고 있는 것이다.

그러면 베네치아는 이것을 무기로 어떤 대외정치를 폈던 것일까? 원수 안드레아 그리티가 주창했던 것, 열강 사이의 세력균형을 꾀하면서 베네치아의 독립을 유지하는 일이 바로 그것이다. 이 어려운 게임을 위해 베네치아가 사용한 카드는 유럽의 강국이면서 지중해 세계에는 그렇게 큰 이해를 갖고 있지 않던 프랑스였다. 독일과 에스파냐 두 나라를 지배하는 합스부르크 왕조의 급속한 세력확대에 프랑스가 위협을 느끼고 있는 점에 착안한 것이었다. 기댈 바엔 큰 나무의 그늘 아래라는 말과는 반대로, 좀더 약한 나라 편에 서서 강한 나라가 그 이상 강대해지는 것을 막으려는 외교정책은 외교의 기본이지만 베네치아의 전통 정책이기도 했다.

그러나 이 게임은 베네치아에는 참으로 어려운 것이었다. 베네치아는 터키에 대항하는 데 에스파냐를 필요로 했다. 그리고 그 에스파냐에 대항하는 데는 또 프랑스가 필요했던 것이다. 그러나 프랑스와 에스파냐에 대처하기 위해 터키와 동맹관계를 맺는 따위의 일은 도저히 베네치아로서는 할 수 있는 것이 아니었다. 베네치아의 이해는 지중해와 너무나 밀접히 얽혀 있었기 때문이다. 이들 열강과 같은 테이블에 자리 잡고 앉은 베네치아로서는 다른 열강들이 갖지 않고 있는 핸디캡을 당연히 짊어지지 않을 수가 없게 된다.

마키아벨리는 어느 날 외교교섭 때 알게 된 프랑스의 재상이자 추기경이기도 한 조르주 당부아즈와 이런 말을 주고받았다고 써놓았다. 당부아즈 추기경이 말했다.

"이탈리아인들은 전쟁을 할 줄 몰라요."

이 말을 들은 마키아벨리는 이렇게 대꾸했다.

"프랑스 사람들은 정치를 할 줄 모릅지요."

그러나 마키아벨리가 이런 말을 주고받았던 시대의 이탈리아는 베네치아를 제외하고는 모두 프랑스와 독일, 에스파냐 등 외세에 유린당하고 있었다. 전쟁이건 평화이건 마음대로 결정할 수 있는 것은 정치적 능력에 의해서가 아니다. 군사력이다. 양의 문제인 것이다. 이런 면에서는 베네치아공화국도 자국의 독립을 지켜냈다고는 하지만 가지지 못한 자의 비애를 싫도록 맛보지 않을 수 없었다.

이류 해군국

15, 16세기를 통해 베네치아의 상선은 합리화 노선에 따라 갤리상선, 이어서 갤리오네라는 이름으로 불린 범선으로 그 주력이 옮겨갔다. 운송 원가를 떨어뜨릴 필요와 대포를 주로 하는 화기의 발달에 대응할 절박한 필요성에 쫓긴 결과였다. 그런 가운데서도 이

시대 베네치아 상선의 힘은 다른 나라들을 멀리 따돌리고 우위를 확보할 수가 있었다.

그러나 군선 쪽은 여전히 갤리 군선이 함대의 주된 전력의 자리를 지킨다. 물론 1460년 이후로는 갤리선의 고물 쪽 선교에도 대포를 설치하게 된다. 또 화기를 중시하게 되면서 더 큰 화기를 더 많이 실을 수 있도록 대형 갤리 군선도 건조되었다. 갈레아차란 이름의 이 배는 높이가 범선만큼이나 높은 갤리선이었다. 그 결과 15세기 후반 이후 16세기 중에 베네치아 함대는 갤리 군선과 병력 및 군량 수송용 범선과 갈레아차로 편성되기에 이른다.

그래도 당시의 대포는 명중률이 그리 좋지 않았고 또 포탄을 바꾸어 장전하는 데 시간이 너무 걸렸다. 그렇다고 총의 경우와는 또 다르다. 세 줄로 나란히 세워 차례로 쏘는 전법은 큰 배인 만큼 불가능했다. 대포를 실은 배의 위력은 적선을 대포로 격침하는 것이 아니라 요란한 음향과 물기둥으로 적병들에게 심리적 타격을 주는 것과, 돌진해 적의 진형을 무너뜨리는 효과를 기대할 수 있을 뿐이었다. 또 대포의 위력이 대단하지 않다는 것은 적선과 떨어져서 싸우는 것이 불가능하다는 것과 다름이 없다. 다시 말해서 넬슨 시대와 같은 상태가 아니었다는 이야기가 되는데, 이러니 해전이라지만 적과 아군이 근접해 맞붙어 싸우지 않을 수 없게 된다. 이런 경우 바람에 좌우되지 않고 노를 저어 자유자재로 움직일 수 있는 갤리선의 이점은 부동의 것이었다. 따라서 해군의 순수 전력을 비교하려면 함대 내 갤리 군선의 수를 표시하는 것으로 충분하다고 할 수 있다. 베네치아의 경우는 여기에 갈레아차가 한 몫 낀다.

1423년 당시의 원수 톰마소 모체니고가 '유언'의 형식으로 남긴 유명한 사료에 따르면 이해에 베네치아가 소유했던 갤리선의 총수는 45척이었다.

그러던 것이 1499년 터키와 전쟁하던 해에는 60척으로 늘어나 있었다. 하지만 80년 가까운 세월이 흐른 뒤의 일이니까 아무리 터키에 대항해 해외기지를 수호할 필요에 쫓겨 있었다지만 그 증가가 대단하다고는 할 수 없다. 터키 해군은 이 정도 규모로도 대항할 수 있었다는 이야기가 된다.

그러나 1538년 터키와의 제3차전 때 베네치아는 82척을 출동시키고도 베네치아 일국의 해군만으로는 이제는 터키에 대항할 수 없게 되었다. 이집트와 북아프리카로까지 세력을 확대한 터키제국이 알제나 튀니스를 본거지로 하는 이슬람교도 해적들을 편입시킴으로써 해군을 양적·질적으로 향상했기 때문이다. 베네치아는 그해에 교황청으로부터 나온 27척, 에스파냐의 49척 등과 연합함대를 구성함으로써 비로소 터키 함대에 대항할 만한 전력을 갖출 수 있었다.

그러던 베네치아가 레판토 해전이란 이름으로 유명한 1571년의 해전 때는 갤리 군선 104척에 갈레아차 6척, 합계 110척을 바다로 출동시켰다. 그러나 터키에 대항하려면 그것으로도 부족해 에스파냐, 교황청, 그밖의 그리스도교국 배를 합쳐 98척을 규합하지 않으면 안 되었다. 모두 합쳐 208척으로 간신히 터키와 맞먹는 수준에 도달할 수 있었던 것이다.

베네치아는 전력 증강이 두드러지게 진행되기 시작한 지 한 세기가 채 안 되는 동안에 해상전력을 두 배로 증강했고, 또 그리스도교 세계 제1의 해군국이라는 지위도 계속 지켜나갔다. 그런데도 지중해 세계에서는 2류로 떨어져버렸다.

지중해 세계에 이해관계가 밀접한 베네치아가 어째서 이런 일에 대처하지 못했을까?

재정적으로 불가능했던 것일까?

답은 반은 예스, 반은 노다. 먼저, 베네치아의 군선은 무장화에 돈이 비싸게 먹혔다. 대포 등 무기 때문이 아니고 태울 사람에 드는 비용이 문제였다. 노를 젓는 노꾼 등 모두 자유민을 모집해야 하므로 그들에게 급료를 지불해야 했다. 노예나 정복지에서 강제로 끌어모은 자들을 노꾼으로 쓸 수 있었던 터키는 물론이고 자기 나라 영토가 된 남이탈리아 주민을 그들의 의사와 관계없이 강제 징집했던 에스파냐와 같은 짓을 할 수 있는 권위나 권력도 베네치아는 가지고 있지 않았던 것이다.

둘째로, 베네치아는 터키나 에스파냐에 비해 나라의 경제에서 통상이 차지하는 비중이 비교도 할 수 없을 만큼 컸다. 이 말은 베네치아의 국기를 단 상선이 이 두 나라보다도 훨씬 큰 비율로 바다를 항해하고 있다는 이야기가 된다. 이 때문에 이들 상선의 항해안전을 꾀할 필요가 조금 더 요구되었다. 베네치아는 본국에서부터 키프로스섬까지 뻗은 기지망을 유지해나가지 않으면 안 되었던 것이다.

아드리아해를 경비하기 위해서 전령선이나 보급용 화물선은 빼더라도 상시 갤리 군선을 8척 배치하고 있었다. 6척은 코르푸섬에, 나머지 2척은 달마치야 지방의 레시나를 본거지로 하여 해상 패트롤에 임한다. 그리스 쪽 바다의 경비에는 1척이 배정되었다. 이 1

척은 모도네를 아직 보유하고 있었을 당시에는 모도네에, 1399년에 그것을 일시 잃었던 시기에는 코르푸 주둔 함대에 속했다. 그밖에 크레타섬 근해경비가 추가된다. 이 해역 경비전력은 군선 4척으로 되어 있다. 키프로스 주둔 함대도 군선은 4척이었다. 이런 숫자들은 평시의 것이며, 전시가 되면 그 해역에 직접 관계가 없어도 모두 두 배로 증강되었다. 단, 1538년 이후는 전시의 배치 선박수가 그대로 평시의 것이 된다. 또 베네치아의 조선소에 항상 군선 40척이 대기하고 있었으며, 아차 하는 일이 생기면 즉시 출동할 수 있게 되어 있었다. 겨울에도 휴식이 허용되지 않는 이들 상비함대의 승무원에는 노젓는 일손을 비롯해 모두 신체가 건강하고 바다에 익숙한 자만이 요구되었다. 그래서 이들에게 지불하는 급료도 비쌌다.

이런 비용은 전쟁을 하고 싶을 때 함대를 편성하기만 하면 되는 터키와 에스파냐로서는 생각할 수도 없는 지출이었다. 이 두 나라는 대국 특유의 정신적인 위협을 남의 나라에 줄 수도 있어서 베네치아와 같이 상비해군을 유지할 필요가 없었다. 또 베네치아의 상선은 모국이 전쟁상태에 있을 때는 터키 해적이 노리는 표적이었다. 전쟁은 터키 세력하의 이슬람 해적들에게 베네치아 배를 습격하는 명분을 주었기 때문이다. 그와 반대로 터키와 강화조약을 맺고 있는 시기에는, 배신자로 간주되어, 광신적인 반(反)이교도로 이름난 에스파냐나 성 요한 기사단에 의한 해적행위에 시달리는 일도 있었다. 이런 상태여서 항해의 안전유지에 한시도 신경이 편할 날이 없었다.

그뿐 아니라 해외 식민지와 기지의 유지에도 상당한 경비가 들

카타로

었다. 기지 유지비는 베네치아 본국에서 해마다 보내야 했다. 지중
해 최대의 섬 크레타나 건포도의 일대산지가 된 잔테섬 등도 독립
채산은 불가능했다고 한다. 그리고 경지가 적은 아드리아해 동안
달마치야 지방의 소도시들은 자급자족마저 할 수 없었다. 소맥의
수확을 보면 다음과 같다.

　　스팔라토—5개월간 자급자족 가능
　　카타로—6개월간 자급자족 가능
　　세베니코—소금과의 교환으로 겨우 가능
　　쿠르촐라—4개월간 자급자족 가능

　그러나 이들 항구는 베네치아의 '고속도로'상의 한 정류장으로

서 중요했다. 평시에도 성채며 요새며 수비군의 유지비 및 항만 유지보수비 이외에 해마다 일정액의 원조를 이들 항구도시에 계속 제공했던 것이다. 연간 원조액은 아래와 같았다.

스팔라토—3천 두카토
카타로—3,900두카토
세베니코—4천 두카토
쿠르촐라—2천 두카토
자라—8천 두카토

군사력으로 남을 누를 수 있을 만한 힘이 없는 국가가 자기 나라 경제력을 유지하기 위해서 타국과의 우호관계 유지가 필요할 경우 방법이라곤 이것뿐이다. 저 나라와 사이좋게 지내는 것이 득이 된다고 그들이 생각하게 될 그런 일을 계속해나가는 것밖엔 달리 방책이 없는 것이다.

상선의 안전확보라는 목적만을 위해 상비함대와 기지의 유지비용을 포함해 실로 막대한 비용이 해마다 어김없이 베네치아의 국고로부터 지출되고 있었던 것이다. 필요경비라고는 하지만 이만한 금액을, 그것도 종종 전쟁비용이 여기에 가산되어야 하는 처지에 참으로 용하게도 감당해내고 지불을 계속했구나 하는 느낌이 든다. 베네치아의 경제적 번영은 이렇게 막대한 경비와 노력을 지불함으로써 비로소 확보할 수가 있었던 것이다. 베네치아가 터키에 비해 해군국으로서 이류국으로 떨어지게 된 원인을 재정적인 면으로 돌리려는 데 대한 대답이 반은 예스이고 반은 노가 될 수밖에 없는 이유도 여기에 있는 것이다.

국영 조선소

재정적인 여유가 없어서 그랬던 것이 아니라면 선박건조 능력이 그쪽보다 못했다는 것이 될 것이다. 그러나 이런 질문에 대해 답하라면 이번에는 전적으로 노다. 16세기 베네치아 국영 조선소는 당시의 어느 나라 해군의 수요도 완전히 충족할 수 있을 만한 공급능력을 갖추고 있었다.

베네치아의 국영 조선소는 바다에서 항구 안으로 들어가려고 현관에 막 들어서기 직전 오른쪽에 보이는 한 구획에 자리 잡고 있다. 단테가 감탄해 『신곡』에서 노래했던 13세기의 규모보다도 1473년에 제3 조선소가 증설된 후의 것은 2배의 건조능력을 자랑하고 있었다.

이 국영 조선소는 총면적 25만 제곱미터. 직공 2천 명이 상시 일하고 있고 긴급 시에는 3천 명으로 늘어나며 아무리 평화가 오래 계속될 것으로 예상되는 시기에도 인원이 1천 명 아래로 내려가는 일은 없었다. 16세기로서는 세계 최대 규모의 '공장'이었다.

이곳은 선박을 건조하는 장소일 뿐 아니라 무기고도 겸하고 있었고 화약고도 그 안에 있었다. 바다로 둘러싸였으므로 성벽이 없는 베네치아에서 유독 이곳만은 흉간(胸間) 성벽도 갖춘 높은 담을 둘러 쌓아놓았다. 여기서는 일종의 일관 작업방식 같은 것이 채택되고 있었다. 즉 한군데에 많은 장인과 직공을 모아놓고 여러 종류의 작업을 동시에 하게 함으로써 능률향상을 꾀하는 노력도 기울여겼다.

　경영진은 공화국 국회가 귀족 중에서 선출하며, 그들이 하는 일은 각지에서 올라오는 원자재의 질을 감시하고 그 양을 확보하며, 예비 선박수를 보장하고 종업원에 대한 급료 등 지출의 총책임을 지는 것이다. 조선소의 기술적인 면은 평민들에게 일임했다. 기술분야의 일을 하는 평민들의 최고 책임자는 '조선소 제독'이라고도 통칭된 기사장이다. 이들은 선박 건조과정의 총지휘관 노릇을 했다. 그 아래 직공장이 몇 사람 있는데 이들은 한 사람 한 사람이 모두 배 한 척의 건조 책임자였다. 이 직공장이야말로 참된 의미의 엔지니어였으며 전쟁이라도 터지는 날이면 자기가 건조를 지휘한 배에 탑승해 항해 중 기술 책임자 구실을 하는 일이 많았다.

　그들의 사회적 지위는 매우 높아서 그 딸들이 귀족 남자와 결혼하는 것도 허용되었고, 근위대 같은 것을 두고 있지 않던 베네치아에서 국가원수가 의장병을 필요로 할 때는 그들로 하여금 그 역할을 하게 하는 것이 관례로 되어 있었다. 또 무슨 일이라도 생기면 공화국 정치의 중심인 '팔라초 두칼레', 즉 원수 관저에 대한 경비를 담당하는 것도 '조선소 제독'이 이끄는 이들 엔지니어였다. 자기들의 기술에 대한 그들의 긍지는 대단했고 급료도 베네치아에서 중류 이상 수준을 항상 보장받고 있었다. 그 아래에 숙련공, 수습공 등의 서열로 배속되어 있는 조선소 내의 위계질서 구조는 경영을 담당하는 귀족들과는 별도로 평민만으로 구성되어 있었다.

　선체는 제2 조선소와 제3 조선소에서 건조되어 마지막으로 제1 조선소로 보낸다. 가장 오래전부터 있어온 제1 조선소에서는 몇

국영 조선소(17세기에 그려진 그림)

개의 창고 앞을 선체가 지나가도록 되어 있었고, 로프 창고 앞에서는 필요한 만큼의 로프가 선체에 실리고, 이어서 대포 창고 앞에 오면 그 배에 알맞은 대포를 선체 위로 올려서 설치하고, 석궁 창고 앞에서는 석궁이 적재되며 화약고에서는 화약을 싣는 식이었다.

돛의 장착이 끝나고 닻까지 올려 실으면 작업의 흐름도 끝이다. 당연한 일이지만 이들 '부품'의 규격은 통일되어 있었다. 노를 젓는 노꾼들이 앉는 긴 나무의자의 규격도 표준화되어 있었고, 조립식 부품화에 의해서도 제조공정의 능률화를 기하고 있었다. 이를 위해 모든 부품은 근처에 전문 국영 공장이 있는 범포(帆布)만이 예외일 뿐 모두 조선소 구내 공장에서 제조되었다.

완성된 배는 조선소 안의 지붕이 있는 독(dock) 안에 한데 모아

둔다. 언제라도 진수할 수 있는 상태로 모아두는 이들 배는 터키 해군이 그다지 강대하지 못했던 15세기 중반 무렵에는 상시 25척을 유지하도록 법으로 정하고 있었다. 그것이 15세기 말에는 50척으로 는다. 그리고 1538년 프레베자 전쟁 이후로는 예비선박을 100척 보유하도록 규정했다.

그러나 이 100척이라는 것은 순수 군사용 갤리선의 수이며, 그밖에 4척에서 10척에 이르는 대형 갤리선, 8척의 소형 갤리선, 16척의 쾌속 전령선을 합치면 134척이나 된다. 그중 25척은 독 안에서 이미 진수를 마친 형태로 한데 모아져 있어 승무원만 태우면 당장이라도 출항할 수 있게 되어 있었다. 나머지 배들은 뭍으로 끌어올려진 상태에서의 대기이기는 했지만 10일 이내에 출항할 수 있도록 되어 있지 않으면 안 되었다.

그러나 현실적으로 꼭 그렇게 되지만은 않았던 것 같다. 16세기 베네치아는 터키나 에스파냐의 해군에 대항하기 위해, 그리고 이슬람이나 그리스도교도 해적으로부터 자국 상선을 지키기 위해 해마다 40척에서 60척의 배를 새로 건조해 바다로 내보내야 하는 절박한 필요에 쫓기고 있었기 때문이다. 그래도 긴급사태가 되면 레판토 해전 전야처럼 2개월 동안에 100척 이상의 갤리선을 진수시킬 수 있는 능력을 갖고 있었다. 배는 모자라지 않았던 것이다.

그러면 무엇이 부족했단 말인가?

사람이다. 승무원이 부족했던 것이다.

16세기 중반의 각국 인구는 다음과 같은 수준이었을 것으로 추정되고 있다.

에스파냐-800만

포르투갈-100만

독일-1천만

프랑스-1,600만

이탈리아(베네치아 제외)-1,100만

베네치아(본토의 속령 포함)-145만

영국-300만

터키(이집트, 북아프리카 제외)-1,600만

이와 같이 자릿수가 다르게 인구가 적은 베네치아는 터키와 달리 노예라는 노동력도 갖고 있지 않았다. 있었다고 해도 기껏 몇십명, 그것도 곤돌라를 몰게 하는 흑인 노예의 경우처럼 일종의 장식적 존재에 지나지 않았다. 또 죄인을 부려먹으려 해도 사회의 안정과 신앙의 자유로 해서 죄인의 수가 보잘것없었다. 당시 사회에서 죄수의 최대공급원은 종교적 범죄였으니 말이다. 반종교개혁의 메카였던 에스파냐는 그런 면에서도, 즉 종교적 범죄의 대량생산이란 면에서도 복받은 나라였다. 게다가 영토의 면적부터가 베네치아와 비교가 되지 않았다.

군주제도는 이 광대한 영토로부터 강제적으로 사람을 징집할 수 있는 권위와 권력을 가지고 있었다. 베네치아는 그러나 지원자에 의존할 수밖에 없었다.

해군은 노를 젓는 노꾼에 이르기까지 어느 정도 숙련이 요구된다. 지휘관의 호령 한마디로 일제히 돌격하면 그것으로 일단은 전력의 구실을 하는 육군과는 그런 점이 다르다. 바다에 익숙하고 튼튼한 체력으로 격렬한 육체노동을 감당해내는 노꾼으로는 달마치야 지방과 그리스의 섬 사나이들이 가장 제격이어서 전통적으로 이들 지방이 베네치아의 노꾼 모집시장으로 되어 있었지만 터키의 육지 공격으로 이들 시장도 자꾸 좁아져가기만 했다. 본토의 속령으로부터 모집한다 해도 그들은 바다에 익숙하지 않았다. 그러니 겨울철에도 쉬지 않고 해상초계를 계속해야 할 상비해군에는 도저히 쓸 수가 없고 국영 조선소의 독 안에 대기 중인 예비선의 승무원으로 배치할 수밖에 없었다.

하지만 긴급사태라도 일어나면 그런 여유 있는 짓을 할 수만은 없게 된다. 바다가 생소한 이 사나이들을 같은 지방 출신끼리 같은 배에 타도록 배치하고 그 지방 유력자로 하여금 그들을 지휘하게 했다. 이 조처는 의외로 좋은 효과를 낳았다. 특히 가르다 호수지방 출신 승무원만을 태운 배는 베네치아 출신이지만 바다 경험이 부족하다 할 수 없는 장인과 직공들을 태운 배와 같은 정도의 힘을 발휘했다.

그러나 1576년의 페스트 대유행 이후에는 그것으로도 인원부족을 해소할 수 없어서 노꾼들의 노젓는 방식을 바꾸지 않으면 안 되었다. 그때까지는 배의 양현에 노꾼들이 세 사람씩 옆으로 나란히 앉아 이물에서 고물 쪽으로 25열 또는 28열을 이루어 자리 잡고 노꾼 한 사람이 노 한 개를 젓던 방식이었다. 그러나 이 방식을 바꾸어 노꾼 세 사람이 노 한 개를 젓는 방식을 취했다. 새 방식으로 하면 속력은 전보다 떨어지지만 미숙한 자를 숙련된 노꾼 사이에 끼게 함으로써 신참자의 서투른 솜씨를 상당히 커버할 수가 있기 때문이었다.

인원 부족은 노꾼만이 아니라 전문적인 전투원의 수에도 영향을 주었다. 석궁이 무쇠로 된 포로 바뀌고 대포를 갖추게 된 뒤에도 베네치아의 전문 전투원의 질이 우수해 명중률도 다른 나라에 비해 높았지만, 갤리선에 의한 해전은 백병전인 까닭에 전투원의 수가 전세를 좌우하게 된다. 에스파냐의 배들은 노꾼말고도 전사를 100명 태우고 있었지만 베네치아의 배는 60명이 한도였다. 아니, 그런 정도 인원수도 채우지 못한 때가 많았다.

사람의 머릿수 부족은 줄곧 베네치아 해군의 아킬레스건과 같은 취약점이 되었고, 그런 조건하에서 베네치아는 자국의 상선보호를 위해 싸우지 않으면 안 되었다. 베네치아의 한 대사는 본국에 낸 보고 가운데서 이렇게 말했다.

"해군은 교역의 전통이 없는 나라에서는 자랄 수 없다. 터키에는 그런 전통이 완전히 결여되어 있다."

이런 분석이 옳은 것이라면 터키만큼은 아니더라도 에스파냐도 교역의 전통이 없기로는 마찬가지였다. 그런데도 16세기에 지중해의 패권을 다툰 것은 결코 해운국이라 할 수 없는 이 두 나라였다.

16세기 초두 어느 때인가 터키의 술탄은 콘스탄티노플에 주재하는 베네치아 대사에게 이렇게 말했다고 한다.

"일찍이 귀국은 바다와 혼인관계에 있었다고 들었다. 하지만 바다를 아내로 삼는 것은 우리 터키에게 더 어울린다. 지중해에서는 베네치아인보다도 터키인의 수가 더 많지 않은가?"

베네치아는 이제 자국 한 나라의 힘만으로는 터키에 대항할 수 없게 되었다는 것을 깨닫지 않을 수 없게 된다. 이 무렵 서방 대국들을 이끄는 신성로마제국 황제 카를 5세도 해적들의 소굴들을 이

잡듯 부숴 없앴고 북아프리카에 세력을 확립할 야심을 품고 있었다. 또 로마의 교황청에서는 이교도 터키의 약진을 수수방관할 수만은 없다는 분위기가 지배적이었다.

프레베자 해전

1538년, 교황과 신성로마제국 황제와 베네치아공화국 사이에 터키에 대항하는 연합함대 편성에 관한 합의가 성립되었다. 각국은 다음과 같이 부담을 나누어 갖기로 했다.

황제 − 82척
베네치아 − 82척
교황청 − 36척
합계 − 200척(모두 갤리 군선임)

이런 수대로 실현되면 지중해 세계에서 전대미문의 대함대가 출현할 것이었다. 16세기 전반기인 이 단계에서는 터키도 아직은 이만한 규모의 함대를 갖지 못하고 있었다. 그러나 연합함대의 전략 목표에 관해서마저 당사국들끼리 생각이 맞지 않아 처음에는 동맹의 성립 자체가 의문시되었을 정도였다. 황제 카를 5세는 북아프리카를 주장했고 베네치아는 동지중해를 겨냥해야 한다고 주장해 물러서지 않았다. 교황의 설득으로 간신히 타협을 성립시켜 먼저 터키 해군을 격멸하고 그다음에 가장 효과적인 목표를 정하기로 결말을 지었다.

총사령관의 인선도 난항이었다. 에스파냐는 에스파냐 해군 총사령관인 제노바인 안드레아 도리아를 밀며 양보하려 하지 않았지만 베네치아는 절대 반대였다. 도리아가 바다의 용병대장이기 때문이었다. 먼저 프랑스에 고용되어 일한 바가 있었고 이어서 에스파냐가 그를 스카우트해 제노바의 전통을 살려 에스파냐 해군을 해군답게 재건해달라고 맡긴 적이 있었다. 그 능력에 부족함은 없었지만 용병대장이란 결국 자기 배에 자기 사람을 승무원으로 태우고 고용되어 있는 사람이다. 용병대장치고 자기 밑천인 전력을 희생하면서까지 고용주 나라를 위해 끝까지 싸우는 자는 하나도 없다는 것을 육군을 용병대장에게 의존하고 있는 베네치아는 너무나 잘 알고 있었다.

한편 에스파냐에 맞서려는 생각뿐인 프랑스는 이 시기에 터키와 동맹을 맺고 있을 뿐 아니라 북아프리카 쪽의 해적들과도 밀약을 맺어놓고 있었다. 게다가 카를 5세는 또 프랑스의 발목을 잡을 목적만으로도 북아프리카의 해적 두목이자 터키 해군의 총사령관이기도 한 통칭 '바르바로사'라 불린 그리스 태생의 붉은 수염을 기른 그리스도교도를 터키에 등을 돌려 자기에게 넘어오게 하려고 공작하고 있었다.

이런 복잡한 상태에서 원래가 별로 믿을 수 없는 용병대장에게 자기 나라 해군의 운명을 맡기는 일만큼 위험한 일도 없을 것이다. 베네치아는 연합함대의 총사령관에 자국의 해군 총사령관을 앉히기를 바라고 있었다.

한편, 키프로스나 크레타에 대한 터키의 침략 의도는 날로 노골적으로 변해가기만 했고, 터키 해군에 편입됨으로써 그 처지를 공인받은 해적들의 횡행과 만행도 날로 더해가고 있었다. 그렇다고 한 나라의 힘만으로는 터키와 전쟁을 시작할 수도 없는 일이었다. 약한 처지에 놓인 것은 베네치아였다. 교황이 타협안으로 제시한 우르비노 공은 바다에 대해 전혀 무지한 육지의 장수여서 그를 함대 총사령관으로 앉힌다는 것은 백해무익한 것이었다. 그러나 마침내 베네치아는 꺾이고 만다. 안드레아 도리아는 적어도 해군 장수로서는 당대 제1급의 프로였다.

예정된 날인 6월 중순, 예정된 집결지인 코르푸섬의 항구에 베네치아 함대가 도착했다. 약속한 대로 갤리 군선만 82척으로 된 전력이다. 교황청이 부담한 함대도 베네치아, 안코나, 치비타베키아 등 항구에서 무장을 마치고 도착하기 시작했다. 그중 대부분이 베네치아 선박이다. 해군 같은 것이 없는 것이나 마찬가지인 교황청이지만, 그리스도교 세계와 이슬람과의 전쟁을 위해 편성된 함대에 교황청이 빠져서는 안 되겠기에 베네치아가 배만은 제공한다는 것이 처음부터의 약속이었다. 승무원은 교황청이 책임을 진다는 조건이었다. 하지만 사람을 징집할 권력을 갖지 못한 교황청의 처지인지라 코르푸에 도착한 배는 약속한 36척에 못 미치는 27척뿐이었다.

그런데 안드레아 도리아가 지휘하는 에스파냐 함대가 도착하지 않았다. 한때는 총사령관인 도리아의 소재까지도 파악되지 않는 형편이었다. 이런 상태에서 6월이 지나고 7월도 끝나려 하고 있었다. 그리스도교 국가들이 연합함대를 구성했다는 소식이 그대로 터키 측에 들어가고 있었던 것은 말할 것도 없었다. 해적 바르바로사가 이끄는 터키 함대는 콘스탄티노플을 출항해 에게해의 베네치아령 섬들을 차례로 하나하나 공략하고 크레타섬의 칸디아, 수다, 카니아 등지를 번갈아가며 공격했다. 방위에 성공한 것은 크레타 뿐이었다.

한편 5만 대군으로 된 터키 육군은 펠로폰네소스반도의 베네치아 기지뿐 아니라 보스니아에까지 진공해 세베니코를 공격한다. 코르푸에서 기다릴 수밖에 다른 도리가 없는 베네치아 함대에서는 에스파냐에 대한 분노가 폭발 직전에 이르고 있었다. 카를 5세가 함대출동을 내년까지 늦출 의향인 것 같다는 소문까지도 돌기 시작하고 있었다.

안드레아 도리아가 코르푸에 도착한 것은 바로 이때였다. 그나마 82척이어야 할 배를 49척만 거느리고 도착한 것이었다. 그뿐만 아니라 1주일 후면 모든 배가 출항할 수 있는데도 도리아는 눌러앉아 날짜만 허송하는 것이 아닌가. 해적 바르바로사와 황제 사이에 비밀협상이 진행 중이기 때문이었는데 베네치아는 그것까지는 모르고 있었다. 알고 있었던 것은 그런 일을 전에 획책한 적이 있다는 것뿐이었다. 또 황제가 제시한 조건에 해적 쪽이 썩 마음 내켜 하지 않는다는 것도 알고 있었다. 카를 황제는 해적들이 요구하는 튀니지를 선뜻 내줄 생각을 도저히 하지 못하고 있었던 것이다. 해적 두목은 결국 터키 편에 머물러 있게 될 것이라고 베네치아는 판단하고 있었다.

그래도 베네치아와 교황청 측의 강경한 요구에 따라 안드레아 도리아도 마침내 출진을 결심한다. 9월 25일이나 되어서야 겨우 코르푸를 떠나는 연합함대 총사령관에게는 그러나 황제로부터 밀명이 와 있었다. 베네치아만이 득을 보게 될 그런 싸움은 시작하지

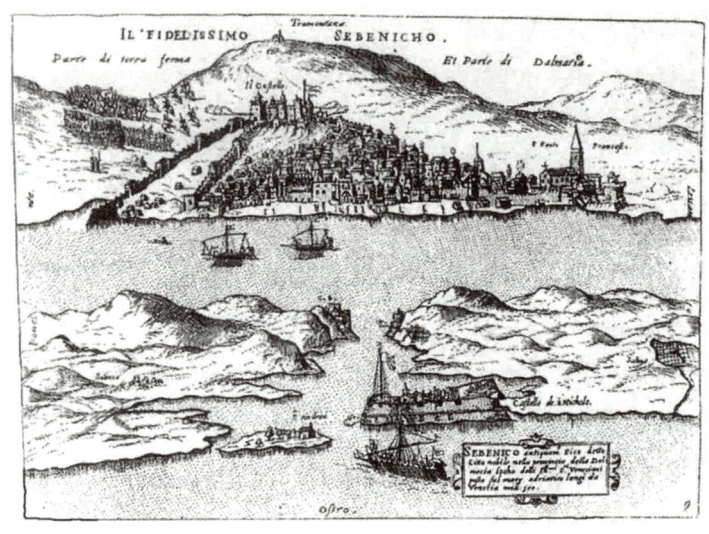

세베니코

말라, 그리고 대승리가 확실하지 않은 경우에도 개전하지 말라는 내용이었다.

코르푸항을 떠난 연합함대는 이미 전투를 언제라도 시작할 수 있는 진형을 취하면서 항해를 계속한다.

앞장을 선 것은 71척으로 된 범선대. 노라는 추진력을 갖지 못해 바람의 방향에 좌우되기 쉬운 돛배들은 항해 예정을 세우기 어렵기 때문에 먼저 떠나서 앞서게 하는 것이 지중해에서는 원칙으로 되어 있었다. 베네치아와 에스파냐의 혼합부대이므로 지휘관도 두 나라에서 각 한 사람이 나와 분담을 한다.

2마일의 거리를 두고 뒤따르는 전위대는 27척의 갤리선으로 된 교황청 함대인데 지휘는 교황청 해군에 고용된 제노바 출신의 그리마니가 잡고 있었다.

그 뒤를 따르는 본대는 제노바, 시칠리아, 나폴리, 몰타, 모나코 등지에서 온 25척과 안드레아 도리아의 소유선 22척을 합친 에스파냐 함대다. 지휘는 물론 도리아가 맡고 있다.

후위함대는 전적으로 베네치아 갤리 군선만으로 된 65척이며, 베네치아 함대 총사령관인 카펠로가 이끌며 각 배의 함장도 모두 베네치아인이다.

그 뒤를 따르는 베네치아선 17척과 에스파냐선 2척은 예비함대가 아니고 아드리아해 어귀를 감시하기 위한 것이어서 한참 뒤에 떨어져나갔다. 어찌되었거나 갤리선 139척, 범선 71척으로 된 함대란 그리스도교 세계가 일찍이 한 번도 바다에 내보낸 적이 없는 전력이었다. 베네치아의 기함에서는 이제사 터키의 콧대를 꺾을 수 있게 되었다고 요리사에 이르기까지 사기가 드높았다.

연합함대는 항로를 남쪽으로 잡았다. 이리저리 띄워놓았던 정찰선으로부터 터키 해군이 프레베자 근해를 항해 중이라는 보고를 받았기 때문이었다.

그리스 서해안에 있는 프레베자라는 곳은 연안을 지나가는 것만으로는 전혀 그 실정을 알 수가 없는 곳이었다. 입구가 아주 좁아 그리스의 여느 작은 항구도시 정도의 입구 크기다. 그런데 그 좁은 입구를 통해 안으로 들어가면 끝없이 바다가 펼쳐진다는 느낌이다. 바다의 호수가 누워 있는 꼴이다. 1만 척의 배라도 자유로이 이동할 수 있을 만큼 수면을 확보하면서 정박할 수 있지 않을까 하는 생각이 들 정도. 일찍이 연안을 항해하는 베네치아의 배들이 바람이 자기를 또는 순풍을 기다려 닻을 내리는 곳으로 소중히 생각했다는 것도 이해가 된다. 베네치아는 좁은 입구의 양편에 요새를 구축해 해적이 이용 못하도록 하는 배려도 잊지 않았다.

그러나 프레베자에는 결점도 있었다. 주위가 평야인 점이 흠이었다. 베네치아인들이 프레베자만큼 넓지는 않아도 깊숙이 들어간 만안에 위치한 카타로에 견고한 성채를 구축해 요새화한 것은 카타로의 배후가 가파른 산이어서 방위하기가 쉽다고 판단했기 때문이었다. 그 반대로 프레베자는 육지 쪽에서 대병력으로 쳐들어오는 것을 장기로 하는 터키 같은 나라가 대두하면 결점이 두드러지게 드러난다. 벌써 한참 전부터 프레베자는 베네치아의 직접적 통제권 밖으로 벗어나 있었다.

터키 함대를 찾아 남하하고 있던 연합함대는 두 번째로 받은 보고를 통해 터키 함대가 이미 프레베자 항구에 든 사실을 알게 되었다. 연합함대도 프레베자 앞바다까지 왔으나 터키 함대는 안에 틀어박힌 채 나올 기미가 없다. 연합함대의 군선 몇 척이 입구에 접근해 적을 유인하려 했으나 성공하지 못한다. 총사령관 도리아는 더 남쪽으로 내려가서 산타 마우라섬을 향하도록 전군에 명령했다. 야간 항해였다. 터키 함대를 유인하려는 것인지, 그것이 아니고 개전을 피하려는 것인지 안드레아 도리아의 의도는 알 수가 없었다.

그런데 프레베자 안에 있는 터키 함대에서도 이변이 일어나고 있었다. 총사령관 바르바로사는 움직이지 않을 생각이었지만 참모들이, 그중에는 터키의 대신도 낀 참모들이 해전을 주장해 물러서지 않았다. 끝내는 적을 보고서도 도망가는 기회를 일부러 주었다고 술탄에게 보고하겠다는 위협까지 받고서는 바르바로사도 밖

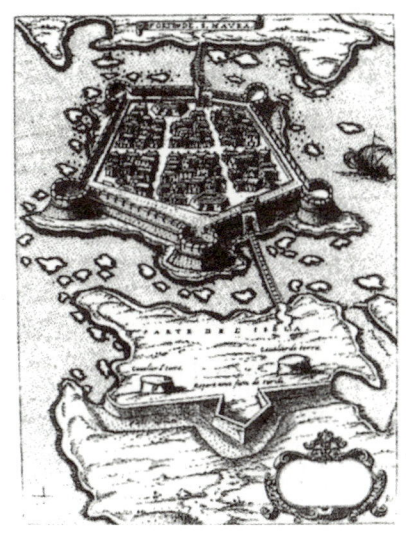

산타 마우라섬의 요새

으로 나가기로 결심을 한다.

남하하는 연합함대의 뒤를 터키 함대가 쫓는다. 전투 진형을 취한 추적이었다. 전위는 바르바로사의 오른팔이라는 드라구가 이끈다. 본대는 바르바로사가 직접 지휘하고 후위는 알제리에서 온 선대가 맡았다. 지휘관은 전원이 해적이었다. 전력은 그리스도교국 연합군에 비하면 조금 열세라 할 수 있었다. 산타 마우라섬 근처에서 그리스도교국의 연합함대에 따라붙었다.

연합함대의 총사령관 도리아는 전위와 후위의 사령관을 기함으로 불러들여 가까이에 피난할 만한 항구가 없는 해상 전투는 위험하니 도망하는 것이 상책이라고 설명한다. 그러나 그리마니도 카펠로도 맞서서 응전할 것을 주장했다. 특히 베네치아의 함대 사령관 카펠로는 자기들만으로라도 시작하겠다고 강력히 개전을 주장했다.

도리아는 그 이상 설득을 해야 소용이 없겠다고 생각했던지 전투개시의 신호기를 올리게 했다. 그렇다고 당장 전투를 시작한 것은 아니다. 수평선 위에 적의 선체가 나란히 떠오르는 것을 보면서 진형 변경을 명령한 것이다. 강력한 베네치아 함대로 구성된 후위를 적과 접하게 되는 좌익으로 돌리고 약체인 교황청 함대를 우익으로 삼겠다는 것이었다. 그러나 진형을 바꾸고 있는 도중에 바람의 방향이 달라져서 범선대는 고립되고 말았다.

이것을 본 터키군이 범선에 덤벼든다. 베네치아의 범선은 대형선이 많아 개미떼처럼 달려드는 터키군 갤리선의 습격을 잘 견뎌냈다. 그러나 고립된 채 공격을 막는 데 급한 범선의 모습은 이쪽 갤리선 승무원의 마음에 불을 질렀다. 카펠로와 그리마니는 도리아로부터 돌격명령이 당장이라도 떨어질까 기다렸으나 영 소식이 없었다. 그렇기는커녕 총사령관이 지휘하는 본대가 범선 무리의 후방을 돌아 적으로 향하는 행동을 하면서도 공격을 시작하지는 않고 한 바퀴 빙 돌아 원래 위치로 되돌아오는 기묘한 행동을 할 뿐이었다. 카펠로는 전령선으로 옮겨타 도리아의 배 바로 아래에 배를 대고서 돌격개시 명령을 언제 낼 것인가 하고 큰 소리로 따져 들었다. 도리아는 이에 대답도 하지 않은 채 똑같은 행동을 다시 되풀이했다.

참다 못해 베네치아의 갤리선 2척이 사령관의 명령도 없이 범선대를 습격 중인 적의 갤리선 속으로 돌격해 들어갔다. 삽시간에 사방에서 공격을 받은 갤리선 두 척은 격렬한 싸움 끝에 옥쇄하고 만다.

이런 때에 총사령관 도리아로부터 명령이 떨어졌다. 철수 명령이다. 본대는 북쪽을 향해 그대로 줄행랑을 치는 것이었다. 범선대를 습격하기 위해 오른쪽으로 돈 터키 함대의 왼편으로 빠져서 달아난 것이다. 교황청 함대도 뒤를 따랐다. 베네치아 함대도 그대로 머무르면 열세인 전력으로 승전 기분을 타고 있는 적과 대전하지 않으면 안 되게 된다. 그들도 결국 달아날 수밖에 없었다. 그래도 에스파냐선 5척과 베네치아 범선대가 적의 추격으로 교전할 수밖에 없었지만 베네치아 범선대와 에스파냐선 1척은 코르푸섬의 항구로 도망해 들어간 연합함대에 합류할 수가 있었다.

참으로 기묘한 패전이었다. 배도 사람도 큰 손실은 없었다. 당연히 베네치아와 교황청에서는 총사령관 도리아를 비난하는 소리가 높아갔지만 카를 5세는 그를 변명하고 옹호했다. 안드레아 도리아는 그 후 프레베자라는 말만 들어도 몹시 상을 찌푸렸다고 한다.

베네치아는 이제 에스파냐를 믿지 않게 되었다. 그들은 단독강화를 맺기로 결심한다. 베네치아 함대가 손상을 입은 것도 아니고 병든 카펠로 대신에 모체니고를 총사령관으로 선출했고 국영 조선소도 전면가동을 하고 있는 터여서 베네치아가 전쟁을 계속해나갈 생각이 있다는 것을 외국들은 믿어 의심치 않았다. 그러나 베네치아는 자기네 단독으로는 터키에 대항할 수 없다는 것을 누구보다도 잘 알고 있었다.

10인 위원회의 비밀지령이 콘스탄티노플에 주재하는 베네치아 대사에게 내려졌으며, 말바지아와 나브플리온의 2개 기지를 포기한다는 조건으로 비밀리에, 그러나 절대적으로 강화를 이루고 만다는 의도에 따라 강화교섭이 시작되었다. 이 강화조약이 타결되어 조인·공표된 1540년 그리스도교 세계의 국가들은 베네치아의 배신을 비난했다. 프랑스도 터키와 동맹을 맺고 있었지만 베네치아는 프랑스와는 전혀 다른 이유로 터키와의 강화를 필요로 하고 있었다. 다른 나라들은 베네치아의 종교심이 낮다 하여 비난했지만 그런 나라들은 베네치아만큼 상선 항해의 안전을 걱정하지 않아도 되는 나라들이었다.

교섭의 난항

하나 이 프레베자 해전의 결과는 베네치아에만 희생을 강요하고 넘어가지는 않았다. 터키 해군은 무적이라는 평이 지중해 전역으로 퍼져나가면서 이슬람 해적들의 횡포는 무제동으로 증폭되어갔다. 이탈리아, 프랑스, 에스파냐의 해안지대 항구치고 그들의 습격에 무사할 수 있었던 곳이 없다는 말이 돌 정도였다. 그때까지만 해도 연안 경비나 해상 호위에 4척이나, 많아봤자 6척의 갤리선이면 충분했던 것이 프레베자 해전 이후로는 10척에서 12척이 아니면 효과가 없는 상태가 된다. 그러고도 터키선이 나타나면 도망치는 배가 더 많았다. 그리스도교국 뱃사람들의 열등감은 1571년까지 30년 동안이나 풀리지 않았고, 그동안은 터키제국의 국기를 휘날리는 배들이 지중해에서 계속 주인 행세를 할 수가 있었던 것이다.

한 나라의 힘만으로는 터키를 이기지 못했던 것이 베네치아만의 일은 아니었다. 최대영토의 통치자라 일컬어졌던 황제 카를 5세를 왕으로 받드는 에스파냐도 그 나라 일국만으로는 지중해에서는 어찌할 방도가 없었다. 해적들의 행패 때문에 인내의 한계에 이른 황제는 이슬람교도 해적의 본거지인 알제의 공격을 결심하게 된다. 1539년 갤리선 65척, 범선 100척, 작은 배 300척으로 편성된 함대에 2만 5천 명의 육군 병력을 태워 알제항 근처에서 상륙작전을 개시했다. 함대를 지휘하는 이는 안드레아 도리아. 상륙부대의 지휘는 카를 황제가 직접 했다. 결과는 참패로 끝났다. 프랑스 왕은 라이벌의 실패를 기뻐했고 이슬람교도는 또 한 번 더 자신감을 확인했다.

육군의 양적인 면은 제쳐두고라도 황제가 친히 출진하는 원정에 갤리선 65척밖에 내놓지 못한 에스파냐는 역시 1급 해군국일 수는 없었다. 카를의 아들 펠리페 2세 때 편성된 저 유명한 에스파냐의 무적함대는 한 번도 실전을 하지 않은 동안만 '무적'이었던 것이다. 처음으로 실제 전쟁에 나서자마자 해적행각으로 기량을 닦은 프랜시스 드레이크며 존 호킨스가 이끄는 엘리자베스 여왕의 함대에 완벽한 패배를 당한다. 1588년의 일이다.

에스파냐가 패배하고 이슬람의 해적들이 지중해에서 주인이라도 된 듯 제멋대로 행패를 부리며 다니는 동안 베네치아는 중립을 견지했다. 카를의 알제 공격에도 끼지 않았고 성 요한 기사단이 지킨 몰타 공방에도 중립을 관철했다. 그러나 이러한 평화는 끊임없는 군비와 해외기지에 대한 지원, 그리고 강국의 눈에는 굴욕적이라고밖에 비치지 않았던 신중하고 유연한 외교가 가져다준 선물이었다. 당시의 콘스탄티노플 주재 베네치아 대사들은 다음과 같이 본국에 써보냈다.

"터키와의 외교교섭은 유리구슬을 서로 던지는 유희와도 같습니다. 저쪽에서 세게 던져와도 이쪽은 세게 되던질 수는 없는 일이고, 그렇다고 구슬을 땅에 떨어뜨리고 말아버릴 수 있는 일도 아닙니다."

"우리나라는 에스파냐 왕 펠리페 2세와도 신성로마제국의 막시밀리안 2세와도 우호관계를 유지할 필요가 있습니다. 우리가 필요로 할 때는 반드시 그들이 우리를 도와준다는 것을 터키에 확신시키기 위해서 그렇습니다. 그와 동시에 에스파냐나 독일에 대항하는 데는 터키와의 우호관계가 요구됩니다."

그러나 술레이만 대제는 서유럽 사회에서 베네치아가 놓인 처지를 잘 알고 있었다. 카를 5세나 그 아들 펠리페 2세나 그들이 가톨릭 세계 세속사회의 최고임을 자임하는 한 베네치아공화국의 종교적 중립 태도를 마땅치 않게 생각한다는 것을 충분히 알고 있었다. 술레이만 대제 자신은 지극히 광신적인 이슬람교도는 아니지만 그렇다고 냉철한 현실주의자라고 할 수도 없는 인물이었다.

아니, 그만한 권위와 권력을 가지고 있으면 굳이 그럴 필요도 없었을 것이다. 그러한 그였던 만큼 직접적 피해라도 입게 되지 않는 한 이상주의자를 존중하고 직접적 이해관계가 없더라도 현실주의자라는 것만으로 경멸을 할 사치가 그에게는 허용될 수 있었다. 로도스섬이 함락될 당시 그리스도의 기사라 칭하면서 이교도라면 누구나 가릴 것 없이 죽이고 약탈하는 것으로 이름 높은 성 요한 기사단에는 명예로운 항복을 허용하면서 자기 나라의 이익을 지키기 위해 싸우는 베네치아인은 인정사정 없이 마구 죽였다. 기사도 정신이란 기사들 사이에서나 통용될 수 있는 것이었던가 싶다.

그래도 술레이만이 살아 있을 동안에는 베네치아의 '유리구슬놀이'는 아슬아슬한 가운데서도 파탄 없이 계속될 수가 있었다. 그러나 1566년, 46년 동안이나 변치 않던 게임상대가 바뀌면서 상황은 달라지기 시작한다. 알코올 중독자로 이름난 새로운 술탄 셀림 2세를 둘러싼 재상과 대신들 사이의 세력다툼이 표면화된다.

이들은 모두 원래는 그리스도교도로, 맨주먹으로 출세한 자들이었다. 자기들이 지금 누리고 있는 권력이 자기 당대에서 끝날 성질의 것이고 그나마 술탄의 기분에 달려 있는 만큼 알코올 중독만이 능사인 술탄의 환심을 사는 데는 뭔가 화려한 일을 벌여 그의 주목을 끌 수밖에 없다는 생각을 하게 된다. 게다가 주위 사정을 살펴보면 광대한 판도의 터키제국은 내부적 안정이 지속되고 있는 시기였고 제국의 안전을 위해 전쟁을 할 필요도 없었다.

한편 서유럽 세계는 그와는 반대로 내분상태였다. 에스파냐는 네덜란드 지방과, 그리고 프랑스는 또 프랑스대로 국내 신구교도 사이의 종교전쟁이 끊이지 않는 시기였다. 터키는 지금 당장 베네치아를 공격한다 해도 서유럽 국가들이 베네치아를 도울 처지가 못 된다는 판단을 내렸다. 이런 판단에 술탄도 얼씨구나 하고 선뜻 덤벼들었다. 그의 관심은 오로지 세계에서 최상질의 포도주 산지로 이름난 키프로스를 획득해 좋은 포도주를 마음대로 마시는 데 있었다.

베네치아 정부는 상황 변화를 일찌감치 감지하고 있었다. 하지만 한 나라의 힘만으로는 대처할 수가 없었다. 베네치아 정부는 터키에 대항하는 연합군 결성을 교황 피우스 5세에게 요청했다. 반종교개혁이 지배적이었던 당시에 교황 피우스 5세는 프로테스탄트나 이슬람에 대항하려면 가톨릭의 정신적 부흥이야말로 선결문제라고 믿고 있었다. 그래서 그는 육류는 입에 대지 않고 계란만 먹는다는 말이 있을 정도였으니 터키 반대동맹 결성에 이의가 있을 리 없었다.

하나 신성로마제국의 막시밀리안 2세는 헝가리 문제와 관련해서 아주 최근에 터키와 협정에 도달한 사이였으므로 기대를 걸 상대가 못 된다. 또 프랑스는 카트린 드 메디시스의 섭정 아래 있어서 2년 후에 일어날 성 바르톨로메오 축일의 대학살의 전야 상태였다. 결국 프레베자에서 고배를 마셨던 일이 있기는 하지만 기대를 걸 만한 것은 에스파냐뿐이었다. 에스파냐와는 지중해 세계에서의 이해가 아직까지는 공통되기 때문이었다.

교황의 제창에 에스파냐 왕 펠리페 2세는 베네치아가 주력이 되고 연합함대 총사령관을 잔안드레아 도리아로 한다는 조건이면 찬성이라고 전해왔다. 잔안드레아 도리아는 프레베자 해전 당시의 안드레아 도리아의 조카였다. 그도 그의 백부와 마찬가지로 바다의 용병대장을 업으로 삼고 에스파냐의 해군 총사령관으로 근무하고 있었다.

베네치아는 펠리페 2세의 제안을 정면으로 거부했다. 특히 잔안드레아 도리아를 총사령관으로 앉힌다는 안은 공화국 국회의 의원을 단 한 사람도 납득시킬 수가 없었을 것이다. 교섭은 암초에 걸려 좌초하고 말았다.

그러나 해를 넘긴 1570년 6월, 터키에 의한 키프로스 대공세는 시작되고 만다. 갤리선 160척에 상륙용 병사를 가득 실은 범선들이 키프로스섬의 앞바다를 가득 메웠다. 상륙한 터키군은 10만. 대신 무스타파 파샤가 총지휘를 했다.

응전하지 않을 수 없는 키프로스 방위군. 그 병력은 그리스 병사 500명을 포함해 4천. 그밖에는 지방민이 있을 뿐이었다. 베네치아 본국은 우선 보급물자와 함께 한 부대를 상륙시키는 데 성공했다. 그와 동시에 세바스티아노 베니에르를 참모로 선임하고 갤리선 130척을 출항시킨다. 또 크레타 주둔 함대의 지휘관인 마르코 퀴리니에게 급히 코르푸섬으로 가서 본국에서 보낸 함대와 합류해 작전을 의논하도록 지령을 주었다.

두 함대가 코르푸에서 합류한 것은 8월 4일이었다. 하나 아드리아해를 남하하다가 전염병이 번진 베네치아 함대에서는 승무원들이 잇따라 목숨을 잃어 그 상태로는 키프로스에 갈 수도 터키의 대군과 싸울 수도 없는 상태에 빠졌다. 그사이 동맹 결성을 위한 교섭은 지지부진으로 진전이 없었다. 교황은 에스파냐를 재촉하는 한편 교황청 총사령관 마칸토니오 콜론나를 베네치아까지 보내어 설득을 꾀하지만, 펠리페 2세의 의도는 확실하게 종잡을 수가 없었고 베네치아는 잔안드레아 도리아의 총사령관 취임을 완강히 거부하고 있었다.

교황의 요구를 더 이상 이 핑계 저 핑계로 피할 수 없게 된 펠리페 2세는 일단 잔안드레아 도리아를 동쪽으로 보냈다. 그러나 크레타섬의 수다항에 집결 중인 베네치아 함대와 합류한 그는 교황이 낸 타협안인 마칸토니오 콜론나의 총사령관 취임이 마음에 들지 않아 움직이려 하지 않았다. 베네치아 함대의 현상태로는 월말까지 동으로 나아가는 것이 무리라는 주장을 내세웠다.

수다에 집결한 전력은 에스파냐 선박까지 합쳐 갤리 군선 180척, 갈레아차 12척으로 키프로스를 포위 중인 터키 해군에 충분히 맞서나갈 수 있는 전력이었지만 펠리페 2세의 밀명이 내려져 있는지도 모를 일이었고, 또 전염병이 퍼진 베네치아 함대가 약체화된 것도 사실이었다.

그런데 필사적인 노력을 기울여 크레타의 주민들로 노젓는 일손의 보충을 마친 함대가 키프로스를 향해 출발한 직후에 키프로스의 수도 니코시아가 함락당했다는 소식이 날아들어왔다. 9월 8일, 상륙작전이 시작된 지 3개월 만의 낙성(落城)이었다. 장렬한 방위전을 치른 베네치아 귀족들은 전원이 전사했다. 지난 100년 가까이 베네치아령이었던 키프로스는 섬 최대의 항구 파마구스타를 남기고 터키 수중에 떨어진 것이었다.

키프로스로 향하는 해상에서 이 소식을 접한 함대에서는 당장 의견 차이가 표면화되었다. 베네치아인 지휘관들은 키프로스가 벌써 절망적이라면 이젠 터키령의 어딘가에 일격을 가해야 한다고 주장했다. 그러나 잔안드레아는 자기는 그런 일을 하러 온 것이 아니라고 반격했다.

결국 10월에 가서 마르코 퀴리니에게 갤리선 20척과 병력 2,500명을 주어 파마구스타 방위를 위한 원군으로 보내고 나머지는 서쪽으로 되돌아가기로 되었다. 그러나 이 원군도 해적 우르구 알리가 지휘하는 터키 해군 유격대의 방해로 파마구스타에 접근도 못하고 끝난다.

1570년에서 1571년에 걸친 연합함대 결성을 위한 교섭은 베네치아, 로마, 마드리드에서 난항하면서도 겨우내 계속되었다. 교섭

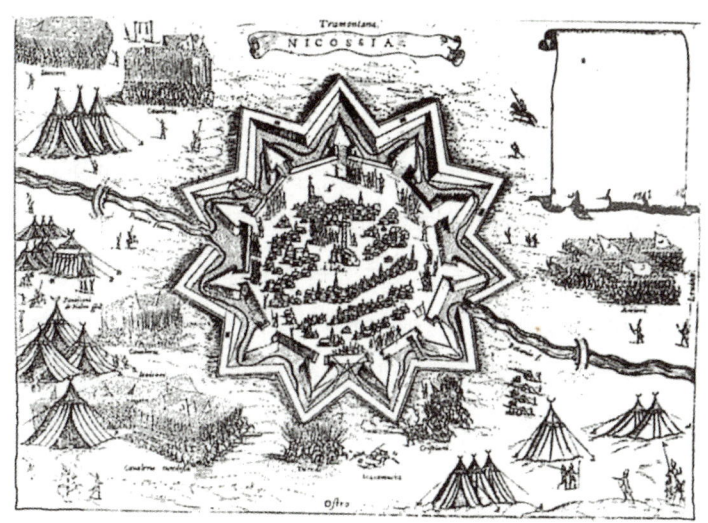

키프로스의 수도 니코시아

의 쟁점은 다음 네 가지였다.

1. 총사령관의 인선

2. 부총사령관의 인선

3. 동맹군의 전략 목표

4. 경비의 분담

총사령관으로 잔안드레아 도리아를 미는 에스파냐에 대해 베네치아는 단호히 반대했고, 베네치아 해군 총사령관인 세바스티아노 베니에르를 연합함대의 총사령관으로 미는 베네치아의 주장에는 에스파냐가 반대했고, 교황이 내놓은 타협안인 마칸토니오 콜론나를 베네치아가 달가워하지 않으며 에스파냐도 받아들이지 않는다는 식의 교착 상태가 풀리지 않고 있었다.

부총사령관에 마칸토니오 콜론나를 앉히려는 데에 베네치아나

에스파냐는 군이 반대하지는 않았지만 총사령관 유고시에는 즉각 그 자리를 승계하게 될 이 자리를 육군 장수로서는 이름이 높지만 해상 경험이 없는 콜론나에게 훌훌히 넘겨줄 수는 없는 일이었다. 그래서 콜론나가 총사령관으로 될 경우에는 다른 두 나라의 사령관과 협의해 모든 작전을 결정한다는 조건을 붙였다.

전략 목표에 관해서는 이 또한 프레베자 해전 당시의 의견 차이에서 달라진 것이 없었다. 에스파냐가 북아프리카 공격을 주장하는 데 대해 베네치아는 레반트(동지중해)행을 주장해 물러서지 않는다. 베네치아 대표가 동지중해에서 터키에 일격을 가하기 전에는 절대로 북아프리카로 가지 않는다고 말하면 에스파냐 왕의 대리인이 그래서는 연내에 연합함대의 출진은 무리일 것이라고 응수하는 장면이 벌어지기도 했다. 베네치아 측은 동맹군 주력을 베네치아가 맡고 있는 터에 북아프리카로 가서 펠리페 2세와 프랑스 왕 사이의 영토확장 경쟁에 힘을 빌려줄 것은 없다는 데에 의견의 일치를 보고 있었던 것이다. 프랑스는 이 무렵 알제리에 야심을 보이기 시작하고 있었다.

바로 그러한 즈음, 터키는 콘스탄티노플 주재 프랑스 대사를 통해 베네치아에 강화조약 체결의 의향을 타진해왔다. 베네치아 정부 중에는 믿을 수 없는 에스파냐를 버리고 차라리 터키와 손잡는 것이 상책이 아닌가 주장하는 사람들도 적지 않았다. 10인 위원회도 터키 궁정의 진의를 탐색하기 위해 극비리에 특사를 보내고 있었다. 베네치아 정부의 태도에 의아심을 품은 마칸토니오 콜론나는 급거 베네치아로 가서 원로원에서 연설하면서 터키 측에 붙었을 경우 베네치아공화국이 당하게 될 불리한 점을 역설한다. 하나 콜론나의 연설이 없더라도 베네치아 정부의 중추부는 자기 나라의 위기는 결국 그리스도교 세계에 의해서만 타개될 수 있다는 것을 알고 있었다. 교섭은 5월 들어 갑자기 활기를 띠며 구체화되어가기 시작했다.

집결지로!

총사령관으로는 에스파냐 측이 미는 인물이기는 하지만 오스트리아 공 돈 후안으로 결정이 났다. 베네치아로서는 잔안드레아 도리아를 받아들이느니 이쪽이 훨씬 낫다는 생각이었다. 부총사령관은 마칸토니오 콜론나로 결정했다. 앞에서 말한 조건부였다. 콜론나는 교황청 함대 사령관을 겸하고 있었다. 베네치아 함대의 총책임자는 세바스티아노 베니에르. 참모장에는 냉철한 해군장성 아고스티노 바르바리고가 선임되었다. 에스파냐 함대의 사령관으로는 잔안드레아 도리아. 이쪽의 참모본부는 모두 펠리페 2세의 심복으로 채워져 있었다.

전략 목표는 동지중해이건 서지중해이건 거기서 부딪치게 되는 터키 해군과 교전하기로 결정되었다. 그 후의 행동은 해전 후에 토의해 결정하기로 했다. 집결지는 시칠리아의 항구 메시나. 지중해 한가운데에 위치한다.

경비 분담은 에스파냐가 18분의 11, 베네치아가 18분의 7을 부담하는 것으로 했다. 1571년 5월 25일, 협약 조인도 끝냈다.

한편 키프로스의 파마구스타는 그동안에도 그대로 버티고 있었다. 그러나 베네치아의 보급선은 터키 함대의 봉쇄로 접근조차 못하고 있었다. 보급선의 접근은커녕 우르구 알리가 지휘하는 터키의 군선들은 크레타의 여러 항구를 습격해 키프로스뿐 아니라 크레타도 위험한 상태였다. 한편 터키 육군은 알바니아, 달마치야 등육지에서부터 베네치아 기지들을 공격했다. 베네치아는 이제 연합함대의 출동이라는 단 하나에 희망을 거는 처지가 되어가고 있었다.

집결항 메시나에 가장 먼저 도착한 것은 베네치아 함대였다. 교황청의 배들도 6월에는 준비를 끝내어 총사령관 콜론나의 도착을 기다려 메시나로 떠날 수 있게 되어 있었다.

베네치아의 어려운 처지를 알고 있었던 교황 피우스 5세는 협정상 베네치아 부담으로 되어 있는 비용을 토스카나 대공에게 부탁해 대공의 부담으로 12척의 갤리 선대를 편성하는 데 성공했다. 군주국으로서 다시 일어서려 하고 있는 피렌체는 교황에게 은혜의빚을 지우는 좋은 기회라 생각해 배와 병력의 조달을 순순히 받아들인 것이었다. 이런 까닭으로 해서 이들 배는 로마와 피렌체의 명문대가 자제들의 화려한 기사 차림으로 가득 메워졌다. 리보르노를 출발해 치비타베키아, 나폴리 등에 들러 메시나에 도착한 것은7월 초의 일이었다.

과연 올 것인가 모두들 걱정을 했던 연합함대 총사령관 돈 후안도 도리아를 거느리고 에스파냐를 떠나 먼저 제노바에 들렀다. 이어서 나폴리를 거쳐 해로편으로 메시나에 도착한 것이 8월 23일이었다. 메시나 항구에 늦여름의 밝은 햇살을 받으며 총집결한 함대를 나라별로 구분하면 다음과 같이 된다. 순수 전력이 아닌 범선을 뺀 갤리선만의 숫자다.

에스파냐

(에스파냐, 몰타로부터)		17척
(나폴리, 시칠리아로부터)		36척
(제노바로부터)		22척
	계	75척
교황청(에스파냐령이 아닌 이탈리아 제국 포함)		23척
베네치아(6척의 갈레아차 포함)		110척
	총계	208척

협정에서 정한 에스파냐 18분의 11, 베네치아 18분의 7의 분담률과는 큰 차이가 난다. 교황청이 토스카나 대공의 원조를 받아 편성한 몫을 제하고도 그러하다. 이번에도 협정을 지킨 것은 베네치아이며 에스파냐가 아니었다.

그러나 베네치아는 에스파냐를 비난할 수 있는 처지가 못 되었다. 배의 수는 많아도 전투원이 부족했기 때문이다. 유행병을 만나 수가 많이 준데다가 본국에 대기해놓은 5천 명을 불러올 수도 없었던 것이다. 터키 함대가 아드리아해에 침입해 달마치야 지방의 항구를 습격하고 다녔으므로 마중을 보내려 해도 많지 않은 배의 수로는 보낼 수가 없고 그렇다고 대군을 보내면 메시나로부터 출동할 예정인 연합함대의 출진을 늦추는 것이 되어 펠리페 2세가 바라는 대로 일이 되어버릴 것이었다.

양자택일을 강요당한 베네치아 함대 총사령관 베니에르는 에스파냐 병사를 태우는 것을 승낙하라는 돈 후안의 말을 받아들일 수밖에 없었다. 사실은 에스파냐 병사는 물론이요, 에스파냐 왕이 지배하는 이탈리아의 병사들도 태우고 싶지 않았다. 사기의 통일이 허물어질까 걱정되었기 때문이다. 하지만 수중의 병력이 1만밖에 안 되고 본국의 5천도 발이 묶여 꼼짝 못하니 갤리선 110척과 그보다도 큰 갈레아차를 전력화할 수가 없다. 타지 사람 4천여 명과의 동거도 어쩔 수 없게 된 것이다.

노를 젓는 일손을 포함해 모두 5만 명이라 일컬어진 총인원 중에서 2만여 명이 에스파냐인이고 1만 명이 베네치아인, 나머지가 이 두 나라 이외 국가들의 병사들이 차지했을 것으로 보인다. 그중에는 독일인도 880명 섞여 있었고, 몰타에서 온 성 요한 기사단의 단원은 대부분 프랑스 출신이었다.

메시나에서는 날마다 작전회의가 열렸다. 출진을 앞두고 진형을 정하지 않으면 안 되었다. 미리 정한 진형대로 함대를 편성해 항해하는 것으로 되어 있었기 때문이다. 실제로 그렇게 하지 않으면 막상 전투에 돌입하려 할 때 진형을 갖추는 데 시간이 너무 많이 들었다.

총사령관 돈 후안의 주장을 받아들여 여러 국적선으로 된 함대는 보통 국별 진형으로 짜지만 이 경우에는 서로 뒤섞어서 진형을 짜 가지고 포진하기로 결정했다. 속으로 들끓는 베네치아와 에스파냐의 상호 불신과 증오가 국별로 하면 더 쉽게 표면화될 것 같으므로 뒤섞어둠으로써 폭발을 막아보겠다는 의도였다.

앞장은 선례대로 범선대가 섰다. 그다음을 대포를 실은 갈레아차 6척이 따른다.

포진할 때는 우익이 되는 전위는 에스파냐 함대 총사령관 잔안 드레아 도리아가 이끈다. 갤리선 53척과 베네치아 선박 24척도 여기에 배치되었다. 사부아공국의 2척, 교황청의 몇 척도 이 부대에 들었다.

싸움이 시작되면 중앙에 진을 친 본대는 물론 연합함대 총사령관 돈 후안이 지휘한다. 갤리선 61척으로 구성되어 있으며 돈 후안이 탑승한 기함을 중심으로 오른쪽에 마칸토니오 콜론나의 배, 왼쪽에는 세바스티아노 베니에르의 배, 이렇게 교황청과 베네치아의 두 함대 총사령관이 좌우에 버틴다.

본대의 바로 뒤에는 유군(遊軍), 즉 대기하는 보충부대로서 나폴리의 산타 크로체 후작이 이끄는 35척이 따른다. 포진 때는 본대의 바로 뒤에서 대기하다가 전황에 따라 적당한 부대에 원군으로 보낼 목적으로 편성된 이 선대도 베네치아, 교황청, 에스파냐의 혼성부대다.

맨 마지막으로 출항하게 되는 것이 포진 때는 좌익이 되는 후위의 53척. 베네치아 함대 참모장인 아고스티노 바르바리고가 지휘하는 이 선대는 2척만 나폴리의 배이고 나머지는 모두 베네치아의 배다.

모든 배가 출항한 것은 9월 28일이었다.

돈 후안이 메시나에 도착한 8월 23일부터 출항까지 약 한 달 동안 모든 일이 출진을 위해 순조롭게 진행된 것은 아니었다. 에스파냐 함대의 지휘관들이 항해가 어려운 겨울이 다가오고 있다는 것을 이유로 출진을 내년 봄으로 연기할 것을 계속 주장했기 때문이다. 이에 대해 베네치아는 당연히 반대했고 교황청 함대도 출진을 주장해 한 치도 물러서지 않았다.

결정을 내린 것은 돈 후안이었다. 그의 한마디로 출진이 결정된 것은 9월 12일이었다. 그것을 전해 들은 펠리페 2세는 신중하라고 타이르는 서신을 급히 보냈지만 그 서신이 메시나에 도착했을 때는 함대가 이미 출항한 뒤였다. 베네치아는 이 무렵부터 바다 사정에 어두운 이 젊은 귀공자가 뜻밖의 횡재 같은 존재임을 깨닫기 시작했다.

레판토 해전의 승리

메시나를 출발한 연합함대는 긴 장화의 발끝 같은 이탈리아반도 칼라브리아 지방을 돌아 이오니아해로 나온다. 그대로 이탈리아 연안을 따라 항해를 계속, 아드리아해 출구를 횡단해 코르푸섬을 거쳐 그리스의 서안에 도착했다.

여기서 8월 18일에 파마구스타가 함락된 사실을 알게 된다. 4개월 이상 버텼던 키프로스 최대의 항구도 마침내 터키 수중에 떨어진 것이다. 방위군 책임자 마칸토니오 브라가딘은 산 채로 껍질이 벗겨져 몇 차례나 바닷물에 담가진 뒤에야 숨을 거두었고, 그밖의 베네치아 귀족들도 전원이 참혹한 죽음을 당했다는 보고는 베네치아인뿐 아니라 함대의 모든 장병의 마음에 터키에 대한 분노와 복수심을 불타오르게 했다.

그 직후, 여기저기 띄워놓은 정찰선으로부터 터키 함대가 레판토에 정박 중이라는 급보가 들어왔다. 연합함대는 항로를 남으로 잡는다. 프레베자의 난바다를 지나 케팔리니아섬과 오디세우스의 섬이었던 이타카 사이의 좁은 바다를 지나면 거기는 벌써 레판토로 통하는 파트라스만의 입구였다.

거기서 마지막 작전회의가 열렸다. 적의 군선 수가 이쪽보다 많다는 보고가 있어서 도리아나 에스파냐의 참모들은 되돌아갈 것을 제안하고 있었다. 이에 대해 콜론나와 베네치아의 지휘관들은 그와는 반대로 해전을 주장했다. 연기파와 결전파의 표수는 3 대 3이었다. 결전으로 내닫게 된 것은 총사령관 돈 후안의 한 표에 의해서였다.

1571년 10월 7일 동이 트기 전, 파트라스만의 입구를 봉쇄하고 있는 형국의 연합함대에서는 전위가 우익으로, 본대가 중앙으로, 후위가 왼편으로 돌아 좌익으로 각각 자리를 잡는 포진이 시작되고 있었다. 완만한 반달 모양을 그린 진형은 최좌익을 바르바리고의 배가, 최우익을 잔안드레아 도리아가 맡음으로 해서 가장 노련한 해군장성 두 사람이 맡는 꼴이 되었다. 갈레아차 6척은 2척씩 각 선대에 배속되어 갤리선들의 줄 맨 앞에 배치시켰다. 갈레아차가 탑재하고 있는 대포가 불을 내뿜을 때가 곧 해전의 시작이다.

한편 터키 함대도 레판토를 뒤로하고 파트라스만 입구를 향하고 있었다. 연합함대 총사령관 돈 후안에게 사생결단의 싸움을 걸 각오가 충분이 되어 있었으니 터키 함대 총사령관 알리 파샤도 그에 못지않은 각오가 되어 있었다.

연합함대의 좌익과 마주 대하는 터키 함대 우익은 시로코라는 별명을 가진 샤라크가 지휘하는 53척. 중앙은 물론 알리 파샤가 이끄는 94척의 본대였고, 도리아가 지휘하는 우익에 맞서는 것은 이탈리아 태생의 해적 우르구 알리가 지휘하는 65척이며 터키 쪽 진형으로는 좌익이다. 합계 212척인 터키 함대에 대해 연합함대는 208척이니 수적으로는 터키 측이 우세했고, 이 점이 알리 파샤로 하여금 안전한 레판토를 나오게 한 원인이 되었다. 또 터키 해군은 무적이라 그리스도교도를 가벼이 보는 기분도 없지 않았다.

포진이 끝나고 수평선상에 터키 함대의 모습이 검은 점들로 보이기 시작할 무렵, 돈 후안은 쾌속선으로 갈아타고 일렬로 줄지은 배 앞을 큰 소리로 격려하면서 지나갔다. 가을 햇볕에 화려하게 빛나는 갑옷을 입은 귀공자의 이 같은 행동은 전군을 전투적인 기분으로 충만하게 하는 효과를 발휘했다. 그리고 정오 가까이 되어 양군이 서로 대포의 사정거리 안으로 가까이 다가갔을 때 그때까지 배마다 돛대 꼭대기에 나부끼고 있던 깃발이 내려졌다. 내려진 깃발 대신에 올려진 것은 돈 후안이 타고 있는 기함의 돛대 높이 나부끼고 있는 것과 같은 깃발, 즉 그리스도의 얼굴이 그려진 깃발이었다. 교황이 손수 축복을 내린 깃발이라는 것은 말 안 해도 누구나 알고 있었다.

이어서 곧 돛대 꼭대기에 십자가를 올려 걸었다. 전원이 무릎을 꿇고 기도를 올린다. 그리고 마음속에서 죄를 고백했다. 이것이 다름 아닌 십자군이다. 이교도를 쳐부수려고 일어선 십자군 병사들에게는 교황으로부터 특별한 면죄가 보장되어 있다. 아마도 이 순간은 반종교개혁운동의 가장 순수한 요소가 하나로 결정을 이루는 느낌이었을 것이다. 모든 장병의 마음속에서는 그때까지의 온갖 생각이 다 사라지고 오직 싸우겠다는 전의만 남았다.

양군의 거리가 1마일로 좁혀졌을 때 갈레아차 6척의 뱃머리에 설치된 대포들이 일제히 불을 내뿜었다. 갤리선끼리의 싸움으로서는 최대이자 마지막 해전인 레판토 해전이 시작된 것이었다.

400을 헤아리는 갤리선이 격돌한 레판토의 해전은 결국 그리스도교 연합함대의 압도적 승리로 막을 내리게 된다. 바르바리고가 이끄는 좌익은 해적 시로코가 이끄는 적의 우익을 해안까지 쫓아가서 격전을 벌인 끝에 거의 전멸시키는 데 성공했다. 총사령관 돈 후안의 본대도 예비군의 힘을 빌리기는 했지만 적의 진형을 교란시켜 적의 총사령관 알리 파샤의 기함을 점령했고 알리는 전사한다.

4시간에 걸친 장렬한 격전 끝에 승리의 깃발은 좌익과 본대에서 거의 동시에 게양되었다. 다만, 잔안드레아 도리아의 움직임이 연합함대의 완전승리를 막았다. 오른쪽에서부터 적의 좌익 활동을 봉쇄해야 하는데 적의 배후로 돌아가버림으로써 터키 함대의 좌익이 지휘관 우르구 알리의 교묘한 철퇴작전에 힘입어 콘스탄티노플까지 도망가는 것을 허용하고 만 것이었다.

터키 함대의 좌익 65척이 모두 아무 피해 없이 달아난 것은 아니었다. 도리아 지휘 아래로 배속되어 있던 베네치아 선박 24척과 그 밖의 이탈리아 선박 몇 척이 지휘관의 말도 듣지 않고 한데 몰려서 달아나는 적 좌익에 옥쇄전법으로 덤벼드는 통에 적도 상당한 피해를 입었다. 어찌했든 완전승리로 끝날 것을 그렇지 못하게 한 유일한 원인은 역시 도리아였다.

에스파냐 왕 펠리페 2세와 해적 우르구 알리 사이에는 알리를 그리스도교 편으로 돌아서게 할 교섭이 비밀리에 진행되고 있었고, 그것 때문에 왕의 밀명을 받은 도리아가 짐짓 우르구 알리를 놓아준 것이라고 보는 역사가들이 많다.

어쨌든 간에 그리스도교 연합함대의 승리는 압도적이었다. 노획한 적선은 117척. 그밖에도 파손이 심해 도리 없이 불태워버린 배가 70척. 포로는 1만 명을 넘었고 적의 전사자 수가 8천 명에 이르렀다. 전사자 중에는 총사령관 알리 파샤, 중상을 입어 이틀 후에 숨이 끊긴 우익 선대 사령관 시로코, 술탄의 근위대인 예니체리 군단의 단장인 키오스, 네그로폰테, 로도스, 나브플리온, 레스보스의 각 제독 등이 있었다. 바르바로사의 아들을 포함한 해적들의 전사도 많았다. 포로 중에는 총사령관의 두 아들을 비롯해 터키 궁정 고관들의 이름이 즐비했다. 터키의 배에서 쇠사슬에 묶인 채 노젓는 일손으로 혹사당하고 있던 많은 그리스도교도 노예들은 물론 자유를 되찾았다.

그리스도교 측의 피해도 적지는 않았다. 전사자는 7,500명을 넘었고 베네치아인만도 2,500명에 이르렀다. 특히 좌익의 지휘를 맡은 아고스티노 바르바리고가 중상을 입어 다음 날 사망한 것을 비롯해서 전사한 베네치아 귀족이 26명이나 되었는데 그들은 거의가 함장들이었다. 베네치아가 얼마나 전력투구를 했는가를 잘 보여준다.

포획한 터키 군선의 해군기를 바닷물에 띄워 끌면서 승리의 소식을 가지고 베네치아항으로 돌아오는 배들을 베네치아 시민들은 한참 잊고 지냈던 환호성의 물결로 맞이했다. 이때 광신적이지도 않고 인종차별적이라고도 할 수 없는 베네치아의 시민들이 승리를 기뻐한 나머지 시에 거주하고 있는 터키인들을 습격할 것 같은 기미가 보이자, 걱정이 된 베네치아 정부가 터키인의 안전을 기하기 위해 궁전 하나를 비워 거기에 수용하고 경호까지도 붙이지 않으면 안 되었을 정도였다. 이것이 조금 뒤 터키 상관을 창설하는 일로 이어진다.

누가 뭐라 하건, 레판토 해전이 주는 영향은 컸다. 터키 해군이 이것으로 궤멸된 것도 아니고 우르구 알리의 지휘 아래 다음 해에 돌격전법의 벼락공사에 의해 다시금 160척 규모의 대함대를 건조해내지 않았는가라고 말하는 사람이 역사가 중에는 없는 것도 아니지만, 그리스도교 세계에서 그때까지 있었던 터키에 대한 열등감이 이 일로 해서 사라진 것만은 확실한 사실이다.

무적이라고 믿었던 터키 함대가 결코 무적이 아니라는 것이 실증된 것이다. 이러한 심리적 수확은 역시 무시할 수 없었다. 만약 레판토 해전이 터키의 승리로 끝났거나 혹은 그리스도교 측 연합함대가 한 번도 적과 싸우지 못하고 해산했더라면 지중해 세계가 터키 수중에 들어가는 것을 막지 못했을 것이다. 총사령관 돈 후안의 그 지위에 걸맞은 큰 그릇과 역량, 그리고 이 해전에서 뿌려진 그 많은 귀중한 피가 이것을 미연에 막을 수 있었던 것이다.

레판토 해전의 영웅 돈 후안

정세가 호전되면 다시 더 추격전을 벌여 승리를 완벽한 것으로 하는 일은 누구나가 생각하게 되는 일이다. 터키를 적으로 하는 동맹은 고생고생 성립시켰던 쟁점도 전년에 비해 많이 해결되었으므로 문제는 훨씬 간단해졌을 터였다.

이제는 총사령관 인선 문제로 다툴 까닭도 없었다. 돈 후안을 다른 사람으로 바꾸자고 말하는 사람은 없었다. 부사령관에도 마칸토니오 콜론나를 반대하는 나라는 이제 없었다. 경비분담 문제도 포획한 적선을 나누어 가졌으므로 각국이 모두 부족을 느끼지 않았다. 포획선 117척은 에스파냐가 59척, 교황청과 베네치아가 각각 27척, 나머지는 사부아공국, 몰타의 성 요한 기사단 등에 분배되어 겨우내 포획선 수리에 바빠서 새로 배를 건조할 시간도 없었고 그럴 필요도 없었다.

전해에는 자기 부담의 배라고는 거의 없었고 토스카나 대공에 의존하지 않으면 안 되었던 교황청도 이제는 27척을 보유한 어엿한 해군국이 되어 있었다.

베네치아도 더 이상 사람을 모집하는 데 고생할 필요가 없게 되었다. 터키인 포로를 써먹을 수 있게 되었기 때문이다. 부려보니 사슬로 묶어놓은 노예를 노를 젓게 하는 것이 퍽 효율적이라는 것을 알게 되었다. 당시의 어떤 함장은 노 젓는 일손으로 가장 훌륭한 것이 달마치야와 그리스 출신, 그다음이 터키의 노예들로, 바다를 잘 모르는 북이탈리아 지원병보다 낫다고 쓴 글을 남겼다. 베네치아는 모처럼 찾아온 이 기회를 충분히 이용할 요량이었다.

베네치아는 돈 후안이 레판토에서 발휘한 재능과 정열을 실질적인 목표를 부여해 영속할 생각으로 공작을 한다. 비밀리에 그에게 모레아의 왕위를 약속한 것이었다.

모레아란 펠로폰네소스반도의 당시 이름으로, 거의 모두가 터키령으로 되어 있었는데, 그것을 베네치아와 협력해 획득하는 날에는 그를 그곳 왕으로 삼겠다는 것이었다. 적의 수중에 있는 땅을 주겠다 했으니 장난 같은 말로 들리겠지만 육군만 있다면 당시 베네치아의 실력으로는 불가능한 일이 아니었으므로 돈 후안이 구미가 당긴 것은 당연한 일이었다.

레판토 해전의 영웅이라 떠들썩하지만 필경 그는 왕위나 실권과는 거리가 먼 찬밥 신세이며, 배다른 형인 펠리페 2세와의 사이는 레판토 해전 이후 불화가 두드러지게 눈에 띄는 처지였다. 모레아의 왕위라는 제안은 함부로 물리칠 수 없는 매력 있는 제안으로 들렸을 것이다. 그는 해가 바뀌어 1572년이 되자 메시나로 가는 것을 수락하겠노라고 알려왔다.

그러나 그전에도 쟁점이 되었던 목적지 문제, 연합함대가 어디로 갈 것인가 하는 문제를 두고 베네치아는 에스파냐와 대립한다. 에스파냐 측이 북아프리카로 가서 해적들과 싸워야 한다고 주장하면 베네치아는 마땅히 동지중해로 가서 터키 함대를 격멸해야 할 것이 아닌가 하고 굽히지 않았다. 돈 후안은 베네치아를 위해 키프로스를 대신할 만한 곳을 동지중해 어디엔가에다 얻어주는 것이 좋지 않겠는가라고 에스파냐 왕에게 제안했지만 펠리페 2세는 대답도 해오지 않았다. 그다음에는, 그렇다면 봄에 에스파냐 함대만으로 알제를 공격해 그곳을 본거지로 하는 우르구 알리 휘하의 해적들을 치고 5월쯤에 동지중해로 향하는 것이 어떻겠는가라고 제안해보았지만 이번에도 왕으로부터 아무런 대답이 없었다.

베네치아는 이 무렵에 이미 갤리선 100척과 갈레아차 6척을 코르푸섬에 집결시켜 출전준비를 끝내놓고 있었다. 그리고 신임 참모장 소란초가 총사령관 돈 후안을 마중하러 갤리선 25척을 거느리고 메시나를 향해 떠났다. 마칸토니오 콜론나도 교황청 함대 13척을 이끌고 메시나를 향해 남하 중이었다. 나폴리가 편성해 산타크로체 후작이 지휘하는 36척의 에스파냐 함대도 또한 메시나를 목적지로 나폴리를 떠났다. 몰타로부터도 2척이 집결지를 향하고 있었다.

모든 일이 순조롭게 진행되고 있는 듯했다. 그 전해보다는 문제점이 많이 줄어든 것도 있고 해서 두 번째 연합함대 출진을 의심하는 사람은 아무도 없는 듯했다. 작전회의가 열려 출항일을 6월 14일로 정했다. 이 회의에는 돈 후안, 마칸토니오 콜론나, 그리고 베네치아 측에서는 코르푸에서 대기하고 있는 포스카리니의 대리로 소란초, 거기에 산타 크로체, 이렇게 참석했다. 그러나 5월 1일 교황 피우스 5세가 별세한 일이 이 무렵 영향을 나타내기 시작한다.

출항 예정일 이틀 전, 돈 후안은 돌연 출항의 무기연기를 발표한다. 놀란 콜론나와 소란초가 돈 후안에게 따졌으나 총사령관은 이유를 말하려 하지 않는다. 그러나 결국 펠리페 2세의 의향에 따른 것임을 내비쳤다. 돈 후안 자신도 무엇 때문에 펠리페 2세가 그 시점에서 그런 명령을 내린 것인지 그 진의를 짐작하지 못하는 듯했다. 돈 후안은 에스파냐 배를 9척 제공할 터이니 콜론나가 지휘해 베네치아 함대와 함께 동지중해로 가달라, 자기는 메시나에 남아서 알제 공격의 준비를 하겠다는 것이었다. 콜론나는 9척 가지고는 모자라니 하다못해 25척이라도 빌려달라고 부탁했다. 교황으로 하여금 에스파냐 왕을 설득하는 일도 새 교황이 막 들어선 직후라 효과를 기대하기 어려웠다. 돈 후안은 에스파냐 참모들과 의논한 끝에 갤리선 22척, 에스파냐 병사 1천 명과 이탈리아인 병사 4천 명을 빌려주는 것을 승낙했다.

에스파냐선 22척, 교황청 선대 12척, 소란초가 이끌고 온 베네치아 배 25척, 그리고 코르푸에 대기 중인 베네치아 군선 75척을 합치면 134척이다. 그밖에도 크레타에서 합류하기로 되어 있는 배들을 합치면 갤리 군선 140척 이상에 갈레아차 6척으로 이루어지는 전력이어서 레판토 해전 때의 208척보다는 못하지만 그것으로 터키 함대에 대항 못할 것도 없는 전력수준이 되었다. 전투원들의 승선에 늑장을 부리고 있는 에스파냐선 15척은 뒤에 남겨둔 채 동지중해로 적을 찾아 출진하기로 결정이 났다.

코르푸에 도착한 것은 7월 15일. 거기서 대기하고 있는 베네치아 군선들과 합류해 펠로폰네소스반도 연안을 따라 남으로 내려가서 반도의 끝을 돌아 항로를 동으로 잡았을 무렵이었다. 뒤쫓아온 전령선이 돈 후안의 출진 소식을 전해왔다. 남아 있던 모든 군선을 이끌고 돈 후안이 메시나항을 출항했다는 것이다.

펠리페 2세가 앞서의 명령을 철회했기 때문이란다. 콜론나와 베네치아 측 사령관들이 의논을 시작했다. 코르푸섬으로 돌아가서 거기서 돈 후안을 기다려 그 후에 다시 동지중해로 향할 것인가, 아니면 돈 후안에게 빨리 뒤쫓아오도록 부탁하는 전령을 보내고 함대는 그대로 전진을 계속할 것인가, 둘 중 하나를 택하지 않으면 안 되는 처지였다.

이미 출진을 한 함대를 다시 근거지로, 대함대의 근거지로서는 시칠리아의 메시나 이상으로 설비가 잘 정비되어 있는 안전한 코르푸섬으로 되돌아가게 하는 일은 베네치아인 사령관들은 되도록 피하고 싶었다. 이런 호기를 놓치면 다시는 기회가 오지 않을지도 모른다고 그들은 두려워하고 있었다. 콜론나도 베네치아인들의 생각에 동조했다. 함대는 총사령관 돈 후안에게 전령선을 띄운 후 다시 전진을 시작했다.

　베네치아령인 체리고섬에 도착한 것은 8월 4일. 여기서 우르구알리가 이끄는 터키 함대 160척이 바로 북쪽에 있는 말바지아항까지 와 있다는 기별을 받았다. 배편으로 하루 만에 왕래할 수 있는 거리다. 그리스도교 측 함대는 회전에 대비해 진형을 결정했다. 레판토 해전 때와 마찬가지인 혼합진형이다. 다만 이번에는 베네치아 측 군선이 압도적으로 많았으므로 베네치아 배 3척에 에스파냐와 교황청의 배 각 한 척씩을 짝지우기로 했다.

　또 지휘관도 중앙에 포진하는 본대에는 마칸토니오 콜론나, 베네치아 함대 총사령관 포스카리니, 에스파냐 함대 총사령관 돈 안드레아다의 세 사람에게 맡겨졌고 좌익과 우익은 모두 베네치아인 참모 카날레와 소렌초가 맡게 되었다. 그 사이 우르구 알리는 그리스도교군의 동정을 알아서인지 말바지아항 밖으로 한 발짝도 나오지를 않았다.

　8월 10일에야 밖으로 나왔다. 본격적인 해전을 벌일 생각이 없는지 양군 사이에는 조그마한 충돌이 있었을 뿐이다. 손해는 터키 측이 많아 갤리선 7척이 사용 불가능한 상태가 되었고 그것을 그대로 버려둔 채 우르구 알리는 다시 말바지아 항구 안에 틀어박혀 꼼짝도 하지 않았다.

　그런데 이런 시점에서 콜론나가 어떤 심경변화를 일으켰는지 돈 후안이 코르푸에 도착해 있을 터이니 우리도 돌아가서 코르푸나 그밖의 어느 해역에서 그와 합류하자고 주장하기 시작했다. 그가 내세우는 이유인즉, 우르구 알리는 오랜 해적행각으로 지중해의 구석구석을 손바닥 들여다보듯 훤하니 우리의 감시의 눈을 속이고 앞질러 가서 50에서 60척 미만의 배를 거느리고 항해 중인 돈 후안 일행을 습격하기란 식은죽 먹듯 쉬운 일일 것이고, 그러니 우리는 여기서 되돌아가서 되도록 빨리 돈 후안과 합류하는 것이 마땅하다는 것이었다.

베네치아 측 사령관들은 강경하게 반대했지만, 마칸토니오 콜론나는 로마의 귀족이라 군주제에 익숙해진 사람이어서 합의제란 군주가 확신을 가지고 결정을 내리지 못하는 경우의 자문기관 정도로밖엔 생각하지 않는 것 같았다. 이런 사람에게는 총사령관의 의사가 명확할 경우 그 명령은 절대적이다. 콜론나는 되돌아가기를 주장해 굽히지 않았다. 베네치아인들도 따를 수밖에 없었다.

그리하여 그들은 체리고를 떠나 펠로폰네소스반도를 돌아 북상해 잔테섬까지 되돌아왔으나 여기서도 돈 후안의 함대를 만날 수가 없었다. 할 수 없이 다시 북상해 코르푸에 도착해 그곳에 있는 돈 후안을 만날 수 있었다.

돈 후안은 격노해 있었다. 에스파냐인 사령관 돈 안드레아다의 경우는 사형에 처하겠다는 위협의 말을 듣게 된 판국이었다. 그뿐 아니라 돈 후안은 레판토 해전 때처럼 베네치아의 군선에 에스파냐 병사를 태울 것을 요구했다. 베네치아 측은 이 요구를 단호하게 거절했다. 전해에는 베네치아 군선에 전투원이 부족해 돈 후안의 요구가 이치에 맞는 이야기였으므로 받아들였던 것이지만, 이번에는 전투원의 수가 충분했으므로 그럴 필요가 전혀 없다는 것이 이유였다.

실제적 문제로서 베네치아는 거부할 이유가 충분히 있었다. 레판토 해전 때 총사령관 돈 후안과 베네치아 함대 총사령관 세바스티아노 베니에르의 사이가 좋지 않게 된 것은 유명한 일이지만 그때도 이런 유의 사건이 표면화된 때문이었다.

베네치아 군선에 어쩔 수 없이 태웠던 에스파냐 병사들이 함장의 명령에 복종하지 않는 일이 잦았고, 이래서는 싸울 수 없다고 판단한 베니에르가 가장 악질적인 에스파냐 병사 6명을 돛의 활대에 매달아 사형에 처한 사건이 있었던 것이다.

돈 후안은 한마디 의논도 없이 내 수하 병사들을 죽이다니 하면서 대노해 베니에르를 작전회의 멤버에서 빼버린다. 베니에르 대신에 작전회의에 베네치아 대표로 참석하게 된 것이 나중에 좌익을 지휘하게 되는 아고스티노 바르바리고였다. 그러나 총사령관의 노여움을 사기는 했어도 베니에르의 판단은 옳았고, 이후 베네치아 군선을 타게 되는 에스파냐 병사들은 베네치아인 함장의 명령에 완전히 복종하게 된다.

그러나 어떻게 해서든지 레판토 승리의 여세를 몰아 이 기회에 터키 해군을 쳐부숴버리기를 바라는 베네치아는 돈 후안이 좋지 않게 생각하는 베니에르를 함대 총사령관의 직위에서 빼고 대신에 인품이 온화하기로 이름난 포스카리니를 앉혔을 정도였다. 그러나 이러한 배려와 함대의 사기 통일을 희생시키는 일과는 별개 문제다. 다시 또 전해와 같은 상태에 빠져들지 않기 위해서도 그해의 베네치아는 돈 후안의 요구를 거절했던 것이다.

그러나 돈 후안의 이번 요구는 사리에서 출발한 것이 아니라 총사령관으로서 체면을 세우려는 감정적 문제에서 나온 것이었다. 돈 후안의 노여움을 촉발하는 결과가 되어 중간에서 어찌할 바를 몰라 하던 콜론나는 자기 지휘하에 있는 교황청 선대의 전투원들

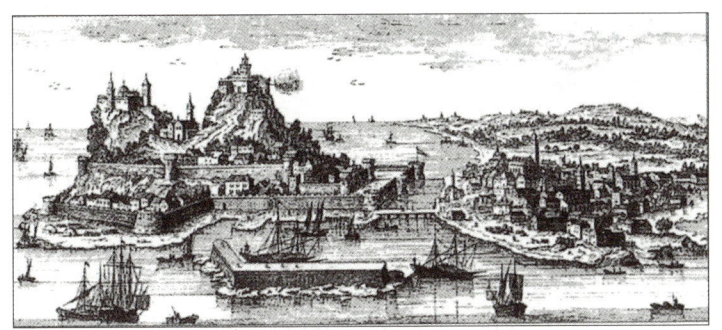

코르푸섬의 요새

을 베네치아 배로 옮기고 교황청의 배에 에스파냐 병사들을 타게까지 하여 어떻게든 결렬을 막으려고 노력했다. 하나 그런저런 일에 매달리는 동안에 열흘이 무위로 지나갔다. 그 후 그리스의 바다에 출진해보았으나 적장 우르구 알리의 교묘한 행동과 악천후, 거기에다 기회도 잘 잡히지 않아 소규모 전투를 치르고선 다시 코르푸로 돌아가고 말았다.

연합함대가 해산한 것은 10월 20일의 일이다. 돈 후안은 에스파냐 선대를 이끌고 메시나로 돌아가버렸고 콜론나도 로마로 떠났다. 에스파냐 왕 펠리페 2세는 교황에게 내년에는 더 강력한 함대를 파견하겠다고 약속했지만 베네치아는 이젠 그런 말을 믿지 않았다.

이제 이래서는 안 되겠다고 생각한 베네치아는 터키와 단독강화를 맺기로 결심한다. 10인 위원회는 콘스탄티노플 주재 대사에게 교섭을 본격적으로 시작할 것을 지시했다. 강화가 조인된 것은 다음 해인 1573년 3월 7일이다. 그때까지도 베네치아가 항전할 것으로 믿고 있던 서유럽의 국가들은 배신행위라면서 일제히 베네치아를 비난했다. 그러나 마침 그 무렵 파리와 콘스탄티노플에서 교섭이 진행 중이던 터키와의 동맹 결성에 열을 올리고 있던 프랑스만큼은 베네치아를 비난하지 않았다.

이 터키-프랑스 동맹은 프랑스 육군이 플랑드르 지방에 쳐들어감과 동시에 터키는 지중해에 갤리선 300척으로 된 대함대를 보내어 에스파냐를 협공하는 것을 목적으로 하는 것이었다. 지중해 세계에서 프랑스가 노리는 것은 에스파냐도 집착해 마지않는 알제리였다. 그런 목적을 위해서도 프랑스는 베네치아와 에스파냐 사이를 이간하려 획책하고 있었다. 임지인 콘스탄티노플로 가던 프랑스 대사가 도중에 베네치아에서 2개월 동안이나 체류해 에스파냐 측의 의혹을 산 일도 있었다. 또 프랑스 주재 베네치아 대사를 통한 프랑스 측의 공작도 매우 활발했다.

지중해 세계에서 에스파냐를 완전히 적으로 돌리는 일이 베네치아공화국에는 허용되지 않는다. 그와 같은 웅대한 그러나 실현 가능성이 의심스러운 동맹에 참가해 스스로 무덤을 파는 꼴이 될 어리석은 잘못은 범하고 싶지 않았다. 베네치아는 그래서 터키와의 강화만을 원했던 것이다. 자꾸 이런저런 수작을 걸어오는 프랑스에는 불과 반년 전에 일어난 성 바르톨로메오 축일의 대학살을 상기시켜서 집요한 권유를 간신히 뿌리칠 수 있었다.

성 바르톨로메오 축일의 대학살은 프랑스인들에게는 악몽과 같은 것이었다. 베네치아의 판단은 옳았고 에스파냐 협공을 목적으로 하는 터키-프랑스 동맹 공작은 실제로는 아무런 소득 없이 흐지부지되고 만다. 하나 바로 그러했기 때문에 프랑스는 비난을 면할 수 있었는지도 모른다. 베네치아의 생각을 실행에 옮기는 일은 너무나 현실적이어서 혐오 감정을 불러일으키지 않을 수 없었을 것이다.

이미 '대항해 시대의 도전'에서 말했듯이, 16세기의 베네치아공화국은 경제 면에서는 훌륭히 그 도전을 물리칠 수 있었다. 그러나 도시국가의 시대가 끝나고 군주제 대(大)국가군의 대두를 보게 되는 16세기에 들어 베네치아는 힘과 양이 지배하는 외교와 군사의 세계에서 가지지 못한 자의 비애를 종종 맛보지 않으면 안 되었다. 서두에 인용했던 대사 소란초의 말은 16세기 베네치아가 직면하지 않으면 안 되었던 현실 바로 그것이었다.

"강국이란 전쟁이건 평화이건 마음대로 할 수 있는 국가를 말하는 것입니다. 우리 베네치아공화국은 이제는 이미 그런 처지가 아니라는 것을 인정할 수밖에 없습니다."

12
지중해 최후의 성채

반영웅의 나라가 영웅을 만들어 칭송에 열을 올린다면
그것으로 끝장이다. 왜냐하면 영웅대망론이란
보답을 기대하지 못하는 희생을 지불할 각오와는 아무
인연도 없는 사람들이 자기 도취에 잠기는 데
기여할 뿐이기 때문이다.

전쟁의 세기

17세기 초의 외교관으로 역사가이기도 했던 파올로 파루타는 그의 저서의 하나인 『정치생활의 성숙에 관하여』에서 다음과 같은 말을 하고 있다.

"평화의 감미로운 과실을 맛보는 것이 모든 정치적·군사적 활동의 궁극의 목표다. 군주국이든 공화국이든 국가의 목표를 군사에만 집중해 전쟁을 되풀이하고 국경을 밖으로 넓히는 일에만 열중하는 것은 결코 그 목표 달성으로 이어지는 길이 아니다. 그 길은 많은 다른 나라 국민들을 지배하는 데 있는 것이 아니고 정의에 기초해 자기 나라를 통치하는 일이며 국민에 대해 평화와 안전을 보장하는 일이다."

참으로 이의를 제기할 여지가 없는 정론이다.

정치생활의 궁극의 목표는 개인이든 국가이든 권력에 있다고 말한 마키아벨리로부터 1세기쯤 지나고 보니 이만큼이나 '성숙'한 것인가 하는 말 따위는 하지 않으련다. 또 바다와의 결혼을 축제화함으로써 바다를 자기들의 소유물인 것처럼 생각해왔던 베네치아인들 역시 17세기에 이르고 보니 '마이홈'주의자로 바뀌었구나 하는 따위의 한탄도 하지 않겠다. 베네치아 한 나라가 아니라 다른 나라들도 파루타와 같은 생각을 하게 된다면 세계평화를 위해 그 이상의 진보는 없다 할 것이니 말이다.

그러나 마키아벨리의 저작이 르네상스 시대를 대표할 뿐 아니라 시대를 초월해 통용되는 정치철학의 고전이 될 수 있었던 것은 이상을 말한 것이 아니라 현실을 간파했기 때문이다. 17세기의 베

네치아는 '성숙'을 완성해 평화의 감미로운 과실을 맛볼 심경에 도
달했는지 모르지만 다른 나라들은 그렇지 않고 오로지 성숙을 향
해 일로 매진하고 있었던 것이 베네치아의 불행이었다. 제멋대로
평화선언을 하는 것만으로는 해결이 나지 않는 것이 문제인 것
이다.

바로크의 시대이기도 한 17세기는 서유럽에는 군주제 국가의 전
성시대이기도 했다. 에스파냐가 내리막길로 접어들었다고는 하지
만 프랑스는 루이 14세의 시대를 맞이하고 영국도 크롬웰을 통과
한 후로는 튼튼한 왕제로 나아가고 있었으며, 오스트리아제국도
헝가리에 세력을 확립한다. 그런 면에서는 후진국이었던 러시아도
18세기가 되자마자 바로 표트르 대제를 배출할 바탕을 17세기 중
에 착실히 준비해가고 있었다.

바로크 시대의 서유럽은 왕권확립의 시대였지만 또 전쟁이 끊이
지 않은 세기이기도 했다. 서유럽의 중심이 지중해를 떠나 대륙으
로 옮겨졌지만 그런 분위기가 지배적이던 시대였으므로 평화를 선
언한 베네치아도 전쟁을 면하지 못했던 것은 당연하다. 17세기 베
네치아는 그들의 소원과는 정반대로 전쟁만 하면서 한 세기를 보
내고 만다.

첫 전쟁은 로마가톨릭교회와의 사이에서 일어났다. 서로 군대가
맞붙어 싸운 전쟁은 아니었지만 베네치아공화국의 독립이 걸린 일
이었던 만큼 베네치아인들은 '전쟁'이라 생각하고 대처했다.

서유럽 세계는 종교개혁으로 수세에 몰렸던 전세기의 막이 내리
고 대신에 에스파냐를 중심으로 반종교개혁의 물결이 광신적이라

할 만큼 맹반격을 펼쳤던 시대다. 이단으로 지목된 사람들로 감옥은 가득 찼고 마녀재판이란 이름의 광신극이 그리스도교도로 믿어 의심치 않는 사람들의 마음마저도 공포로 짓눌리게 했다.

예수회를 최전선으로 하는 반종교개혁파는 자기들이 믿는 바와 같은 방식으로 신을 믿지 않는 사람들의 영혼은 길 잃은 불행한 영혼이며, 그러한 영혼을 악마의 속박으로부터 해방해 신에게로 다가가게 하는 데에는 육체적 고통을 주어 그것으로 정신을 해방하는 수밖에 없으며, 그렇게 해서 그들을 도와주는 일이야말로 그리스도의 병사임을 자인하는 저들의 역할이라고 믿고 있었다. 이렇게 생각하는 사람들의 사디스트적 행위는 보통 사디스트들의 그것보다도 훨씬 더 철저하고 일반화되고 영속화할 위험을 안고 있는 법이다. 베네치아공화국도 서유럽에서 휘몰아치고 있는 이러한 회오리바람에 휘말리지 않기 위해 신중하고도 강력하며 끈질긴 대책으로 대응할 필요가 있었다.

원래 베네치아는 정경분리의 전통을 갖고 있었다. 가톨릭 국가인데도 다른 가톨릭 국가와 달리, 종교상의 최고 권위자인 대주교의 처소마저 오랜 세월 개펄지대의 맨 끝에 위치하는 그라도에다 둔 채 버려두고 있었다. 배로 그 개펄지대를 다니려 해도 베네치아 본국과의 거리가 하루는 족히 걸리는 거리였다. 1451년에 베네치아 본국으로 이전이 허가된 후에도 베네치아를 대표하는 산 마르코 대성당 가까이에 거주하는 것은 허용되지 않았고 변두리 중에도 그 끝이라 할 국영 조선소와 범포 공장이 우뚝우뚝 서 있는 저쪽, 오늘날로 말하면 비엔날레가 열리는 터가 있는 카스텔로 지구에 처소를 두도록 허용된 정도였다.

피렌체나 그밖의 어디이건 베네치아 아닌 다른 도시라면 종교제사를 주재하는 대주교는 대주교 궁전을 나와 그 도시의 본당 교회로 가는 데 불과 몇 발짝만 걸으면 되는데도 베네치아에서는 그때마다 교외로부터 일부러 '출장'을 오지 않으면 안 되었다. 산 마르코 대성당은 베네치아의 수호성인을 모시는 제1위의 교회였지만 법적으로는 국가원수의 개인 예배당이었고 실질적으로는 베네치아 전 시민의 교회여서 로마 교황의 지배가 미치는 주교구 교회가 아니었다. 베네치아인들은 정치의 중심인 원수 관저의 바로 옆에 교회세력의 본거를 두는 것을 꺼렸다.

그뿐 아니다. 이 또한 다른 나라들과는 달리 베네치아인의 성직자 임명은 교황 마음대로 임명할 수도 없게 되어 있었다. 주교이건 추기경이건 베네치아공화국 국회가 뽑은 4명의 후보자 명부를 로마의 교황에게 보낸다. 교황이 할 수 있는 일은 그 4명 중에서 한 사람을 뽑는 것뿐이었다. 베네치아 출신 성직자들이 가톨릭 교회의 권위와 권력을 이용해 반국가적인 행동으로 나오는 것을 미리 막자는 취지였다. 중세 유럽을 전란으로 몰아넣은 교황파와 황제파 싸움의 소용돌이를 베네치아는 이러한 방법으로 용케도 비켜나가면서 챙길 것은 챙기고 있었던 것이다.

고위 성직자에 대해서 이만큼이나 신경을 쓰고 있던 베네치아는 민중과 직접 접촉하는 사제에 대해서는 아예 교황이 임명하지 못하도록 했다. '파로키아'라 불린 교구마다 한 명씩 있는 사제는 그 교구민의 투표로 선출하게 했던 것이다. 로마 교황청은 종종 신앙심이 의문스러운 사제가 선출된다 하여 항의했지만 베네치아 정부는 시종 이 항의를 무시해버렸다.

게다가 행정구획인 콘트라다 제도를 저 멀리 12세기 이래로 채택해 시행하고 있었다. 각 콘트라다의 장은 세속의 행정관이었다. 교구제만으로 하면 사제의 영향력을 저지하지 못하기 때문에 주민에 대한 정치와 교회의 영향을 분리하는 것이 행정구획제도인 콘트라다의 목적이었다.

그뿐 아니라 리슐리외를 배출한 프랑스를 비롯해 성직자의 정치참여는 당시로서는 극히 다반사였건만 베네치아에서는 이것이 절대로 허용되지 않았다. 아무리 유력한 귀족 집안이라도 그 집안의 어느 한 사람이 일단 주교나 추기경으로 임명되고 나면 그 집안 사람은 그 주교나 추기경이 살아 있는 동안은 정부의 중추부 공직에는 취임하지 못한다. 이 때문에 어떤 인물을 추기경 후보자 명부에 올리도록 공작을 펴서 다행히 교황이 네 후보자 가운데서 그 사람을 골라 임명하게 되면 참으로 원만한 방법으로 정적을 몰아내는 데 성공하는 식의 부산물을 얻게 되는 사례가 생기기도 했다.

다른 나라와 달리 베네치아 내의 교회재산은 과세의 대상이 되고 있었고 실제로 세금을 납부하지 않으면 안 되었다. 참고로 덧붙인다면, 20세기 오늘날은 이탈리아 내 바티칸의 부동산은 과세대상이 되어 있지 않다.

베네치아에서는 교회재산이 과세대상으로 되어 있었을 뿐 아니라 교회재산의 증대에도 법적으로 제동장치가 마련되어 있었다.

성직자 단체는 어떤 까닭에서인지 사제이고 수도사이고 관계없이 경영감각이 뛰어난 사람이 많았던 것 같다. 기존의 것을 운용하는 면에서나 새로운 것을 개척하는 것에서나 실로 그 솜씨가 훌륭해서 교회재산은 늘기는 해도 줄어드는 일은 거의 없었다.

신자들의 헌금도 많았다. 이와 같이 늘어가기만 하는 교회재산은 각국 통치자들의 두통거리였다. 불우한 사람들을 위해 써달라고 교회에 금품을 바치는 사람들의 마음씨는 마땅히 존중해야 하지만 정교분리의 관점에서 보면 반드시 환영할 수만도 없는 현상인 것이다. 경제력이 강하면 강할수록 정치에 대한 발언권이 증대하게 되는 것은 자명한 이치이기 때문이다.

베네치아공화국은 과세대상으로 삼는 것만으로는 해결되지 않는 이 난제를 성 마르코나 성 로코 등을 신앙하며 자선사업을 주로 일삼는 '스쿠올라'란 이름의 6개 단체, 그리고 각기 수호성인을 받드는 각종 직능단체로 하여금 흡수하게 함으로써 대부분을 해결해왔다. 그러나 그것으로는 충분하지 않았던지 베네치아 본국에서는 이전부터 교회 소유의 부동산 확대를 제한하는 법률이 있었다.

이탈리아 본토에 있는 속주에서는 이 법은 시행되지 않고 있었다. 바다 위에 떠 있는 꼴의 제한된 토지밖에 갖지 못한 베네치아 본국에 비해 본토의 속주는 토지사정에 여유가 있어서 그렇게 신경질적일 필요가 없었기 때문일 것이다. 굳이 로마 교황청을 자극할 일은 해서는 안 된다.

그러나 17세기를 고비로 하여 베네치아는 마냥 그렇게만 할 수도 없게 되었다. 16세기 초 시작된 베네치아의 경제적 구조변화는 그때까지의 해운교역업 일변도의 구조로부터 수공업과 농업을 포함시킨 다각화의 경향이 강해져서 17세기 초에 이르면 베네치아 경제에서 농업이 차지하는 비중이 계속 증대되어갔다. 물론, 국정까지도 예외가 아니었다. 모든 사업을 사기업 경영의 정신으로, 즉 어떻게 하면 가진 힘을 가장 효율적으로 운용할 수 있느냐 하는 정신을 전통으로 가진 베네치아인들이었으니 농업경영도 예외일 수는 없었다. 본토 속주에 있는 베네치아인 소유의 농장들은 생산성이 극히 높았다. 기업화의 면에서 발군의 능력을 발휘하는 베네치아인들의 체질은 17세기에 와서도 조금도 쇠퇴하지 않았다는 것을 보여준다.

눈앞에 이런 뛰어난 농장경영이 벌어지는데 그것을 보고도 배우려 하지 않는다면 정상이 아닐 것이다. 수도원이나 교회가 소유하는 농장에서도 베네치아식 농장경영을 모방하기 시작한다. 원래 경영감각이 뛰어난 성직자들이니 단순한 흉내에서 시작해 제대로의 것을 터득하는 것도 빠르다. 잠깐 동안에 베네치아인이 경영하는 농장과 공존할 수 있는 수준에 도달해버렸다. 그뿐 아니라 베네치아인의 농장에서는 절대로 기대할 수 없는, 신자들의 헌금이니 희사니 하는 형식의 '증자'가 가능하다는 이점까지도 있었다.

이런 강력한 라이벌의 출현을 보고 경제적 견지만으로도 베네치아 정부가 걱정을 하게 된 것은 당연하다. 물론 정치적 영향력의 증대도 걱정이었다. 그래서 베네치아 정부는 본토의 속주에서도 본국과 같은 법을 적용하기로 결정했다. 그리하여 속주에 있는 교회 소유 부동산의 무제한 증대를 방치하지 않게 되었다. 그러나 이러한 법률 적용은 로마의 교황청을 자극하지 않고 넘어갈 수는 없었다. 이것이 1606년 교황청이 베네치아를 상대로 벌인 '전쟁'의 진짜 원인이다.

정교분리를 일관되게 실행하려면 사법의 독립도 불가결한 요건이다. 베네치아공화국은 공화국 영토 내에서 일어난 범죄는 비록 당사자가 성직자라도 로마 교황청의 법정이 아닌 베네치아 법정에서 재판하는 것으로 정하고 있었다. 로마 교황의 책임하에 있다고는 해도 종교상의 범죄가 아닌 한 성직자에 대해 치외법권을 인정하지 않았던 것이다. 1603년 본토의 속주에서 일어난 범죄로 해서 기소된 두 성직자를 베네치아 정부의 법으로 재판한 사건이 '전쟁'의 도화선이 되었다.

베네치아는 성직자마저도 자국의 법률로 다스렸다. 하물며 속인에 대한 재판에서는 비록 종교상의 문제라도 베네치아공화국의 법률로 다스리는 것은 당연하다고 생각하고 있었다.

동시대의 유럽을 짓밟았던 이단재판은 베네치아에도 있었다. 그러나 베네치아공화국의 이단재판소는 다른 나라에서처럼 성직자로 구성되어 있지 않고 3명의 속인으로 구성되어 있었다. 게다가 갈릴레오 갈릴레이를 교수로 맞아들이는 등 학문의 자유로 정평이 나 있는 파도바대학 법학부의 답신 없이는 어떤 판결도 무효라고 정하고 있었으니 이단재판의 지도자격인 에스파냐나 교황청에 만족스러운 결과가 나올 까닭이 없었다. 이런 베네치아였으니 마녀재판은 단 한 건도 일어나지 않았다.

신교의 자유는 다음 세기에 가서 계몽주의자의 찬양을 기다릴 것도 없이 베네치아에서는 늘 존재하고 있었다. 다만 베네치아인들의 신교의 자유는 두뇌로 생각한 결과인 주의주장이 아니라 1천여 년 전부터 익숙해진 체질과도 같은 것이라는 점이 그 특색이었다. 예부터 그들은 종교가 같건 다르건 상관하지 않고 다른 나라 사람들과의 교역으로 살아온 사람들이다. 남의 존재를 인정하는 것이 필요하다는 것을 그들은 뼈저리도록 실감하고 있었다.

또 국내에서도 옛날부터 오랜 고객인 독일인들은 독일 상관을 거점으로 하는 상인들로 또는 파도바대학에 유학해온 학생들로 그 수가 많았고 이들 독일인은 당시에는 일반적으로 프로테스탄트였다. 또 베네치아 선박의 선원으로서 중요시되었던 그리스인들은 그리스정교를 믿었다. 그밖에도 이 시기에 베네치아 경제에 활기를 줄 목적으로 그들의 베네치아 거주와 베네치아 기업에 대한 경영참가도 허용해주고 있었던 유대인들도 예부터 있어온 또는 새로이 형성한 게토(유대인 거주지역 또는 소수민족 거주지역 - 옮긴이)에서 아무 방해도 받지 않고 유대교의 신앙행사를 집행할 수 있었다.

터키 상관을 거점으로 한 이슬람 상인들도 이슬람교를 믿는 일로 해서 박해를 받은 사례는 없었다. 베네치아인들의 이러한 체질은 정치 담당자들로 하여금 정교분리를 확립하게 하는 강력한 배경이 되었고, 언론의 자유는 타자의 존재를 인정하지 않고는 스스로 존재할 수 없는 베네치아 출판업의 융성 요인이 되었다.

그러나 티치아노, 베로네세, 틴토레토 등 베네치아파 화가들이 그리는 풍만한 나체화들이 베네치아에서는 대인기였고 그것을 수정한다는 것은 상상도 할 수 없는 일이었던 데 비해, 미켈란젤로가 그린 그리스도 나체상의 치부를 물색 물감을 덧칠해 감추고 고대 조각도 짐짓 무화과나무 잎새로 가리게 한 것이 로마다. 르네상스 시대의 색채 현란하고 자유로운 분위기를 밀어내고 반종교개혁의 흑백논리로 몰아붙이는 준엄하고 숨막히는 분위기가 지배하고 있던 당시 로마로서 베네치아를 곱게 볼 리 없었던 것이다.

베네치아인들의 신앙심이 특별히 두텁지 않았던 것은 결코 아니다. 바다로 나가는 것을 업으로 삼지 않더라도 요트나 어선을 타고 한 번이라도 바다로 나가서 심한 풍랑을 만나본 일이 있는 사람이면 곧 이해할 것이다. 미친 듯이 사나운 파도에 가랑잎처럼 희롱당하는 배 위에서는 인력으로 감당할 수 있는 일의 한계에 부딪혀 신이건 부처건 뭔가 초자연적인 대상에 매달릴 수밖에 없는 기분이 되는 법이다.

재해를 무사히 넘긴 것을 신에게 감사해 교회에 바친 '은총의 감사'라 불리는 소박한 그림이 오늘날까지 많이 남아 있다. 이런 유의 그림은 농민들보다는 어부들이나 뱃사람들이 바친 것이 압도적으로 많은데 이것은 뭍에서 생활하는 사람들과 바다 위에서 주로 생업에 종사하는 사람들의 서로 다른 신앙의 양상을 보여준다.

베네치아 사람들이 로마 교황을 종교계의 최고 존재로 받드는 생각이 부족했던 것도 아니다. 다만 교황이 정치에 용훼하는 일에 대해서만은 시종 반대하는 태도로 일관했던 것뿐이다. 이런 태도만은 바다에 나가는 사나이보다 뭍에서 생업에 종사하는 사람의 수가 많아진 17세기에 접어들고도 변하지 않았다. 그렇지만 당시의 로마는 예수회가 앞장선 반종교개혁파가 지배하고 있어서 교황청 안에서도 신앙을 달리하는 자들에 대해서는 강경하게 대처해나가야 한다고 생각하는 사람이 많았다.

로마에서 언젠가 추기경 카밀로 보르게세와 베네치아 대사 레오나르도 도나 사이에 이런 대화가 오고 간 일이 있었다.

"만약 내가 교황이라면 베네치아를 그냥 두지는 않을 것이오."

이렇게 말하는 추기경에 대해 대사는 간발의 틈을 두지 않고 이렇게 되받았다.

"만약 내가 베네치아 원수라면 그런 파문은 웃어넘기고 말 것이외다."

1605년, 바로 그 카밀로 보르게세가 교황이 되었다. 바로 파울루스(바오로) 5세다. 그런데 그로부터 1년 후 대사 레오나르도 도나도 베네치아공화국 원수로 선출되었다. 이 두 사람은 좀처럼 생각을 바꾸지 않는 사나이들이었다.

'황제의 것은 황제에게, 신의 것은 신에게'

도나가 국가원수에 취임한 지 3개월 후인 1606년 4월 로마 교황 파울루스 5세는 베네치아공화국에 대해 성무(聖務)의 전면금지를 통고하는 교서를 보냈다. 두 성직자를 베네치아 법정에서 재판한 일과 베네치아령 내의 교회재산 증대를 제한한 법률은 가톨릭의 교회법에 위배된다는 것이 그 이유였다.

'인테르데토'라 이르는 성무금지는 파문은 아니다. 보통 파문의 전 단계로서 내려지는 처벌이며, 교회에서의 미사는 물론이요 세례, 결혼, 장례 등 일체의 제례의식을 금하는 명령이며, 이 명령은 상위자인 교황이 각 사제들에게 내리는 것이다.

이 명령을 받은 베네치아공화국 정부는 세속계의 일은 신의 말씀 이외의 어떤 권위에도 복종해서는 안 된다고 결의하고 도리어 성무금지 조치야말로 교회법 위반이라고 전하게 했다. 베네치아인들이 생각하는 신의 말씀이란 성경 속의 예수 그리스도의 말씀, 즉 "카이사르(황제)의 것은 카이사르에게, 신의 것은 신에게"를 가리킨 것이다. 다시 말하면 정교분리는 그리스도의 생각에 조금도 어굿나지 않는 것이라고 베네치아인들은 확신하고 있었다. 그리하여 베네치아 정부는 성무금지를 통고한 교황 교서의 대외공표를 금하고 베네치아령 내의 모든 교회에 전과 다름없이 성무를 계속하도록 명령하고 이에 따르지 않는 성직자는 국외로 추방하겠다고 했다. 베네치아 본국에서는 예수회 소속 성직자 외에는 모두 정부 명령에 따랐으므로 문제가 일어나지 않았으나, 본토에서는 경찰을 동원해 미사를 강행하지 않으면 안 되었던 교회도 몇 군데 있었다. 예수회는 국외로 추방되었고 예수회 소속 성직자의 교직 취임은 금지되었다. 그들의 복귀를 허용한 것은 반세기 후인 1657년의 일이지만 교직복귀만은 170년이 지난 1773년에 이르기까지 실현되지 못했다.

배짱 세게 나가던 교황청은 베네치아가 이토록 완강하게 저항하리라고는 생각하지 못했던 것 같다. 1509년에 베네치아 쪽이 무릎을 꿇은 일도 있으니 이번에도 그러리라고 생각했던 것 같은데 그때는 캉브레 동맹이 결성되어 전 유럽이 반베네치아로 일치해 군사행동으로 나왔기 때문이었고, 종교개혁을 거친 1606년은 사정이 그때와는 달랐다.

각국의 반응도 가지각색이었다. 에스파냐는 반종교개혁의 본거지 비슷했으니까 로마 교황파인 것은 당연했다. 그러나 영국과 네덜란드는 베네치아 지지를 표명했고 가톨릭국인 프랑스는 시종 모호한 태도로 일관했다. 베네치아 정부는 내리막길에 들어선 에스파냐가 입으로는 교황에게 베네치아를 칠 군대를 파견하겠다고 제안해도 실제로 실행할 힘이 없다는 것을 내다보고 있었다.

베네치아는 또한 교황의 성무금지 처분에 대해 형이하학적인 조치로 대응했을 뿐 아니라 형이상학적으로도 당당하게 논전을 걸었다. 이 분야의 지도자는 계몽주의 이전의 계몽주의자로 일컬어지는 베네치아의 수도사 파올로 사르피였다. 이 사나이는 훗날 『트렌토 공의회의 역사』라는 책을 저술하는데, 이 책은 반종교개혁파가 반격을 개시하는 계기가 된 1545~1564년 북이탈리아 트렌토에서 열린 종교회의에 관해 비판적인 관점에서 쓴 것이었다.

베네치아 정부는 이 사르피를 공화국 고문으로 임명하고 정액 급료를 지급하면서 신학상의 논전을 담당하게 했다. 정치상의 교섭이면 정치 담당자로 충분하겠지만 신학상의 문제는 전문가에게 맡기는 것이 유리하다고 판단했기 때문일 것이다.

파올로 사르피는 당시의 베네치아에서 혁신파 인사들이 잘 모이는 곳으로 유명했던 '리도토 모로시니'에 단골로 출입하는 인물이었다. '리도토'란 이른바 살롱을 의미하는 베네치아 방언으로, 귀족이며 역사가이기도 했던 안드레아 모로시니의 집에 모였으므로 그렇게 불리게 된 것이었다. 이 살롱에는 국가원수 레오나르도 도나도 갈릴레오 갈릴레이도 얼굴을 내미는 일이 많았다.

꼭 1년 동안 계속된 교황의 성무금지도 1607년 4월에는 해제된다. 다음 세기에 계몽주의 운동이 일어나게 될 유럽이었던 만큼 베네치아와 교황청 간의 이 '전쟁'에 대해 유럽 각국 지식인들은 큰 관심을 기울였고 그 해결의 방향에 많은 사람이 주목했는데, 이 '전쟁'이 베네치아의 전면적 승리로 끝난 것이라고 보는 견해가 압도적으로 많았다. 교황이 요구한 성직자의 치외법권과 교회재산의 증대 제한 철폐는 말할 것도 없고 베네치아 내의 예수회 복귀나 파올로 사르피의 파직이나 어느 하나도 교황청은 얻어내지 못했다. 베네치아가 양보한 단 한 가지는 교회재산 제한법의 집행을 '모데라토'로 한다는 것뿐이었다. '모데라토', 즉 온건하게 집행한다는 것은 실제로는 너무 두드러지게 하지 않으면 눈을 감아 못 본 척하겠다는 것이었다. 사실 그 후 10년 동안은 이 법을 집행한 예가 없었다.

서유럽에는 오늘날도 곧잘 하는 말로 '안티 클레리컬리즘'이라는 말이 있다. 굳이 번역하면 '반성직자주의'가 될 것이다.

그러나 그 말의 뜻은 프로테스탄티즘에서 내세우는 주장, 즉 신자는 신과 직접 이어져 있으므로 교황을 정점으로 하는 교황청의 존재는 철폐되어야 한다는 것과는 다르다. 세속의 일도 신의 뜻에 따라 좌우되어야 한다고 하는 반종교개혁파의 주장과도 물론 다르다. '안티 클레리컬리즘'에 공명하는 사람들은 프로테스탄트이건 가톨릭이건 믿는 사람의 자유이니 상관할 것 없으며 다만 정치와 종교는 서로 독립을 존중하는 것이 양자의 활동을 좀더 훌륭하게 펴나가게 하는 데 적합하다는 생각인 것이다.

따라서 세속계까지 그 지배 아래 두려는 당시의 교황청에는 반대한다는 의미의 반교황청주의에서는 프로테스탄트와 생각이 일치하지만, 프로테스탄트가 정치에 개입하는 날에는 당장 반프로테스탄트로 일변하는 것이다. 이런 태도 표변도 '안티 클레리컬리즘'의 견지에 서면 앞뒤가 맞는 일관된 논리로 설명된다.

예수 그리스도는 그 짧은 생애에 몇 가지 통찰에 찬 말을 남겼는데 그중에서 가장 통찰적이면서 가장 지켜지지 못한 것이 다음 구절이다.

"황제의 것은 황제에게, 신의 것은 신에게."

어떠한 사회개혁도 인간의 영혼을 구제하는 일은 어차피 해낼 수가 없다는 진리를 이미 2천 년 전에 내다보았으니 20세기의 오늘날에도 아직 깨닫지 못한 사람이 많은 현실에 비추어볼 때 경탄할 수밖에 없는 일이다. 그런데 이것은 그의 후계자들이 그의 말과는 반대되는 짓만 해왔기 때문일 것이다.

발단은 4세기 콘스탄티누스 대제의 그리스도교 공인에까지 거슬러 올라간다. 대제가 그리스도교를 로마제국의 국교로 하지 말고 다른 종교와 동격으로 하고 다만 공인만 했더라면 문제는 생기지 않았을 것이다. 반체제였던 그리스도교가 체제 편으로 되자마자 지금까지 박해받던 쪽이 박해하는 쪽으로 일변해버린다. 정교를 분리하라고 타이르던 예수 말씀의 깊은 뜻은 까맣게 잊어버린다. 그리하여 로마제국 말기로부터 중세를 통해 얼마나 많은 유혈이 신의 이름으로 저질러졌던가! 타자의 존재를 인정하지 않는 이 비관용의 정신은 이단 박멸의 공의회와 십자군 운동으로 결집되고 또 교황파와 황제파의 다툼으로 결집되었으며, 그때마다 신의 '전매특허'를 자칭하는 로마 교황청은 세속권력에 대한 영향력을 강화하는 기회를 놓치지 않았다.

종교의 강점은 지옥이라고 하는 그 누구에게도 반증이 불가능한 것을 무기로 삼은 점에 있다. 특히 중세 그리스도교는 이 무기를 실로 능란하게 구사해 선남선녀에 대한 영향력을 키워갔으니 그런 능력의 면에서는 문자 그대로 프로페셔널이었다.

이런 질식상태로부터 인간을 해방시킨 것이 르네상스 운동이다.

르네상스를 '인간의 부흥'이라고 부르는 까닭도 여기에 있다. 마키아벨리는 개인의 업적을 그 사람의 재능과 운에 따른 것이라고 했고 신의 뜻에 의한 것이라고는 쓰지 않았다. 마키아벨리의 친구이기도 했고 같은 피렌체 출신의 정치가이자 역사가이기도 한 구이차르디니는 죽을 때까지 한 번은 꼭 보고 싶은 것의 하나로 정치에 개입하지 않는 성직자를 들고 있다. 교황청 같은 것은 스위스로 옮겨주면 좋겠다고 쓰고 정치를 종교로부터 독립할 것을 주장한 마키아벨리의 저서는 그 때문에 르네상스의 정신적 상징이 되기도 했으나, 그 후 종교개혁과 반종교개혁의 시대가 되면 신의 뜻을 최고 권위로 보지 않았다 하여 악마 편에 선 서적이라는 규탄을 받게 된다. 프로테스탄트든 가톨릭이든 그리스도교를 독단적·광신적으로 믿는 지방에서는 그의 저작은 금서로 분류되었다. 로마 교황청에서 금서로 취급하기 시작한 것은 1552년의 일이다. 구이차르디니의 저서도 자손들이 읽으라고 쓴 것이어서 공표되지 않았기에 무사했던 것이며 그렇지 않았던들 마키아벨리와 함께 틀림없이 금서목록에 올랐을 것이다.

교황청의 블랙 리스트에 오른 인물을 배출하지는 않았지만, 중세와 르네상스 시대와 근세를 통틀어 나라로서 블랙 리스트의 맨 첫 번째 자리에 줄곧 올라 있었던 것은 베네치아였다. 이 나라에서는 신교의 자유, 표현의 자유, 정교분리라는 '안티 클레리컬리즘'의 기본적 요소가 프랑스에서 일어났던 계몽주의 운동을 기다리지 않고 이미 존재했다. 나폴레옹이 대주교의 손을 빌려 황제로서 대관하게 되는 것을 싫어해 직접 자기 손으로 관을 머리 위에 올리기 1천 년 전의 그 옛날부터 베네치아공화국 원수의 대관은 원수 보좌관 중 최고령자라는 완전한 속인의 손으로 이루어져왔다. 이러한 베네치아에 상주하고 있던 로마 교황청 대표부가 로마로 보낸 보고서에는 교황이 금하고 있는데도 당당히 시내의 서점에 즐비하게 진열해놓은 금서, 그리고 이단으로 의심받아 조국에서 도망 와서 베네치아에 망명하고 있는 인물들의 이름으로 꽉 차 있었다. 프랑스의 볼테르도 이렇게 썼다.

"베네치아에는 그 나라의 독단적이고 전제적인 정치형태와는 전혀 맞지 않는 개인의 자유에 대한 절대적인 자신이 존재했다."

베네치아공화국은 레오나르도 다 빈치도 마키아벨리도 배출하지는 못했다. 그러나 이 나라가 그 긴 역사를 통해 보여온 바, 인간이 인간일 수 있는 첫째의 것, 즉 개인의 자유를 존중하는 일관된 자세는 저서를 남기지 않은 위대한 사상가와 흡사하다고 할까?

'우즈코키' 대책

그러나 다행인지 불행인지, 나에게는 그것이 불행한 일로만 생각되지는 않지만, 어쨌든 나라를 다스려 나가려면 자유와 같은 고상한 일에 구애받고만 있을 수 없는 것이 현실이다. 신교의 자유를 둘러싼 교황청과의 '전쟁'에서 서유럽 국가의 지식인들의 주목을 끌었던 베네치아공화국도 그 일을 결말지은 뒤로는 이번에는 다른 나라 지식인들의 관심 따위는 조금도 불러일으킬 것 같지 않은, 즉 저차원적 과제를 해결해야만 하는 다급한 필요에 직면해 있었다. 해적 소탕 문제였다.

난민이라는 뜻인 '우즈코키'라 불렸던 이들 해적은 원래부터 해적행위를 일로 삼던 사람들은 아니었다. 터키의 공격을 받은 헝가리를 빠져나와 험악한 산세가 바다에까지 이르는 아드리아해 동안의 한 구획, 농사지을 땅도 나무도 물도 없는 황무지에 정착해 사는 사람들이었다.

그들이 본거지로 삼았던 세냐(오늘날의 세니)라는 한 마을은 서쪽으로 베네치아가 바라다보이는 곳, 베네치아 선박들이 물과 식량의 공급지로서 왕복할 때 반드시 기항하게 되는 파렌초나 폴라 항이 있는 이스트라반도의 바로 동쪽에 위치한다. 세냐가 아드리아해의 제해권 확보를 자국의 사활문제로 생각하는 베네치아의 감시의 눈을 뚫고 정착에 성공한 것은 파렌초나 폴라항을 떠난 베네치아 상선들의 다음 기항지가 자라 아니면 스팔라토였기 때문이다. 꾸불꾸불한 만 깊숙이에 있는 세냐는 통상적인 항로에서 볼 때 사각(死角)에 해당했다. 게다가 세냐로 이주해온 난민들은 그리스도교도들이었다. 이 또한 베네치아를 자극하지 않았던 이유였다.

그러나 전통적으로 난민이나 망명자들을 이해심 있는 태도로 대해온 베네치아도 이 '우즈코키'를 두고는 속을 썩고 애를 먹게 된다. 열렬한 그리스도교도인 그들이 달리 생계의 방도가 없는 처지라, 이단·이교도 박멸의 기치를 내걸고 해적행위에 몰두하기 시작했기 때문이다. 그들은 같은 가톨릭교도인데도 베네치아의 상선들에 대해서는 눈감아주지 않았다. 이교도와의 교역을 일삼고 있다는 것만으로도 그들 우즈코키로서는 훌륭한 이유였던 것이다. 물론 터키 상선은 그들의 공격 표적이었다. 자국 상선의 피해가 너무 많아지자 터키의 술탄은 아드리아해에 터키 함대를 파견해 상선을 호위하겠다고까지 베네치아에 통고해왔다. 레판토 해전 후에 성립된 터키-베네치아 간의 강화조약에서 두 나라는 각기 자기 나라 근해를 자국 함대로 보호하고 상대국 배의 안전 항해를 보장한다고 규정하고 있었다. 베네치아의 앞뜰이라고도 할 수 있는 아드리아해에 터키 해군이 들어오는 명분을 주는 일은 베네치아로서는 절대로 피해야 했다. 아드리아해의 안전 항해는 베네치아가 책임지고 보장한다는 것을 터키에 보여주기 위해서도 우즈코키를 그대로 놓아둘 수는 없었다.

그렇지만 난민 출신의 이 해적들은 이단·이교도의 박멸을 기치로 내건 가톨릭교도였던 만큼 뒤를 밀어주는 후원자가 얼마든지 있었다. 첫째, 헝가리 병합을 꾀하고 터키제국과 싸우고 있던 오스트리아가 이들을 지원한다. 또 반종교개혁을 조종하고 있던 로마의 교황도, 에스파냐 왕의 신하인 나폴리의 부왕(副王)도 이교도인 터키의 배뿐 아니라 그들이 이단이라고 보는 영국이나 네덜란드의 배들, 그리고 로마 교황청과 선을 긋고 서먹한 관계에 있는 베네치아 상선들이 우즈코키의 습격을 당하는 것을 조금도 불쾌하게 생각하지 않았다. 베네치아의 해적 퇴치는 따라서 먼저 이들 나라의 지원의 밧줄을 끊는 일부터 시작하지 않으면 안 되었다.

1615년 용병을 중심으로 한 베네치아 육군은 트리에스테 근처에 있는 베네치아와 오스트리아 국경을 넘어 오스트리아령으로 쳐들어간다. 그다음에는 그 무렵 항해술이 뛰어나다는 평가가 급속히 정착되어가던 영국과 네덜란드의 뱃사람들이 참가한 베네치아 해군이 나폴리 부왕 지배하에 있는 남부 이탈리아의 아드리아해안을 공격해 그들을 몰아치는 데 성공했다.

1617년에 체결한 강화에서 그들은 오스트리아와 에스파냐 두 나라로부터 우즈코키 지원을 하지 않겠다는 약속을 받아냈다. 두 나라 모두 다른 중대문제를 안고 있어서 그 시점에서 베네치아와 본격적으로 사단을 벌일 수 없는 처지였던 것이 베네치아에는 행운이었다. 로마의 교황청 쪽은 교황청령 내 항구인 안코나의 배가 해적의 습격을 받은 사고가 있은 후 해적을 지원하는 언동을 공공연히 하는 일이 없어졌으므로 별문제가 없었다. 교황청은 경제력에서나 군사력에서나 오스트리아나 에스파냐와는 비교할 수 없을 만큼 약체였으므로 입만 다물어주면 베네치아가 걱정해야 할 만한 대상은 아니었다.

　　그러나 지원 줄을 끊는 데 성공했다고 해서 그것이 곧 우즈코키의 소탕으로 이어진 것은 아니다. 겨우 한 줌밖에 안 된다고나 할까, 많아야 천 명도 안 되는 수인데도 그들은 실로 교묘하게 자기들의 이점을 살리고 불리한 점을 보완하는 전술을 전개했기 때문이다.

　　배라고는 기껏 보트만 한 크기였고 6개 아니면 8개의 노밖엔 없는 것이 보통이었으며, 대형이라도 12개에서 16개의 노를 가진 배는 드물었다. 한 개의 노에 노꾼은 한 사람. 하나밖에 없는 돛은 썩 좋은 순풍이라도 만나지 않으면 사용하지 않았다. 그런데도 노의 수에 상응하는 노꾼의 3배 아니면 4배를 태워 한 시간 교대로 전력을 다해 노를 젓게 했으므로 속도가 베네치아의 갤리선보다 단연 뛰어났을 뿐 아니라 장거리를 휴식 없이 항해할 수 있었다. 하룻밤에 100해리를 갈 수가 있었다고 하는데 베네치아의 배들은 순풍을 만나야만 하루 밤낮 걸려 100해리를 갈 수가 있었다. 소형이기 때문에 바람이나 파도의 저항이 적었던 이점도 작용했으리라.

작은 배인 만큼 복잡하게 들쭉날쭉한 아드리아해 동안의 좁다란 바위 틈을 헤집고 들어갈 수도 있었고 그 일대에 흔한 손바닥만 한 모래밭으로 손쉽게 철수할 수도 있었다. 그렇게 해서 배를 버리고 바닷가까지 뻗친 산속으로 숨어들어가는 날에는 쫓아오던 베네치아의 배들도 속수무책이 된다. 해적 소탕의 임무를 맡은 베네치아 근해 경비함대의 사령관은 항해에 적합한 계절에도 그들의 행동을 막기가 어려운데 겨울이라도 되면 절망적이라고 원로원에 보고하고 있다.

우즈코키는 그들의 힘이 열세인 것을 알고 있었으므로 해전 따위는 절대로 하려 들지 않았다. 해전을 벌이면 대포를 실은 대형 갤리선이나 범선 등으로 구성된 베네치아 해군의 힘에 잠시도 버티지 못하고 괴멸하고 말았을 것이다. 그러니까 대포가 효과를 내지 못하는 높이가 낮은 작은 배로 시종 게릴라 전법으로 나갔다. 아드리아해 동안에 늘어 있는 작은 만이나 섬 가까이 정박해 바람을 기다리거나 물을 보급받거나 할 때가 가장 위험했다. 침몰하지 않고 육지 가까이 난파했을 때도 위험했다. 열댓 척 안팎의 작은 배가 어느새 어디서인지 나타나서는 마치 상처 입은 투구벌레를 습격하는 개미떼처럼 짐부터 사람에 이르기까지 깨끗이 앗아가는 것이다. 약탈품은 이문 챙기는 일밖엔 모르는 자들, 어디서나 쉽게 만날 수 있는 상인들이 사들이므로 처분을 걱정할 것은 없었다.

종래와 같은 갤리선으로는 우즈코키를 상대하는 데 효과가 적다고 판단한 베네치아는 후일 '프리깃함'(구축함에 상당함—옮긴이)의 어원이 되는 '프레가타'라는 소형선을 고안해낸다. 이 소형의 신형선박만으로 소함대를 편성해 대처했으므로 해적들도 한때는 열세를 감내하지 않으면 안 되었다.

그런데 우즈코키가 포로로 잡혀온 베네치아 함대 사령관을 죽였을 뿐 아니라 그 심장을 요리해서 회식을 한 사건에 격분한 베네치아가 포로로 잡은 해적들의 목을 베어 산 마르코 광장의 회랑을 따라 내걸었다. 효수된 해적의 목이 회랑을 따라 즐비했을 만큼 많이 죽였는데도 해적의 세력은 어느새 원상으로 돌아가 있고 줄지를 않았다. 주변 범죄자들로서 베네치아나 달마치야의 법이 미치지 않는 우즈코키의 소굴로 도망해 들어가는 자도 많았지만 그것만으로 보충하기에는 수적으로 부족할 것이 분명했고, 또 난민 특유의 다산으로도 설명이 안 되는 일이었다. 우즈코키는 신을 유일의 권위로 인정하고 해적행위를 신에게 봉사하는 정당한 생업으로 믿고서 그 일에만 목적을 집중한 공동체를 구성하고 있었기 때문이다.

해적에게 잡혔다가 몸값을 치르고 모국으로 돌아올 수 있었던 베네치아인이나 해적 퇴치의 직접 담당자인 근해 경비함대 사령관의 보고는 이들 '난민' 해적집단의 특이한 생활상을 알려준다.

약탈을 마치고 세냐의 항구로 돌아온 해적들은 신에 대한 귀의를 나타낼 때 하는 관례에 따라 선착장에서부터 무릎걸음으로 교회까지 간다. 그러고는 무릎에서 피가 흐르는 몰골로 무신앙자를 상대로 한 해적행위를 무사히 마친 데 대한 감사의 미사를 올린다. 사제도 신앙의 기사에게 주는 것과 똑같은 성체성사를 베풀었다. 그런 다음에 그들은 각자의 집으로 돌아가는 것이었다.

세냐에는 프란체스코파와 도미니쿠스파의 두 수도원이 있었다.

해적들은 약탈품 값어치의 10분의 1을 그들 수도원 몫으로 정해 처분이 되면 그만큼을 헌금으로 바친다. 그 대부분은 당시의 10분의 1세 관습을 충실히 지켜 로마 교황청으로 보냈다.

해적이나 산적 사회에서 흔히 볼 수 있는, 약탈하고 돌아온 날 밤의 시끌벅적한 잔치 따위는 절대로 하지 않았다. 죽었거나 잡혀서 처형된 희생자를 낸 집안의 가족들은 빛나고 명예로운 가문이라 하여 공동체의 원조를 받았기 때문에 생활에 어려움을 당하는 일은 없었다. 남편을 잃은 여자에게는 다른 남자와의 혼례가 기다리고 있었다. 전력 감소를 막기 위해서였다. 아이들에게는 어릴 때부터 해적질에 필요한 기술을 가르쳤고, 막 걷기 시작하는 나이가 되면 벌써 돌던지기 등으로 아픔이나 출혈 따위에 무신경할 수 있도록 길들여진다. 해적업을 유일의 생활수단, 신앙의 유일한 증명으로 삼은 이 공동체에서는 여자나 노인, 아이들에게도 제각기 알맞은 일이 맡겨졌다. 또 다른 나라로부터 온 도망자들을 범법자나 전력의 여하를 묻지 않고 받아들였으므로 베네치아 해군이 죽이고 또 죽여도 우즈코키의 전력이 600명 이하로 내려가지는 않았던 것이다.

이 난민 해적들은 한때 300해리에 걸친 해역을 휘젓고 다녔을 정도였지만 베네치아 해운업을 괴멸할 정도로 위험한 존재가 된 일은 한 번도 없었다. 그러나 베네치아인의 처지에서 보면 순풍이면 이틀 정도의 거리에서 설쳐대므로 눈 위에 달린 혹처럼 신경에 거슬리는 존재였던 것만은 틀림없다. 오스트리아, 로마 교황청, 에스파냐 등의 해적집단에 대한 물질적·정신적 지원의 끈을 차단한 후 베네치아는 불과 1천 명 미만의 적을 상대로 갤리 군선 17척으로 된 함대를 보내어 해적의 본거지 세냐를 봉쇄하는 작전으로 나갔다. 그때까지 여러 번 봉쇄작전을 시도했지만 철저하지 못했기 때문에 곧잘 봉쇄망이 뚫려 효과가 없었다. 그러나 이번에는 베네치아가 이 기회에 해적을 아주 싹쓸이하겠다는 결의에 불타 있었으므로 이름 높은 우즈코키로서도 대적해낼 수가 없었다. 해적공동체는 좀처럼 재기하기 어려울 만큼 피해를 입었고, 이리하여 베네치아는 한때는 위태로웠던 아드리아해 제해권을 1618년부터 19년에 걸쳐 다시 완전히 장악하는 데 성공했다.

술탄의 분노

그러나 지중해에서는 일이 그리 간단하지가 않았다. 1645년 베네치아는 터키와 전쟁에 돌입하게 된다. 1571년의 레판토 해전 후에 맺은 강화조약을 되도록 오래 지속시키려고 유럽 국가들로부터 굴욕 외교라고 경멸을 당할 만큼 베네치아는 온갖 노력과 고심을 거듭해왔지만, 그것도 70년 동안 평화를 보장하는 데 그치고 말았다.

지중해 세계에서 가장 장기간에 걸쳐 가장 격렬하게, 그리고 가장 많은 피를 흘린 싸움이라고 알려져 있는 크레타를 둘러싼 전쟁은 1645년에 시작되어 1669년에 끝날 때까지 실로 25년이나 계속된 공방전이었다. 25년이면 4반세기이고 25세 청년이 50세가 되는 긴 세월이며, 한 사람의 인생에서 가장 중요한 부분을 포함하는 기간이다. 17세기에 들어 시작된 경제의 쇠퇴는 완만하기는 해도 하강을 멈추지 않았고, 15년 전의 페스트 유행으로 인구의 3분의

1을 잃은 타격을 아직 회복하지 못하고 있던 베네치아공화국으로서는 가능하기만 하다면 무슨 희생을 치러서라도 피하고 싶었던 전쟁이었을 것이다.

하지만 상대국인 터키로서야 현재 가진 것만으로 만족해 평화속에서 살고 싶어 하는 베네치아의 소원 따위를 아랑곳하지 않았던 것은 당연했다. 헝가리 전선에서는 일들이 하나같이 제대로 풀리지 않았고, 러시아라는 신흥국의 대두로 북쪽을 위협당하는 상태에서 전성기의 영토 지배가 확보되고 있는 것은 지중해 세계뿐이었다. 그리고 동지중해를 자국의 안뜰 정도로 생각하고 있는 터키에 베네치아 지배하의 크레타섬은 그 안뜰 한가운데 있는 유일한 이분자(異分子)였다. 하물며 크레타가 가지는 전략적 중요도는 비길 바 없이 커서 동지중해의 제해권을 손에 넣는 일은 크레타 없이는 생각할 수도 없는 일이었으므로 베네치아 지배하의 크레타라는 이분자는 눈을 감고 없는 것으로 넘어갈 수 있는 존재가 아니었다.

그러나 베네치아공화국에 크레타는 해양국가로서 대성을 이룬 베네치아의 상징이었고 지중해에 남아 있는 마지막 성채요 보루였다. 1204년, 제4차 십자군 참가로 획득한 크레타를 베네치아는 자국의 해군과 교역을 위한 가장 중요한 해외기지라고 생각하고 그것을 유지하기 위해 지난 400년 동안 많은 비용과 피를 쏟아부어왔다. 15세기에 네그로폰테를 빼앗았고 16세기에 키프로스를 강탈했던 터키도 베네치아가 사수하겠다는 자세를 풀지 않는 크레타에 대해서는 정복의 의사표시조차 하지 않았다. 그러던 터키가 17세기 중반에 이르러 그것을 실행에 옮긴 것은 당시의 반가톨릭적 태도로 해서 교황이나 에스파냐의 원군을 기대할 수 없을 것이 명백한 베네치아가 경제적 쇠퇴를 겪고 있는 형편에 비추어보더라도 터키에 대항할 만한 방위를 갖지 못할 것임이 틀림없겠다고 판단했기 때문이다. 터키 측은 간단하게 정복할 수 있을 것이라고 믿었던 것 같다.

우연히 일어난 한 사건이 발단이 되었다. 1644년 가을, 성지 메카 순례에서 돌아오는 도중 알렉산드리아로부터 콘스탄티노플로 향하던 터키 상선대가 로도스섬 근해를 항해하다가 성 요한 기사단의 배로부터 습격을 받아 짐과 승객들을 고스란히 빼앗기는 사건이 일어났다. 성 요한 기사단은 로도스섬을 본거지로 하던 시대부터 이단자나 이교도에 대한 가차없는 해적행위를 일삼아 우즈코키 따위는 도저히 따를 수 없는 실적을 갖고 있었다. 그런데 이때 습격받은 터키의 상선에는 흑인 환관장이 인솔하는 술탄의 하렘 여자들이 타고 있었다.

뜻하지 않은 약탈품을 획득한 기사들은 그것을 본거지 몰타로 싣고 갔다. 가던 중 물을 보급받고 터키 상선의 노를 젓던 그리스인들을 내려놓기 위해 크레타섬의 남해안 작은 마을에 들렀다. 터키를 자극하고 싶지 않았던 베네치아는 기사단의 배가 크레타에 기항하는 것을 환영하지 않았기 때문에 기사들도 베네치아 경비함대의 감시의 눈이 미치지 않는 크레타의 남쪽에 기항한 것이었다. 크레타섬의 주요 도시들은 천혜의 양항들이 몰려 있는 북쪽에만 있었다.

몰타 기사단의 배가 와 있다는 것을 베네치아인들이 알게 된 것은 배가 노착한 지 20일이나 지나서였다. 당장에 퇴거를 요청했고 몰타의 배들도 이 요청에 순응해 크레타를 떠났지만 이것으로 마음을 놓은 베네치아인 대장은 떠나가는 배의 선창에 술탄의 하렘 여자들 일행이 숨겨져 있는 것은 눈치도 채지 못했다. 그러나 이 사건을 알게 된 술탄 이브라힘은 대노했다. 빼앗긴 여자들이 순례지를 돌고 돌아오는 참이었으니 이슬람교도로서 자존심이 상했다는 이유도 성립될 수 있다. 콘스탄티노플 주재 각국 대사들은 토프카피 궁전으로 불려들어가서 술탄의 항의를 고개 숙여 경청하는 고역을 치러야 했다. 처음에는 술탄의 노여움이 몰타를 겨냥했다. 터키 주재 베네치아 대사 조반니 소란초는 1644년 12월 20일자 보고에서 술탄의 노여움을 뒤집어쓴 각국 대사들이 제각기 자기 나라의 사정을 반영한 반응을 보이는 모습을 생생하게 묘사하고 있다.

맨 먼저, "금시초문입니다"라고 말한 것은 프랑스 대사였다. 네덜란드 대사도 같은 대답이었다. 술탄은 몰타 기사단이 서유럽 국가들의 비호를 받고 있는 것을 잘 알고 있다고 언성을 높였다. 그러는 동안에도 목을 베는 시늉을 했으므로 프랑스 대사의 통역은 하마터면 혼절할 뻔했다. 그러나 프랑스 대사는 냉정한 태도를 잃지 않고, 몰타는 프랑스로부터 멀리 떨어져 있고 두 나라 사이에는 아무런 관계가 없다고 대답했다.

베네치아 대사도 몰타는 독립국이며 베네치아로부터 원조를 받는다는 것을 몰타는 생각해본 일도 없을 것이라고 말한다. 네덜란드 대사에 이르러서는 우리는 몰타의 기사들과 달리 가톨릭교도가 아니니 문제가 생길 까닭이 없다고 늠름한 얼굴을 했다.

이렇게 순차가 돌아감에 따라 화살은 자연 베네치아로 돌아왔다. 몰타 선박이 크레타에 기항해 20일간이나 머물렀다는 것은 터키에 대한 베네치아의 배신행위라는 것이었다. 대사 소란초는 베네치아와 전쟁을 개전할 구실을 만들려고 하는 터키 측의 의도를 알아차리고 무슨 일이 있어도 그런 구실을 주지 않기 위해 혼신의 노력을 다했다. 크레타의 총독이 보내온 공문서를 제시하며 베네치아인 당국자는 물을 보급받고 그리스인 노예 48명을 풀어준 것 이외에는 크레타에 기항한 그 배의 특수한 사정을 몰랐다는 변명도 되풀이했다. 하지만 20일이나 정박했는데 베네치아의 감시의 눈을 어떻게 피할 수 있었단 말이냐, 베네치아인들은 터키 술탄을 모욕하는 일인 줄 알면서도 몰타의 기사들을 감추어준 것이 아니고 무엇이냐며 터키 측은 계속해서 우겼다.

12월 27일에는 이미 베네치아와 프랑스 및 영국의 대사들 사이에서 터키의 크레타 침공 의도가 확실하다는 데 의견이 일치했다. 해가 바뀐 1645년 1월 3일, 벌써 여러 번째가 되지만, 변명차 만나자고 한 베네치아 대사의 요청에 터키의 재상은 이제는 모든 것이 분명해졌으니 더 이상 만나 이야기할 필요가 없다는 말만 전해왔다. 이런 터키 측 태도 앞에서는 몰타 선박의 기항을 알아차리지 못하고 정박을 허용한 꼴이 되어버린 대장을 업무태만죄로 총살에 처한 것도 아무 효과를 나타내지 못했다. 콘스탄티노플의 조선소에서는 매일같이 모습을 나타내는 술탄에게 재촉당하듯 선박의 대량건조가 단숨에 진행되었다. 그때까지도 여전히 터키 측이 공표한 공격목표는 몰타인 데 변함이 없었다.

베네치아 본국 정부도 가만히 보고만 있었던 것은 아니다. 콘스탄티노플 주재 대사 소란초, 그리고 크레타의 사실상 총독으로 본국에서 파견된 행정장관 안드레아 코르나로 등의 성화 같은 재촉을 받아 크레타 방위대책을 세우는 중이었다. 원로원은 코르나로에게 기존 성채를 보강하고 전략적 요지에 새로이 요새를 구축하도록 지령을 내렸다. 1645년 1월 4일에는 밀가루와 쌀을 가득 실은 배가 크레타를 향해 떠났다. 이 선단에는 병력 2,500명과 엔지니어가 몇 명 타고 있었다. 2월 10일에는 10만 두카토의 군자금을 크레타로 송금했다.

그러나 콘스탄티노플이나 크레타에서 전쟁이 눈앞에 닥쳤다는 것을 실감하고 지내는 사람들에게, 그만한 것은 본국 정부가 사태의 중대성을 깨닫지 못하고 있다는 인상을 받기가 십상인 원군 수준이었을 것이다. 베네치아 본국에 있는 사람들로서는 사태가 급박했음을 알려오는 소란초나 코르나로의 보고보다는 아직은 공식적으로 공격 대상이 몰타라고 주장하는 터키 측의 말을 믿고 싶은 마음이 강했던 것이다. 평화를 바라는 마음이 강한 나머지 사람들은 곧잘 모든 현상을 목전의 평화가 계속된다고 생각하는 데 편리하도록 해석하기 십상이다.

2월과 3월이 지나도 터키의 몰타에 대한 선전포고에는 변함이 없었다. 이것을 완전히 믿지 않은 사람은 크레타의 행정장관 코르나로였다. 그는 그사이 섬 전체를 돌면서 성채를 시찰하고 식량창고의 재고를 점검하고 그리스로부터 모집해온 용병의 배치 등 해야 할 산적한 일 앞에 밤잠 자는 것도 아까울 만큼 바쁜 나날을 보내고 있었다.

1645년 4월 30일, 갤리 군선 80척과 수송선 250척, 5만 병력으로 구성된 터키의 대함대가 콘스탄티노플을 출발해 다르다넬스해협을 향해 남하했다. 베네치아 대사 소란초는 공격 목표가 몰타인 이상 우호국으로서 예를 다하지 않을 수 없어 출진을 축하하는 인사를 하러 가지 않으면 안 되었다.

다르다넬스해협을 지나 에게해에 들어선 터키 함대는 터키령 섬들은 당연하다 하겠지만 베네치아령 티노스섬에 대해서까지 우호의 표시로 기항하고 신선한 물과 식량을 싣기도 하고 휴식을 실컷 취하기도 하면서 급하지 않다는 듯 천천히 항해했다. 그러다가 돌연 크레타의 앞바다에 모습을 나타낸 것이 6월 23일 아침이었다.

크레타 공방전

제2차 세계대전 중 영국군과 독일군이 사투를 벌인 싸움터이기도 한 크레타섬은 동지중해의 한가운데에 마치 항공모함이 닻을 내리기라도 한 것처럼 동서로 기다랗게 누워 있는 섬이다. 다르다넬스해협에서 에게해로 빠진 터키 함대가 그대로 항로를 남으로 돌리면 부딪치게 되는 지점에 있다. 어디까지나 목표는 몰타라면서 크레타 공격 의도를 호도하고 싶었던 터키군은 크레타의 먼 난바다까지 남하한 끝에 항로를 서로 바꾸어 크레타를 통과해 펠로폰네소스반도 남단에 있는 나바리노까지 가서 거기서 며칠이나 정박했다. 베네치아가 크레타는 표적 밖이구나 하고 일말의 희망을 가졌다 해도 무리는 아니었다. 나바리노에서 몰타까지는 닷새 항로의 거리다.

그런데 터키 함대는 나바리노를 출항한 후 항로를 남동으로 잡는다. 뒤로 되돌아간 것이다. 그러고서 3일 후 크레타의 중요한 성곽도시 중 가장 서쪽에 위치하는 카니아의 난바다에 모습을 나타낸 것이다.

물론 터키군은 오늘날도 '베네치아항'이라 불릴 정도로 베네치아인들이 축조한, 독이 14개나 되는 조선소를 포함해 요새화된 항구를 정면으로 공격하는 따위의 어리석은 짓은 하지 않았다. 성벽의 여기저기, 바로 배의 중간 허리에 적중할 수 있는 높이에 배치된 대포의 포격을 맞았다가는 그것으로 끝장인 것이다. 아무리 많은 배를 가졌어도 바다 위에서 흔들리는 배로부터 쏘는 포의 적중률은 육지의 그것을 당해낼 수 없다. 터키군은 병력자원이 풍부한 육군국가 특유의 전술을 이때에도 사용했다. 카니아로부터 15킬로미터 떨어진 모래밭에 상륙해 육지로부터 공격하기로 한 것이다.

하지만 오랜 숙적과 싸워온 경험에서 터키군이 상륙해올 만한 지점에 그들은 미리 요새를 쌓아놓았다. 터키군이 상륙한 날 이 요새를 지키고 있던 것은 피아지오 줄리아니 이하 60명의 병사뿐이었다. 5만 대군인 터키군으로서는 불면 날아가버릴 것 같은 요새였다. 터키는 대포도 사용하지 않았다. 소총을 든 병력 2천을 내보내고 나머지는 구경만 하고 있었다.

쳐들어오는 터키군을 보고도 대장 줄리아니는 망설이지 않았다. 요새 안에 있는 화약을 모두 꺼내오게 하여 요새의 여기저기에 배치해놓고는 요새와 함께 자폭해버린 것이다. 수비병 60명은 물론이요 성벽에 붙어 기어오르던 터키병 500명도 함께 날아가버렸다. 왜 그렇게도 일찌감치 자폭을 결심한 것인지는 전원이 옥쇄한 상태여서 알 길이 없다. 대장 줄리아니로서는 요새를 사용할 수 있는 상태로 적에게 넘기기보다는 '차라리—' 하고 생각했는지 모른다.

그러나 터키의 목표가 베네치아령 크레타라는 확정적인 제1보가 산 테오도로 요새의 자폭이라는 영웅적인 사실과 한 묶음으로 베네치아 본국으로 전해졌으니 그 효과는 대단했다. 1천 년의 긴 역사 속에서 여러 번 발현되었던 베네치아인들의 불굴의 정신이 이때도 불타올랐다.

미온적이던 정부의 태도도 일변했다. 베네치아 원로원은 각국 군주에게 원군 요청을 보낸다. 부유계급에게 특별세가 부과되고 완전가동을 시작한 조선소에서는 갤리선 60척이 잇따라 진수를 끝낸다. 본토의 속주에서도 모병이 시작되고 달마치야로부터는 배꾼들이 속속 베네치아로 모여들었다.

그러나 외교면에서는 성과가 신통치 않았다. 베네치아가 원군을 요청한 나라들은 오스트리아, 에스파냐, 프랑스, 영국, 네덜란드 등인데 이들 나라는 모두 제각기 그중 어느 한두 나라와 싸우고 있었고, 17세기 당시 지중해 세계의 중요도가 현저히 줄어든 탓도 있어서 남의 나라에 원군을 보내는 일을 생각할 수 있는 형편이 아니었다. 그래도 재상 리슐리외가 죽고 루이 14세의 시대에 막 들어선 프랑스는 군선과 10만 두카토의 경제원조를 보내겠다고 약속해왔다. 배는 오지 않았지만 돈은 보내왔다.

결국 베네치아를 돕는 일에 실제로 나선 것은 5척의 갤리선과 전투원을 보내온 교황청과 역시 배 몇 척을 보내온 몰타의 기사단, 그리고 병력을 보내온 나폴리의 부왕과 토스카나 대공 메디치뿐이다. 그밖에도 영국인과 네덜란드인들도 긴 그리스도교도 해적들이 이슬람과 싸운다는 취지에서 참전을 제안해왔지만 그들의 참전은 비정기적이고 수동적이어서 전력으로 평가할 만한 수준에 이르진 못했다.

크레타 방위에 동원된 베네치아 해군의 전력은 매년 60척에서 70척에 이르는 갤리 군선에 5척에서 6척의 갈레아차, 그리고 30척에서 40척의 범선이었다. 아드리아해 경비나 상선단의 호위를 위해서도 배를 보내야 하는 베네치아로서는 그것이 한계였지만 그것과 다른 나라에서 파견된 배의 수를 비교하면 결국 베네치아 단독으로 싸워낸 것이 된다. 게다가 다른 나라 장수들의 참가는 전략·전술 양면에서의 불통일이라는 부작용을 낳지 않을 수가 없었다. 크레타 공방전 초기에 방위군 측이 종종 통일되지 못한 모습을 보이는 것은 베네치아가 아직도 외국원조를 받을 희망을 버리지 못하고 있던 까닭에 교황청이 보내온 무장이 주장하는 전법을 함부로 거부할 수가 없었기 때문이다.

한편, 크레타에 상륙한 터키군은 자폭한 산 테오도로 요새의 돌더미 흙더미를 넘어 카니아로 다가왔다. 물론 육로공격이었다. 베네치아의 귀족 나바제로가 지휘하는 방위군은 코르나로가 자기 아들로 하여금 지휘하게 하여 보내온 원군 300명을 합쳐도 1천 명에 못 미치는 열세였다. 그래도 현지 그리스인들의 협력도 있어서 요새로 변한 카니아는 한참 동안은 버티어냈다.

터키군은 성벽 밑에 굴을 파고 거기에 화약을 채워 폭파시키는 전법을 쓴다. 단 하나 희망을 걸 수 있는 바다로부터의 원군은 전술의 교란으로 기다려도 기다려도 모습을 보이지 않는다. 성벽은 제 모습을 볼 수 없을 만큼 절단되고 탄약도 식량도 떨어진 8월 22일, 수비병의 생명을 보장한다는 조건으로 카니아는 성문을 열었다. 2개월에 걸친 공방전으로 수비군은 없는 거나 마찬가지였다. 터키군 측 피해도 막대해 전사자가 2만에 이르렀다. 그러나 터키군은 크레타섬 전체를 공략할 전진기지를 얻은 것이다. 그 뒤로는 동쪽으로 전진하는 일만 남았다.

카니아를 수중에 넣으면 다음 목표는 육로로 20킬로미터 동쪽에 위치한 수다다. 수다는 동지중해 최고의 양항으로 오늘날에도 그리스 해군이 사용하고 있어 촬영금지 지구로 되어 있다. 카니아와의 사이를 가르는 반도가 바람과 파도를 막아주는, 넓고 물결도 조용한 항구의 중앙에는 마침 섬이 있어서 베네치아는 이 섬을 요새로 만들어놓았다.

수다는 크레타를 방위하는 베네치아 해군기지였으므로 평시에도 베네치아 갤리선의 모습이 보이지 않는 날이 없었다. 그런데 터키군이 다가온다는 소식에 만안에서 대기 중이던 함대의 사령관 카펠로는 잔테섬에 도착한 교황청 함대와의 합류를 이유로 함대 절반을 이끌고 출항해버렸다. 이 일은 코르나로를 격노하게 했으며 후일 카펠로는 이 일로 해서 재판을 받게 된다. 이 때문에 수다에 남은 베네치아 해군의 전력은 갤리선 40척, 갈레아차 4척에 범선 10척뿐이었다. 그래도 수다가 적군의 수중으로 넘어가는 것을 막아낼 수는 있었다.

해상에 고립되어 있는 요새는 항공기가 없는 시대의 일이라 절대적인 강점을 가지고 있었다. 주위의 육지는 빼앗기더라도 해상의 요새만 확보하고 있으면 만이 넓은 만큼 베네치아 선박들의 행동이 제약당하는 위험은 없었다. 수다는 또한 해상에 고립되어 있는 크레타 동단의 스피나롱가와 함께 25년간이나 버티게 되는 것이다.

해가 바뀐 1646년, 크레타 공방전이 2년째에 들어서는 무렵부터는 베네치아도 각 성곽요새 도시를 방어하는 것만으로는 크레타를 지켜낼 수 없다는 것을 알아차리게 되었다. 그대로는 아무리 적에게 많은 피해를 주어도 하나하나 각개격파로 당하면 나중에는 해상요새만 남게 될 것이다. 베네치아는 해군력에서 우세한 것을 이용해 터키의 보급선을 차단하는 전법으로 전환했다.

인해전술로 나오는 터키군은 병사의 수가 많아서 그들에게 먹일 식량만도 대단한 양이 들었다. 올리브나 포도주는 풍족한 크레타 섬이지만 밀은 다산지라 할 수 없었다. 또 병사와 식량의 보충만이 아니라 화약과 총탄도 보충해야 한다. 터키군은 크레타에 상륙은 했지만 본국으로부터 보급을 받지 않고는 싸울 수 없는 처지였다.

3월, 22척으로 된 베네치아 함대는 다르다넬스해협을 나오는 터키의 수송선단을 테네도스섬 근처에서 기다리고 있었다. 그러나 다르다넬스해협의 봉쇄는 흑해로부터 오는 해류와 강한 북풍 때문에 여간 어려운 작업이 아니다. 이때도 대부분의 터키 선박을 통과시켜버리고 말았지만, 그 후로는 성공하는 일이 많았다. 그래서 터키 측은 보급선을 콘스탄티노플을 시발로 하는 노선뿐 아니라 키오스, 로도스, 펠로폰네소스반도의 말바지아, 이집트의 알렉산드리아 등으로 분산하거나 다선화하지 않으면 안 되었다.

마치 베네치아 해군이 동지중해의 여왕이었던 한때의 황금시대

크레타 공방전에서 대치 중인 베네치아군과 터키군(17세기의 회화에서)

가 재현되는 듯한 형세가 되었다. 그때까지 육지에서 수공업과 농장 경영에 종사하는 일이 많았던 베네치아 귀족들도 조상의 영광을 상기하기라도 하는 듯 앞다투어 해군에 지원한다. 동지중해의 제해권이 200년 만에 베네치아인들의 수중으로 돌아온 듯한 느낌이었다. 1651년, 1655년, 1656년 등 두 나라 해군이 정면으로 부딪친 해전은 물론이고 소규모 싸움에서도 승리는 항상 베네치아의 것이었다. 살짝 숨어서 항구로 들어가거나 해상에서 만나게 되면 도망치는 것은 터키 측이었다. 150년 전에는 생각도 못할 일이었다. 하지만 베네치아 쪽도 희생이 커서 25년에 걸친 크레타 공방전 중에 해군 총사령관을 지낸 제독 10명 가운데 5명이 전사한 기록을 보이고 있다. 크레타 공방전은 베네치아공화국에는 모든 면에서 총력을 기울인 싸움이었던 것이다.

  3년째 되는 해 10월, 레티모가 함락된다. 크레타섬 중앙에 위치하는 수도, 오늘날에는 이라클리온이라 불리는 칸디아에 대한 총공격이 시작된 것은 공방전 4년째인 1648년 초여름이었다. 수비군은 6천, 공격하는 터키군 병력은 4만. 터키사의 권위자인 해머는, "굳이 터키제국령에 한하지 않고도 칸디아만큼 많은 전투가 되풀이되어 많은 피와 돈이 뿌려진 공방전은 달리 없었다"고 했다.

이렇게 일컬어지는 칸디아 공방전은 그로부터 22년 동안 계속된다. 베네치아가 이렇게 장기간을 버텨낼 수 있었던 것은 바다를 지배하고 있었기 때문이었다. 상대편인 터키는 그 때문에 포위전으로 이끌어갈 수가 없었고 병사들의 식량 보급에서도 애를 먹지 않으면 안 되었다.

하나 이 무렵부터 터키 측도 전선을 확산하는 전술을 취하기 시작했다. 크레타 공방전에 투입되는 베네치아의 힘을 분산하기 위해 아드리아해 동안에 있는 베네치아령 달마치야 지방을 공격하기 시작한 것이다. 그러나 크레타에서는 도민의 무관심 때문에 애를 먹었던 베네치아도 달마치야에서는 주민들의 무제한 협력을 얻을 수 있었다. 그 덕분에 그 지방의 전황은 베네치아에 유리하게 전개되어 터키군의 공격을 물리칠 수 있었을 뿐 아니라 도리어 싸움이 벌어지기 전보다 영토를 넓힐 수가 있었다.

한편 크레타에서는 요새도시 칸디아를 두고 공방전이 계속되고 있었다. 1648년에 체결된 베스트팔렌조약으로 유럽 대륙을 황폐화했던 '30년 전쟁'이 종결되고 유럽에는 평화가 회복되었는데도 거의 단독으로 싸우고 있는 베네치아를 국가적으로 원조하려는 나라는 한 나라도 없었다. 유럽의 중심이 북으로 옮겨간 증거다. 베네치아공화국은 강대국들에 피해가 미치지 않는 지역에서 국지전에 모든 국력을 쏟아붓고 있었다.

이슬람 앞에 무릎 꿇은 베네치아

10년이 지났다. 칸디아는 아직 함락되지 않고 있었다. 유럽에서는 크레타 공방전이 10년이나 계속되고 있는 것을 그제야 알았다는 듯이 베네치아에 대한 찬탄의 소리가 나오기 시작했다. 오래 계속되던 에스파냐와 프랑스의 전쟁도 끝나서 이 두 가톨릭 국가는 동지중해에서 이슬람과 상대해 싸우고 있는 베네치아에 주목할 여유가 비로소 생기게 되었다.

15세기까지 베네치아는 각국의 시기와 증오의 대상이었고 16세기에는 또 대국 사이에 끼여 애를 먹으며 굴욕 외교를 한다고 경멸을 당하면서도 여전히 경제대국이었지만, 완전히 쇠퇴기에 든 17세기에 들어 비로소 베네치아가 각국의 찬양과 감탄을 받게 된 것은 참으로 아이러니한 일이었다.

그때까지 베네치아가 다른 나라의 칭찬을 받은 일이 없었던 것은 아니지만 그것은 정치의 안정이라든가 종교와의 관계라든가 또는 경제 면에서의 성과라든가 모두 합리적인 이유에 의해서 칭찬받은 것이지 이번과 같이 극장 관객들의 만장의 박수갈채와는 그 종류가 달랐다. 이후 유럽의 젊은 귀족이나 기사들 사이에서는 크레타로 가서 베네치아의 국기 아래서 싸우는 것이 하나의 유행이 된다. 그들에게는 용기를 과시할 절호의 기회로 보였을 것이다. 특히 기사도 정신의 본가를 자처하는 프랑스의 젊은 귀족들 사이에서 이런 현상이 두드러졌다. 그러나 이런 의용병의 참가는 베네치아에 꼭 반가운 일만은 아니었다.

크레타 공방전을 시작한 이래로 베네치아 전력은 베네치아인과

용병의 혼성부대였다. 적어도 교황청만은 해마다 4척에서 5척의 배를 보내왔지만 초기에 있었던 작전상의 혼란으로 애를 먹었던 베네치아 측의 희망에 따라 베네치아인 지휘관 아래서 싸운다는 원칙을 지켜주고 있었다. 지휘계통을 베네치아인 지휘관으로 일원화한 결과 크레타 공방전에 관한 한 지구전법으로 나간다는 방침을 계속 관철할 수가 있었던 것이다. 바다에 면한 한쪽을 제외한 3면을 포위당한 칸디아를 방위하는 데도 베네치아는 쓸데없이 함부로 출격하는 일은 피하고 요새화한 성곽도시를 지키는 일에만 전념해왔다. 바다와 마주 보는 쪽은 출입이 자유로웠으므로 베네치아인이건 이탈리아인이건 독일, 프랑스, 에스파냐의 용병이건 전투가 없는 겨울철에는 고국으로 일시 귀국하는 자가 적지 않을 정도였다.

그러나 이런 전쟁이란 화려하지가 않기 때문에 그만큼 참을성을 요한다. 시종 화려하게 싸우고 있었던 것은 터키 선박이면 어떤 배이건 습격하라는 명령을 받고 동지중해를 종횡으로 항해하고 있던 해군뿐이었다. 육군에는 오직 참을성 있고 끈덕진 버티기가 요구되었던 것이다.

유럽에서 온 의용병들에겐 이 같은 전쟁이 마음에 들지 않았다. 그들은 당당하고 화려하게 이교도들과 싸워볼 생각으로 크레타까지 온 것이었다. 허구한 날 파괴된 성벽 수리나 적의 공격 격퇴에 매달리며 보낸다는 것은 참을 수 없는 일이었다. 베네치아 지휘관들도 의용병이 지위가 높은 사람일 경우는 그가 하고 싶은 대로 하게 놔둘 수밖에 없었다. 그러나 모양 좋게 성벽 밖으로 출격해 나간 의용병들은 거의 모든 경우 이교도 상대의 그리스도교 기사의 늠름한 전투 솜씨를 아낌없이 발휘해보기도 전에 터키군 포격의 표적이 되어 성안으로 도망쳐 들어올 수밖에 없었다. 이들 의용병은 겨울철이 되면 일시 귀국하는 자가 많았는데 그중 대부분은 다시는 크레타로 돌아오지 않았다. 그래도 어찌했든 저 멀리 스웨덴으로부터 오는 기사를 포함해 해마다 의용병 수백 명이 크레타로 몰려왔다고 하니 당시 베네치아의 비장한 항전은 서유럽의 구석구석까지 잘 알려져 있었던 것 같다.

그동안에 전쟁 종결을 위한 노력이 전혀 없었던 것은 아니다. 1653년까지 베네치아 측이 먼저 움직여서 두 번, 1656년에는 터키 측이 먼저 제안해 한 번, 합쳐서 세 번에 걸쳐 모두 콘스탄티노플 주재 프랑스 대사를 통해 평화를 위한 노력을 기울였다. 그러나 베네치아 측이 내놓은 조건은 사용료를 매년 내겠으니 크레타를 베네치아의 수중에 그대로 두어달라는 것이 전부였고, 이에 반해 터키 측은 크레타의 완전 포기를 주장해 물러서지 않았으므로 평화교섭은 세 번 다 결렬될 수밖에 없었다.

술탄 이브라힘의 암살을 꾀한 일도 있었다. 이것은 극비리에 추진되었던 평화교섭 이상으로 비밀을 요했으므로 10인 위원회의 극비문서에만 남아 있을 뿐이다. 베네치아 측 계략의 성공에 의해서인지는 분명하지 않으나 이브라힘은 1648년 하렘에서 암살되었다. 그 뒤를 이어 술탄 자리에 오른 어린 황태자를 돕는다는 명목으로 터키제국 통치의 전권을 틀어쥔 대신들도 크레타 전쟁에 관한 한 선제 이브라힘이 의도했던 바를 바꾸려 하지 않았다. 전쟁은 장기적인 속행으로 숙명지어졌던 것이다.

크레타 공방전도 23년째를 맞는 1667년, 전사자 수 따위는 별로

요새 도시 칸디아

문제삼지 않는 터키도 이제는 이쯤 해서 끝장을 내고 싶었던지 일찍이 없었던 대규모 총공격을 걸어왔다.

그해 5월부터 11월에 걸쳐서 터키 측의 총공격 32회, 지키는 쪽인 베네치아의 출격 17회, 성벽 밑에 판 구덩이에 묻은 지뢰 중 폭파된 것만 613개, 베네치아 측 전사자 3,600명, 그중 400명은 지휘관이었다. 그리고 공격하는 터키군 전사자는 2만을 훨씬 넘었다. 성벽은 쌍방이 흘린 피가 엉겨붙어 손을 대면 진득진득했다. 방위군은 수류탄까지 사용했다. 오늘날에도 이라클리온의 박물관에는 크레타 공방전에서 사용되었던 수류탄이 남아 있다. 그 수류탄은 지름 10센티미터가량의 테라코타로 만든 둥그런 형태로 그 속에 화약을 채우고 조그마한 구멍을 통해 도화선을 장착하고 그 도화선에 불을 붙인 후 던지게 되어 있다. 다이너마이트 던지는 것과 같은 이치다.

칸디아는 그러나 이토록 공격을 해도 함락되지 않았다. 전투는 겨울을 맞이하면서 쌍방이 모두 지칠 대로 지쳐 자연히 휴전으로 들어간다.

다음 해인 1668년, 봄이 되자 다시 공방전이 시작되었다. 베네치아의 항구에서는 매일같이 보급물자를 가득 실은 선단이 칸디아를 향해 떠났지만 병사를 끌어모으는 일만은 베네치아의 뜻대로 되지 않았다. 칸디아를 지키는 수비군은 5천 명이 고작이었으며 그런 상태에서 프랑스 귀족이 이끄는 500명의 원군 도착은 오랜 가뭄 끝에 뜬 한 점의 비구름같이 생각되었을 것이다. 하지만 칸디아에 도착한 프랑스 기사도의 꽃들은 여전히 화려하게 나가 싸울 생각밖에 하지 않았고 지구전을 해야 한다는 말을 들을 귀는 없는 사람들이었다. 12월 16일, 나팔소리를 울리면서 성 밖으로 출격한 기사들의 분투는 훌륭했지만 결국 많은 전사자와 부상자를 내고 끝이 났다.

그해도 끝날 무렵, 로마에서 교황 클레멘스 9세를 만난 베네치아 대사 안토니오 그리마니는 그 한 해에 크레타로 보낸 물자의 일람표를 교황에게 제출했다. 그 내용은 이렇다.

현금 ─ 97만 4천 두카토
새로 칸디아로 보낸 전투원 ─ 8,700명, 공병 2천 명
갤리선 노꾼 ─ 1천 명
포수 ─ 222명
성벽, 선박, 총포 등의 수리를 위한 기술자 ─ 60명
밀가루와 그밖의 식량 ─ 16만 스타이오
대포 41문 및 소총 다수와 화약 ─ 287만 9천 리프레
도화선 ─ 73만 본
납환 ─ 9만 개
철, 목재, 군복 및 속옷 등 의류, 군화, 기타

이들을 모두 합쳐 1668년 한 해에 칸디아 방위만을 위해 베네치아가 소비한 총액은 439만 2천 두카토에 이른다. 이것을 본 교황은 놀라서 말 한마디 못하고 숨을 죽였다고 전해지는데, 당시 베네치아의 한 해 세입은 300만 두카토를 조금 넘는 정도였다. 유럽 각지로부터 의용병도 끊이지 않았고 교황의 호소에 응해 각국의 왕, 왕비, 귀족들이 보내오는 원조도 적지 않았다. 다만 베네치아 쪽이 이제 한계에 이른 것이었다.

다음 해에 이르러, 늘 그러했듯이 화려하게 분전한 뒤 프랑스인, 독일인, 몰타의 기사들, 교황청 파견 원군 등이 떠나고 난 가을에 남아서 칸디아를 지키고 있는 베네치아 병사는 이제 3천 명을 헤아릴 뿐이었다. 그래도 터키군의 공격을 받고 응전하는 것을 보고 성 밖에 줄줄이 진을 친 터키군 막사에서는 이런 소문이 퍼져, 터키군 지휘관들은 병사들이 그 소문을 듣고 겁을 먹을까봐 두려워했을 정도였다.

"저건 사람이 싸우고 있는 것이 아니다. 25년 동안에 죽은 모든 베네치아인의 혼백이 유령으로 나타나서 싸우고 있는 것이다."

봄부터 계속된 끊임없는 전투로 옷도 찢기고 때와 먼지투성이, 수염투성이가 된 사나이들의 몰골은 사람보다는 유령의 모습에 가까웠을 것이다.

칸디아 방위의 총지휘관이었던 베네치아 해군 총사령관 프란체스코 모로시니로 하여금 항복을 결심하게 한 것은 바로 이러한 사정이었다. 그해 50세가 되어 있었던 그는 25세 때 크레타 공방전이 시작되자마자 이에 참전해 그대로 25년 동안을 크레타 전선에서 살아온 사나이였다. 독신이었다. 결혼할 틈마저 없었다.

칸디아 항구에 정박해 있는 기함에 지휘관 전원이 소집되었다. 이 자리에서, 이 이상 싸움을 계속한다는 것은 적에게 주는 손해보다도 조국에 미치는 손해가 더 커질 것이라고 말하는 모로시니의 말에 귀를 기울이는 지휘관들의 심경은 복잡했으리라. 그들은 대부분 모로시니와 마찬가지로 그 생애의 가장 좋은 세월을 크레타 방위에 바쳐온 사람들이었던 까닭에, 그는 한 사람 한 사람마다 자기 의견을 말하게 했다. 그런 다음 모로시니는 터키군 총사령관에게 전쟁종결 문제를 교섭할 용의가 있다는 사실을 전할 사절을 보냈다.

군인이 직접 평화교섭에 나서는 일은 베네치아 역사에서는 전혀 전례를 찾아볼 수 없다. 그때까지는 항상 본국 정부가 주도권을 잡고 해왔던 일이다. 그것을 프란체스코 모로시니는 자기가 모든 책임을 지겠다면서 단행한 것이었다. 베네치아 원로원이 보고를 받은 것은 터키와의 사이에 항복조건에 관한 동의가 성립된 후였다. 조건은 다음과 같은 사항들이었다.

베네치아공화국은 크레타를 포기한다. 단, 베네치아는 크레타섬의 수다와 스피나롱가 및 카라부자 등 요새의 계속적인 보유를 인정받는다. 이 3개 항구의 사용은 연공금 지불의 의무가 없는 권리로서 인정한다.

터키는 베네치아에 대해 전비 배상을 요구하지 않는다.

아드리아해 동안의 달마치아 지방에서 베네치아가 획득한 지역의 반환을 터키 측은 요구하지 않기로 한다.

터키는 칸디아를 방위하던 베네치아군이 국기, 무기, 그밖의 모든 것을 가지고 떠나는 것을 인정하며, 전원의 안전 철수를 보장한다.

1669년 9월 26일, 모로시니 이하 크레타를 떠나가는 베네치아인들 사이에는 터키령이 되는 크레타에서는 더 이상 살지 않겠다며 크레타를 떠나는 많은 그리스인 난민이 섞여 있었다. 오늘날에도 이라클리온의 중앙 광장에는 베네치아식 분수대가 그대로 물을 뿜고 있는 것을 볼 수 있고 그 바로 옆에 성 마르코에게 바쳐진 교회가 남아 있다. 성 마르코는 베네치아의 수호신이다. 베네치아인들은 크레타를 본국과 마찬가지로 생각했던 것이다.

같은 무렵, 베네치아 본국에서는 크레타 함락을 각국의 군주들에게 알리는 특사가 북으로 남으로 떠났다. 원로원의 이름으로 보낸 이 문서에는 국력이 한계에 이르러 더 이상 전쟁을 계속하는 것이 불가능하다는 사정을 설명하고 있었다. 각국 군주도 로마의 교황도 그때까지는 베네치아가 터키와 강화조약을 맺을 때마다 배반자, 머리에 이익 챙기는 것밖에는 없는 장사꾼 등으로 극구 비난을 퍼부어 마지않았는데, 이번만은 누구 하나 이슬람 앞에 무릎을 꿇은 베네치아를 비난하는 자가 없었다. 비난은커녕 오히려 칭찬의 소리가 높아지기만 했다.

그러나 크레타 공방전이 끝났을 때의 베네치아는 일찍이 경험하지 못했던 만신창이가 되어 있었다. 얻은 것은 명예뿐. 17세기의 베네치아는 이제는 시기도 미움도 받지 않고 경멸을 당하지도 않게 되었지만 그가 얻은 것은 오직 그것뿐이었다.

프란체스코 모로시니에게 준 특전

그로부터 14년이 지난 1683년, 칸디아를 본국 정부와 의논도 하지 않고 적에게 넘겼다 하여 비판당하고 한직으로만 돌던 프란체스코 모로시니는 다시금 베네치아 해군 총사령관으로 선출된다.

그해에 빈의 성벽 아래까지 쳐들어온 터키군을 격파한 오스트리아와 폴란드 연합군은, 이때야말로 공격으로 전환할 좋은 기회라고 로마 교황을 움직여 흑해에서 역시 터키와 패권다툼을 하고 있던 러시아를 끌어들여 반터키 동맹 결성을 꾀했다. 베네치아에도 동맹에 참가할 것을 종용하는 사절을 보냈다. 베네치아는 이 권유를 받아들이기로 했다. 동맹 참가 권유를 거절하고 중립을 지킬 경우 이다음 터키의 공격을 받았을 때 어느 그리스도교 국가의 도움도 못 받게 될 것을 두려워했기 때문이었다. 러시아의 요청을 받아들여 국영 조선소의 직공 우두머리 13명을 러시아 함대 건조의 기술지도를 위해 파견하기도 했다.

서쪽으로는 오스트리아군과 폴란드군, 북쪽으로는 러시아군, 남쪽으로는 베네치아로부터 동시에 공격을 받은 터키군은 육군국가였던 만큼 주력을 북과 서에다 둔 방위를 폄에 따라 바다에 면한 남쪽에 대해서는 아무래도 대비가 허술해진다. 이러한 허점을 찌른 프란체스코 모로시니는 베네치아가 오랜 세월에 걸쳐 조금씩 잃어왔던 옛 베네치아 기지들을 차례로 하나하나 수복했다. 산타마우라섬, 나바리노 등. 개전 후 2년 만인 1685년에는 모도네와 코로네 수복에도 성공했다. 일찍이 '베네치아공화국의 두 눈'이라 해 베네치아의 상선대가 반드시 기항하는 곳으로 되어 있던 이 두 기지는 16세기 초에 터키 손에 떨어졌다가 실로 2세기 만에 다시 베네치아 수중으로 돌아온 것이다. 같은 해에 아르고스와 나브플리온, 다음 해에는 펠로폰네소스반도의 옛 기지 모두가 베네치아군

원수 프란체스코 모로시니

의 수중으로 돌아왔다.

동맹에 참가한 다른 나라들의 전과도 훌륭했다. 트란실바니아, 보스니아 등으로부터 터키군을 몰아냈다. 베네치아에서는 이번에 야말로 네그로폰테와 크레타까지도 회복하게 되는 것이 아닌가 하는 희망적 관측까지도 하는 사람들이 많아지고 있었다.

모로시니가 이끄는 베네치아군의 해륙 양면의 쾌속 진격은 그 후로도 멈추지 않고 계속된다. 파트라스를 함락시키고 레판토도 되찾고 코린토스도 정복한다. 1687년 8월 11일, 이 승리를 보고하려고 온 배가 외항 리도에 들어왔다는 기별을 받은 정부는 마침 개회중이던 공화국 국회 심의를 일시 중단하고 전원이 산 마르코 광장으로 마중을 나가 전례 없는 기쁨을 표시했다. 그뿐만 아니라 공화국 역사를 통해 일찍이 없었던 이례적인 대우까지 베풀었다. 원로원 결의로 프란체스코 모로시니의 동상을 만들었고 그 동상 주위를 터키로부터 빼앗은 군기로 장식했다. 동상은 10인 위원회의

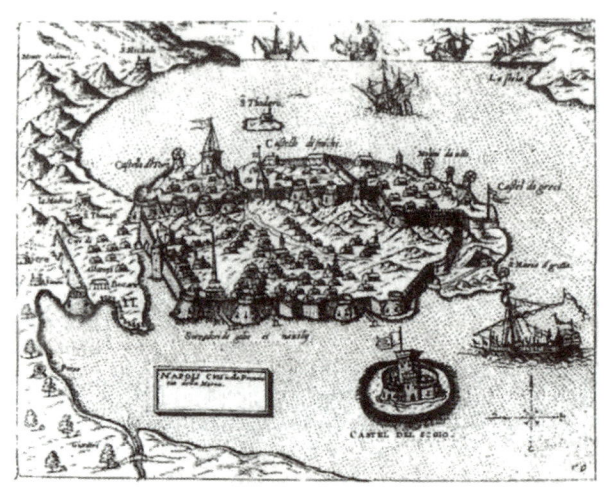
나브플리온 요새

회의실에 두기로 했다.

　모로시니 휘하 베네치아군은 그 후로도 계속 전과를 올린다. 미스트라를 함락하고 스파르타도 수중에 넣고 아테네까지 정복했다. 이 아테네 공격 중에 터키군이 화약고로 사용하고 있던 파르테논 신전에 베네치아군이 발사한 포탄이 명중했다. 모로시니는 영웅이라는 점에서는 자기 조상들과 같았지만 그 조상들은 미에 대해서는 민감했다. 그 점만은 달랐던 것이다. 17세기 말의 베네치아인들은 자기네 나라가 반영웅의 나라였기에 대성했다는 것을 잊어버린 듯하다.

　1688년 3월, 프란체스코 모로시니는 그리스의 싸움터에서 자기가 원수로 선출되었다는 사실을 알았다. 유권자의 전원일치에 따른 선출이었다. 2년 후 귀국했는데 조국에서 원수로서 복무한 것은 3년간이고 또다시 전쟁터로 돌아갔다. 그리고 그로부터 1년 후인 1694년에 나브플리온 근처의 싸움터에서 죽는다. 75세였다. 공화국 원수와 해군 총사령관의 직무를 동시에 겸한 것은 1204년 제4차 십자군에 참전한 엔리코 단돌로 이래 처음 있는 예다. 베네치아 정부는 이 영웅에게 엔리코 단돌로에게도 주지 않았던 특전을 베풀었다. 원수 관저의 '투표 홀'이라 불리는 홀의 한 면을 그에게 바친 개선문으로 장식한 것이다.

전쟁이 끝난 것은 1699년이 되어서였다. 오스트리아제국은 에스파냐 왕위계승 문제도 있어 유럽의 일에 집착해야 했기 때문에 터키와의 분쟁에 더 이상 깊이 말려드는 것은 원하지 않았다. '카를로비츠의 조약'이라 불리는 이때의 강화조약으로 베네치아는 모로시니가 되찾은 거의 모든 지역의 영유를 정식으로 인정받았다.

모로시니의 성공은 사실 터키의 불운이 주는 반사이익에 힘입은 것이었다. 18세기에 들어선 베네치아는 그러나 이 행운을 활용해 그것을 제 것으로 정착할 만한 인적 자원과 경제력을 이미 갖고 있지 않았다. 오스트리아군에 복수하고 러시아와 강화한 터키가 다시 에게해에 힘을 돌리기 시작하자 베네치아는 이미 획득했던 것마저 확보하지 못하게 된다. 1714년에 시작된 전쟁에서 코린토스, 아르고스, 나브플리온, 모도네, 코로네, 산타 마우라 등이 차례로 터키군 수중으로 떨어지는 것을 막을 수가 없었다. 크레타에 가지고 있던 스피나롱가와 수다의 두 기지도 이때 내놓지 않으면 안되게 된다.

그리스에 가지고 있던 모든 발판을 잃은 베네치아는 코르푸섬을 사수하는 데 성공함으로써 겨우 아드리아해만은 '베네치아만'으로

부르는 권리를 그대로 유지할 수 있었다. 그때의 격렬한 코르푸섬 공방전은 베네치아공화국이 싸운 최후의 전투다운 전투였다.

성자필쇠의 운명

역사가는 한 나라의 쇠퇴를 그 나라 국민정신의 쇠미로 말미암은 것이라 말한다. 그러나 왜 쇠미했느냐에 대해서는 우리가 수긍할 만한 설명을 해주지 않는다. 고대 로마 성쇠론을 비롯해 수많은 역사서를 읽은 후 우리 머리에 남는 것은 다음 구절 이상의 것이 아니다.

"교만한 자 오래 누리지 못하니 오직 일장춘몽일 뿐이다"(일본 군기문학[軍紀文學]의 고전 『헤이케 모노가타리』(平家物語) 서두 부분의 한 구절 ─ 옮긴이).

어찌해 교만을 부리게 된 것일까, 아니 실제로 과연 교만해졌던 것일까 하는 의문마저 나는 떠올리게 된다.

성자필쇠(盛者必衰)는 다이라 씨(平氏) 가문에 한하는 일이 아니라 역사의 순리다.

"멀리 옛 중국 왕조의 자취를 살펴보건대, 진나라의 조고(趙高), 한나라의 왕망(王莽), 양나라의 주이(朱异), 당나라의 녹산(祿山), 이들은 모두 구주선황(舊主先皇)의 정치를 따르지 않고 등을 돌려 향락을 극했고 간하는 말에 깊이 생각하지 아니하고 천하가 흐트러질 것임을 깨닫지 아니하고 백성의 근심을 모르고 지내다가 머지않아 망한 자들이니……"(『헤이케 모노가타리』─옮긴이).

역사적 사실이 그와 같았다면 그들의 말로가 그러했던 것은 당연한 결과이니 우리로서도 납득할 수밖에 없다. 그러나 나로서는 적어도 베네치아의 역사에 관한 한, 그와 같이 단순히 정신의 쇠미나 타락만으로 설명하는 논의에는 아무래도 찬동할 수가 없다. 왜냐하면 베네치아인들은 구주선황의 정치를 따랐고, 향락에도 절도를 지켰고, 간언을 들으면 깊이 생각할 줄 알았고, 천하가 흐트러질 것임을 깨달았고, 백성들의 근심을 알고 있었는데도 성자필쇠 원리의 예외가 될 수 없었으니 말이다. 그렇다면 여기에는 다른 이유가 있지 않으면 안 되는 것 아닌가.

베네치아인들의 특징은 자기들이 가진 힘을 주변정세에 비추어가면서 어떻게 하면 가장 효율적으로 운용할 수 있을 것인가를 항상 추구해왔다는 것이다. 이것이 베네치아가 대성한 근본적인 요인이었지만 동시에 쇠퇴의 요인이 되기도 했다.

15세기까지 베네치아는 해운국이었고 해외교역으로 살아가는 민족이었다. 그러던 것이 16세기 초를 고비로, 지중해 세계에서 터키의 대두, 신항로와 신대륙의 발견에 따른 지중해 교역의 중요성 감소 등으로 말미암아 베네치아 경제가 더 이상 교역업에만 주력을 두는 것이 허용되지 않게 되었다.

시대가 바뀐 것이다. 이에 대응해 자본의 가장 효율적인 운용을 중시하는 베네치아인들은 투자대상을 수공업에서 찾았다. 모직물공업을 중심으로 한 베네치아의 수공업이 16세기에 전성기를 맞이한 것도 이 때문이다. 물론 해외교역은 그 당시에는 아직도 단맛이 적지 않은 장사였으므로 투자대상이 해운으로부터 공업으로 전적으로 전환한 것은 아니었다. 그러나 베네치아의 경제구조가 다각화한 것만은 사실이었다.

17세기에 들어서면 영국과 네덜란드의 진출도 있었고 신대륙과 아시아가 식민지화함에 따라 지중해 세계의 중요도는 한층 더 감소되어갔다. 그와 동시에 해외교역만을 생업으로 하여 살아갈 수 없게 된 베네치아 사람들은 자제들이 14세가 되면 상선의 석궁수로 해외에 내보내는 등의 실습교육을 할 수가 없게 되었고, 이에 따라 일찍이 최고 수준을 자랑했던 항해기술도 쇠퇴해가기만 했다. 베네치아를 대신하듯 그 후 명성을 독차지하다시피 한 것이 영국과 네덜란드의 뱃사람들이다. 특히 17세기 네덜란드인의 항해기술 수준은 높았으며, 네덜란드인 선원만으로 항해하는 선박의 선하 보험률은 가장 낮은 5퍼센트였다. 베네치아인의 경우는 8퍼센트에서 10퍼센트가 아니면 보험회사가 받아주지를 않았다. 13, 14, 15세기는 베네치아 특유의 정기선단 방식과 철저한 리스크 분산 방식으로 보험제도를 확립할 필요도 없을 만큼 안전평가를 받았던 시대였지만 이제 베네치아는 해운과 교역의 세계에서 그 경쟁력을 잃고 있었다. 당연한 귀결이었다. 이 분야에 대한 투자도 둔화해가기만 했다.

이런 경향을 베네치아 정부가 속수무책으로 지켜보고만 있었던 것은 아니다. 항해기술 향상에 관해서는 1683년에 국립 상선학교를 설립해 항해기술 진흥에 힘을 기울였다. 그러나 꼭 필요한 것이 아니게 되고 나면 아무리 국가가 뒤를 밀어도 효과는 기대할 수 없는 법이다. 서유럽에서 최초로 상선학교를 열었다는 자기 만족에 기여했을 뿐이다.

해운과 교역의 진흥책에서도 보호정책을 강화함으로써 기사회생을 꾀한 일도 있다. 1602년, 아드리아해까지 진출하기 시작한 네덜란드와 영국 상선이 베네치아를 그들의 상업활동 기지로 사용하게 해달라고 베네치아 정부에 요청해왔다. 이 요청을 받은 베네치아 정부는 상품은 베네치아의 시장에서 거래되어야 하고 또 그 상품은 베네치아 국적의 배로 운반되어야 한다는 것을 이유로 이를 거부해버렸다. 이 때문에 당시 가장 활발하게 활동하던 네덜란드와 영국 상선들은 아드리아해에서는 독립국인 라구사나 교황청령인 안코나로, 그다음으로는 오스트리아제국령 트리에스테, 그리고 또 티레니아해에서는 자유항으로서 교역진흥에 열심이었던 토스카나 대공령인 리보르노 등으로 흘러가버린다. 그 10년 동안에 베네치아의 관세 수입은 그 이전에 비해 40퍼센트나 줄어든다. 활력이 쇠퇴한 시기에 취해지는 보호정책은 실패하고 말 운명이라는 것을 실증한 한 예다.

해운업의 쇠퇴에 이어 1620년 전후부터는 공업의 경쟁력도 떨어지기 시작한다. 1602년에 3만 페초를 생산해 최고에 달했던 모직물공업은 1631년에 이르면 8천 페초로 떨어진다. 이것은 1618년에서 48년에 걸쳐 벌어졌던 '30년 전쟁', 신성로마제국의 인구를 3분의 1로 줄게 했다고 일컬어지는 이 전쟁으로 베네치아의 전통적 단골인 독일과의 통상량이 줄어든 탓도 있기는 했다. 그러나 유럽 전역을 휩쓴 1602년 경제위기의 결과 사회의 대중화가 진행되고, 더 싸고 더 가볍고 더 볼품이 좋은 영국제에 밀린 결과였다. 우수한 기능을 가졌지만 임금이 비싼 베네치아 장인들이 만드는 제품이 시장에서 영국제에 대항할 수가 없게 된 때문이었다. 또 고급 직물 분야에서도 프랑스에 추월당하게 된다. 여자 의상의 유행을 만들어내는 곳이 베네치아가 아니고 파리가 된 것도 이 무렵부터다.

16세기에 경이적인 발전을 했던 베네치아의 수공업 모두가 17세기 중에 아주 보잘것없는 존재로 쇠퇴해버린 것은 아니다. 출판업에서는 여전히 중심지였고 유리공업도 견직물공업도 베네치아가 아니고는 해내지 못할 최고급 제품을 제조하고 있었다. 그러나 식민지에서 산출되는 금과 은을 자유로이 써서 금화·은화로 터키와 통상하는 라이벌에 비해 금은이 자국 내에서 나오지 않는 베네치아로서는 상품을 팔아 다른 상품을 사는 장사법을 바꿀 수는 없었다. 경제적 중요도가 줄어든 지중해 세계에서 그 적어진 나머지마저 베네치아 상인들 앞을 그냥 지나가버리는 일이 많아진 것이다. 경쟁력이 줄어든 베네치아 수공업에 베네치아인들이 투자를 삼가는 것을 아무도 말릴 수가 없었다.

베네치아인들은 압도적으로 뛰어난 기업화의 재능을 몇백 년 동안 계속 보여왔다. 공업 대신에 베네치아 경제의 주력이 되어가고 있던 농업에서도 이러한 성향은 충분히 발휘되기에 이른다. 관개사업을 철저히 하고 토질에 맞는 작물 선택과 개량에도 노력을 기울인 결과 본토의 속령에 있는 농장들은 경영의 면에서 훌륭히 기업으로 성립될 수 있게 변해갔다. 밀농사·쌀농사 이외에 신대륙으로부터 새로이 들여온 옥수수 재배가 베네토 지방에 보급되어 가루로 만드는 죽인 폴렌타가 민중의 주식이 된다. 베네치아는 오랫동안 수입하지 않으면 안 되었던 식량을 자급할 수 있게 되었을 뿐 아니라 수출국으로 일변한 것이다.

1630년의 페스트 유행으로 15만 명에서 10만 명으로 줄어든 베네치아 본국 인구는 1700년대 중반이 되어도 14만으로밖에 회복되지 않았고 그 후로는 계속 줄어들기만 했다. 그러나 이탈리아 본토에 있는 속령 쪽은 1600년대 중반에 150만이었던 것이 1세기 후에는 200만으로 늘어났다. 수공업이 본토로 옮겨갔고, 또 돌과 물의 도시인 베네치아 본국이 아니고 흙이 있는 본토가 아니면 불가능한 농업으로 베네치아 경제의 중심이 옮겨간 증거다.

본토의 트레비소와 파도바 근교에 흩어져 있는 아름답고 멋진 '빌라'도 별장으로 번역하면 그 원래 뜻이 충분히 전해지지 않는 느낌이다. 본토에 빌라를 지은 베네치아 귀족들은 설계를 팔라디오에게 맡기고 벽화는 베로네세로 하여금 그리게 했는데, 휴식하는 곳이라는 목적만으로 지은 것은 아니었다. 주인이 사는 저택의 살롱에서 연주되는 비발디의 음악이 들릴 정도로 가까운 거리에 농장에서 일하는 고용인들이 사는 가옥들이 줄지어 있었고 가축 우리와 비료를 두는 헛간도 있었다. 저택의 맨 위층은 종종 널따란 봉당으로 되어 있어서 수확물 건조장으로 사용되었다.

그 결과 베네치아 경제는 경제에 대한 베네치아인들의 합리적인 사고에 따라 투자대상이 차례로 바뀌어갔어도 총체적으로는 장기간에 걸쳐 부침이 적은 풍족함을 그대로 유지할 수가 있었던 것이다. 그러나 베네치아인들의 이러한 성향은 의외의 부산물을 낳게 된다.

투자대상이 변하고 옮겨가는 일은 그 투자가 정착됨에 따라 정신구조의 변화나 전환을 반드시 일으키게 마련이다.

베네치아인들은 변했는지도 모른다. 그러나 그것은 그들이 교만해진 결과는 아니다. 투자대상이 변하고 바뀜에 따라 그들의 정신도 바뀐 것뿐이다. 한 민족이 쇠퇴한 원인을 그 민족의 정신적 타락의 결과로 돌리기보다는 이렇게 보는 것이 더 무섭다. 교만해진 결과라면 사전에 대책을 세울 수도 있는 일이다. 하나 그렇지 않고 그 민족의 혼이라고 말할 수도 있는 것에 기인하는 일이니 치유할 처방도 없는 일이다. 성자는 역시 필쇠다. 그리고 이 투자대상의 변이는 베네치아공화국의 쇠퇴로 이어지게도 된다.

퇴색하는 안티 히어로 정신

바다에 살았던 시대의 베네치아 사회에서는 빈부의 차이가 고정되어 있지 않았다. '콜레간차'니 '프레스티토 말리시모'니 하는 융자제도는 자본을 조금밖에 안 가졌거나 아주 가지지 못한 사람에게도 해운과 교역의 경영참가 기회를 주는 데 참으로 효과적인 기여를 해왔다. 가난한 집안의 자제를 위해서는 석궁수 제도가 있어서 급료를 받으면서 항해기술과 상업기술을 배울 수 있도록 되어있었고, 아주 조그마한 자본이라도 생기면 그것으로 상품을 사들여 상선의 기항지에서 처분하고 그 대금으로 후추라도 사들이면 베네치아에서 파는 데는 아무 어려움이 없었다. 그렇게 해서 거의 무일푼의 처지에서 시작해 상당한 재산을 모은 사람의 이야기는 제4장 '베니스의 상인'에서 이미 말한 바가 있다. 주요한 상선은 모두 국유로 하여 개인으로 배를 소유할 만한 재력이 없는 자에게도 균등한 기회를 주었던 베네치아에서는 '패자부활전'이 가장 이상에 가까운 형태로 기능하고 있었다.

한데 경제의 중점이 공업으로, 그다음엔 농업으로 옮겨가면서 자본이 없는 자는 활동하기가 점점 어려운 상태로 바뀌어간다. 수공업도 농장경영도 자본이 없는 자에게는 그저 고용당해 일하는 기회밖에 주어지지 않는다. '패자부활전'이 없어진다는 것은 부자는 더욱더 부자가 되고 가난한 자는 가난에서 벗어날 수 있는 기회가 더욱더 적어진다는 것을 의미한다. 해양국가 시대에 베네치아가 무엇보다도 싫어했던 독점이 베네치아 사회를 좀먹기 시작한 것이다.

독점의 폐해는 그것이 경제적인 필요 이상으로 확대됨으로써 사회의 상하유동이 둔화되고 빈부의 차이가 고정화되어 결국은 그 사회 자체가 가지는 활력 또는 생명력이라 할 힘의 감소로 이어지게 된다. 그렇게 되면 이미 어떤 개혁도 어떤 복지시책도 효과가 없다.

베네치아의 경우 그것이 경제구조의 변화를 원인으로 하는 것인 만큼 당시로서는 다른 나라에서 유례를 찾을 수 없을 정도로 완비된 복지시책을 가지고도 빈민의 수는 줄기는커녕 늘기만 했다. 인구가 14만 명인 베네치아 본국에 복지시책을 바라보고 살아가는 사람들이 2만 명이나 되었던 것이다.

그러한 동맥경화 현상은 사실상의 문제로서 장인 또는 직공이나 농민이 될 수도 없는 귀족계급에서 두드러졌다. 그들은 베네치아 공화국의 정치를 담당하는, 이를테면 프로 지배계급이다. 그리고 베네치아의 정치는 경제적 기반을 가진 자가 하는 것으로 전제하고 있었으므로 국가원수 등 체면유지가 필요한 자 외에는 무급이었다.

가난에서 탈출할 수 없게 된 이들 귀족은 그들의 거주지역 이름을 따서 '바르나보티'라 불렸다. 그중에는 크레타섬의 함락으로 그

섬에서 철수해온 사람도 많았다. 이전의 베네치아와는 달라서 17, 18세기의 베네치아는 이런 사람들에게 재기할 기회를 마련해줄 수가 없게 되어 있었다.

지배계급 내부의 이 같은 빈부 차이의 고정화는 정치의 경직화와 부패로 이어졌다. 가난에 쫓겨 표를 파는 짓 따위를 아무렇지도 않게 생각하기에 이르렀고 돈 많은 귀족은 표를 삼으로써 권력의 집중을 꾀하게 되었다. 돈을 내고 얻은 권력은 먼저 쓴 돈을 회수하는 데 사용되는 것은 베네치아라고 해서 다를 것이 없다.

경제구조의 변화는 리더가 될 수 있는 사람들 절대수의 감소로 이어졌다. 17, 18세기의 베네치아는 페스트와 전쟁으로 잃은 남자들을 단시일 안에 보충할 수가 없게 되어 있었다. 베네치아는 한때 아들딸을 열이나 둔 자식부자가 드물지 않았다. 아들딸 모두에게 충분한 재산을 나누어줄 수 없는 경우 장남에게만 남겨주고 나머지는 각자 자활의 길을 찾으라고 해도 자활의 길을 찾을 기회는 얼마든지 있었다. 그러나 농업으로 중점이 옮겨간 시대가 되면 장남이 아닌 자식들에게도 뭔가 힘이 될 만한 것을 마련해주지 않으면 안 되게 된다. 자연히 아이를 많이 낳지 않게 되었다. 결혼하고도 아이를 갖지 않는 부부를 볼 수 있게 되었고, 나아가서 아예 결혼을 하지 않는 자도 흔히 볼 수 있게 되었다.

이런 상태가 되면 사람들이 생각하는 것은 현재 가지고 있는 것의 안전뿐이다. 부정적인 의미의 보수화를 피할 수 없게 된다. 민중은 쇠퇴기가 되어도 그들 나름의 활력을 계속 유지하는 법이다. 무서운 것은 지도자 계급의 활력의 쇠퇴.

해군 총사령관과 원수를 겸했던 프란체스코 모로시니의 예가 17

세기 이후 베네치아에서 일어난 정신구조의 변화를 그대로 잘 나타내고 있을 성싶다. 특히 그것은 그 자신이 원해서 얻은 것이 아니었던 만큼 상징적이다.

베네치아공화국의 긴 역사 중에서 원수와 해군 총사령관을 겸한 예가 전혀 없었던 것은 아니다. 육군을 용병에 의존하던 베네치아에서는 군의 최고책임자는 '카피타노 제네랄레 다 마레'란 호칭의 해군 총사령관인데, 그러한 관명이 없었던 시대, 즉 10세기에 아드리아해의 제해권을 확립한 오르세올로 2세나 13세기 초에 제4차 십자군에 참전해 동지중해의 베네치아 기지망을 완성한 엔리코 단돌로의 경우처럼 국가원수이면서 직접 군을 이끌고 활약한 사람도 있었다. 하나, 이것은 해군 사령관이라는 관명이 있지 않았던 일에서도 분명하듯이, 베네치아공화국으로서는 조성기였던 시대였으니까 있을 수 있었던 현상이다.

베네치아의 그 독특한 공화정체가 확립된 후로는 사회의 안전과 발전이란 권력과 권위를 분리하고 그것도 되도록 많은 사람에게 분산함으로써 비로소 이룰 수 있다고 믿고 있었으므로 국가원수와 해군 총사령관을 동일인물이 겸한 예가 없다. 이 불문율은 500년 가까이 지켜졌다.

해군 총사령관을 지낸 사람이 후일 원수로 선출된 예는 많다. 그것은 해군 총사령관의 임무가 군대를 지휘하는 일뿐 아니라 보급선의 확보, 기지가 있는 외국과의 관계에 이르기까지 모든 비군사적 임무의 수행까지도 의무지어져 있어서 총체적인 능력의 소유자만이 이 중책을 수행할 수 있었기 때문이다. 대사와 해군 총사령관을 지낸 후 원수로 선출되는 것이 이상적인 경우라고 보았다. 단

원수가 된 이상 군대를 이끌거나 지휘해서는 안 되는 것이다.

아마도 왕년의 베네치아는 끊임없는 전쟁으로 인명 손실이 많기는 해도 권위와 권력의 분산을 가능하게 할 만큼은 능력 있는 사나이들이 부족하지는 않았을 것이다. 빛나는 무공의 소유자라고 해서 반드시 원수가 되는 길이 자동으로 열려 있었던 것은 아니다. 그렇기는커녕 오히려 그 때문에 원수가 되는 기회를 놓친 이른바 구국의 영웅이 더 많았던 것이다.

그 시대의 베네치아가 얼마나 안티 히어로, 즉 반영웅에 철저했는가는 전쟁터에서 포획해 전리품으로 본국에 반입된 수많은 적군의 군기를 일반에 공개하는 것을 시종 금지해온 것만 보아도 명백하다. 전리품인 군기를 보는 사람은 반드시 그 전쟁에 승리한 베네치아 무장을 머리에 그릴 터인데, 그것은 베네치아 공화제의 정신에 해를 끼치게 된다는 것이 그 이유였다. 베네치아의 산 마르코 광장은 그 당시 동상이 놓여 있지 않은 유일한 광장이었다.

이러한 베네치아가 17세기 말쯤 되면 원수와 해군 총사령관의 겸임을 허용했을 뿐 아니라 동상까지 만들어 그 공을 칭송하고 그것도 모자라 빼앗아온 터키 군기로 그것을 장식한 것이다. 게다가 그것으로도 모로시니의 공에 보답하기에는 부족하다고 생각했던지 그 반신상의 대좌에 라틴어로

"프란체스코 모로시니, 펠로폰네소스인, 생존. 원로원 헌정"
이라고 명문을 새겼다.

고대 로마의 공화정 시대에 한니발을 무찌른 스키피오가 '아프리카누스'라는 존칭으로 불렸던 고사를 따른 것인지도 모르나, 1천년이 넘는 베네치아공화국의 역사 중에서 이와 같은 처우를 받은

사람은 모로시니말고는 단 한 사람도 없었다. 더욱이 모로시니가 죽은 후도 아니고 살아 있는 중에 말이다. 그가 죽고 난 뒤에는 개선문까지 세웠다. 베네치아가 한 일로는 전혀 이례적인 이런 일련의 일들 가운데서 단 한 가지 베네치아인들의 소행다운 일은 동상도 개선문도 원수 관저 안에 두었고 산 마르코 광장이나 베네치아의 정문이라 할 선착장에 두지 않았던 점이다.

17세기 말 베네치아인들의 마음속에는 온갖 쓰디쓴 맛을 다 맛보았던 크레타 공방전에 관한 기억이 아직도 지워지지 않고 남아 있었던 것은 사실일 것이다. 또 오랜 숙적 터키를, 비록 정황이 베네치아에 유리한 행운에 힘입은 것이었다고는 하지만, 파죽지세로 무찔러 날려버릴 수 있었던 쾌감을 뭔가 하나의 대상물, 결정체로 응결하고 싶었을 것이라고 말한다면 그것 또한 이해 못할 것도 없다.

그러나 그 이전의 베네치아인들이 절대적 우위를 누렸던 것은 아니다. 외교관의 신분보장도 여권을 가진 자의 안전도 존중해야 한다고는 조금도 생각하지 않는 이국에서 문자 그대로 몸과 목숨을 걸고 살아온 것이 옛날의 베네치아인들이었다. 말도 통하지 않는 지방을 간단한 회화책 하나 손에 들고 시장개척을 해왔던 그들이다. 전시가 아니고도 얼마나 많은 사나이가 쓰러져갔던가. 전쟁이라도 일어나는 날에는 전몰자 추모탑 따위를 일일이 다 세울 수 없을 만큼 많은 사람이 죽어갔을 것이다. 베네치아공화국은 이들 희생자가 귀족이 아닌 경우는 유족에게 연금을 지불해 그 공에 보답했지만 귀족인 경우에는 아무것도 하지 않았다. 나라가 나아갈 방향을 결정할 권리를 가졌고 그 나름으로 '노빌레'(귀족)라는 존칭으로 불렸던 자들의 희생은 그들 귀족의 의무의 하나로 되어 있었기 때문이다.

그런데도 부르크하르트가 『이탈리아 르네상스의 문화』에서 썼듯이, 베네치아공화국만큼 "먼 나라에 살고 있는 자국민에 대해 이토록 도덕적인 힘을 미친 나라는 없었다."

그리고 귀족 모로시니에게 바치는 동상과 개선문이 만들어진 지 100년 후, 베네치아공화국이 붕괴하기 10년 전에 베네치아를 찾은 괴테도 다음과 같은 말을 써서 남겼다.

"나를 둘러싸고 있는 모든 것이 고귀함으로 차 있다. 이들은 하나로 응결된 인간의 노력에 의해 창조된, 위대하고도 존경받아 마땅한 작품이다. 이 훌륭한 기념비는 어떤 한 군주를 위한 것이 아니다. 전 민족의 기념비다."

반영웅의 나라가 영웅을 만들어 칭송에 열을 올린다면 그것으로 끝장이다. 왜냐하면 영웅대망론이란 보답을 기대하지 못하는 희생을 지불할 각오와는 아무 인연도 없는 사람들이 자기 도취에 잠기는 데 기여할 뿐이기 때문이다.

파루타가 정치의 목적은 권력이 아니고 평화를 추구하는 데 두어야 한다고 주장한 것이 이 세기, 즉 17세기 초의 일이었다. 그러나 17세기 베네치아가 베네치아인들이 바라는 것과는 반대로 전쟁만 하면서 지나버린 것은 앞에서 말한 바와 같다. 비록 그들이 가진 마지막 것을 지키기 위해서였다고는 하지만 말이다.

그러던 것이, 지중해 최후의 성채도 잃고 서유럽 경제의 주도권도 잃고, 그리고 안티 히어로의 기개까지도 잃은 뒤에야 비로소 평화의 과실을 맛볼 수 있는 상태에 도달할 수 있었던 것 같다. 18세기의 베네치아는 평화로웠을 뿐 아니라 우아하고 아름답고 세련되었으며, 화려하면서도 어딘가 절도가 있었다. 말하자면 반평생을 남자의 사랑을 받으면서 지낸 여자가 그 꽃다운 시절을 조금 넘기고 풍기는 감미로운 여유가 넘치는 시대를 맞는다.

이 시대를 나는 '비발디의 세기'라 이름지어 부를 생각이다.

13
비발디의 세기

베네치아공화국은 그 1천 년이 넘는 역사 속에서
몇 번인가 '신화'를 보여준 나라다.
상승기에는 나라의 독립에 대한 집착이, 이어서
최성기에는 정치와 외교의 능란함이 신화가 되었다.

18세기 지적 엘리트들의 베네치아 기행

베네치아는 십자군 운동이 시작되기 이전 11세기부터 이미 서유럽에서 이름난 관광지였다. 십자군이 싸우고 있을 무렵에도, 그리고 그 후 이슬람의 세력확장 시대에도, 이슬람 측의 승리 직후에 아주 잠깐 끊긴 것말고는 베네치아를 시발점으로 하는 성지순례 여행은 16세기 중반까지 활발하게 계속되었다. 자세한 이야기는 제9장 '성지순례 패키지 투어'에서 이미 말한 대로다.

내가 미소를 머금고 찬탄하는 마음으로 '패키지 투어'라 이름붙였던 그 시대의 관광은 그러나 지금부터 이야기하려는 18세기의 그것과는 두 가지 점에서 완전히 달랐다.

첫째는 왕후귀족이나 큰 부자들이 더러 끼였다고는 하지만 성지순례의 주축은 일반대중이었던 점이다. 관광뿐이라면 뭔가 망설여지고 주눅이 드는 사람도 순례라는 현상은 그것도 관광의 한 형태인데도 실행에 옮기기가 훨씬 쉬웠던 것 같다. 베네치아는 나라의 방침에 따라 언어도 안 통하고 아는 이도 없는 그런 관광객을 위해 각기 두 나라 말을 할 줄 아는 2인조 통역 겸 가이드를 몇 조씩 상시 패트롤시킬 만큼의 배려를 잊지 않았다.

둘째로 다른 점은, 중세의 관광에서는 성지 팔레스티나 순례를 주목적으로 하는 관광객들에겐 베네치아가 단지 출발점과 종착점에 지나지 않았다는 사실이다. 물론 성지순례를 영리사업으로 생각하는 베네치아는 베네치아에 있는 성유물을 공개하고 그곳을 참배하는 사람에게는 면죄를 주는 특례를 로마 교황으로부터 인정받기도 했고, 또 성지를 찾아가는 여행도 베네치아의 배편을 이용하게 하고 여행 중이나 성지 도착 후의 필요한 물건들까지도 베네치아에서 마련하고 갖추도록 편의를 도모해주는 등 한푼이라도 많은 돈을 베네치아에 떨어뜨리고 가도록 노력한 것은 틀림없는 사실이다. 하지만 중세의 관광객치고 베네치아 관광을 목적으로 멀리 영국과 독일 또는 프랑스에서 일부러 베네치아를 찾아오는 사람은 단 한 사람도 없었을 것이다.

그러던 것이 1700년대를 전성기로 하여 그 이후로 양상은 크게 일변한다. 종교개혁을 거친 후의 서유럽인들이 다 그러했던 것은 아니겠지만 그리스도교 성지인 팔레스타나로 그 고생스러운 순례를 해가면서까지 면죄를 얻고자 하는 생각이 없어져버렸기 때문이기도 할 것이다. 그렇다고 순례라고 하는 그럴싸한 명분도 없는 관광여행이란 당시 대중들에게는 사회적으로나 경제적으로나 그만한 여유가 아직 없었다.

그 결과 18세기의 관광은 경제적·사회적으로, 그리고 지적인 면에서도 엘리트 계급에 속하는 사람들의 것으로 바뀌었다. 종교적인 색채가 사라진 것이 원래 합리적으로 사고하고 합리적으로 보는 것을 좋아하는 지적 엘리트들로부터 종교적 순례여행이면 가졌을 저항감을 일소하는 데 도움이 되었을 것이다.

베네치아는 이런 부류의 사람들에게는 면죄 같은 것은 얻지 못하더라도 한 번 가보고 싶어지는 도시의 하나였다. 18세기 관광객의 목적은 베네치아의 시가며 거리 자체를 구경하는 일이 된다.

그러나 이것도 관점에 따라서는 일종의 성지순례라 못할 것도 없다. 그 좋은 예가 괴테의 경우다. 그가 대표하는 18세기의 사회적·경제적·지적 엘리트들의 이탈리아 여행은 적어도 1년간에 걸쳐 괴테처럼 혼자 하거나 아니면 몇몇 친구와 함께, 혹은 또 사람에 따라서는 시중드는 수행원까지 대동하고 이탈리아의 각지를 여행하고 다니는 것이었다.

하지만 문명과 문화의 '성지순례'만이 목적이었다면 그처럼 유행현상이 벌어지지는 않았을 것이다. 아무래도 당시 강대국들, 즉 영국이나 프랑스나 독일의 사회적·경제적·지적 엘리트들은 그들이 진정 '젠틀맨'임을 자타가 확인하는 데 이탈리아 여행은 빠질 수 없는 체험이라고 믿었던 것 같다. 이 또한 보기에 따라서는 일종의 '면죄'로 생각되지 않는 것도 아니다.

어쨌거나 18세기에 베네치아를 찾았던 관광객들은 하나같이 모든 면에서 복받은 사람들이었기에 베네치아도 당연히 맞아들이는 태도를 달리하게 된다. 16세기처럼 베네치아 거리를 짐을 들고 어리둥절한 모습으로 배회하고 있기라도 하면 대뜸 2인조 패트롤이 다가와서 관광객들이 자기 나라에 두고 왔다고 단념하고 있던 모국어로

"무엇을 도와드릴까요?"

라고 말을 걸어와서 깜짝 놀라게 하는 일도 이제는 없어졌다. 베네치아를 찾는 엘리트 관광객은, 베네치아 사투리까지도 알고 있던 괴테 같은 사람은 예외로 치더라도, 이탈리아어를 모르는 사람도 어떤 연줄을 통해서이건 이제는 베네치아에 도착한 후 어쩔 줄 몰라 하는 일은 생기지 않는다는 것을 공화국 정부도 알고 있었다. 이런 관광객에게는 베네치아는 가진 것들을 보여주기만 하면 되었다.

베네치아만이 아니고 이탈리아 전역을 관광하는 것을 목적으로 했던 이들은 베네치아의 역사에서 보면 특별한 존재가치를 갖는

다. 이들은 공화국 시대의 베네치아를 보는 마지막 외국인들이 되기 때문이다. 괴테가 베네치아를 방문한 지 불과 20년 후에 베네치아를 찾은 스탕달은 오스트리아제국에 점령당해 있는 베네치아밖에 볼 수가 없었다. 그러면 베네치아인들이 제 나라의 주인이었던 시절에 베네치아를 방문한 외국인들의 눈에 18세기 베네치아는 어떻게 비쳐졌을까?

철도는커녕 본토와 바다 위에 떠 있는 베네치아를 잇는 길도 닦여 있지 않았던 공화국 시대에 유럽의 북쪽이나 서쪽으로부터 베네치아를 찾아드는 데는 배편에 의존할 수밖에 없었다. 알프스의 브레네르 고개를 넘어 남으로 내려와서 베로나에 먼저 들르는 독일인 여행자들도, 남부 프랑스를 거쳐 제노바를 경유하는 길을 따라 이탈리아에 들어오는 프랑스나 영국의 관광객들도 파도바부터는 육로 이용을 단념하지 않으면 안 된다. 파도바도 베로나도 그 시대에는 아직 베네치아령이었다.

이들은 유럽에서 두 번째로 역사가 오래된 파도바대학을 견학한 후 파도바에서 '부르키엘로'라 불리는 배를 탄다. 시가의 한가운데를 흘러 베네치아 시가가 있는 석호로 흘러드는 브렌타강을 그 배로 내려가는 것이다. '부르키엘로'는 이를테면 국영 버스로서, 특별히 관광객용으로만 운행되고 있었던 것은 아니다. 그러니까 승객이 꼭 고급손님만이었던 것은 아니고 파도바대학의 학생들, 돌아다닐 일이 많은 사제며 수도사들에 창부 따위가 단골 이용객이었다. 다만, 배 안은 상하 두 종류로 나뉘어 있기는 했던 것 같다.

엘리트 계급에 속하는 관광객은 물론 위층 선실에 들었다. 거기에는 수행원용 대기실까지 딸려 있다. 전망이 좋은 밝고 널찍한 방에 벽은 베네치아에서 생산된 두꺼운 비단이 처져 있었고 바닥에는 융단이 깔려 있었다. 그리고 비단으로 감싼 걸상과 탁자가 놓여 있었다.

이런 아늑하고 편안한 환경에서는 느릿한 강물의 흐름을 따라 내려가는 긴 배 여행도 전혀 답답하지가 않다. 포도주가 나오고 요리도 잇따라 나오므로 고국에서 모두 높은 지위와 넉넉한 경제생활에 익숙해 있는 여행객들도 마치 미지의 베네치아 귀족 집에 초대되어 와 있는 듯한 기분이 된다.

양쪽에 널찍하게 열려 있는 창에서 내다보이는 경치도 그들의 눈을 휘둥그레지게 하기에 족했다. 브렌타강의 양안은 베네치아 귀족들의 별장이 집중해 있는 지역이다. 팔라디오며 그밖의 건축가들의 설계로 지어진 웅장하고도 아름답고 우아한 빌라의 정면은 모두 강쪽을 향하고 있었다. 초록의 정원을 액자의 테처럼 두르고 있는 흰 대리석 별장들이 끊이지 않고 계속 모습을 나타낸다. 여행객들은 강의 이쪽저쪽으로 번갈아 눈돌리기에도 바빴을 것이다. 부르키엘로는 국영 버스이므로 자주 '정류장'에서 멈춘다. 별장을 출입하는 귀족들도 이 부르키엘로를 애용하기 때문이다. 배가 멈추고 있는 동안에 별장의 내부를 견학하고 싶으면 집주인들은 그런 점에서는 너그러웠으므로 안 될 것도 없었겠지만 보고 싶게 만드는 별장들이 너무 많아 관광객들이 대부분 아예 단념해 버렸던 것 같다. 하지만 한 집쯤은 보지 않고 그대로 넘어가기가 너무 섭섭했던 것 같다. 많은 엘리트 관광객이 남긴 기행문에는 파올로 베로네세가 그린 벽화가 얼마나 멋진가에 관해 쓴 대목들이 있다.

이 부르키엘로는 완전히 관광용으로 되어버리기는 했지만 오늘날에도 이 배를 탈 수 있다는 것을 참고로 말해두겠다. 5월부터 9월까지만 운행하며, 배의 안팎은 18세기 당시의 우아함 따위는 상상조차 하기 어렵고 서비스에 대해서는 말하는 것이 부질없다는 생각이 들 정도다. 하지만 강을 미끄러지듯 가는 배에서 바라다보이는 양쪽 강둑 위 별장들의 아름다움은, 그 시각에서 사람들이 바라볼 것이라고 예상하고서 지은 것이 아닌가 싶을 정도여서 200년 전 여행객들의 찬탄이 어떠했을까를 상상하는 데 도움은 될 만하다.

브렌타강의 하구를 나서면 개펄이기는 하지만 이미 바다 위다. 하구인 푸지나까지는 바람이 역풍이면 양 강둑에서 말로 끌게 해 나아갈 수도 있었던 부르키엘로도 여기서부터는 돛에 의존할 수밖에 없다. 얼핏 그저 평평한 바다같이 보이는 개펄의 수면 아래를 하천의 흐름이 이어지듯 달리고 있는 수류를 따라 베네치아로 향하는 것이다.

석호의 수면 아래 혈관처럼 흐르고 있는 이탈리아인들이 '카날레'라 부르는 물줄기를 따라 배가 나아가야 하는데, 그곳만이 배가 운행할 수 있을 만한 수심을 갖고 있기 때문이다. 이런 사정을 모르는 여행객들은 돛을 펼쳐 달리고 있는 배 위에서 벌써 아드리아해에 나온 것 같은 기분에 흥분을 한다.

이런 자연과학적인 사정에 밝은 여행자들도 막 개펄의 바다 위에 모습을 드러낸 베네치아를 보고 감동을 금하지 못했던 것 같다. 괴테는 다음과 같이 썼다.

"그렇다. '운명'의 책에서 나에 관한 대목에는 이렇게 쓰여 있을 것이다. 1786년 9월 28일 저녁 무렵, 브렌타를 뒤로하고 개펄바다에 들어선 나는 난생처음으로 베네치아를 보게 된다. 그리고 얼마 안 가서 그곳 땅을 밟고 그 굉장한 섬의 도시, 그 해리(海狸)의 공화국을 구경하며 돌아다닐 수 있을 것이라고……."

해리, 그러니까 비버의 공화국이라니, 역시 괴테는 그럴듯한 묘한 표현을 했다.

사람마다의 갖가지 상념을 실은 부르키엘로가 개펄바다의 물줄기를 따라 나아간 뒤 마치 지류가 본류로 들어가듯 아주 자연스럽게 주데카운하로 들어간다. 운하라지만 베네치아의 다른 운하와 마찬가지로 저절로 생긴 것에 지나지 않으며, 오늘날도 수만 톤의 배가 지날 수 있는 이 넓은 운하는 베네치아 시가와 주데카섬 사이를 흐른다. 부르키엘로의 승객들이 주데카운하를 빠져나오면 산마르코의 선착장을 향해 왼편으로 방향을 돌린 배의 맞은편에 국가원수 관저의 장밋빛 벽면이 시계 안에 들어오면서 클로즈업 된다. 비버 공화국의 바로 현관인 셈이다. 바로 그 옆에 대운하가 입을 벌리고 있다.

베네치아에 첫발을 내딛자마자 숙소로 향하게 되는 것은 중세기 순례자나 18세기의 엘리트 관광객이나 오늘날의 단체 관광객이나 별반 다를 것이 없다. 땅에 한계가 있는 베네치아에서는 웬만한 부자가 아니고는 필요 이상으로 넓은 집은 가지고 있지 않았고, 또 나중에 말하게 될 터이지만 베네치아 귀족의 집에 묵는다는 것은 좀처럼 어려운 일이었으므로 이 도시에 아는 사람이 있는 사람들도 거의가 호텔에 묵는 것이 보통이었다.

베네치아는 저 먼 옛날 1355년부터 여관법이 있었고 여관조합이 있을 정도로 외국인 출입에는 익숙해 있는 나라였으니까 위로는 제왕 군후가 묵을 수 있는 것부터 상인 상대의 비즈니스 호텔, 아래로는 거의 무료에 가까운 순례자용 시설에 이르기까지 숙박시설에 부족함이 없었다. 그중에서도 18세기의 복많은 여행객은 '흰 사자관' '프랑스 십자관' '잉글랜드 여왕관' '몰타 십자관' '웅계관' '인어관' 등 최고급 호텔에 투숙하는 경우가 많았다. 괴테는 '잉글랜드 여왕관'을 이용했다.

참고로 말해둘 것은, 베네치아 고급 호텔의 지도가 1797년의 공화국 붕괴 후 20년을 전후해 아주 싹 바뀌어버린 사실이다. 1815년에 베네치아를 방문한 스탕달은 아직도 '잉글랜드 여왕관'에 숙박할 수 있었지만, 바로 그 무렵부터 대운하의 양쪽에 늘어선 귀족 집들의 매물이 눈에 띄게 늘어나기 시작했고, 1822년 '다니엘리' 호텔 창업을 계기로 귀족들의 저택을 개조한 호텔이 몇 세기 전부터 있어온 고급 호텔들을 밀어내고 그 자리를 대신 차지하게 된다.

오스트리아의 점령 아래 모든 힘이 약해진 귀족들은 해외교역이 한창이던 시대에는 반드시 있어야 했던 큰 집들, 배에 실어온 하물을 손쉽게 옮겨 보관할 수 있는 운하가에 지어놓은 큰 집들을 그대로 가지고 있을 필요도 여유도 없게 되었기 때문일 것이다. 그 이후 베네치아의 고급 호텔은 대운하가에 선 '다니엘리'요, '그리티'요 '에우로파'(유럽)가 되어 오늘에 이르고 있다. 관광보다는 상업에 치중했던 시대에는 고급 호텔이라도 창에서 내다보이는 경치까지 손님들에게 만족을 줄 수는 없었을 것이다.

시가 가운데 위치해 소운하를 사이에 둔 저쪽에는 높이가 같은 건물들이 서 있어서 시계가 막히는 '잉글랜드 여왕관'이나 '흰 사자관' 등 왕년의 고급 호텔들은 대운하가에 호텔이 출현한 19세기 전반 이후 3류 호텔로 몰락할 수밖에 없었다. 이렇듯 베네치아의 호텔 분포 변화는 베네치아 경제의 추이를 여실히 보여준다.

다시 이야기를 18세기로 돌리자. 이 시기에 베네치아를 찾는 여행객들이 무엇보다도 먼저 호기심 가득 찬 눈으로 바라보게 된 것은 호텔 밖으로 나서면 바로 발 밑에 보이는 운하였고, 그 운하를 마치 검은 물새처럼 오가는 곤돌라였다.

그 당시 곤돌라는 오늘날 우리가 보게 되는 것과는 조금 달랐다. 그 날씬한 몸매나 검은색으로 칠한 점은 같았지만 '페르제'라 불리는 작은 선실이 있었고 노를 젓는 사람도 뱃머리와 고물 쪽에 한 명씩 모두 둘이 붙었다. 두 사람이 저었으니 속도도 빨랐을 것이다. 곤돌라가 관광용이 아니고 실용을 목적으로 했던 점에서는 18세기가 마지막 세기가 되는 셈이다.

물위를 미끄러지듯 나아가는 이 곤돌라를 타는 맛은 삐꺽거리는 바퀴의 요란한 반주 없이는 나아가지 못하는 마차에 익숙해진 사람들에겐 매우 각별했던 모양이다. 곤돌라 타는 맛을 알고 나면 다소의 망설임없이 마차를 탈 수 있을까 하고 써놓은 프랑스인 여행객도 있었다.

저녁 나절에 산 마르코의 선착장에 닿아 똑바로 내질러가면 바로 나오는 호텔에 들어 하룻밤을 지낸 후 나그네들은 이튿날 아침, 도처에 흐르는 운하를 보게 된다. 예비지식이 있고 없고 간에 이

운하는 그들의 놀라움을 샀다. 베네치아 시가로 들어가면서 받는 느낌은 강을 따라 시가가 형성되었다는 점에서 파리나 리옹과 별로 다를 것이 없다고 말한 입술의 침이 마르기도 전에, 역시 한 발짝 옮길 때마다 바다 위를 가는 기분은 정말 특별한 맛이라고 그들은 써놓았다. 그 당시는 오늘날과는 달라서

"물은 우리의 최대 동맹자인 동시에 최대 적이다"

라는 건국 이래의 생각이 아직 살아 있는 공화국 시대다. 나중에 가서는 운하의 매립이 시작되지만 그때는 아직 메우기 전이었고 바다에서 역류해 오는 물의 조절에 신경을 쓰고 있던 시대다. 운하의 흐름은 지금보다는 더 순조로웠고 그래서 물은 더 맑았을 것이다.

또 운하가 그물처럼 사통팔달로 뚫려 있고 건너는 돌다리도 배가 그 밑을 지나갈 수 있도록 북 모양으로 되어 있는 홍예문(虹霓門) 형태인 베네치아에서는 지위의 높낮음이나 경제력의 유무를 막론하고 사람들은 곤돌라를 타야 했고 아니면 걸을 수밖에 없었다. 곤돌라는 다 검은색이고 누구나 똑같은 모양과 색깔밖에 갖지 못하도록 정해져 있었다.

이런 점이 프랑스 혁명 이전의 프랑스인들에게 깊은 인상을 주었던 것 같다. 지배계급의 한 사람인 원로원 의원이 회의에 지각해 벌금을 물게 될까봐 원수 관저를 향해 달음박질로 산 마르코 광장을 지나가는 광경은 베네치아 사람들에겐 눈에 익은 것이었지만 북쪽에서 온 나그네들에게는 신기하게 비쳤을 것이다. 지적 엘리트였던 그들이 베네치아공화국의 정체에 관심을 가진 것은 극히 자연스러운 일이었다.

베네치아는 공화국 국회에서의 선거만은 이들 외국인의 견학을 허용하고 있었다. 견학자들은 1천 명이 넘는 의원이 그 복잡하고도 수없이 거듭되는 선거를 원만하게 차례로 치러나가는 것을 보고 놀라움을 금치 못했다. 그러나 그들 견학자들도 고국으로 돌아가면 지배계급에 속하는 사람들이었다. 공식상으로는 전적으로 민주주의적이라고 할 수밖에 없는 그러한 선출 방법이 그 이면에는 유력자들의 일방적 의향이 관철되도록 얼마나 교묘하게 짜여 있는가를 그들은 간파하고 있었다.

이 무렵 베네치아공화국은 귀족의 절대수가 줄어 있었을 뿐 아니라 그들 사이의 빈부의 격차가 고정되어 표의 매매가 공공연한 사실로 되어 있었다. 재능과 경제력을 함께 갖춘 사람이 많이 존재하는 것을 전제로 해서 성립되었고 그러했던 시대에 가장 잘 기능했던 베네치아의 공화제도 18세기에는 형태만 남아 있는 형편이었다.

그렇기는 했어도, 나라의 체제에 반대를 내세우지 않는 한 베네치아에 허용되고 있었던 자유는 동시대 타국 나그네들의 경탄을 자아내기에 충분했던 것 같다. 계몽주의가 전성기를 누리고 있는 나라에서 왔으면서도 베네치아에서 넘치듯 만발하고 있는 출판의 자유에 놀라 마구 책을 사들인 것까지는 좋았지만 그것을 고국으로 부치면서 자기 이름으로 하면 경찰을 자극하게 될까 걱정한 나머지 수행한 시중꾼의 집으로 보내고는 비로소 마음을 놓는 그런 꼬락서니도 벌어졌다.

언론의 자유도 마찬가지였다. 누구라도 자기 의견을 말하고 싶으면 산 마르코 광장으로 가서 그곳 돌계단 위에 올라서서 말을 시작하면 되었다. 그 말에 귀를 기울이는 사람들은 반은 베네치아인, 반은 외국인인 점은 오늘날 런던의 하이드 파크를 생각나게 한다.

신앙의 자유에 관해서는 어떤 프랑스인 여행자가 다음과 같은 글을 남겨놓았다.

"이곳 베네치아에도 종교 재판소는 있다. 그러나 그 손톱은 너무 많이 깎여서 없는 거나 마찬가지다. 종교 재판소의 판사들 중 성직자 판사들은 정부에서 파견된 판사 3인의 동의 없이는 아무런 결정도 내리지 못한다. 다소 대담한 제안이라도 하게 되면 정부에서 나온 한 판사가 일어서서 방을 나가버린다. 그렇게 되면 일은 그것으로 끝장이다.

베네치아에서 성직자들은 그들이 장기로 삼는 재간을 별로 발휘할 수가 없다. 베네치아 시민의 어느 누구라도 일단 성직자가 되고 나면 그날로 공직에 취임할 모든 권리를 잃게 된다. 현명한 정치라고 해야 할 것이다.

그러나 이런 법은 성직자에게도 이로운 것이었다. 왜냐하면 조용한 생활을 좋아하고 정부의 벼슬자리에 뽑히는 것을 꺼리는 사람은 다른 나라에서처럼 수도원으로 들어가서 칩거할 필요도 없이 그냥 성직자가 되기만 하면 그것으로 그만이니 말이다."

하지만 베네치아인들, 그중에서도 특히 귀족계급의 남자들에게는 허용되지 않는 한 가지 자유가 있었는데 다른 자유가 넘치고도 남았던 만큼 타국에서 온 여행자에게는 이것이 특이하게 비쳤던 것 같다. 그것은 다름 아니라 지위가 높은 외국 사람과는 친밀한 관계를 맺지 못하는 일이었다. 혼자서 가이드도 데리고 다니지 않고 내성적인 여행을 한 괴테 같은 사람은 애당초 현지 상류계급과 상종할 생각이 없었으니까 별 문제될 것이 없었겠지만, 많은 엘리트 관광객은 자기 나라에서의 지위에 맞추어 그와 같은 계급의 베네치아인들과 친하게 되는 것을 당연한 일로 생각했을 것이다. 그런데 그렇게 되기가 어렵다는 것을 알게 되자 그들은 입을 모아 베네치아 귀족들의 폐쇄성을 개탄하기 시작한다.

"카페나 거리에서는 이야기를 나눌 수 있는데 집으로 초대받아 간다는 건 거의 불가능해."

베네치아 정부는 자국의 귀족들 중 불만분자들이 외국 세력과 손잡고 반체제운동을 일으킬까봐 두려워했던 것이다. 전에 에스파냐 대사가 관련된, 그리고 또 한 번은 프랑스 대사가 관련된 사건이 불거져 나온 일이 있었고, 그 이후로 감시의 눈초리가 한층 더 날카로워지고 있었다. 읽는 것은 괜찮지만 물리적인 접촉은 안 된다고 금하는 것은 다소 한쪽으로 치우친 감이 없지 않은데, 이것도 쇠퇴기 특유의 현상의 하나인 듯했다. 교역이 나라의 경제에서 가장 큰 기둥이었던 시대에는 그렇게 할 수밖에 없었을 것이고 또 자기 나라 지배계급에 대한 확고한 신뢰도 있었겠지만 경제구조의 주력이 농업으로 옮아간 18세기로 접어들면서 자급자족도 가능해졌으므로 외국인과의 접촉이나 교제가 전처럼 불가결의 것은 아니게 된 탓도 있었다.

이런 베네치아에 외국의 주재 대사로 근무하는 일만큼 재미없는 일은 없었다. 베네치아는 외교특권만은 완벽하게 존중하는 나라였으므로 그런 면에서 신경을 쓸 일은 없었지만 그 나라 상류계급과 친하게 지낼 수가 없는 그들로서는 자연 여러 다른 나라 대사들과 초대하고 초대받고 하는 일을 되풀이할 수밖에 없었다. 이런 사정으로 고국에서 사회적으로나 경제적으로 또는 지적인 분야에서 엘리트였던 18세기의 외국 관광객들은 자기 나라 대사는 물론이고 베네치아에 주재하는 다른 나라 대사들로부터도 대환영을 받는 일이 많았다.

그러나 여자들과의 교제에는 아무런 장애가 없었다. 남자들과의 교제는 사실상 불가능했던 만큼 이 사실에 여행객들은 한층 놀랐던 것 같다.

일찍이 16세기에 이미 베네치아의 기혼여성들이 누리고 있었던 자유에 관해서는 제7장 '베네치아의 여자들'에서 말한 바와 같다. 이와는 반대로 거의 자유가 없었던 미혼여성들의 경우나, 또 종교적인 이유가 아니고 지참금을 아끼기 위해 수녀원으로 보내지자 이에 반항했던 불행한 여자들의 경우에 대해서도 역시 제7장에서 말한 바 있다.

그러던 것이 18세기로 접어들면서 기혼·미혼의 구별 없이, 그리고 신에게 일생을 바치기로 한 몸이고 아니고와는 무관하게 일생을 여자로서 살고자 하는 사람에게 거의 완전한 자유를 허용하게끔 바뀐다. 기혼여성들은 이 역시 제7장에서 이야기했던 '봉사하는 기사' 제도를 완벽하게 누릴 수 있게 된다. 결혼 때의 계약서에 명기해두는 경우도 있었을 정도니까 제도상 완벽하다 할 수 있었다. 미혼의 처녀들은 그 처지에 비추어 비교적 자유가 적었던 것은 어쩔 수 없었지만 그래도 '가면과 가장'이란 방법을 이용할 수 있었다. 이 일에 관해서는 나중에 더 이야기하게 될 터이지만 가면을 쓰고 가장을 한 여자가 기혼인지 미혼인지 누가 구별해내겠는가?

수녀들마저도 이제는 옛날처럼 음산한 반항을 할 필요가 없게 되었다. 수녀원 안에 있는 '파를라토이오'라는 접견실은 수녀와 면 회인 사이를 철책으로 칸을 쳐놓기는 했지만 거기서 몇 시간이고 앉아 있어도 누구 하나 말할 사람이 없었다. 그뿐 아니라 수녀원은 그 당시 가장 멋있는 음료로 쳤던 커피나 코코아를 내놓고 대접하 는 일까지 하고 있었으니 화려한 살롱과 조금도 다를 바가 없었다. 찾아오는 사람도 화려한 의상을 차려입고 남에게 얼굴을 보이기 싫은 사람은 사육제 때처럼 가면을 쓸 수도 있었다. 또 손님을 맞 이하는 수녀들도 긴 머리를 흰 비단천으로 가리기는 하지만 어깨 가 그대로 드러나고 젖가슴도 반쯤 드러나는 옷을 입었다. 색이 흰 옷이기만 하면 되었던 것이다. 북쪽에서 온 여행자들은 이것을 보 고 놀라워하며 이렇게 말했다.

"마치 우리나라 고대를 주제로 한 연극에서 본 배우 같아."

흰색에 모양도 비교적 단순한 18세기의 수녀복은 청초한 느낌을 주었지만 그 청초한 옷 속에서 숨쉬고 있는 육체에 금단의 과실과 같은 매력을 느꼈다고 해서 남자들을 나무랄 수는 없을 것이다.

수녀들과 수도원 밖에서 만나는 일도 크게 어려운 일은 아니었 다. 축제 기간에 가장만 하면 그만이었으니까. 베네치아에서 가장 유서깊은 세 수도원은 교황청으로부터 파견되어 오는 대사에게 애 인을 제공하는 것을 큰 영광으로 생각해 그 영광을 얻으려고 서로 앞을 다투었다고 한다.

18세기 엘리트 관광객을 매혹한 베네치아의 여자 이야기를 하라 면 아무래도 여배우와 여가수를 빼놓을 수가 없다. 연극과 오페라 는 17세기 후반부터 베네치아에서 성행하기 시작해 18세기에는 베네치아가 서유럽의 중심지가 되어 있었다. 그 헤로인들이 인기를 끄는 것은 당연한 일이었다. 이를테면 『즉흥시인』에 나오는 아눈차타가 얼마나 팬들의 사랑을 받았던가를 보아도 알 수 있다. 오늘날의 브로마이드에 해당하는 여배우들의 초상화들이 많이 만들어져 관광객들은 이런 것들을 사가지고 자기 나라로 가져가기도 했다. 도박장에까지 출입했던 베네치아 여자들의 자유가 어떠했던가를 보여주는 에피소드가 하나 있다.

1786년 2월 26일이었다니까 괴테가 베네치아를 방문하기 반년 전의 일이다. 산 마르코 광장에 있는 카페 '플로리안'(지금도 있다)의 주인 발렌티노 플로리안은 얼마 전 정부가 결정한 여성의 카페 출입 금지 법안의 철회를 요구했다. 그 이유라는 것이 여성이 출입 못하게 되면 남자도 오지 않게 된다는 것이었다. 정부도 시민의 영업을 방해해서는 안 되겠다고 생각했던지 그 법안은 얼마 가지 않아 철회되었다.

이토록 자유롭게 사는 여자들의 수가 많아지게 되면 창녀라기보다는 기생에 가까운 '코르티자나'라 불린 직업여성의 존재이유는 당연히 줄어들게 된다. 16세기에 비해 1만 명은 넘으리라던 그 수는 절대적으로 줄어들었고 그 질도 떨어져가기만 했다. 16세기에 베네치아를 찾은 귀하신 분들이 몽테스키외를 비롯해 모두 이름 높은 그 여자들을 찾아 경의를 표하는 것이 관례처럼 되어 있었지만 18세기에 이르면 그런 경험을 기록으로 남긴 여행객은 한 사람도 찾아볼 수 없다. 전혀 찾지 않았다는 것이 아니다. 비록 그 여자들이 우아하다고 해도 결국 창녀에 지나지 않는 여자와의 사귐에 가까웠던 것 같다.

가문도 성장 환경도 좋은데다가 교양도 훌륭한 귀족 여인들이나, 출신 가문이나 우아함과 아름다움에서 전자에 비해 손색이 없고 금단의 과실의 매력을 충분히 느끼게 하는 수녀들, 또 예술적 재능과 기교의 면에서 누구와도 겨룰 수 있었던 여배우나 가수들, 이런 여자들과 같은 라운드에 올라 경쟁을 하게 되면 남자를 매혹하는 것을 직업으로 삼는 코르티자나들이 아무래도 꿀리게 되는 것은 어찌할 수가 없었던 모양이다.

　이렇게 늘어난 18세기의 자유부인들이 외국 나그네들을 맞이하는 폼이 또한 여간 재미있지 않다. 산해의 진미를 갖추어 온 저택 안을 휘황찬란하게 불 밝혀놓고 지니고 있는 모든 것을 내놓아 자랑하며 북방에서 온 빈객을 놀라게 하는 따위는 하지 않았다. 필요가 없는 곳이라 불도 밝히지 않은 어두컴컴한 방을 몇 개나 지나 안주인의 응접실로 안내된 여행객들은 안주인과의 대화에 만족하지 않을 수 없었지만, 수박과 커피만 내놓는 접대를 받고 그들의 검소한 생활에 다시 한번 놀란다. 여행자들은 베네치아 귀족 여인네들을 호화의 상징인 것처럼 상상하면서 그 방에 들어섰던 것이다. 당시 베네치아 경제력은 전성기에 비하면 쇠퇴해 있었을 것이 분명하다. 그러나 그들 북방에서 온 손님들은 불빛 희미한 방 한구석에 놓인 조각 작품이 한 점만 내다팔아도 런던 중심부의 집 한 채를 사고도 남을 만한 값어치가 된다는 것도, 그리고 그 집 안주인의 장롱 서랍 안에 프랑스 여왕의 그것에 못지않은 호화로운 보석이며 장신구가 갈무리되어 있다는 것도 모르고 있었다. 같은 여성인 나에게는 베네치아 여자들이 그렇게도 담담하게 접대하는 폼이 여자로서 자신감이 넘치는 증거가 아닌가 생각되기만 한다.

베네치아파 화가들

18세기 여행객들이 그런 일에만 정신을 팔았던 것은 물론 아니다. 신사로서 없을 수 없는 교양이라지만 관광은 관광이니까 이렇다 하는 관광지는 다 견학을 했다. 그들의 체재기간은 짧아서 8일, 길면 1개월이었으니 관광의 대상도 대중관광 시대인 오늘날보다 훨씬 많았고 또 극히 상세하고도 알뜰하게 보고 다녔다. 오늘날과 다른 점은 미술관이나 박물관처럼 한곳에 모아놓은 볼거리를 관람하는 편의가 없었다는 것뿐이다. 그래도 오늘날의 우리보다는 관광의 기회나 여건이 많고 좋았다고 할 수 있을지 모르겠다.

산 마르코 대성당을 비롯한 교회 견학은 오늘날과 마찬가지로 별 문제가 없었다. 각 교회가 가지고 있는 보물도, 특히 자기 나라 대사의 소개장이 없어도 그 교회 사제에게 부탁하면 보여주었던 것 같다. 관람료는 내지 않아도 되었다. 다만 희사니 헌금이니 해 얼마간의 돈을 내는 것이 당시의 상식이었다. 산 마르코 성당의 주랑으로 올라가서 모자이크를 가까이서 들여다볼 수도 있었고, 1204년에 콘스탄티노플로부터 전리품으로 가져온 이래 산 마르코 대성당의 정면을 장식하고 있는 네 마리 청동제 말을 바로 가까이서 볼 수도 있었다. 각 시대 각 문화권의 양식이 통일감이 없다 하여 그 점을 싫어하는 견학객들도 이 네 마리 말에 대해서는 입을 모아 절찬을 아끼지 않았다. 나폴레옹도 같은 생각이었던지, 베네치아를 정복한 이 프랑스 장군은 프랑스로 보낼 전리품 목록의 첫

머리에 올릴 품목으로 이 청동제 말 네 마리를 택하게 된다.

원수 관저의 견학도 회의가 열리고 있는 장소가 아니면 특별한 허가절차가 필요 없었던 것 같다. 엘리트 계급에 속하는 관광객은 그 절대수가 많지 않았고 그들이 엉뚱한 곳으로 잘못 뛰어드는 일이 없도록 안내자를 붙인다 해도 비용이 많이 들지 않았을 것이다. 아직도 공화정체가 유지되고 있던 이 세기에 베네치아를 찾아든 여행자들은 회의가 열리고 있는 방을 볼 수 없는 아쉬움을 보충하듯 원수 관저를 들락날락하는 베네치아 지배계급의 모습을 현실로서 눈으로 보았던 것이다. 검은색 또는 직함에 따라 빨간색, 자주색의 장삼같이 생긴 긴 옷으로 몸을 감싼 이 해리의 후예들이 그 무렵 프랑스에서 유행하던 은빛 가발을 하고, 그리고 또 그 위에다 몇백 년 이래 베네치아 남성들이 머리에 쓰고 다니던 검은 베레모 같은 것을 올려놓자니 우스꽝스럽고 그렇다고 버릴 수도 없어 엉거주춤 손에 들고 다니는 모습도 분명 목격했을 것이다. 견학은 물론 무료였다. 안내를 해주는 수위에게 약간의 팁을 쥐어주면 그만이었다.

산 마르코 광장에 서 있는 종루에도 빠짐없이 모두 올라갔다. 물론 오늘날과 같은 엘리베이터가 있을 리 없고 나선형을 그리는 오르막길을 꼭대기까지 걸어서 올라가야 했다. 당시의 종루는 몇 세기 동안 사용된 적이 없었지만 남의 나라의 지체 높은 수인을 가두어두는 방은 있었으므로 그런 방들을 지나며 가야 했다.

종루의 맨 꼭대기에서 바라다보이는 전망은 바다 위에 떠 있는 도시로서 오늘날 우리가 볼 수 있는 것과 거의 다른 점이 없었을 것이다. 베네치아는 16세기에 시가의 조성과 정리가 완성된 이래로 20세기의 오늘날에 이르기까지 거의 달라진 것이 없으니 말이다. 다만 바다에 뜬 배들이 다를 뿐이다. 그때는 갤리선이나 범선들이 바로 눈 아래 내려다보이는 산 마르코의 선착장이며 저 맞은편 스키아보니의 해안 쪽에도 보였을 것이다. 거기서 리도로 향하는 해상에도, 또 주데카운하에도 돛에 가득 바람을 안고 미끄러지듯 나아가는 배들을 볼 수 있었을 것이다. 괴테가 그랬던 것처럼, 그 유명한 베네치아 함대를 구경했다고 감격해할 수도 있었던 것이다.

운좋게 5월에 베네치아를 찾게 된 여행객은 '베네치아교(教)' 최대의 행사인 베네치아와 바다의 결혼식도 구경할 수 있었다. 이 행사는 그리스도 승천절과 같은 날에 거행된다. 베네치아가 이제는 해양국가가 아닌 지도 이미 오래라는 것을 이들 엘리트 관광객들은 물론 잘 알고 있었다. 이런 현실에 비추어 결혼식을 올려 바다를 내 것이라고 선언하는 이 축제는 시대착오도 유만부동이라 해야 할 것이지만 어쨌든 적어도 18세기에는 아직도 그 외관은 변치않아 구경할 만했다. 공화국 원수가 반지를 바다에 떨어뜨리는 의식의 현장인 리도까지 원수를 모셔 가고 모시고 돌아오게 되는 어용선 '부첸타우르'는 몇십 년마다 새로 건조되었다. 5월의 밝은 햇빛을 받아 눈부시게 빛나는 그 선명한 금색과 빨간색의 날렵한 선체가 푸른 바다를 미끄러지듯 나아가는 모습은 북쪽에서 온 나그네들의 마음을 사로잡기에 충분했을 것이다.

이 부첸타우르도 이 세기의 말에 가서는 베네치아를 붕괴시킨 나폴레옹의 명령으로 불태워지고 만다. 그리하여 그 화려하고 아름답던 모습은 해군박물관에 남아 있는 모형과 카날레토가 남긴 그림을 보며 상상해볼 수밖에 없게 되었다는 점에서는 스탕달이나 바이런이나 조르주 상드나 오늘날의 우리나 다를 바가 없다. 그 이전에 베네치아를 방문한 사람들은 축제 당일에는 보지 못해도 국영 조선소의 독에서 그것을 볼 수가 있었다.

18세기 이후의 베네치아 방문객들이 제대로의 모습을 볼 수 없게 된 것 중 가장 아쉬운 것은 '아르세날레'라 불렸던 국영 조선소일 것이다. 오늘날은 조선소도 없고 무기고도 없어지고 이탈리아 해군의 사무소만 남아 있다는 이유로 일반에게 공개되고 있지 않지만, 18세기 당시에는, 물론 베네치아가 해운국이었던 시대와는 비교도 안 되지만, 그래도 아직은 배도 만들고 있었고 무기도 보관되어 있어 희망자에게는 견학도 허용하고 있었다. 역사적으로 유명한 아르세날레였던 만큼 엘리트 관광객치고 그곳을 보지 않고 가는 사람은 단 한 사람도 없었다.

프랑스 부르고뉴 지방의 명사 샤를 드 브로스가 베네치아를 방문한 것은 1739년이었는데, 이 무렵에도 아르세날레에서는 대형 범선 18척을 건조하고 있었다. 그로부터 47년 후에 같은 아르세날레를 찾은 괴테도 배를 건조하는 공정을 볼 수 있었고 대포를 88문이나 갖춘 범선 위에 올라가보기도 했다. 베네치아공화국의 역사에 관심이 있는 사람으로서는 부럽기 그지없는 일이다. 괴테가 적어놓은 감상이 매우 재미있다.

"전성기를 넘긴 지 오래인데도 아직도 그 가장 뛰어난 것을 지키며 버텨나가고 있는 것을 보면 마치 오랜 유서 깊은 집안을 보는 듯한 느낌이 든다."

공화국이 건재하던 당시와 그 후 완전히 다르게 변해버린 아르세날레의 경우만큼은 아니더라도, 산 마르코 광장 역시 괴테와 괴테보다 20년 늦게 그곳을 찾아든 스탕달이 본 것은 같은 광장이 아니었다. 산 마르코 대성당이 있는 서쪽, 그리고 그 북쪽과 남쪽에는 여전히 같은 건물이 서 있었지만 광장을 동쪽으로부터 둘러싸고 있는 건물은 공화국 시대에는 없었던 건물이다. 또 산 마르코 대성당과 정면으로 마주 보는 쪽에는 성 지미냐노에게 바친 교회가 서 있었다. 이 교회를 헐어버리고 그 자리에 궁전 모양의 건물을 지었는데 이는 나폴레옹을 그곳에 묵도록 하기 위해서였다.

미술관 같은 것이 아직 없었던 시기였지만 18세기 관광객들은 미술품 감상에 아무런 불편이 없었다. 일반에게 원수 관저나 각 교회에만 한정해 공개한 것은 아니었다. 르네상스 시대의 벽화로 채워지다시피 되어 있던 각 조합들의 건물은 물론이고 개인 소장품까지도 일반에게 공개되었다. 개인의 저택들도 특별한 소개장 같은 것을 요구하는 일 없이 관람을 희망하는 여행객들에게 후하고 너그럽게 대했다. 관광객의 수가 많지 않은데다가 엘리트들이라 타인을 집안으로 들이는 것이 위험한 일로 느껴지지 않았기 때문일 것이다. 곁들여 말한다면, 베네치아 시내에서 군대의 그림자도 볼 수 없다는 것, 그러면서도 치안 상태가 아주 좋았다는 것에 여행객 누구나가 깊은 인상을 받았다.

앞에서 소개한 브로스가 베네치아의 미술품 목록을 만들어 남겼는데, 그 양과 질이 오늘날보다도 단연 뛰어난 것을 알 수 있다. 목록을 훑어보면서 아, 이것은 루브르 박물관에서 본 것이다, 저것은 내셔널 갤러리에 있던 것이다라고 알아볼 수 있는 것이 여럿 있다. 공화국이 무너진 후에 나폴레옹이 전리품으로 가져갔거나 혹은 또 경제력을 잃은 귀족들이 1950년대의 미국과 같은 지위를 누리고 있던 당시의 강대국 대영제국에 팔았기 때문이다. 미술관이나 박물관 등의 시설이 잘 정비되어 있지만 20세기의 오늘날 우리가 베네치아를 방문해도 18세기 당시의 관광객만큼 많은 예술작품을 볼 수는 없다.

예술품의 국외유출은 공화국이 건재했던 시대에는 법으로 금하고 있었다. 이런 에피소드가 있다.

그리마니 가문에는 고대 로마 시대에 만들어진 마르쿠스 아그리파(아그리파는 기원전 1세기 후반 로마의 장군이자 정치가. 아우구스투스 황제의 사위로 유럽 평정에 공이 큼–옮긴이)의 상이 옛날부터 전해 내려오고 있었다. 그것을 타국에 팔려고 했을 때의 일이다. 10인 위원회로부터 파견되어 나온 위원이 그리마니가를 방문해 웬일인가 의아해하며 맞는 주인에게 이렇게 말했다

"마르쿠스 아그리파 장군께서 편안한 여행을 하시도록 빈다는 10인 위원회의 결의를 전해드립니다. 그리고 그리마니 님께서도 마찬가지로 여행길이 편안하시기를."

그리마니는 아그리파 조각상의 포장을 다시 풀 수밖에 없었다. 그 자신도 국외로 추방된다면 타산이 맞지 않는다고 판단한 것이다.

고대뿐 아니라 르네상스 시대 예술품의 국외유출 방지에 몹시 신경을 썼던 베네치아공화국도 당시의 현대 미술에 대해서는 전혀 반대되는 태도를 취했다. 현대 미술에 대해서는 어느 시대 어느 나라를 막론하고 아마도 사정이 같았겠지만 그 덕분에 18세기 베네치아 회화는 베네치아에서보다도 다른 나라 미술관에서 더 많이 볼 수 있다.

티치아노, 베로네세, 그리고 틴토레토 이 세 거장의 출현으로 1500년대 베네치아파 회화는 황금시대를 이루었지만, 1700년대도 시대를 반영해 모든 면에서 다르기는 해도 베네치아파 회화가 각광을 받았다는 점에서는 그전과 다름이 없었다. 조반니 바티스타 티에폴로, 카날레토라고 통칭되었던 안토니오 카날, 피에트로 롱기, 프란체스코 구아르디 등등 훌륭한 미술관이면 '1700년대 베네치아파 회화'란 간판으로 별도 전시실을 차릴 만도 한 뛰어난 화가들을 배출한 시대였다.

고대를 테마로 한 그림을 많이 그린 티에폴로는 예외로 치고, 카날레토, 롱기, 구아르디, 이상 세 사람이 주제로 삼았던 것은 베네치아이다. 티치아노, 베로네세, 틴토레토가 1500년대 베네치아가 가진 내적인 힘을 그렸던 것과는 반대로 1700년대의 세 화가는 베네치아 그 자체를 그렸다. 이것은 18세기 베네치아의 관광사업이 그 이전과는 반대로 베네치아의 거리 그 자체의 관광으로 바뀐 것과 공명관계에 있는 것인지도 모른다.

카날레토는 영국인에게서 인정을 받았다. 당시의 경제대국인 영국에서는 그야말로 젠틀맨에게 필요한 교양으로서 베네치아를 방문하는 엘리트 관광객이 많았는데, 사진도 그림엽서도 없었던 시대의 일이다. 베네치아를 여행한 기념으로 이들 돈많은 관광객들은 베네치아의 시가 모습을 정확하게 그려낸 카날레토의 그림을 사서 본국으로 가져가는 경우가 많았다. 엘리트 계급에 속하는 사람들인 만큼 베네치아를 방문하면 베네치아 주재 영국 대사와 접촉하는 관광객들이 많았던 모양이다. 영국인들의 이런 취향을 알아차린 영국 대사 스미스는 카날레토의 그림을 사들여서 되파는

바다에서 바라본 팔라초 두칼레(카날레토 그림)

그림장사를 시작했다. 그리하여 카날레토가 그린 수많은 베네치아 풍경화는 먼저 스미스 대사가 사들여서 다시 영국인들의 손으로 넘어가는 일이 많아졌다.

스미스는 카날레토의 그림을 꽤나 싸구려로 사들였던 것 같다. 처음에는 그림이 많이 팔려 만족했던 카날레토도 차츰 이런 착취에 불만을 느껴 앞으로는 스미스의 손을 거칠 것 없이 직접 팔 생각을 한다. 1739년에 프랑스인 브로스가 그 무렵에 벌써 카날레토의 그림에 대한 수요가 많아 구하기가 어렵다고 써놓았을 정도다. 작품의 시장가치 상승에 자신을 얻은 카날레토는 1750년 작품 몇 점을 들고 스스로 도버해협을 건넌다.

카날레토의 영국 진출은 대성공이었다. 런던이나 옥스퍼드의 풍경을 그린 그의 그림은 그 후 10년에 걸쳤던 영국 체류 중에 그린 것이다. 그의 작품은 내셔널 갤러리에도 몇 점 있지만 아직도 영국 왕실 소장이나 개인 컬렉션으로 소장되어 있는 것이 많다. 오늘날

카날레토의 전 작품을 망라한 전시회를 열려면 틀림없이 가장 유리한 장소는 영국이 될 것이다.

카날레토보다 15년 늦게 베네치아에서 태어나서 베네치아를 그리는 풍경화를 장기로 삼았던 또 다른 화가가 구아르디다. 그는 카날레토만큼 외국인들이 그의 그림을 좋아하지 않았던 탓인지 또는 베네치아인들이 카날레토보다도 그를 더 좋아했기 때문이었던지 평생 베네치아 밖을 나가지 않았다. 응접실보다는 거실에 걸어놓기 알맞은 그림의 크기는 두 사람 것이 같았지만, 카날레토와 구아르디의 그림을 나란히 세워놓고 보면 전문가가 아니더라도 그 차이를 쉽게 알 수 있다. 카날레토가 빛이라면 구아르디는 그림자를 그린다. 카날레토가 정적이라면 구아르디는 동적이다. 구아르디의 그림은 낭만파에 더 가깝다.

나도 베네치아사를 잘 몰랐을 때는 구아르디를 좋아했다. 모르는 세계로 사람을 이끌어들이는 듯한 작가의 마음의 몸짓을 느끼게 하는 그 무엇이 있었기 때문이다. 그러나 베네치아사를 거의 끝부분까지 써서 이제는 안다고 말할 수 있는 지금은 카날레토의 그림이, 때로는 그림엽서 같다고 악평을 받기도 하는 카날레토의 그림이 더 좋게 느껴진다. 그것은 아마도 나 자신의 마음속에 온갖 상념이 가득해 그쪽에서 강요해 오는 듯한 것들이 귀찮게 여겨지기 때문인지도 모르겠다.

자기 감정은 되도록 억누르고 베네치아의 풍속만을 담담하게 그린 것이 롱기다. 때로는 따뜻한 눈으로, 때로는 살짝 비꼬는 필치로 이 화가는 동포들의 생활상을 계속 그려나갔다. 생전에는 별로 외국인 여행객들의 눈길을 끌지 못했던 롱기의 그림은 앞의 두 화가에 비해 베네치아에 많이 남아 있었지만, 그것도 공화국 붕괴 후로 전 세계의 여러 박물관으로 흩어졌다.

음악과 연극

18세기 관광객들은 오늘날의 우리와는 달라서 베네치아에 남아 있는 것들만 보면 그것으로 충분하다고 생각할 수가 없었던 것 같다. 그 가장 두드러진 예가 음악과 연극이라 하겠다.

음악과 연극이 하나로 합쳐진 오페라는 1600년을 전후해 피렌체와 파도바에서 탄생한 것으로 되어 있다. 그로부터 한 10년쯤 지나 오페라 작가 클라우디오 몬테베르디가 베네치아 정부의 초청을 받아 베네치아로 왔고 그 후로 그는 베네치아를 활동무대로 삼게되었다. 베네치아의 오페라는 그를 중심으로 해 곧 서유럽에서 전위적 존재가 된다. 그 이전에는 궁정에서의 여흥거리밖에 되지 않았던 오페라가 입장료를 지불하면 누구나 볼 수 있게 되는데, 서유럽에서 처음으로 공중극장에서 공연되기 시작한 것은 1637년부터이다. 서유럽에서는 처음인 이런 종류의 극장이 베네치아에서 생기게 된 것은 베네치아에는 궁정이라는 것이 존재하지 않았기 때문일 것이다. 또 전통적으로 누구나 참가할 수 있는 축제에 익숙해 있던 베네치아인으로서는 극히 자연스러운 발상의 결과이기도 했을 것이다.

1600년대 말 무렵에 베네치아에는 극장이 17개 있었고 그 가운데 적어도 4개는 시즌마다 오페라를 공연하고 있었다. 14만 인구의 도시치고는 놀랄 만한 일인데 지금은 하나밖에 없다.

비발디

　17세기에 베네치아에서 전성기를 맞이한 오페라는 원작이나 음악보다는 뛰어난 무대장치로 사람들의 마음을 사로잡았다. 베네치아 관객들은 장면 회전의 빠른 템포, 환상적인 장면이나 전투 장면과 선박 난파 장면, 그런가 하면 시적인 전원풍경 등 의표를 찌르는 무대 장면의 변화를 바라보기만 해도 즐거운 오페라를 사랑했던 것 같다. 베네치아의 무대장치 기술은 다른 나라에도 잘 알려져 있어 파리며 빈이며 로마로 초빙되어가는 무대장치가가 많았다. 화가 카날레토도 무대장치가의 아들이다.

　18세기에 들어서면 오페라도 여전히 성하기는 했지만 음악이 따로 독립해 주역 노릇을 하는 기회가 많아지게 된다. 산 마르코 대성당 바이올리니스트의 아들로, 성직에 몸을 두었고 머리털이 빨간색이라고 하여 ‘프레테 로소’(붉은 사제)란 별명이 붙은 안토니오 비발디는 오페라를 40개 이상이나 만든 작곡가인데, 그의 최상의 재능이 기악곡에서 발휘되었다는 데는 모든 사람의 견해가 일치한다. 베네치아는 비발디의 힘으로 음악에서 일류국이 된 것이다.

비발디의 이름은 그 당시부터 이미 유명했던 모양이다. 바흐가 그의 곡을 연주하기도 했고 그의 악보집이 암스테르담에서 발간된 것이 1716년의 일이다. 그 자신 로마, 만토바, 피렌체 등지로 초빙을 받아 가기도 했다.

비발디는 음악학교 교장이라고나 할까 그 비슷한 일을 하고 있었다. 베네치아에는 예부터 큰 병원이 4개 있었고 그 병원에는 고아원이 딸려 있는 것이 보통이었다. 이 고아원의 여자아이들에게 음악을 가르치는 것이 그의 일이었다.

이 음악학교도 17세기 말부터는 국가의 원조를 받게 된다. 이들 고아원 여자아이들의 음악은 기악이든 성악이든 훌륭해서 베네치아를 찾은 여행객치고 그것을 들으러 가지 않는 사람이 없었다. 성악에 능한 여자아이들 중에서 종종 그 방면의 스타가 탄생했고 귀족들의 후원을 받아 독립된 가수로서 성공한 예도 드물지 않았다. 하녀나 수도원의 허드레 일손이 되는 것밖에 달리 장래성이 없는 여자들의 처지로서는 음악을 잘하기만 하면 귀족과 결혼하는 것도 헛된 꿈에 그치는 것이 아니었으니 자연히 연습도 열심히 하게 마련이었고 가르치는 쪽으로서도 보람이 있었을 것이다.

베네치아를 방문한 스카를라티도 그 부친의 배려로 이런 유의 음악학교 교사에게 사사해 음악교육을 받았다. 1700년대의 베네치아 음악은 비발디를 정점으로 하여 코렐리, 알비노니, 마르첼로 등을 배출, 서유럽 일대의 중심지가 된다. 헨델의 베네치아 방문도 음악가로서 큰 경험이었을 것이다.

18세기에 음악과 함께 최성기를 맞은 것은 연극이었다. 연극도

입장료만 내면 누구나 들어갈 수 있는 극장에서 공연된다.

극장 내부는 오늘날의 서유럽 오페라 극장과 다를 것이 없다. 다만, 무대 정면의 일반석에는 의자를 두어 서민 여자들을 앉게 했고 나머지 사람들은 서서 보아야 했다. 베네치아의 극장에는 귀빈석이 없다. 좌석은 어디나 똑같지만 위로 올라갈수록 입장료가 싸진다. 극장 안에서는 사과나 배를 설탕과 함께 찐 것을 파는 장사치나 아니스 향기가 나는 음료, 커피, 아이스크림, 오렌지, 도넛, 슈크림, 건율, 호박씨 따위를 담은 바구니를 들고 다니며 파는 사람들 등의 왕래가 잦아 정숙한 분위기와는 거리가 멀었다.

막이 오르면 바구니꾼들의 호객소리는 그치지만 조용해지지는 않는다. 관람석 한쪽에 자리 잡은 곤돌라를 모는 노꾼들이 배우가 등장할 때마다 배우 이름을 부르며 열광하기 때문이다. 이에 그치지 않고 곤돌라 노꾼들의 열띤 반응이 곧 일반 관람객으로까지 번져나갔고 이런 것들이 당시 베네치아 극장과 다른 나라 극장을 구별짓는 첫째 특색이었다.

곤돌라의 노꾼들이 처음부터 연극 팬이었던 것은 아니다. 극장으로 손님을 태워 안내한 후 밖에서 기다리는 그들을 불쌍하게 생각한 극작가 골도니가 일반석 한구석에서 무료로 관람할 수 있도록 배려해준 것이 시작이었다. 하지만 그들도 사람을 대하는 일을 업으로 삼는 자들이라, 그들의 연극에 대한 반응의 날카로움과 정확한 이해력을 보고 골도니 자신이 창작의 참고로 삼았다고 한다.

희극작가 카를로 골도니는 회화의 카날레토, 음악의 비발디와 함께 18세기 베네치아를 살린 사람이다. 의사의 아들로 베네치아에서 태어난 그는 처음에는 어른들의 뜻에 따라 법률을 공부한다.

골도니

극작가로서는 생계를 꾸릴 수 없었고 골도니 또한 그 예외일 수가 없었던 당시에 법률 지식은 한동안 생활수단으로서 그에게 도움이 되어주었다. 골도니는 대학 때도 종종 학교를 빠져나와 순회공연하는 극단을 따라다녔다고 하니 그가 연극을 좋아한 것은 생래적인 것이었던 모양이다.

골도니가 출현하기 전의 이탈리아 연극은 극 중에서도 특히 요란스레 법석을 떨고 익살을 부리는 '코메디아 델라르테'라는 희극이 유행이어서 가면과 가장을 많이 썼고 대사도 배우들의 애드리브, 즉 즉흥적인 재치에 의존하는 경향이었다. 골도니는 애드리브 대신에 미리 준비한 각본대로 대사를 외울 것을 배우들에게 요구했다. 극단에서 생활한 경험이 많은 그는 극단에 속해 있는 배우들의 재능과 성격을 잘 알고 있었으므로 골도니가 그들에게 주는 대사는 배우들이 자연스레 잘 소화해냈다.

얼마 안 가서 극단에서 각본을 써달라고 의뢰해오게 되었다.

1749년, 사십 고개를 넘은 골도니는 각본을 1년에 8편 써주기로 극단과 계약을 맺곤 했다. 각본료는 편당 450두카토. 계약대로 지불이 되었다면 이는 몬테베르디의 연봉과 같은 금액이다. 아마 전액이 제대로 지불되지는 않았을 것이다. 18세기는 아직 극작료가 독립되어 있지 않았다.

골도니의 작품은 지금도 밀라노의 소극장 피콜로 테아트로가 상시 상연하는 단골극으로 더 이상의 설명이 필요 없을 것이다. 그가 극 중에서 창작해낸 인물은 현실보다도 더 현실적이며 가면을 쓴 인물이라도 자연스러움을 잃지 않는다. 베네치아 방문 중 골도니의 극을 관람한 괴테로 하여금 이런 탄성을 올리게 한 그였다.

"나 또한 마침내 코메디아를 보았다고 말할 수 있게 되었구나!"

극작가와 배우와 관객이 일체가 되는 행복한 연극의 존재 양식이 18세기 베네치아에 실제로 존재했던 모습을, 오늘날에도 극히 드물게밖에 맛보지 못하는 우리에게 마치 18세기 베네치아에 살고 있는 것처럼 느끼게 해주는 것은 괴테말고는 따로 찾아볼 수 없다. 괴테의 『이탈리아 기행』의 다음 대목은 실로 살아 있는 듯한 생생한 표현이어서 그것만 읽어도 18세기의 베네치아 연극과 카를로 골도니의 성공을 이해할 수 있게 될 정도다.

이곳에서도 역시 연극이 성립될 수 있는 기반은 관중이다. 관중도 그들 나름으로는 배우이며 그럼으로써 무대에서 연출되는 극과 뒤섞이고 어우러진다. 낮이면 파는 사람이거나 사야 하는 처지요, 또는 빌어먹는 거지이거나 곤돌라의 노꾼, 산파, 변호사인가 하면 그 적이나 원수인 자도 있어서, 이들은 모두 광장에서 골목에서 곤돌라 위에서 또는 저택 안에서 모두가 각자 나름대로 삶을 살아간다. 누구나가 소리 지르고 맹세하고 절규하고 상품을 강매하고 노래 부르고 놀고 신을 모독하고 한다. 그러고는 밤이 되면 극장으로 가서 그들의 낮생활과 같은 것을 보고 듣는다. 예술의 힘으로 재현되고 그 부드러움으로 감싸이고 다른 허구와 뒤섞이고 가면에 의해 현실로부터 멀어지기는 했어도, 무대 위에서 펼쳐지는 풍속으로 해서 다시금 현실에 가까워진 것을 보고 듣게 되는 것이다.

관중은 이 모든 것을 마치 어린아이처럼 희희낙락 받아들인다. 다시 소리 지르고 박수갈채하고 소리 높이 웃고 떠든다. 아침부터 밤까지, 아니 한밤중에서 다음 날 한밤중까지, 그들에게 인생은 항상 이러한 것이다.

이런 관중들의 활발한 반응은 희극에 대해서만 그런 것이 아니라 비극의 경우도 마찬가지였으니 재미있는 일이다. 당시 베네치아의 비극작가를 대표하는 카를로 고치의 작품이 상연되고 있는 극장에서 일어난 일이다. 연극의 어떤 장면에 이르렀을 때 폭군은 아들에게 칼을 주면서 곁에 있는 처를 죽이라고 부추긴다. 이때 관중들은 큰 소리로 항의하기 시작했다. 그런 터무니없는 이야기가 있을 수 있느냐는 것이다. 관중들의 항의 소리가 너무 요란스러워 연극은 더 이상 진행될 수가 없는 상태가 되어버렸다. 관중은 폭군이 아들에게 건네준 칼을 도로 빼앗으라고 요구했는데 그대로 하면 극은 또 성립될 수가 없었다.

관중들의 야단법석으로 멍청하게 서 있는 배우들 중에서 아들역을 맡은 배우가 앞으로 나아갔다. 관중석을 보고 결국은 여러분이 원하는 대로 끝마무리가 되니 아무쪼록 잠깐만 참고 기다려달라고 사정을 하는 것이었다.

그 장면을 본 괴테는 아마 크게 웃었을 것이지만 그 대목을 이렇게 쓰기도 했다.

"그러나 극작의 견지에서 보면 그 장면은 그 극의 내용부터도 기괴하고 터무니없는 에피소드였다. 그러므로 나는 관중들의 훌륭한 분별의 승리라고 말하고 싶다."

희극이건 비극이건 훌륭한 감각과 지각을 가진 것은 관람석 한쪽 구석에 자리 잡고 있는 곤돌라 노꾼이나 삼층석을 가득 메운 서민층만이 아니었다. 1층이나 2층 좌석에 점잖게 앉아 있는 귀족들과 부호들도 표현이 다소 다를 뿐 활발한 반응을 보이기는 마찬가지였다. 흥이 돋워지면 그들은 지껄이기 시작하고 참기 어렵게 되면 손에 든 부채로 난간을 두드린다. 원로원 의원인데도 주위 사람들이 돌아볼 만큼 크게 한숨을 쉬기도 하고, 오늘 저녁의 연극은 절망적이라고 판단하면 요란하게 의자 소리를 내면서 일어나 나가버린다.

이런 엄격한 관중을 상대하자니 베네치아의 극작가나 배우들은 여간 힘들지 않았을 것이다. 하지만 관중의 처지로는 거짓은 거짓이라도 무방했다. 다만 그 거짓은 관객을 납득시키고 관객을 취하게 하는 거짓이라야 하는 것이다. 괴테가 베네치아에서 매일 밤 극장을 다니던 무렵 어느 극장에서인가 반드시 함께 관람했을 것이 틀림없을 만큼 연극을 좋아했고, 훗날 베네치아공화국의 마지막 프랑스 주재 대사 부인이 되는 마리아 퀴리니는 1795년 파리에서 베네치아의 여자친구에게 다음과 같은 편지를 보냈다.

"여기서도 자주 연극을 보러 가는데 파리의 극장 관객들과 베네치아의 관객은 아주 달라요. 여기서는 관객끼리 이야기도 하지 않고 누구나 얌전하고 조용하게 끝까지 관람한답니다."

나는 이 편지 구절을 읽고 언젠가 페데리코 펠리니가 이렇게 말하는 것을 들은 기억이 되살아났다.

"로마와 밀라노에서는 영화를 보러 가는 사람들의 기분이 다르다. 밀라노 사람들은 교양을 높이기 위해 영화관을 가지만 로마 사람들은 즐기기 위해 간다. 그러니 양쪽의 반응은 아주 판이하다."

도박과 사육제

18세기에 베네치아를 찾은 북쪽 길손들의 호기심을 자극하기도 하고 또 즐겁게 해준 것으로 두 가지가 베네치아에는 더 있었다. 하나는 도박장이고 또 하나는 사육제다. 이것들은 20세기인 오늘날에도 그 재미를 맛보지 못하는 것은 아니지만 규모가 작아지고 그저 그 자체만을 즐기는 장소가 되어버려 그 시대와 같은, 부정적이기는 해도 종합적인 의미를 가진 것은 이제 볼 수 없게 되었다.

도박이 18세기가 되자 갑자기 베네치아인들의 마음을 사로잡은 것은 아니다. 16세기에 상선의 석궁수로서 처음으로 해외에 나가는 아들에게 배에서 도박에 손대지 말라고 훈계의 편지를 쓴 아버지가 있었던 것을 보면 기나긴 선상여행의 지루함을 달래는 방도로 도박은 베네치아인들에게는 아주 옛날부터 친숙한 것이었던 모양이다. 국가원수의 관저가 민중과 동떨어진 존재가 되지 않도록 하기 위해 아래층 회랑 밑에 돌로 벤치를 만들어 민중들이 앉아 쉬는 곳으로 하려 했을 때 그 취지를 지나치게 적극적으로 해석한 자들이 그 자리에다 도박장을 차려 정부의 골칫거리가 된 적도 있었다. 하지만 베네치아인들이 달리 할 일이 많았던 시대에는 도박은 역시 큰 탈 없이 한도를 벗어나지 않는 상태에서 넘어갈 수 있었다.

베네치아에 법으로 공인된 도박장이 처음으로 생긴 것은 1638년이다. 산 모이세 다리 가까이에 생긴 이 카지노는 귀족 마르코 단돌로가 경영하는 것으로, '리도토 디 산 모이세'라 보통 불렸다. '리도토'는 살롱에 가까운 뜻이다. 이 리도토가 18세기에는 우후죽순으로 늘어났다.

이런 도박장을 경영하는 사람은 극장도 그렇지만 귀족이 많았다. 호화롭게 장식된 현관을 들어서면 문자 그대로 진짜 살롱으로 들어서게 된다. 거기서는 희망에 따라 커피며 코코아, 치즈와 포도주까지 제공된다. 그대로 눌러앉아 잡담을 하고 지낼 수도 있다. 그러나 이 살롱에서 더 안으로 들어가면 노름을 즐길 수 있는 방이 잇따라 나온다. 각 탁자에는 귀족이 한 사람씩 앉아서 도박의 진행을 점잖게 주재한다.

도박용 탁자에는 귀족이 아닌 사람도 물론 앉을 수 있지만 서민 계급만을 위한 카지노가 따로 있었다. 극장과 달리 도박장은 계급과 경제력의 차이에 따라 저절로 구분이 생겼다. 다만 귀족에 속하는 베네치아인은 가면을 쓰지 않고는 노름 탁자에 앉지 못하도록 정해져 있었다.

지껄이는 소리들로 가득한 살롱과는 정반대로 도박 탁자가 차려져 있는 방들은 완전히 정적이 지배하고 있었다. 카드를 섞고 돌리는 소리만이 들릴 뿐이다. 그 방에서 괴상한 모양의 흰 가면 아래 숨겨진 희로애락을 짐작게 하는 것은 카드를 만지는 손가락의 떨림뿐. 그러는 가운데 어처구니없도록 큰돈이 카드를 따라 오가는 것이다. 본토에 가지고 있던 팔라디오가 설계한 별장을 날려버리는 자가 있는가 하면 1년 예정으로 이탈리아 전역을 여행할 작정으로 본국에서 가져온 돈을 홀랑 다 날린 영국 지주도 있었다.

그런데도 새벽에 지난 밤의 피로를 풀려고 리알토 다리가에 서는 채소시장으로 산책을 나가는 사람은 있어도 대운하에 몸을 던진 사람은 베네치아 경찰의 기록에 없는 것을 보면 운명을 조용히 받아들일 줄 아는 품격은 갖추고 있었던 모양이다. 어쨌든 베네치아의 '리도토'에서 도박에 거는 돈의 단위가 크다 하여 당시 서유럽에서는 이것이 유명한 이야기가 되어 있었다.

베네치아의 사육제에 관해서 이야기를 하자니 베네치아의 극장에 관해서 이야기하는 것과 마찬가지 기분이 든다. 그것은 아마도 그 두 가지의 시즌이 겹치는 탓도 있겠지만 사육제도 베네치아 시 전체를 극장으로 삼는다는 차이가 있기는 하지만 이 역시 연출한다는 점에서는 마찬가지이기 때문일 것이다.

어느 그리스도교국에서나 카니발은 그리스도 탄생일 다음 날인 성 스테파노절에 시작되는 것이 보통이다. 오늘날은 신년을 넘기고 1월 6일의 에피파니아절 다음 날부터 시작되는 나라가 많은데, 그날로부터 부활절의 40일간, 그리고 사순절이 시작되는 날까지 근 2개월 동안 계속되는 것이다. 그러나 사육제의 기분이 고조되는 것은 카니발도 끝에 가까워진, 봄이 눈앞에 다가온 '육(肉)의 목요일'과 '육의 화요일' 전후 1주일가량의 기간이었다.

사육제는 18세기 베네치아에서는 일찌감치 10월의 첫째 일요일에 시작해서 12월 15일까지 계속된다. 같은 시기에 극장 시즌도 시작된다. 다만 이 기간의 사육제는 오후뿐이고 그외의 생활은 1년 중의 다른 달들과 다름없이 진행된다. 새벽 장은 예외로 하고 아침 8시부터 밤 9시까지 가게들은 문을 열고 일을 보았고 정부 기관들도 정상 근무를 했다. 카페는 한밤 12시까지 열고 영업을 했다. 다만 오후 1시부터는 가면과 가장을 써도 무방했다.

12월 15일부터 성탄절까지는 종교에 경의를 표해 가장도 극장도 금지된다. 그리고 성탄절 다음 날부터 시작되는 사육제는 사순절이 시작되는 날까지 계속되는 것이다. 이 기간에는 점포들이고 뭐고 다 평상과 다름이 없고 다만 아침부터 가장이 허용되는 점이 다르다. 빵을 사러 나가는 하녀가 가면을 쓰고 있어도 웃음거리가 되지 않는다. 밤이 되면 각 극장은 질세라 인기 있는 극작가의 작품을 인기 있는 배우를 출연시켜 관객을 끈다. 극장에는 이 무렵이 관객이 가장 많은 대목인 셈이었다.

18세기 베네치아에서는 사순절에 들어섬과 동시에 사육제를 끝내는 것은 아니었다. 사순절은 비교적 조용하게 지내고 부활절을 맞이하고서 한 달쯤 지나면 그리스도 승천절이 돌아온다. 그리스도 승천절은 모든 그리스도교가 지키는 것이지만 베네치아에는 특별한 의미가 있었다. '바다와 베네치아의 결혼식' 축제가 그날과 겹치기 때문이다. 그 전후 15일간 산 마르코 광장은 큰 장터가 된다. 광장을 둘러싼 회랑 밑에는 온갖 물건을 진열해놓은 임시로 급조한 점포들이 잇따라 늘어서고, 머리칼이나 수염을 가지런히 다

듯듯 이도 뽑아주는 이발소 겸 치과도 개업을 한다. 극장은 물론 다시 막을 올렸다. 나아가서 1786년까지는 산 마르코 광장의 대성당 쪽을 제외한 삼면을 신고전파 양식의 원기둥이 즐비한 회랑으로 메우기까지 했다. 마치 당시 유명했던 베네치아의 극장 무대장치를 그대로 산 마르코 광장으로 옮겨놓은 꼴이었다. 그 사이를 각자의 생각에 따라 별의별 분장을 한 사람들이 자기가 아닌 누군가의 시늉을 하면서 거닐었을 것이다. 5월은 10월과 함께 바다 위의 도시 베네치아가 가장 아름답고 지내기 좋은 계절이기도 한 것이다.

철저하게 구경만 하겠다는 사람에게도 구경거리는 얼마든지 있었다. 먼저, 자기 이외의 누군가로 분장해 그 역할을 하는 사람들을 구경하는 것만도 재미있는 일이다. 그밖에 대운하에서 벌어지는 갤리선 레이스에는 여자들만 하는 종목도 있고, 사자, 코뿔소, 코끼리 등의 구경거리도 있었으며, 끝내는 기구(氣球)까지도 등장했으니 구경거리 흥행이나 행사의 면에서도 그들은 철저했던 것을 알 수 있다.

1년 중 6개월은 즐길 수 있었던 베네치아 사육제의 최대 특징은 그들의 가장이 갖는 의미에 있었을 것이다. 가장은 무엇이라도 좋았으니까 터키인, 인도인, 또는 아랍인 등으로 분장하는 사람도 있었다. 또 베네치아의 희극에서 빼놓을 수 없는 '아레키노'나 '판타레오네' 같은 익살꾼으로 분장하는 사람이 언제나 가장 많았다. 하지만 누구나가 그토록 공들인 분장을 한 것은 아니다. 베네치아인들이 생각하는 가장은 아주 간단해서 얼마 안 되는 비용으로도 할 수 있었다.

'타불로'라는 검은색 카파, 즉 비옷 같은 것이 우선 필요했다. 이 검은색의 긴 망토 같은 것은 발 위까지 닿는 긴 것으로 온몸을 감쌀 수 있으며 이탈리아인들은 1년 내내 사용하므로 누구나가 하나씩은 가지고 있다.

그밖에 흰 가면도 없어선 안 된다. 이것은 종이 몇 장을 석고를 발라 굳힌 것으로 눈의 위치만 뚫려 있고 새의 주둥이 같은 툭 튀어나온 코가 붙어 있다. 이 가면을 쓰면 얼굴의 상반부가 완전히 가려진다. 그밖에도 얼굴의 가운데 부분만을 가리는 검은 가면을 쓰는 사람도 있으나 이 경우 얼굴의 나머지 부분은 흰 비단으로 감싸도록 되어 있어 아주 젊은 여성들이 좋아하는 가면이다.

검은 망토를 걸치고 흰 가면으로 얼굴을 감춘 다음에는 '바우타'라 불리는 검은색 명주 베일로 머리와 턱을 가린다. '바우타'의 끝이 어깨부터 상반신까지 덮을 만큼 드리워지는 일도 많다. 그리고 머리에는 우리가 나폴레옹 그림으로 눈에 익은 옆으로 뻗은 검은 모자를 쓴다.

이쯤이면 가장은 완성된 셈이다. 물론 각자 나름의 온갖 취향으로 멋을 내는 사람들도 많았지만 기본형은 어디까지나 앞에서 든 네 가지 것을 갖추면 되는 것이었다.

이 베네치아식 가장은 모든 의미에서 가장의 이상에 가까운 것이라고 말할 수 있지 않을까. 남녀의 구별이 없을 뿐 아니라 계급의 차이도 빈부의 차이도 모두 사라진다. 그리고 어떤 연령의 범위 안에서는 노소의 구별도 없어지고 만다. 이런 가장을 할 수 있는 기간에는 그 가장만 하고 있으면 어부라도 대귀족의 저택 안으로 자유롭게 출입할 수 있었고 양가의 부녀자가 창녀들과 어울려 남자를 받아 즐길 수도 있었다. 보통 때면 엄숙한 태도를 지키는 원로원 의원이 손녀뻘 되는 젊은 아가씨의 가슴팍에 손을 집어넣을 수도 있고, 학식 높기로 서유럽에서 이름난 파도바의 대학교수가 곤돌라의 장막 친 선실 안에서 데리고 온 귀족부인과 무슨 짓을 하고 시간을 보내건 누구도 비난할 사람이 없다. 가장만 하고 있으면 무엇이든 허용되는 것이다. 자기가 누구인가를 감추는 그 한 가지만으로 인생은 엄청 수월해지고 또 다양해지는 것이다.

베네치아공화국은 그 1천 년이 넘는 역사 속에서 몇 번인가 서유럽 사람들에게 '신화'를 보여준 나라다. 상승기에는 나라의 독립에 대한 집착이, 이어서 최성기에는 정치와 외교의 능란함이 신화가 되었다. 그리고 18세기 베네치아는 끝없는 쾌락의 도시라는 인상을 동시대 서유럽인들에게 심어주었을 것이다. 이런 신화들은 아마도 진실에 가까웠을 것이다.

그러나 자코모 카사노바나 그밖에 북쪽에서 온 길손들이 써남긴 기록들을 읽어보아도 18세기 베네치아의 쾌락 이후 다가올 붕괴를 앞둔 고뇌에 찬 초조의 분출이나 자기파괴적인 방일함은 어디서도 느낄 수가 없다. 그보다는 어느 시대이고 반드시 조금은 있게 마련인 경박성이 지배적이었다는 인상밖에 받지 않는다.

영고성쇠가 역사의 순리라면 하다못해 이 베네치아처럼 우아하게 쇠할 수는 없을까? 그리고 베네치아가 그같이 우아하게 쇠할 수 있었던 것은 베네치아의 죽음이 병고와 시련을 여러 차례 극복해온 끝에 자연사를 맞는 인간의 죽음과 닮았기 때문이 아닐까?

14
베네치아의 죽음

"강국이란 전쟁이건 평화이건 마음대로 할 수
있는 국가를 말하는 것입니다.
우리 베네치아공화국은 이제는 이미 그런 처지가
아니라는 것을 인정할 수밖에 없습니다."

프랑스 혁명 이후

1786년에 베네치아를 방문한 괴테는 『이탈리아 기행』의 10월 7일자를 다음과 같이 써놓았다.

오늘 아침 나는 성 주스티나 교회의 미사에 참가했다. 터키인들을 패배시켰던 옛 승리(레판토 해전)를 기리는 이 미사는 공화국 원수도 출석해 해마다 이날에 올리는 것으로 되어 있다.

교회 앞의 조그만한 광장에 국가원수와 그 뒤를 따르는 귀족들을 태운 황금색의 배가 차례로 와닿는다. 독특한 옷차림을 한 뱃사람들이 빨간 칠을 한 노를 젓고 운하의 양쪽 둑을 따라 도열한 성직자들과 불을 켠 초를 들었거나 은 촛대를 받들고 서 있는 각 조합 사람들, 그리고 조그만 광장을 가득 메운 군중들, 이 모든 사람이 기다리는 가운데 배로부터 육지로 융단을 깐 잔교가 놓인다. 이윽고 그 위를 자주색의 긴 법복을 입은 법관들이 맨 먼저 건너온다. 그다음은 옷자락을 길게 끌면서 원로원 의원들이 줄지어 따랐고, 마지막으로 테두리가 없는 금빛 모자를 쓰고 금란(金襴)의 장삼 같은 긴 옷에 엘메리노 모피로 만든 짧은 망토를 걸친 노원수가 옷자락을 들어주는 시종 세 사람의 부축을 받으며 내려섰다.

출입문 위를 터키군 군기로 장식한 교회와 그 교회 앞의 크지 않은 광장에서 펼쳐지는 이 모든 일은 마치 훌륭한 디자인과 아름다운 색상 배합으로 짜인 옛 비단 벽걸이 한 폭을 보는 듯한 느낌을 갖게 한다.

북쪽 나라를 빠져나온 나에게는 이런 유의 의식이 실로 신선한 기쁨을 준다. 우리나라에서는 아무리 장엄한 의식이라도 짧고 활동적인 옷을 입도록 되어 있다. 그리고 상상할 수 있는 최대한 가장 웅장하고 화려한 축하식전도 군인들이 총을 들고 줄지어 도열한 대열 속에서밖에 행해지지 못하는 우리네 나라이니 여기서 벌어지는 온갖 경연이 주는 도무지 걸맞지 않고 엉뚱한 느낌을 떨쳐버릴 수가 없다. 그러나 여기 베네치아에서는 이것이 그지없이 잘 어울린다. 땅바닥을 쓸듯 길게 끄는 옷자락, 평화롭고 화려한 식전, 이런 것이 썩 잘 어울리게 느껴지는 것이다.

국가원수는 아름답고 건장한 체격의 소유자였다. 병 때문인지 다소 약해 보이는 인상이 없지 않지만 그래도 무거워 보이는 의상에 가리운 몸의 동작은 흔들림 없이 확실했고, 화려한 의상으로 그 위엄이 더욱 돋보였다. 그를 맞이하는 군중들에게 그는 마치 할아버님과 같은 존재로 생각되는 모양이었다. 그의 동작 하나하나에 남에 대한 진심 어린 배려와 따뜻함이 나타나 있었다. 그의 아름다운 복장 또한 그가 풍기는 그러한 분위기와 참으로 잘 어울려 보였다. 이 세상에서 볼 수 있는 가장 아름다운 것이라 해야 할 그 아름다운 은발 위에 얹혀 있는 모자, 그 모자 밑의 두건조차도 그 아름다움을 조금도 손상시키지는 못하는 것 같았다.

귀족 50명가량이 짙은 주홍색 옷자락을 길게 끌며 원수 뒤를 따르고 있었다. 그들은 모두 대체로 잘생겼고 그중 누구 한 사람도 그러한 조화를 흐트리는 자가 없다. 키가 크고 두상도 크게 생겼고 은색 곱슬머리 가발이 잘 어울렸다. 얼굴 윤곽이 뚜렷하고 살결이 희고 섬세했다. 하나 그들의 흰 살결은 남에게 혐오감을 일으키는 그런 연약한 인상이 아니다. 이들은 모두 아주 자연스럽게 지적이면서 온화한 인상을 풍기며 자기 자신에게 자신이 있는 사람의 늠름함이 몸에 배어 있다는 느낌을 주었다. 물론 여유가 있는 데서 나오는 늠름함이요 차분함인 것이지만 그것만이 아니라 온몸에서 우아함과 쾌활함이 풍겨나오고 있다는 느낌이다.

그러나 그로부터 3년이 지난 1789년 프랑스 혁명이 발발한다. 그 한 해 전, 오손 연대에 아직 20세도 안 된 나폴레옹 보나파르트라는 젊은 사관이 입대했다.

1791년 3월, 5년간의 프랑스 주재 대사 근무를 마치고 귀국한 안토니오 카펠로는 귀임대사의 의무로 되어 있는 보고를 원로원에서 했다.

그는 혁명의 원인이 루이 14세 이래의 무책임한 경제정책에 있다고 하고, 이러한 것은 정치체제의 여하를 불문하고 위정자들이 깊이 생각해야 할 일이라고 보고했다. 그는 혁명 후 프랑스의 현상을 분석해 그것이 앞으로 어떤 방향으로 향할 것인가에 대한 예상을 말하면서, 프랑스의 현황은 왕의 권력을 빼앗았으니까 왕제도 아니요 또 귀족이 적대시당하는 형편이니 귀족제라고도 할 수 없으며, 그렇다고 인민이 전권을 행사할 수 있는 상태도 아니니 민주제라고도 말할 수 없다면서, 비록 지금 국민의회가 있다고는 하지만 결국 무정부 상태라고밖에 볼 수 없다고 단정했다. 그는 현재의 프랑스에서는 이것이야말로 올바른 사회의 건설을 위한 단 하나의 길이라고 믿어 마지않는 사람들과 증오와 시기로 미쳐 날뛰는 사람들에 의해 모든 파괴가 진행되고 있으며, 현재의 프랑스에서 단 하나 파괴하지 못하고 있는 것은 국고의 적자뿐이고 이런 빠져나갈 출구 없는 상태는 그 배출구를 외부에서 찾으려 하는 위험을 안고 있다고 경고했다. 그리고 카펠로는 만장의 원로원 의원을 향해 다음과 같이 주장했다.

"유럽의 군주들은 모두 서로 우호관계와 동맹관계를 맺음으로써 자국을 튼튼한 요새로 만들려고 동분서주하고 있습니다. 베네치아 공화국도 이제는 원하든 원하지 않든 종래의 공화국 기본외교 방침인 절대중립을 유지하지 못하게 될 위험이 충분히 있는 상황이니 나는 의원 여러분께 이렇게 말하고자 합니다. 지금이야말로 우리는 가장 진지하게 현정책을 재고해야 할 때라고 말이죠. 베네치아공화국이 놓인 상황을 냉정하게 분석하고 우리나라 정책인 고립주의가 나라의 독립과 안전을 지키는 데 과연 가장 적합한 정책인가를 심각하게 재고해야 할 때가 된 것이 아닌가를 여러분에게 묻고자 하는 것입니다."

대사를 교환하고 있다고 해서 안전하다고는 할 수 없으며 영국은 프랑스에 명확히 적대적이지만 프랑스에 대사는 보내놓고 있다고 말하는 카펠로의 보고가 의도하는 바는 명백하건만 듣고 있는 원로원 의원 대다수는 그런 혼란으로는 혁명세력이 오래가지 못할 것이라고 생각하는 쪽으로 기울었다.

아무것도 안 하고 오직 정세의 변화만을 기다린다면 무슨 고생이 필요하랴. 그렇지 않고 타국과 동맹관계에 들어가려면 비무장으로는 상대해주지 않으니까 당연히 무장화가 요구된다. 재군비를 하려면 경제적 부담뿐 아니라 정신적인 부담도 피할 수가 없다. 18세기 말의 베네치아에서는 해군은 튀니지의 해적을 상대하지 않으면 안 되었으므로 소규모나마 근대화가 진행되어 있었으나 육군은 100년이나 계속된 평화로 해서 없는 것이나 다름없는 상태였다. 그러한 평화기간 중에 베네치아가 취한 정책이 비무장·비동맹 정책이었던 것이다. 이러한 베네치아가 카펠로의 문제 제기에도 종래의 정책을 재확인하던 바로 그 무렵, 북쪽에서는 영국 주도로 프랑스에 대항하는 것을 목적으로 하는 나라들의 공동전선 결성 움직임이 진행되고 있었다.

1791년 6월, 프랑스 왕 루이 16세는 왕비·왕세자와 더불어 도망을 갔으나 그다음 날로 붙잡혀 파리로 도로 연행되는 사건이 발생했다. 카펠로의 후임자로 파리에 주재하게 된 알비제 피사니는 사태의 급변을 알리는 보고를 속속 본국으로 보내기 시작했다.

그러나 10월 베네치아에 부임한 신임 프랑스 대사는 루이 16세의 친서를 베네치아 정부에 제출했다. 그 친서에는 종래와 같은 두 나라의 우호관계가 금후로도 계속되기를 바란다는 루이 16세의 희망이 적혀 있었다. 베네치아 정부는 이를 받아들여 왕이 파견한 외교사절의 자격으로 부임한 대사로서 그를 승인했다.

11월 토리노 주재 베네치아 대사를 통해 극비문서가 베네치아 정부에 전해졌다. 알프스를 경계로 프랑스와 접해 있는 피에몬테 지방에서 불안이 날로 가중되고 있으므로 이탈리아의 최전방인 피에몬테 방위를 위해 사부아 공가(公家), 로마 교황청, 나폴리 왕, 여기에 오스트리아 황제도 가세해 프랑스에 대항하는 동맹을 결성하기로 했으니 베네치아도 여기에 참가할 것을 요청하는 밀서였다. 이에 대해서도 베네치아는 종래의 절대중립 노선을 재확인했을 뿐이었다.

해를 넘겨 1792년 4월, 국민의회의 의향을 받들어 루이 16세는 오스트리아에 선전포고를 한다. 국제적 대립이 결국 표면화된 것이었다. 전황은 프랑스에게 불리하게 전개되고 있었다.

8월, 튈르리궁이 군중의 습격을 받는다. 왕과 그 가족은 국민의회로 피신해 목숨을 건졌지만 왕을 찾는 군중은 베네치아 대사 관저에까지 밀려왔다. 군중 앞에 나타난 대사 피사니가

"왕은 여기에 없다. 뒤지려면 뒤져보라"

라고 단호한 태도를 보여 관저의 약탈은 면할 수 있었다.

이 사건이 있은 지 9일 후, 프로이센 군대가 프랑스 국경을 돌파한다. 프랑스 국내의 혼란은 갈수록 더해갈 뿐이었고 그런 가운데 마라, 당통, 로베스피에르 등이 지도적 지위를 확보하기 시작한다. 9월에 들자 전세는 프랑스 측에 유리한 방향으로 바뀌었다. 이것을 안 베네치아 정부는 중립노선 유지를 재확인한다. 이렇게 되자 파리 주재 대사 피사니의 처지가 매우 복잡해질 수밖에 없었고, 파리 주재 각국 대사들이 모두 본국으로 철수하고 영국 대사도 런던으로 돌아간 후 신변의 위험을 느낀 피사니도 일단 런던으로 옮기기로 했다. 그러나 대사가 아주 철수한 것이 아니라는 것을 보이기 위해 관저에는 사용인도 가구도 그대로 두고 정보관도 몇 사람 그대로 남기고 대사는 시골로 휴양차 내려간 것처럼 꾸미지 않을 수 없었다. 이후 베네치아의 프랑스에 관한 정보는 런던발과 파리발의 두 갈래로 이원화된다.

같은 무렵 베네치아에서는 원로원 의원 프란체스코 페사로가 이 혼미의 시대를 살아남기 위해서는 최소한 재무장만은 해야 한다고 주장한다. 그러나 찬성하는 의원은 소수였다.

11월, 1년 전부터 의향 타진이 시작된 프랑스에 대항하기 위한 이탈리아 동맹이 결성 일보 직전의 단계에 도달해 있었다. 다시 베네치아에도 참가 요청이 왔다. 그러나 나폴리왕국의 배후에 프랑스의 전통적인 적 영국이 있는 것을 안 베네치아는 동맹 참가를 거절했다. 프랑스를 공연히 자극하게 될 것을 두려워했던 것이다. 베네치아 정부는 다시금 비무장 중립이 자국의 유일한 정책이라는 것을 각국에 통고했다.

해가 바뀐 1793년 1월, 그 전년부터 시작된 재판의 결과, 루이 16세에 대한 사형이 집행되었다. 처형 실황을 서술한 베네치아 정보관의 보고는 베네치아 정보의 특색인 정확성과 냉정한 관찰, 상세한 서술로 디킨스의 소설을 읽는 것보다도 더 재미가 있는데, 이것이 원로원에서 낭독되었을 때 의원들의 반응은 거의 육체적인 혐오감이라 할 만한 것이었다. 그러나 공식적으로는 뭐 하나 뚜렷한 의사표시를 하지 않았다. 혐오의 표시를 하기는커녕 3월에 프랑스 대사 관저의 문 위에 걸려 있는 프랑스왕국 휘장을 공화국의 그것으로 바꾸겠다는 프랑스 대사의 요청을 베네치아 정부는 쾌히 승낙했다.

4월, 프랑스 왕의 처형이라는 사실에 충격을 받아 단번에 단결을 한 유럽 각국은 사방에서 프랑스로 쳐들어갔다. 알프스 방면으로부터는 오스트리아와 사부아 연합군 4만 5천 명이, 피레네로부터는 에스파냐군 5만이, 북서쪽으로부터는 영국군과 네덜란드 연합군 7만이, 북동부 전선에서는 오스트리아와 프로이센의 10만 대군이 각각 쳐들어갔다. 사면으로부터 포위당한 프랑스는 광신적인 공포정치의 폭풍우가 사납게 몰아치는 국내 사정도 있어서 혁명세력은 풍전등화의 운명처럼 보였다. 그러나 베네치아 정부의 중립정책은 변하지 않았다. 다시금 무장의 필요성을 역설한 페사로의 열변도 전에 비해 귀를 기울이는 의원수가 늘어나기는 했지만 원로원의 방침을 뒤집는 데까지는 이르지 못했다,

5월, 프랑스를 빠져나와 피에몬테에 와 있던 프로방스 백작이 베네치아 정부에 피에몬테도 이젠 안전치 않으니 베네치아령인 베로나로 망명할 것을 허가해달라고 요청해왔다. 루이 16세의 동생이며 왕 처형 후에는 미성년인 루이 17세의 섭정을 자처하고 있는 당년 39세인 프로방스 백작의 망명을 베네치아 정부는 개인 자격이면 된다는 조건을 달아 인정했다. 프로방스 백작은 나폴레옹 실각 후에 루이 18세로 왕위에 오르는 인물인데, 베네치아 정부가 각국에 전달한 망명 허가 이유는 순수하게 인도적인 견지에서라는 것이었다.

한 달이 지나지 않아 프랑스의 국민공회는 베네치아공화국에 대해 프로방스 백작 망명 건에 대해 엄중한 항의를 해왔다. 이에 대해서 베네치아 정부는 인도적인 견지에서 개인 자격의 망명을 허용한 것이라는 주장을 바꾸지 않았다.

그러나 그로부터 2년 후인 1795년 6월, 루이 17세의 죽음이 밝혀졌다면서 베로나에 망명 중인 프로방스 백작은 스스로 왕위 계승을 선언하고 나섰다. 의식은 그가 묵고 있는 궁전의 방 안에서 올린 것에 불과하고 궁전 밖으로 한 발짝만 나가면 여전히 백작으

로 불렸다고는 하지만 그의 그러한 거동은 베네치아 정부를 매우 곤혹스럽게 만들었다. 그러나 이 문제에 대한 베네치아 정부의 조치는 베로나의 귀족들에게 프로방스 백작이 사는 궁전으로 가서 왕위 계승을 축하하는 인사를 하지 못하도록 금지한 것이 고작이었다.

그러나 왕위 계승을 선언한 인물을 혁명 프랑스와 전쟁 상태에 있는 각국이 그대로 모른 체할 리가 없었다. 영국은 매카트니 경을 베로나로 보냈고, 오스트리아도 피에몬테에 주재하는 대사를 급히 새로운 왕에게 파견했다. 이들 나라 사이에 음모가 몰래 꾸며지고 있다는 보고를 받은 프랑스의 국민공회, 그리고 국민공회 대신에 권력을 장악한 총재정부는 잇따라 항의문을 보내왔다. 배반자 프로방스 백작을 인도하라는 프랑스의 요구를 받아들이면 영국과 오스트리아를 적으로 돌리게 된다. 그렇다고 베네치아 영토 안에서의 망명을 그대로 용인하면 이탈리아 국경 가까이 접근해오고 있는 프랑스군을 공연히 자극하는 일이 될 것이다. 이런저런 핑계를 대고 1년 가까이 해결을 미루어오던 베네치아 정부도 1796년 4월 마침내 이 안을 원로원의 의결에 부치지 않을 수 없게 되었다.

의결의 결과는 프로방스 백작의 국외 퇴거에 찬성하는 자 156, 반대하는 자 47이었다. 베로나에 사절을 보내 베네치아 정부는 베네치아의 어려운 처지를 설명하고 국외로 퇴거해줄 것을 요청했다.

프로방스 백작과 그 일행이 베로나를 떠난 것은 같은 달 21일이었다. 갈 곳은 우선 인스부르크로 정해졌다. 그 시점에서는 영국도 오스트리아도 프로방스 백작의 망명을 받아들이는 일에 호의적인 답을 해주지 않았기 때문이다. 훗날 루이 18세가 될 그는 끝내는 런던으로 가게 되지만 그때까지는 여기저기를 전전하며 옮겨다닐 수밖에 없었다. 18년이라는 긴 세월에 걸친 그의 망명생활의 시작을 의미하는 것이었다. 그러나 베네치아령에서 쫓겨난 프로방스 백작은 결과적으로 그것으로써 목숨을 건져 수명을 연장할 수 있게 된다. 그가 쫓겨나기 1개월 전, 니스에 있는 프랑스군 본부에 이탈리아 방면 담당 프랑스군 총사령관으로 나폴레옹이 부임해왔다. 20대 후반에 막 들어선 코르시카 태생 이 젊은 장군의 힘으로 프랑스군은 일변하게 된다.

나폴레옹의 대두

18세기 말의 베네치아공화국은 문화 이외의 모든 면에서 경제적으로나 정치적으로나 또 군사적으로나 3류국으로 전락해 있었지만 정보수집 능력만은 전성기의 성가를 욕되게 하지 않을 정도의 수준을 유지하고 있었다. 그러나 그런 능력으로도 나폴레옹 보나파르트의 대두를 예측할 수는 없었을 것이다. 병사 출신이고 사관학교에서 하위의 성적밖에 올리지 못했던, 그리고 극히 최근까지도 이탈리아에 속해 있던 코르시카 출신의 이 젊은 사관의 전혀 프랑스적이 아닌 이름이 파리 사람들에게 알려지게 된 것은 1795년 10월 이후의 일이다. 이러한 그가 이탈리아 방면 담당 프랑스군 총사령관이라는 대임을 맡게 된 것은 역사의 장난이라고 해도 좋을 그런 일에 의해서였다.

총재정부의 실력자 바라스는 애인 조제핀과 헤어지기를 원했지

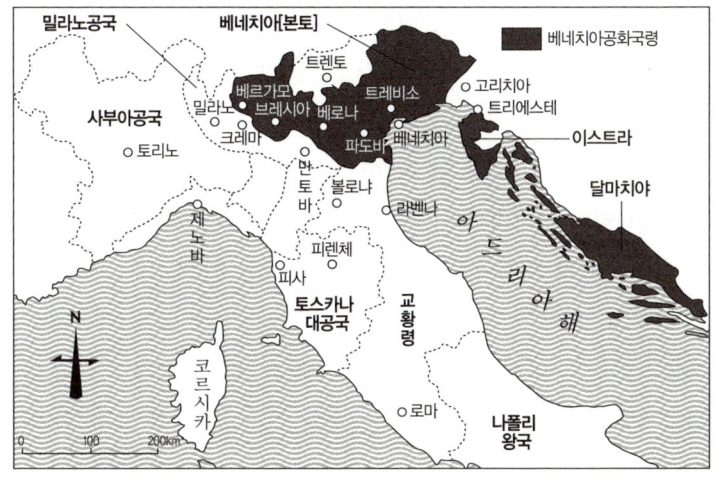

18세기의 북이탈리아

만 그냥 버린다는 것은 풍류남아가 할 일이 아니라고 생각하고 있었다. 30이 넘은 여자와 헤어지려면 자기를 대신할 남자를 하나 구해주고서 해야겠다고 그는 생각했는지 모른다. 그 대역이 바로 나폴레옹이었다. 풍류를 아는 프랑스 사나이 바라스가 조제핀에게 지참금처럼 던져준 것이 이탈리아 방면 담당 프랑스군 총사령관 자리에 있는 한 남자였다. 이 결혼에 그다지 마음이 내키지 않았던 조제핀은 물론이고 바라스도 그 시점에서는 이 젊은 장군의 진가를 알아차리지 못하고 있었던 것이 틀림없다. 그렇지 않고야 후일 자기 실각의 원인이 되는 이 코르시카의 사나이를 그토록 끌어올려줄 리가 없다. 하지만 여섯 살이나 연상인 조제핀에게 홀딱 반한 나폴레옹도 야심에서는 남에게 뒤질 사나이가 아니었다. 총사령관이라는 지위는 야심가 나폴레옹에겐 첫 무대로 안성맞춤의 자리로 보였을 것이다.

장비와 사기와 병력의 면에서 오스트리아와 사부아 연합군보다 열세인 이탈리아 방면 담당 프랑스군을 맡은 나폴레옹은 시간을 허송하지 않았다.

취임 후 20일밖에 안 된 1796년 4월 10일, 이때 이미 프랑스령이 되어 있던 제노바의 서쪽에서 벌어진 전투가 나폴레옹과 오스트리아군의 첫 대전이었다. 5일 동안 계속된 이 싸움은 프랑스군의 승리로 끝난다. 동쪽으로 퇴각하는 오스트리아군을 추격하는 프랑스군은 토리노까지 몰려왔고 패전으로 혼비백산한 사부아 공가는 4월 27일 나폴레옹과 단독강화를 맺고 만다. 프랑스군은 싸우지도 않고 토리노를 얻었다.

승세를 탄 프랑스군은 더욱 동쪽으로 진출해 5월 10일 밀라노 근처에서 다시 오스트리아군과 대전, 이번에도 승리를 거둔다. 밀라노 점령은 5월 14일의 일이었다. 밀라노공국령과 경계를 접한 베네치아의 본토 속령은 그전부터 밀라노로부터 난민들이 쏟아져 들어와서 전쟁이 눈앞에 다가선 불안으로 시끄러웠다. 자국령을 향해 퇴각하는 오스트리아군에 대한 추격을 계속한다면 프랑스군이 베네치아공화국 영토로 쳐들어오는 것은 불가피해 보였다. 나폴레옹은 밀라노령 안에 고립되어 있어도 베네치아령인 크레마를 프랑스군이 통과하는 것을 승인하라고 베네치아 정부에 요구해왔다. 그런데 똑같은 요구가 오스트리아군으로부터도 와 있었다. 베네치아와 오스트리아 두 나라 간에 체결되어 있는 조약에 따라 베네치아는 오스트리아의 요구를 받아들이지 않을 수 없는 처지였다.

이런 난처한 처지에 놓인 베네치아가 취한 유일한 행동은 비상

사태하에서만 선출되는 본토 담당 총사령관을 본토에 파견한 것뿐이었다. 이때 총사령관으로 뽑힌 포스카리니에게는 본토에 있는 속주의 안정을 도모하라는 임무가 부여되었지만, 그러나 어떤 방법으로 하라는 것도, 그리고 그것을 가능하게 할 군사력도 주지 않은 채 막무가내로 파견만 한 것이었다. 포스카리니가 프랑스군 참모본부에 도착하는 것보다도 나폴레옹의 움직임이 더 빨랐다. 그 때문에 나폴레옹과 첫 접촉을 한 베네치아공화국 정부 대표는 크레마의 지사인 조반 바티스타 콘타리니였다. 콘타리니는 오스트리아군 사령관과 오스트리아군의 크레마 통과에 관해 불과 며칠 전에 협의를 마친 처지였다.

1043년 이래 800년 동안에 여덟 사람이나 국가원수를 배출한 바 있는 베네치아공화국의 명문 중의 명문 콘타리니 가문에 속하는 이 행정관은 또한 명문 귀족인 오스트리아군 사령관과 신사협정으로 이야기를 끝낼 수가 있었지만 나폴레옹과는 그렇게는 되기 어려울 것임을 만나보기도 전에 짐작했던 것 같다. 그가 원로원으로 보낸 보고서는 다음과 같은 구절로 시작된다.

"배에 힘을 주고 각오를 단단히 하여 대하지 않으면 안 된다고 나 자신에게 다짐했습니다."

국경 주변을 담당하고는 있었지만 콘타리니는 젊은 무명의 장군 나폴레옹이 이탈리아에 진격을 시작하기에 앞서 휘하 병사들에게 어떤 말을 했는지를 모르고 있었다. 나폴레옹은 병사들에게 이렇게 말한 것이었다.

"병사 여러분! 여러분의 눈앞에 펼쳐져 있는 것이 풍요로운 이탈리아의 평원이다. 이것을 정복할 수 있겠는가? 과연 이길 수 있겠는가? 내일의 승리는 오늘 갖지 못하고 있는 것을 여러분에게 주게 될 것이다."

나폴레옹은 등장 초기부터 부하 장병들의 마음을 휘어잡는 데 능했다. 나폴레옹의 그 같은 격려에 답해 승리한 프랑스군은 바야흐로 베네치아령으로 몰려오고 있다. 나폴레옹이 먼저 보낸 부관은 지사 콘타리니에게 이렇게까지 말했다.

"프랑스군이 요구하는 모든 것을 받아들이지 않으면 우리는 우리 손으로 그것들을 확보할 수밖에 없소."

베네치아의 행정관을 맞이한 나폴레옹은 처음부터 매우 까다롭게 나왔다. 콘타리니는 나폴레옹이 원래 말이 적은 위인이거나 아니면 일부러 불편한 심기임을 나타내려고 하는 것이거나, 그렇지 않으면 또 몹시 피곤하기 때문인가라고 써놓고 있다. 콘타리니는 우선 모른 척 시치미를 떼면서 운을 뗐다.

"보나파르트 장군께서는 몹시 피곤하신 것 같습니다만……."

나폴레옹은 이 말에 이렇게 답했다.

"그래요. 몹시 피곤해요."

하지만 이어서 진행된 두 사람 사이의 대화는 회담이 아니라 심문이었다. 심기가 불편한 듯한 태도를 바꾸지 않으면서도 상대편에게 생각할 여유도 주지 않으려는 듯 진지하고 사려 깊은 질문의 화살을 잇따라 던졌다.

"오스트리아군은 어느 길을 지나 동쪽으로 향했소? 크레마의 시내로 들어왔던가?"

이 질문에 대해 콘타리니는, 자기를 만나러 온 장교 몇 사람 이외에는 모두 성벽 밖을 군 규율에 따라 질서 있게 통과했을 뿐이라고 답했다. 나폴레옹은 요점을 피한 이런 답에도 더 따져물을 생각을 하지 않았으며, 이 도시와 저 도시 사이의 거리는 얼마며 전령을 보낸다면 얼마나 시간이 걸리는 거리인가 등을 물어왔다. 콘타리니는 이런 질문에 대답은 하면서도 되도록 정확한 내용은 말하지 않으려고 노력한다. 나폴레옹은 콘타리니의 그런 노력을 알아차렸는지 못 알아차렸는지 이번에는 베네치아공화국 본토령의 지도를 달라고 한다. 콘타리니는 이번에도 꽁무니를 뺀다. 크레마 부근 것이면 있노라면서 그것을 주었다.

나폴레옹은 화제를 바꾸었다. 베네치아가 프로방스 백작의 망명을 2년간이나 허용하고 프랑스군이 우세해지자 국외로 퇴거시킨 것은 어찌된 일이냐고 물어왔다. 콘타리니는 이에 대해 혁명 후의 프랑스 정부를 재빨리 승인한 것은 베네치아공화국이라고 답했다. 백작뿐 아니라 프랑스의 구지배계급에 속하는 사람들의 망명도 베네치아는 허용하지 않았느냐고 비난하는 나폴레옹에게 콘타리니는 이렇게 답했다.

"우리 공화국은 자유를 존중하는 나라입니다. 개인 자격이라면 우리나라 법을 범하지 않는 한 어떤 나라 사람들에게도 망명을 허용하는 것이 우리나라 전통입니다."

나폴레옹은 수를 바꾸었다. 오스트리아는 프랑스의 적이다, 프랑스의 우호국이라는 베네치아가 무엇 때문에 프랑스 적의 통과를 용인했느냐 하는 것이었다. 이에 콘타리니는 베네치아로서는 중립을 선언한 바 있고 오스트리아와는 전부터 서로 군의 통과를 상호 인정하기로 협정이 되어 있다고 했다. 이때 단정치 못한 자세로 몸을 의자 깊숙이 기대고 앉아 있던 부관 한 사람이 말하기를, 베네치아는 어느 쪽 편에 설 것인가를 빨리 정해 오스트리아군의 통과를 금해야 할 것이 아니었느냐고 했다. 콘타리니는 그쪽을 돌아보면서 말했다.

"베네치아 시민인 나는 베네치아공화국 원로원의 명령만 따릅니다."

콘타리니는 다시 자세를 바로잡으면서 좌우와 등 뒤에 심상찮은 공기가 도는 것을 감지하고 나폴레옹이 분노를 폭발시키는가 보다 하고 각오를 가다듬었지만 그런 일은 일어나지 않았다. 마주 보이는 탁자 너머에 앉아 있는 바싹 마른 체구에 키가 작으며 물기가 있는 듯한 칠흑색의 두발을 어깨 위까지 늘어뜨린 젊은 장군은 형형한 빛을 발하는 두 눈으로 뚫어지게 콘타리니를 응시하기만 했다.

회의장을 나서는 콘타리니를 방 밖까지 나와 배웅하는 나폴레옹은 아주 정중하고 예의발랐다. 콘타리니에겐 그가 억지로 그렇게 하는 것으로밖에 생각되지 않았다.

회담은 시종 이탈리아어로 진행되었건만 콘타리니는 몹시 피곤을 느꼈다. 프랑스어를 아는 콘타리니는 프랑스어로 말하겠다는 뜻을 미리 전했는데도 나폴레옹은 이탈리아어로 말하는 쪽을 택한 것이었다. 나폴레옹의 이탈리아어는 별 문제가 없었지만 부관들의 말은 엄정을 요하는 대화에 적합한 수준이 아니었다. 그런데도 이탈리아어로 말하려고 든다. 이것이 콘타리니의 마음에 어두운 그림자를 던졌다. 그러나 그에겐 불안감을 되씹을 여유조차 허용되지 않았다. 프랑스군의 통과는 협정의 유무에 불구하고 인정치 않을 수 없는 현실로 눈앞에 다가오고 있었다.

군대의 통과란 그냥 통과만을 의미하는 것이 아니다. 숙박문제나 군량문제는 통과를 인정하는 쪽에서 배려해야 하는 일로 되어 있었다. 물론 이에 따르는 비용은 통과하는 군대 측이 지불하는 것이 관례였다. 그러나 오스트리아군과는 달리 프랑스 측은 이런 관례를 지킬 뜻이 없는 듯한 느낌이다. 이렇게 되면 경제적인 문제를 넘어 정치적인 문제가 되는 것이다.

이럭저럭 하는 동안에 티롤 방면으로 퇴각하는 오스트리아군과 이를 추격해 들어온 프랑스군으로 베네치아공화국 본토령은 가득 메워졌다. 각지의 행정장관으로부터 원로원으로, 또 본토 담당 총사령관 포스카리니에게로 어떻게 대처할 것인가를 묻는 청훈(請訓)이 화살처럼 잇따라 날아왔으나 원로원도 포스카리니도 한결같이 중립국임을 양군에게 선언해 사태를 무사히 수습하도록 노력하라는 오직 한 가지밖엔 달리 훈령이 없었다.

그러는 가운데 승세를 탄 프랑스군의 횡포는 말할 것도 없고, 퇴각을 계속하는 오스트리아군도 신사적인 행동을 계속 유지할 의지도 여유도 없어진 듯 베네치아령인 페스키에라의 요새를 점거해버렸다. 토리노와 밀라노는 벌써 프랑스군이 점령했고 피렌체의 토스카나 대공도 프랑스와 우호관계를 맺었으며 베네치아는 여전히 절대중립 노선을 지키고 있는 것이 오스트리아를 절망시킨 것이었다.

베네치아는 자국 내에서 자행되는 오스트리아군과 프랑스군의 일방적인 횡포에 대해 말 이외엔 할 수 있는 것이 아무것도 없었다. 베네치아령인 페스키에라 요새로부터 오스트리아군을 몰아내야 하는 것도 베네치아가 아니라 프랑스군이다. 이탈리아에 단 하나 남아 있는 오스트리아제국의 보루인 만토바를 공략하려는데 바로 그 북쪽, 금방이라도 원군을 보내올 수 있는 거리인 페스키에라에 적군이 있어서는 작전상 곤란하기 때문이다. 서로 전선을 맞대고 있는 오스트리아군도 프랑스군도 이제는 비무장·비동맹을 부르짖는 베네치아 따위는 안중에도 없었다. 만토바에서는 이제 장렬한 공방전이 시작되고 있었다. 그와 동시에 군의 재건을 성공리에 진행시키고 있던 오스트리아군도 만토바가 함락되는 일이 있어서는 안 된다고 다시 남하를 시작했다. 포스카리니가 나폴레옹을 만날 수 있었던 것은 사태가 긴박했던 바로 이 시기였다.

5월 29일, 포스카리니는 이제 베네치아 행정장관의 허가 따위는 아랑곳하지 않고 마치 점령지에 군림하는 태도로 베네치아령 브레시아에 작전본부를 두고 있는 나폴레옹을 가까스로 만날 수 있었다. 보나파르트 장군은 매우 정중한 태도로 그를 맞아들였다. 포스카리니는 크레마로부터 브레시아까지 프랑스군이 통과함으로써 발생한 손해 일람표를 제시했다. 군량 조달과 숙박시설 확보에 든 비용도 그 일람표에 포함되어 있었다. 나폴레옹은 그것을 손에 들고 읽기 시작했다.

그러나 1분도 채 지나지 않아 그것을 탁상에 내던지면서 화를 내기 시작했다.

"이런 종이 조각은 내가 대답할 가치도 없소. 크레마와 브레시아 사이 정도의 짧은 거리를 통과하면서 생긴 이런 사소한 손해 따위를 가지고 시비를 걸어오다니! 이것은 프랑스에 대한 베네치아의 적개심 표시로밖에 볼 수 없소. 프로방스 백작을 보호해준 일이라든지 페스키에라를 오스트리아군에 넘겨준 사실이라든지 베네치아가 우리 프랑스군을 적대시한다는 증거가 아니고 무엇이오? 복수하겠어. 베로나를 불태우고 베네치아를 파괴하는 한이 있더라도 복수하고 말겠어!"

간이 좁쌀만 해진 포스카리니는 고개를 떨구고서 물러날 수밖에 없었다.

그러나 나폴레옹의 노여움을 그대로 내버려둔다는 것은 지금의 베네치아 처지로서는 있을 수 없는 일이었다. 포스카리니는 다시 회견을 청했다. 두 번째 회견은 행동이 빠른 나폴레옹의 뒤를 쫓아 프랑스군 본부가 옮겨간 페스키에라에서 6월 1일에 이루어졌다.

식탁에서 식사를 하려던 나폴레옹은 전번과는 딴판으로 따뜻한 환영을 보이면서 포스카리니에게도 함께 식사를 하자고 권했다. 식사 후 별실로 옮겨 회담이 시작되었다. 포스카리니는 베네치아의 프랑스에 대한 우호관계 유지 의사에는 아무런 변화도 없다고 말했다. 이 말에 대해 나폴레옹은 이렇게 답하는 것이었다.

"베네치아는 프랑스와의 우호관계를 툭하면 입에 올리고 있소. 하지만 실제로 귀국이 하고 있는 일은 말과는 정반대요. 만약 베네치아가 진심으로 그것을 원하고 있다면 베네치아령 내에 있는 오스트리아군을 내쫓아야 할 일이지. 그리고 오스트리아에 대해 선전포고를 해야 할 것 아니오. 또 프로방스 백작의 건도 납득할 수 없소. 프랑스 정부의 요청을 2년 동안이나 들어주지 않다가 우리 군대가 가까이 다가가자 비로소 국외로 내보낸 것이 사실 아니오. 이런 짓을 하는 베네치아 정부에 선전포고를 해야 하지 않느냐는 것을 파리에 진언했고 이제 그 회답을 기다리고 있는 중이오. 사태가 여기까지 와 있소. 그런데도 조그마한 손해 따위를 따지고 있으니 웃기는 일 아니오."

콘타리니 가문만 한 명문은 아니더라도 34년 전인 1762년에 처음이기는 하지만 어쨌든 국가원수를 낸 포스카리니 가문이다. 포스카리니에게도 베네치아 귀족으로서 긍지는 있었지만 그가 설명하는 비무장 중립은 법을 존중해주는 상대라야만 이야기가 될 수 있다. 포스카리니가 법을 내세워 이야기를 해보았자 나폴레옹에게는 소용이 없었다. 본토령 담당 총사령관은 모든 것을 본국 정부에 보고하는 것 이외엔 아무것도 할 수가 없었다. 그러나 원로원 역시 종래의 노선을 버릴 용기가 없었다.

베네치아의 태도를 비난한 것은 프랑스만이 아니었다. 오스트리아 측도 베네치아의 비동맹정책은 베네치아인들의 이기주의의 표출이라고 비난하기 시작했다. 군의 상층부가 바뀌면 그러잖아도 긍지에 빠져 있는 병사들의 약탈행위도 대의명분을 얻게 된다고나 할까. 프랑스군뿐 아니라 오스트리아군의 횡포에도 무방비로 노출되기에 이른 베네치아 본토령 주민들의 불만은 자기들을 지켜줄 능력이 없는 베네치아 본국 정부를 겨냥하게 되었다. 설상가상으로 나폴레옹은 베네치아 원로원의 무위무책을 비웃기라도 하듯, 부하 장군을 보내어 베네치아공화국 본토 속령의 수도인 베로나를 포위하게 했다. 장군들은 대포의 포구를 베로나의 성벽을 겨냥하게 한 후 다음과 같은 것을 베로나시에 요구했다.

첫째, 프랑스군을 위해 성문을 열 것.

둘째, 성벽의 한쪽을 따라 흐르는 아디제강에 놓인 다리 위에 프랑스군 진영을 설치할 수 있게 할 것.

셋째, 프랑스군 1만 2천 명에게 필요한 포도주, 빵, 고기에다 군용마를 위한 사료를 매일 제공할 수 있도록 준비할 것. 소요경비는 이곳 시가로 지불한다.

이제는 이미 우호국에 대한 요청이 아니라 점령지에 대한 명령이었다. 군량 조달도 기한에 대해 전혀 언급이 없었고, 대금을 지불한다지만 지금까지 지불한 적이 없었으므로 사실상 징발과 마찬가지였다. 또 그밖에도 진지건설을 위해서라면서 농민 2천 명을 제공해달라고까지 요구해왔다. 베로나시로서는 이런 요구를 받아들일 수밖에 없었다. 거부할 경우 힘으로라도 받아들이게 하겠다고 전해왔기 때문이다. 한창 수확기인 6월에 농민들을 끌어모으는 일은 여간 어려운 게 아니었다. 게다가 프랑스군을 위해 총 2천 자루를 조달해오라는 조항까지 추가되었다.

무거운 마음으로 내키지 않는 걸음을 재촉해 찾아간 포스카리니를 대하는 나폴레옹은 어찌된 영문인지 기분이 좋아 보였다. 총 2천 자루를 조달하라는 것은 베로나가 가지고 있는 것을 잠깐 사용할 수 있게 해달라는 뜻이라고 말하고 초대한 점심식사 자리에서도 제법 웅변으로 지껄이는 것이었다. 베네치아와 프랑스의 우호 관계의 전통이 얼마나 역사가 오래되었는지를 언급하면서 오스트리아군만 물러나면 프랑스군도 철수할 거라고 말했다. 프랑스군의 의도는 이탈리아를 오스트리아제국의 지배로부터 해방시켜 이탈리아인에게 돌려주는 것이라고도 했다. 그래서 포스카리니는 아주 마음을 놓았고 매우 낙관적인 보고를 본국으로 보냈다.

그러나 본토의 주요 도시들을 담당하는 베네치아의 행정관들은 프랑스인들과 세세한 실무 교섭을 계속해온 경험으로 나폴레옹의 일시적인 기분에서 나온 우호적인 제스처에 속아넘어가지 않았다.

프랑스인들이 베네치아공화국으로부터 최대한 긁어낼 심산이라는 예감을 떨쳐버릴 수가 없었다. 그들의 불안은 빗나가지 않았다. 나폴레옹은 포스카리니에게 좋은 얼굴을 보이고 난 이틀 후에 파리의 총재정부 앞으로 다음과 같은 통신을 보낸 것이다.

"만약 그곳 분들의 생각이 베네치아공화국으로부터 500만이나 600만 금을 내게 하는 데 있는 것이라면 본관에게 그것을 실현할 최적의 방책이 있습니다."

재군비 결의

코르시카 태생의 젊은 장군의 기분이야 어떠하든 간에 본토의 최중요지인 베로나를 사실상 점령당하고 만 현실은 베네치아 정부를 대경실색하게 하기에 족했다.

6월 6일 베네치아 원로원은 방위를 목적으로 한다는 조건을 붙이기는 했지만 마침내 재군비를 시작하기로 어려운 결단을 내렸다. 찬성 119, 반대 77이었다. 프랑스 혁명이 시작되기 전부터 재군비의 필요성을 주장해온 파가 17년 만에 비로소 다수파가 된 것이었다. 그리스 해역을 담당하던 해군을 본토 방위를 위해 즉각 불러들였고, 무에 가까운 육군의 재편성에 필요한 비용 조달을 위해 특별세를 부과하기로 했다. 정부의 호소에 위기를 감지한 시민들은 세금징수나 성금기부에도 협조적이어서 잠깐 동안에 130만 두카토를 끌어모을 수가 있었다. 달마치야와 이스트라 지방에는 재빨리 모병령이 선포되었다.

하지만 이미 때는 너무나 늦었다. 돈도 병사도 끌어모을 수는 있었지만 그런 것들을 거느릴 만한 사람의 수가 부족했다. 100년에 걸친 평화는 베네치아공화국에서 그런 일을 감당해낼 수 있는 인물들에게 설 자리를 잃게 하여 부지불식간에 자취를 감추게 한 것이었다.

게다가 필요가 없어서 쇠약해져가는 그대로 버려두었던 육군을 재건하기로 결정했다지만 그것이 무엇을 목적으로 하는가도 명확히 제시하지 못했다. 방위라고는 하지만 베네치아공화국령은 석호라는 얕은 바다 위에 떠 있는 섬만은 아니다. 그 한계를 어디에다 긋느냐 하는 것에 대해서도 의논이 엇갈려 의견일치를 보지 못했다.

베네치아공화국은 14세기 말 제노바와의 전쟁과 16세기 초엽의 캉브레 동맹 전쟁 때 두 번 다 석호 위의 섬 안에서만 틀어박힌 채 농성전으로 싸우지 않으면 안 되었던 경험이 있다. 두 번 다 베네치아는 이겨서 살아남을 수가 있었다. 하지만 그때의 베네치아는 교역으로 살아가고 있었으니까 버텨내 이길 수가 있었던 것이다. 국가의 독립 확보에 성공하기만 하면 배를 새로 건조할 수도 있었고 장사도 남의 자본으로 할 수가 있었다. 그러나 18세기의 베네치아는 국가경제의 주축이 농업으로 바뀌어 있었다. 농업은 토지가 없으면 안 된다. 바다 위에 떠 있는 섬에는 토지가 없다. 베네치아 본국의 방위만을 생각해야 한다고 생각하는 파가 다수파가 되지 못했던 것은 본토령에 경제적 기반을 둔 귀족들이 원로원 의원의 대부분을 차지하고 있었기 때문이다. 그들은 본토의 속령을 떼어낼 생각을 도저히 할 수 없었던 것이다. 그것은 고사하고 그들은 나폴레옹의 대두 이래로 본토에 있는 자기네 농장을 빼앗길지도 모른다는 두려움에 하루도 편안히 다리 뻗고 자는 날이 없는 처지였다.

무엇을 어느 정도까지 방위하느냐도 결정하지 못한 가운데 그래도 긴급동원령만은 착실히 시행되어 움직이고 있었다.

맨 먼저 베네치아 본국의 행정구마다 15세부터 60세까지의 남자 수를 조사했다. 조사 결과는 다음과 같았다.

산 마르코구―6,443명
카스텔로구―1만 676명
카나레조구―9,430명
도르소두로구―7,635명
산 폴로구―3,194명
산타 크로체구―4,863명
합계―4만 2,241명

이 중에서 병역에 상시 복무할 수 있는 남자만을 골라내고 거기에 리도나 무라노 지방의 지원자를 합하면 1만 명을 일단은 현실적인 병력으로 잡을 수 있다. 이것을 각 100명씩의 조로 나누고 각 조는 귀족 두 사람과 시민 두 사람이 지휘하도록 했다. 각 조는 그 조에 속하는 사람들의 거주지에 가까운 지역의 수비를 담당하게 했다. 그러는 중에 베네치아령 이스트라와 달마치야 지방으로부터도 스키아보니라 불리는, 유사시엔 언제나 베네치아공화국이 크게 의존해온 용병들도 도착하기 시작했다. 음료수 확보와 식량 재고량의 보충도 별탈없이 진행되어갔다. 외해로부터 석호에 이르는 3개 중요 수로, 즉 리도, 말라모코, 키오자의 항구에는 대포를 탑재한 함대가 배치되었다. 이런 것들만 보면 베네치아는 14세기 말과 16세기 초 당시와 마찬가지로 본국 사수의 각오를 단단히 다지고 있는 것처럼 보인다. 다만 이들에게 명령을 내릴 원로원이 명확한 방침을 내놓지 못하고 있는 것뿐이다. 그들은 방위가 의미하는 바가 무엇인가를 두고 토론에 토론을 거듭하고 있었다. 그래서 본국의 동원령 발효 소식을 듣고 우리도 가만히 있지 않겠다고 말해오는 본토의 속령에 지금은 조용히 관망하라는 명령밖엔 주지 못했다.

그러는 동안에도 나폴레옹이 이끄는 프랑스군은 착실히 전선을 전진하고 있었다. 밀라노로부터 서쪽으로 베로나까지 뻗은 지대를 사실상 점령함으로써 만토바와 티롤 사이를 차단하는 데 성공한 것이었다. 고군분투하는 만토바에 원군을 보내려 해도 오스트리아군은 가르다호의 북쪽에서 발이 묶였는지 꼼짝을 못하고 있었다. 같은 시기에 베네치아공화국을 대표해 나폴레옹과의 접촉과 교섭을 유일한 일거리로 삼고 있는 꼴인 본토 담당 총사령관에 포스카리니를 대신해 프란체스코 바타리아를 선출했다.

7월, 바타리아는 부임하자마자 큰 회오리바람을 얻어맞았다. 브레시아에 도착한 지 며칠 되지도 않은 그를 덮친 것은 노기충천한 나폴레옹이 보내온 편지였다.

무슨 심산으로 군대에 보급을 끊었소. 또 거리의 치안과 병원 설비의 개선은 베네치아공화국이 본관에게 보장했던 일이 아니오. 귀하의 선임자는 모든 것을 프랑스 측을 위해 좋도록 노력해왔소. 아마 그것이 이유가 되어 그는 퇴임당한 것으로 알고 있소.

귀하가 어떤 생각으로 있는지 급히 알려주기 바라오. 귀하는 어느 편인가 급히 알려주시오. 베네치아가 우호관계에 있다고 말끝마다 들먹이는 나라의 병사가 베네치아령 도시의 성벽 안에서 치료도 제대로 받지 못한 채 헛되이 죽어가는 사실을, 그리고 이 도시 안에서 누구인지도 모를 살인자의 손에 의해 무참히 죽음을 당하고 있는 사실을 귀하는 어떻게 생각하는지 말해주시오.

만약에 귀하의 힘으로 베네치아령 도시들의 치안을 유지하지 못하고 병원의 관리도 뜻대로 하지 못한다면 우리는 더 효율적인 수단에 호소하지 않을 수 없게 될 것이오.

귀하에 대한 본관의 기대와 호의를 믿기 바라오.

보나파르트

바타리아는 알고 있었다. 항의를 해온 나폴레옹도 아마 알고 있었을 것이다. 병원의 치료가 불충분한 것도, 프랑스군에 대한 식량 등의 공급이 지체되기가 일쑤인 것도 다 그 일을 해야 할 사람들의 사보타주 때문이었다. 거리에서 누구인지도 알 수 없는 살인자에게 살해당하는 프랑스 병사의 수가 늘어나는 것은 주민들의 저항운동 때문이었다. 베네치아공화국은 속령 통치를 군사력으로 유지한 일이 없었다. 그렇게 할 만한 군사력을 갖지 못했기 때문이기도 했다. 베네치아가 사용한 무기는 선정(善政)이었다. 본토 속령의 주민들은 베네치아의 이러한 선정에 400년 동안이나 익숙해져 있었으므로 군사력으로 억압을 해도 참고 견뎌나가며 체념하지 않았다. 하지만 바타리아로서는 그대로 방치해둘 수도 없는 문제였다.

그에게는 주민들의 저항운동을 조직할 권한도, 또 그것을 가능하게 할 군사력도 주어진 바 없었다. 또 원로원으로부터 오는 지령이라고는 모든 일을 시끄럽지 않게 조용히 넘기도록 힘쓰라는 것뿐이었다.

바타리아는 맨 먼저 병원과 군용식량 조달 책임자를 불러 한층 더 노력할 필요가 있다는 것을 설득한 후 나폴레옹에게 답신을 썼다. 식량 조달의 지연은 보급지의 많은 부분이 전쟁터가 되었거나 군대의 통과로 황폐화되었기 때문이고, 병원의 치료는 지금 상태가 한계이며, 치안유지 문제도 산으로 둘러싸인 이 지대에서는 범인들이 산중으로 도망해버리면 잡기가 어렵다는 내용의 것이었다. 그는 편지를 부관을 시켜 카스틸리오네에 있는 나폴레옹에게로 보냈다.

이를 받아본 나폴레옹은 화를 내지는 않았으나 노기를 억누르고 있는 것이 역력했다. 부관에게 등을 보이고 창밖을 바라보며 나폴레옹은 감정을 최대한 억제해 이렇게 말했다.

"나는 군인이오. 군인이란 진실을 분명하게 말하는 것을 좋아하오. 부유한 고장인 브레시아에 돈이 없을 리가 없소. 나 같으면 당장이라도 200만은 징발해내겠소. 바타리아 총사령관의 답신은 전혀 이해할 수가 없소. 끝내 반프랑스적인 행동을 계속하는데, 본토의 베네치아령 도시들이 잿더미로 변해도 좋다는 거요?"

부관의 변명도 소용이 없었다. 나폴레옹은 단호한 말투로 이렇게 말했다.

"베네치아 본국에서 재군비가 진행되고 있다는 소리를 들었소. 그것이 사실이라면 명백히 프랑스군을 적으로 보고 하는 소행임이 틀림없소. 오스트리아군의 대거 남하를 눈앞에 둔 시기에 맞추어 호응하는 행위임에 의문의 여지가 없소.

나는 오스트리아군을 깨끗이 격퇴해 보일 것이오. 그리고 베네치아인들에게 이 전쟁의 비용을 물리겠소. 왜냐하면 오스트리아군에게 길을 열어준 것은 베네치아니까."

부관은 그 나름으로 반론을 펴보았다.

"베네치아공화국은 어느 나라에도 영내 통과를 허가한 일이 없습니다. 다만 우리 공화국은 그것을 막을 만한 군사력을 가지지 못한 것뿐입니다."

나폴레옹은 이때 비로소 뒤를 돌아보고 자기와 동년배인 부관의 얼굴에 조용히 시선을 박은 채 말했다.

"총사령관에게 전하시오. 내일 베로나에서 만나자고. 나는 그전에 먼저 베로나에 도착해 있을 것이오."

"이 자리에서는 답을 드리지 못하겠습니다. 베네치아의 행정관은 본국 정부의 허가 없이는 마음대로 이동하지 못하도록 되어 있으니까요."

부관의 말에 나폴레옹은 이렇게 대꾸할 뿐이었다.

"내가 그렇게 원한다고 전해요. 이 나폴레옹이 그렇게 원한다고."

부관으로부터 보고를 받은 바타리아는 나폴레옹이 뭐라고 말했든 상관 없이 본국 정부의 허가를 받을 마음이 있었지만 시간이 그것을 허용하지 않았다. 게다가 사태는 절박했다. 그는 그의 독단으로 출발하기로 했다.

베로나에 도착한 바타리아는 나폴레옹이 근처인 페스키에라에 있다는 말을 듣고 그리로 향했다. 나폴레옹은 요새 주변에 배치되어 있는 대포 진지를 돌아보는 중이었다. 바타리아의 도착 소식을 들은 장군은 그의 뒤를 따르는 여러 사관과 떨어져 바타리아 곁으로 다가왔다. 회담은 이렇게 진지 안에서 걸으면서 시작되었다. 7월 23일의 일이었다.

언제나 그렇듯 나폴레옹은 불필요한 수인사 따위는 젖혀두고 바로 문제의 핵심을 찌르며 다가왔다. 바타리아는 상대편으로 하여금 할 말을 다 하게 하자는 작정이었으므로 회담은 나폴레옹의 독무대로 시작되었다.

"베네치아에서 시작되고 있는 전면적인 재무장은 프랑스를 대상으로 하는 것임이 틀림없소. 오스트리아가 아디제 강가에 포진하고 있던 당시에는 베네치아는 아무것도 안 하고 가만히 있지 않았소. 재군비용 세금의 신설과 부과도 성금기부도 모두 프랑스에 대항하려는 애국심에 호소했기 때문에 가능했던 것 아니오. 원로원의 토의에서도 프랑스인을 미워해야 할 국민으로 묘사하고 일반시민에게까지 그런 선전이 잘 먹혀들고 있다는 것을 나는 알고 있소.

프랑스 병사들에 대한 이유 없는 살해사건은 끊이지 않고 일어나고 식량의 공급은 지체되거나 끊기기가 일쑤요. 프랑스군에 대한 이런 불손한 행위는 특히 베로나와 브레시아에서 두드러지고 있소. 더욱이 당신이 부임한 후로 상황의 악화가 현저한데 어찌된 일이오?"

반성의 의사가 있는가 해서 다그치는데도 바타리아로서는 고소를 참아내는 일이 고작이었다. 나폴레옹은 말을 계속해나갔다. 이번에는 전에도 몇 번이나 되풀이했던 말을 또 끄집어냈다.

"이곳 페스키에라를 오스트리아군이 점령하게 내버려둔 일이라 든가, 프로방스 백작의 망명을 2년 동안이나 허용한 사실이라든가 이 모든 것은 프랑스를 모욕하는 행위요. 위대하고 영광에 빛나는 프랑스는 이러한 불경스러운 행위를 보고 참지 말아야 했었소."

바타리아는 한마디 변명도 하지 않았다. 나폴레옹이 다시 말을 계속했다.

"만약 내가 제대로 본토를 점령했더라면 어떻게 되었을 것인가. 당신들은 이걸 옳게 알고 있는지 의심스럽소. 프랑스군이 필요로 하는 것은 충분히 구해서 썼을 뿐 아니라 이탈리아의 다른 지방에 서의 실례에서 명백히 볼 수 있듯이 파리에 보낼 수 있을 만큼 더 많이 조달할 수가 있었을 것이오. 적의 것은 모두 전리품이니까."

나폴레옹의 말소리가 조용하고 말투도 정중한 것이 오히려 더 바타리아를 불안하게 만들었다. 그는 그 자신부터 별 효과가 없다 고 생각하는, 그리고 지금까지 나폴레옹이 여러 번 들었을 것임이 틀림없는 변명을 되풀이하는 것밖엔 다른 도리가 없었다. 그러나 나폴레옹은 그 말을 다 듣지도 않고 이렇게 말했다.

"48시간 안으로 베네치아 본국의 동원령을 해제하고 그 이전으 로 원상복귀하라고 전하시오. 그렇지 않으면 나는 베네치아공화국 에 대해 선전포고를 하겠소. 총재정부는 나에게 귀국에 대한 처우 문제를 백지 위임했소."

바타리아는 그런 문제는 베네치아 정부와 베네치아 주재 프랑스 대사 사이에서 논의될 문제라고 말했지만, 나폴레옹은 대포의 포 구가 자기들을 향해 겨누어진 상태는 프랑스군으로서는 참을 수 없는 모욕이며 프랑스군은 이런 모욕을 더 이상 참을 수 없다고 되받아쳤다. 그리고 이런 일은 부하장교를 보내어 전하면 그만인 일이지만 베네치아공화국을 존중해 그 대표인 귀하에게 말하기로 한 것이라 했다. 바타리아가 할 수 있었던 일은 48시간을 6일간으로 연장한 것뿐이었다. 이것이 2시간에 걸쳐 진행되었던 회담의 수확이라면 수확이었다.

그러나 바타리아의 보고를 받은 원로원이 결정한 것은 무장은 오직 방위를 목적으로 하는 것임을 나폴레옹에게 전하라는 것과, 나폴레옹이 요구한 대로 프랑스군은 베네치아의 벗이라는 것을 성문으로 명기한 본국 정부의 포고문을 본토 주민들에게 포고한다는 것, 두 가지뿐이었다.

프란체스코 바타리아는 원래 재군비파였으므로 양보에 양보를 거듭하는 것밖에 모르는 베네치아 정부에 대해서 그것 봐라, 이럴 줄 몰랐던가 하는 생각도 안 드는 것은 아니었지만, 어찌했든 교섭의 최전선에 서게 된 지금의 그로서는 고국의 위기를 누구보다도 절실히 느끼고 있었다. 그의 보고문에서 될 대로 되라는 투와 조소하는 투가 사라져가는 것과 비례해 무슨 수를 써서라도 28세의 이 젊은 장군의 생각을 바꾸어놓아야겠다고 노심초사하고 있었다. 그러한 그에게 적절한 기회가 찾아왔다. 조제핀이 파리에서 온다는 소식이었다. 바타리아는 이 보나파르트 부인이 그 출신 성분이나 성장 배경으로 볼 때, 그리고 정신적으로도 앙시앵 레짐에 속한다는 것을 알고 있었다. 게다가 그 젊은 상승세의 장군이 여섯 살이나 위인 이 아내에게 홀딱 반해 있다는 소문이다. 나폴레옹에게서 브레시아시로 아내를 데리고 오고 싶다는 말을 들었을 때 이것이야말로 좋은 기회라는 생각이 퍼뜩 들었다.

브레시아에서 가장 우아하고 아름다운 베네치아식 궁전이 조제 핀의 숙소로 지정되었고 내부도 세심한 주의를 기울여 꾸몄다. 18세기 베네치아의 세련된 멋을 다 부린 축하연을 매일 밤이라도 열 수 있도록 만반의 준비를 끝냈다. 그리고 조제핀이 좋아할 것 같은 온갖 화려하고 우아하고 아름답고 값비싼 선물도 갖추어놓았다.

도착한 조제핀은 대단히 기뻐했다. 도중에 무사히 도착해 다행이라고 인사하러 온 바타리아에게 조제핀은 더위로 숨이 막힐 것만 같았던 지루한 여행 중의 고생도 잊을 것 같다고 고마워했다. 물론 바타리아는 혁명 직후의 프랑스 사나이들이 절대로 흉내도 못낼 세련되고 우아한 태도로 베네치아에게 관대한 처분을 내리도록 남편에게 부탁해달라는 청탁을 조제핀에게 하는 것을 잊지 않았다. 그날 밤으로 나폴레옹도 도착했다.

조제핀은 정치에는 조금도 관심이 없고 또 그런 재능도 없었지만 성품이 착한 여자였으니 아마도 베갯머리에서라도 뭔가 나폴레옹에게 전하기는 했을 것이다. 하지만 나폴레옹이란 사람은 여자에게 반해도 사랑하는 여자의 말대로 움직이는 사나이는 절대 아니었다. 바타리아가 그동안에 기울인 노력의 대가라고는, 일부러 파리로부터 불러온 아내와 불과 며칠을 함께 지내고서 다시 만토바 공략을 위해 출정을 떠나면서 나폴레옹이 남긴

"아내의 체재를 위해 애써준 것을 고맙게 생각하오"
라는 한마디뿐이었다.

다시 바람피우기를 시작한 조제핀과 마찬가지로 바타리아도 나폴레옹 따위는 젖혀두고 다른 일에라도 외도를 하고 싶었을 것이다. 다만, 오스트리아군의 남하 소식이 전해지자 이에 대처하기 위

해 만토바 포위까지도 풀고 북으로 향한 나폴레옹이 베네치아 본국의 재무장 해제를 다그쳐오지 않는 것이 그에게는 그나마 구제의 손길인 양 느껴졌다.

오스트리아 대 프랑스

마침 그 무렵 터키제국의 수도 콘스탄티노플에 주재하는 베네치아 대사로부터 극비문서가 급사편으로 베네치아에 도착했다. 터키 궁정을 무대로 콘스탄티노플에 주재하는 영국, 오스트리아, 에스파냐 등 각국 대사들 사이에서 각자 본국 정부의 지령에 따라 프랑스에 대항하는 대동맹 결성 협상이 진행 중이며 거기에 베네치아도 참가해달라는 요청이 있었다는 것이었다. 그러나 베네치아 대사가 보낸 극비문서에는 그것과는 별도로 콘스탄티노플 주재 프랑스 대사로부터도 프랑스와 베네치아 간의 동맹 결성에 관해 타진을 받은 바 있다고 되어 있었다. 대사는 이러한 움직임에 대해 어떻게 대처할 것인가를 본국 정부에 물어온 것이었다. 그런데 본국 정부도 거의 같은 시기에 오스트리아와 프로이센 사이의 반프랑스 동맹에 베네치아도 참가해달라는 요청을 프로이센 정부로부터 받고 있었다.

이런 제의들은 어느 것이든 베네치아공화국에는 중요하고도 미묘한 문제였다. 어떤 답을 주어야 할 것인가는 신중한 토의를 거쳐 결정해야 하므로 원로원에 맡기는 것이 당연했지만 비밀유지와 신속한 결정의 필요성도 무시할 수 없다. 결정이 나기 전에 베네치아 주재 프랑스 대사가 눈치채거나 감지하는 일이 있어서는 안 되기 때문이었다. 가장 긴박한 위협은 나폴레옹이 이끄는 4만 프랑스군이다. 베네치아는 이 일의 결정을 국가원수와 6명의 원수 보좌관, 6인 위원회의 6명 및 10인 위원회의 위원장 3명 등으로 구성되는 이른바 '내륜' 사람들에게 맡기기로 했다.

거기서 내려진 결정은 공동전선 결성에 참가해달라는 요청을 셋 다 거부한다는 것이었다. 베네치아는 한때 다른 나라의 미움을 사기도 했던 외교상의 적극성마저 상실한 것이다. 그런 결정을 보고받은 원로원은 공식적으로 베네치아는 종래부터의 정책인 비무장·비동맹의 절대중립 노선을 지속한다고 선언했다. 나폴레옹이 비난한 본국의 재군비는 순전한 방위를 목적으로 하고 있으므로 그런 비난은 이유 없는 것으로 되었다. 그리하여 베네치아공화국의 정치 담당자들은 재편성을 끝내고 남하를 시작한 오스트리아군과 브레시아 및 베로나를 참호 대신으로 삼아 오스트리아군을 요격할 진형을 굳히고 있는 프랑스군의 대결 결과를 지켜보기로 했다. 속으로는 누구나 오스트리아가 승리할 것을 바라면서.

티롤로부터 남하하는 오스트리아군은 3군으로 나뉘어 서로부터 브레시아와 베로나, 아디제강 부근, 그리고 서로부터 동쪽으로 뻗은 프랑스군 참호, 이렇게 3개 지점을 향해 중점적으로 공격을 걸었다. 만토바 포위를 일단 중지하고 북으로 달려온 나폴레옹도 최전선에서 지휘를 했다. 첫 전투는 7월 31일. 2시간여 전투 끝에 오스트리아군이 퇴각했다. 그러나 전세를 좌우할 만한 것은 아니었다. 두 번째 전투는 8월 3일에 벌어졌다. 밤까지 계속된 격전 결과 쌍방이 모두 1만 명이 넘는 전사자를 냈다. 그러고도 다음 날 세 번째로 전투가 벌어졌다. 그러나 이 싸움에서는 그 어느 쪽도 뚜렷한 전과를 올리지 못했다. 프랑스군의 승리가 결정적이게 되는 것은 다음 날, 즉 8월 5일의 전투 결과를 기다리지 않으면 안 된다.

나폴레옹의 이 승리는 베네치아를 낙담시켰을 뿐 아니라 이탈리아의 다른 여러 나라에도 타격을 아니 줄 수가 없었다. 영국인 고문을 많이 데리고 있는 나폴리왕국에서는 왕의 요청으로 영국 선박의 수가 부쩍 늘었고, 로마의 교황청은 혁명 프랑스의 반종교감정이 마치 신변 가까이 다가오기라도 한 듯 불안해했다. 일찌감치 프랑스와 동맹관계를 맺고 있던 토스카나대공국도 나폴레옹을 대하기를 대등하기는커녕 신속(臣屬)의 태도로 접할 수밖에 없었다. 베네치아령으로 되어 있는 본토 속주의 각 도시들은 승리에 자신을 얻은 프랑스 병사들에 의해 완전한 점령하에 있는 것과 마찬가지 대우를 참아나가지 않으면 안 되게 된 것은 말할 것도 없다. 식량 조달은 이제 협조 요청이 아니라 명령이었고 주택이나 건물도 프랑스군이 필요하면 시당국의 허가 따위는 얻을 생각도 하지 않고 제멋대로 징발해 썼다. 시청사의 공금은 보나파르트 장군이 파견한 사람이라는 것을 적은 종이 한 장으로 몰수당했고 시내의 약탈도 끊이지 않았다.

이런 사태는 베네치아의 정치 담당자들에게 아직도 얼마만큼 남아 있던 침착성까지도 완전히 잃게 했다. 그들은 거의 전부가 본토 속령에 있는 농장에 경제적 기반을 둔 사람들이었다. 몸에 걸친 것까지 송두리째 빼앗겼을 때와 같은 육체적 공포감에 사로잡혀 몸을 떨었다. 이런 상태에서 다른 나라와의 공동전선 참가 문제가 다시 화제로 삼아졌으나 진지하게 귀를 기울이는 자는 얼마 되지 않왔다. 그 무렵에 마침 전해진 프랑스와 에스파냐 간의 동맹 결성 소식은 그들의 동요를 한층 가중했다. 원로원이 그동안에 한 일이라곤 프랑스 주재 베네치아 대사를 통해, 그리고 베네치아 주재 프랑스 대사를 통해 중립을 내걸고 있는 베네치아에 대해 저질러진 나폴레옹의 불법행위를 파리의 총재정부에 호소한 것뿐이었다. 나폴레옹의 전과에 만족하고 있던 총재정부가 그런 불평 따위에 귀를 기울이지 않았던 것은 말할 것도 없다.

거기에 더하여, 동요할 대로 동요한 베네치아 정부는 8월 22일자로 바타리아가 보내온 극비정보에 대해서까지도 냉정한 검토를 게을리했다. 그 정보는 영국에 의한 반프랑스적 행동과 터키의 반오스트리아 행동의 격화를 두려워한 오스트리아와 프랑스 두 나라사이에 이탈리아 전선에 한해 휴전하려는 움직임이 있는데, 만약 베네치아가 아무런 손을 쓰지 않고 있는 가운데 이 일이 실현되면 베네치아의 처지가 지금보다도 더 어려워질 염려가 있다는 경고를 담고 있었다.

9월 한 달, 오스트리아와 프랑스 간의 전투는 총체적으로 보면 프랑스군의 우세 속에 계속되고 있었다. 이탈리아 본토의 베네치아 속령들이 거의 모두 전투장으로 변해 있었다. 프랑스군이 점거한 지방에서는 식량 및 군수품 조달령이 프랑스군으로부터 내려졌고, 또 오스트리아군이 진영을 치고 있는 곳에서는 오스트리아군이 발하는 같은 명령에 복종하지 않으면 안 되는 처지에 빠져 있었다. 특히 나폴레옹은 본토 주민들이 프랑스군에 대해서보다도 오스트리아군에 더 협력적이라는 비난을 멈추지 않고 있었다. 급진적인 것을 좋아하지 않는 베네치아공화국 사람들이 혁명을 강행한 프랑스인에 대해서보다는 오스트리아군에 상대적으로 호의적이었던 것은 사실이었다. 이것을 익히 잘 알고 있는 바타리아는 나폴레옹의 비난을 피하는 일보다는 사실상 프랑스군 점령하에 있는 소도시들의 움직임이 더 걱정이었다. 그가 본토에 있는 만큼 본토 속령의 주민들이 적의 횡포로부터 자신들을 지켜줄 능력이 없는 자는 통치자로서 자격을 상실한 것과 마찬가지라고 생각하기 시작했다는 것을 느끼고 있었던 것이다.

11월, 이탈리아 전선의 운명을 결정하게 되는 전투가 3일 동안에 걸쳐 벌어졌다. 겨울철을 맞아 날씨가 좋지 않았고 북으로부터 내려온 오스트리아군은 이번 전투로 결판을 낼 생각으로 싸웠기 때문에 프랑스군은 서전에서는 고전을 치르지 않으면 안 되었다. 그러나 나폴레옹의 뛰어난 진두지휘 솜씨가 끝내는 프랑스군을 승리로 이끌어가게 된다. 바타리아가 프랑스 진영에 심어놓은 첩자도 다음과 같이 보고할 수밖에 없었다.

"프랑스군 지휘관의 탁월한 재능을 인정하지 않을 수 없습니다. 요 며칠 동안의 모든 전투에서 보나파르트 장군은 위대한 지휘관인 동시에 용맹스러운 병사라는 것도 입증해 보였습니다."

1796년도 막바지에 들어선 12월, 프랑스군의 세력권은 서로는 제노바로부터 동으로는 베네치아령의 동단 프리울리에 이르는 북부 이탈리아 일대에까지 뻗기에 이르렀다. 9개월이 채 안 되는 동안에 일어난 변화였다. 석호라는 얕은 바다 위에 떠 있는 베네치아 본국을 제외한 나머지 땅이 사실상 프랑스군의 점령 아래 놓인 상태에서 해가 바뀌어 1797년을 맞이했다.

겨울철의 자연휴전에 의한 전선의 고정화로 한숨 돌리고 있던 본토 담당 총사령관 바타리아에게 3월에 들어서자마자 각지의 행정관으로부터 불온한 공기를 전하는 보고가 꼬리를 물고 들어오기 시작했다. 그 이전부터도 프랑스의 혁명사상에 공감하는 사람이 베네치아 본국에서도 있었다. 다만 베네치아 정부는 그런 사상에 공명하는 자가 귀족이 아닌 한, 다시 말하면 정치 담당 계급에 속하는 자가 아닌 한 간섭하지 않는 방침을 취해왔던 것뿐이었다. 베네치아에는 스파다라는 이름의 사나이가 경영하는 카페가 있어서 그곳이 그런 부류 사람들의 집합소가 되었을 정도였다.

그러나 이탈리아 본토에서 프랑스의 혁명사상에 공명하는 그러한 움직임은 4만 프랑스군을 안고 있는 만큼 위험한 일이었다. 바타리아는 본국 정부에 급히 경계용 군병력을 보내달라고 요청했으나 본국 정부의 회답은 이런 시기에 프랑스군을 자극하는 일은 일절 할 수 없다는 것을 일률적으로 되풀이할 뿐이었다. 바타리아는 이전부터 해왔던 염려가 현실화되는 것을 손놓고 관망할 수밖에 없었다.

예상했던 대로 3월 14일이 되자 맨 먼저 베르가모에서 반기를 들고 나왔다.

"비바 라 리베르타!"(자유 만세!)

만세 소리는 삽시간에 이 거리 저 거리로 확산되었고, "베르가모에 자유를!"이라고 외치는 군중이 시청사를 습격했으며 프랑스의 사상에 심취한 자들은 사태가 돌아가는 꼴을 불안스럽게 바라보는 시민들에게 프랑스군을 해방군으로 맞이하자고 설득하고 다녔다. 사전 협의로 준비를 다 갖춘 프랑스 병사들은 지체없이 열린 성문을 통해 정연히 줄지어 입성, 베네치아공화국 국기가 내려진 시청사 탑 위에 프랑스 국기를 높이 게양했다. 시의 치안을 담당하는 혁명위원회가 만들어졌고 베네치아인 행정장관을 비롯한 그때까지의 지배계급은 시외로 쫓겨나거나 투옥되었다.

베르가모에서 벌어진 소동은 즉각 베네치아령 내의 롬바르디아 지방으로 번져나갔다. 19일에는 브레시아에서도 폭동이 터졌다. 바타리아도 24시간을 감옥에 갇혔다가 시외로 끌려나가 그곳에 대기하고 있던 마차에 태워져 추방되었다. 25일에는 살로에서도 폭동이 일어난다. 28일, 크레마시가 반기를 들었다. 그러나 본국에 가까운 베네토 지방의 소도시들은 그만큼 베네치아에 속해 있던 세월이 길어서인지 베로나가 약간의 동요를 보인 것 외에는 비첸차도 파도바도 트레비소도 베네치아에 대해 변함없는 충성을 보였다.

브레시아에서 쫓겨나는 바람에 베로나로 옮기지 않으면 안 되었던 바타리아는 베네치아에 반기를 든 여러 곳의 정세와 상황을 세밀히 검토한 결과 그것이 소수의 프랑스 사상 공명자들의 선동으로 일어났고 프랑스군의 상주로 해서 유지되고 있다는 결론에 도달했다. 왜냐하면 한 번은 반베네치아 깃발을 들고 일어섰던 살로나 크레마도 그 후 다시 프랑스파를 추방하고 베네치아 공화제로 복귀한다고 선언했지만 결국 프랑스군의 포열 앞에 굴복하지 않으면 안 되었기 때문이다.

바타리아는 내정 불간섭의 원칙에서 나폴레옹에게 항의문을 보냈다. 하지만 나폴레옹은 아무 대꾸도 해오지 않았다. 정 그렇다면 하고 바타리아는 본국 정부에 요청해 대사의 격을 갖춘 특사를 나폴레옹에게 파견해 공식적으로 항의를 해보기로 했다. 그러나 페사로와 코르나로라면 유럽의 궁정에서는 모르는 이 없는 명문 출신 두 특사를 나폴레옹은 만나보려고도 하지 않았다. 전선의 각지를 정력적으로 이동해 다니는 나폴레옹의 뒤를 쫓아다닐 수밖에 없었던 두 특사는 3일 후에야 겨우 고리치아에서 나폴레옹을 만날 수 있었다. 그러나 나폴레옹은 베네치아공화국 내부 문제에 관여할 생각이 없다는 말만 되풀이할 뿐이었다. 도리어 그는 특사 두 사람을 매우 친절하게 대하면서 오스트리아군을 이탈리아령으로부터 완전히 몰아내는 데는 약 6개월이 소요되니 그동안 한 달에 100만 프랑씩 전비를 제공해달라고 요구해왔다. 아니면 프랑스와 동맹을 맺으면 될 것이라고 했다.

급히 귀국한 페사로의 보고에 원로원은 아연실색했다. 일이 여기에 이르렀으니 이제는 프랑스와 동맹하는 것이 좋겠다는 의원들이 있었다. 그러나 반대하는 사람도 많았다. 프랑스와 동맹을 맺게 되면 당연한 귀결로 영국과 오스트리아를 적으로 돌리는 것이 되고, 그 결과로 동지중해 무역이 괴멸적인 타격을 입게 될 것이고, 달마치야 지방도 코르푸와 그밖의 그리스 섬들도 해군력이 강한 영국에 빼앗기고 말 것이며, 또 오스트리아에는 이스트라 공략의 좋은 명분을 주게 될 것이다. 대충 이런 것이 프랑스와의 동맹에 반대하는 사람들이 내세우는 이유였다. 그리하여 토론은 심야까지 계속되었는데, 심야회의에서 나온 결론은 돈으로 일이 풀릴 수 있다면 그렇게 할 수도 있다는 것이었다.

베네치아의 국정 담당자들도 물론 나폴레옹의 그러한 요구가 돈을 짜내기 위한 구실에 지나지 않는다는 것을 알고는 있었다. 오스트리아군은 사실상 이미 이탈리아령 밖으로 쫓겨나 있었으니 말이다. 나폴레옹은 그때까지 서쪽으로 향하던 전선 이동을 북서 방향으로 바꾸고 있었다. 그 연장선상에 수도 빈이 있는 것이다. 이탈리아 전선으로 향하고 있었던 오스트리아군 일부가 수도 방위를 위해 귀국했다는 것은 베네치아인들도 알고 있었다. 결국 일은 이런 이야기로 요약된다.

나폴레옹은 북이탈리아 제압에 성공한 그에게 가장 중요한 관심사인 오스트리아 정벌을 위한 전쟁비용을 베네치아인들에게 부담시키려 하고 있었다. 나폴레옹은 프랑스 혁명 후 프랑스의 많은 자산이 베네치아의 은행으로 흘러들어온 사실도, 그리고 영국인들의 투자도 무시 못할 금액이라는 것도 알고 있었던 것이다. 하지만 근대적 의미의 은행업을 시작한 것이 바로 베네치아인들이다. 아무리 나폴레옹이 시사를 해온다 해도 예금의 전용 따위는 베네치아인에게는 논외의 일이었다. 그런 까닭에 피렌체인도 제노바인도, 그리고 심지어 터키인들까지도 베네치아의 은행에는 안심하고 돈을 맡기는 것이다. 무슨 수를 써서라도 자국 내에서 조달하지 않으면 안 된다. 하지만 베네치아식의 고효율적인 농장경영으로 달마치야나 그리스의 기지들에 대한 경제원조를 본국 정부를 대신해서 할 수 있었을 만큼 넉넉했던 본토 속령으로부터 자금을 조달해오는 것이 불가능해진 지금 그만한 거액의 돈을 끌어모으는 것은 어려운 일이었다. 자산액에 따라 부과해왔던 종래의 일종의 직접세 이외에 소득에 따라 새로운 세금을 부과하는 일도 의제에 올랐다.

그러나 베네치아가 자금조달 문제로 속을 태우고 있던 바로 같은 시기에 나폴레옹은 프랑스군과 오스트리아군이 전선을 맞대고 있는 레오벤에서 오스트리아군 총사령관과 만나고 있었다. 4월 5일 시작된 회담은 오스트리아 측이 제안해온 것으로, 강화를 전제로 한 6일간의 휴전을 성립시키고 그동안에 오스트리아와 프랑스 양군의 문제를 협의한다는 것이었다. 베네치아는 그들의 필사적인 첩보활동에도 불구하고 4월 9일에 이미 합의에 도달한 회담 내용 중 휴전과 강화 이외의 사항에 대해서는 그 이상을 알아낼 수가 없었다.

선전 포고

4월 14일, 나폴레옹의 친서를 소지한 그의 부관이 느닷없이 베네치아에 도착했다. 도착 즉시 나폴레옹의 이름으로 정부와의 회견을 요구해왔다. 베네치아 정부는 다음 날이 성 토요일이며 이날은 정무를 휴무하고 종교행사에 참가하는 것이 정부의 전통으로 되어 있으니 회견은 그다음 다음 날로 하겠다고 전했지만, 부관은 막무가내로 바로 다음 날 회견할 것을 고집했다. 보나파르트 장군이 24시간 내 회답을 요구하고 있다는 말에 베네치아 정부 측이 지고 들어갔다.

다음 날 즉 15일, 원수 관저의 각료회의실로 안내된 부관은 원수와 원수 보좌관 6명을 포함한 베네치아 정부 중추부가 한자리에 모인 앞에서 자리에 앉으라고 권해도 그대로 선 채 나폴레옹의 편지를 읽기 시작했다.

베네치아공화국의 본토 속주 전체가 무장해 '프랑스 병사들에게 죽음을!'이라고 외치며 봉기하고 있다. 수백 명을 헤아리는 병사들이 지금까지 죽음을 당했다. 당신들은 이 나폴레옹이 독일의 깊숙한 곳에 있다고 해서 이탈리아에 남아 있는 프랑스군에 규율을 지키게 할 힘이 없다고 생각하는 것인가? 또 프랑스 병사들이 이런 무법을 당하고도 언제까지라도 참고 견디리라 생각하는가?

우리 동지들이 흘린 피는 반드시 보상을 받을 것이다. 이 고귀한 행위는 프랑스군 병사 한 사람 한 사람의 용기를 불러일으키고 궐기하게 할 것이다. 내가 보낸 부관은 평화의 사절일 수도 있지만 동시에 전쟁의 사절이 될 수도 있을 것이다. 만약 당신들이 본토 전역의 무장해제와 프랑스 병사 살해사건 책임자의 체포 및 아군으로의 인도를 실행하지 않으면 전쟁은 피할 수 없게 될 것이다.

베네치아공화국의 국경은 이제 터키로부터 위협을 받고 있지 않다. 아니, 이제 국경을 위협하는 적은 한 나라도 없다. 당신네들의 망상 이외에는 무장을 정당화할 이유가 없다. 프랑스군을 목표로 한 것이 명백하고도 확실한 무장, 그 무장의 해제를 24시간 내에 실시하라. 이 이상의 시간은 전혀 인정하지 않겠다. 지금은 샤를 8세의 시대가 아니다(18세기 말의 프랑스인들은 15세기 말 그들의 조상이 했던 것처럼 시간 벌기를 허용할 만큼 바보가 아니라는 뜻).

만약에 프랑스 정부의 명확한 의지에 반해 나를 전쟁으로 치닫게 한다면 그것은 당신들이 우리 군대에 대항키 위해 무장했기 때문이고 아군 병사의 살해를 장려했기 때문이며, 본토가 황

폐해지고 그곳의 억울한 인민들이 목숨을 잃는다 해도 그 책임
은 나에게 있지 않다. 그리고 그곳 인민들도 언젠가는 프랑스군
이 만부득이해 취한 이런 행위들이 그들을 해방시키기 위한 것
이며, 본국 정부의 압제로부터 해방시키기 위해 취한 행위라는
것을 이해하고 감사하게 될 것이다.

　　나폴레옹의 이러한 통고는 곧 소집된 원로원에서도 낭독되었다.
의원들의 반응은 이런 굴욕을 참느니 석호 속의 섬에서 농성해 철
저히 항쟁할 것을 주장하는 사람과 이제는 굴복할 수밖에 없다고
말하는 두 파로 갈렸다. 투표 결과는 굴복에 찬성하는 자 116, 반
대하는 자 42였다. 그러나 정부 수뇌는 나폴레옹이 가장 싫어하는
것, 즉 시간 벌기를 꾀했다. 나폴레옹에게 본토에서 벌어졌던 반프
랑스 행동은 베네치아 정부가 인정한 무장화의 결과가 아니며 베
네치아의 프랑스에 대한 우호정신은 시종일관 변함없다고 주장하
는 편지를 보낸 것이었다. 사실인즉, 본토 담당 총사령관 바타리아
가 비밀리에 조직한 3만이라 일컬어지는 저항운동 조직을 본국 정
부는 단 한 번도 공식으로 인정한 적이 없었다. 인정하지 않는 자
에게해산명령을 내릴 수는 없다. 이렇게 말하면 법적으로는 옳은
말이니까 나폴레옹도 납득하지 않을 수 없을 것이라고 본 것이다.
그리고 이렇게 시간을 벌면서 한쪽으로는 파리의 총재정부를 움직
여 파리로 하여금 나폴레옹을 견제하게 하겠다는 것이었다. 베네
치아 정부의 첩보기관인 '국가심문위원회'에는 파리 정부의 나폴
레옹에 대한 지지도는 반반이며, 그 실력자 바라스는 태도를 명확
히 하고 있지 않다는 정보가 벌써 와 있었다.

본국 정부로부터 밀명을 받은 프랑스 주재 베네치아 대사 퀴리니는 즉각 바라스를 만난다. 그날의 바라스는 베네치아의 청을 쾌히 받아들였다. 그런데 그다음 날이 되자 아무래도 너무 깊이 개입하게 되는 것 같아 못하겠다고 통고해왔다. 놀란 퀴리니는 이건 돈을 바라는 암시인가 생각해 10만 프랑을 준비해 들고 가서 바라스를 만났다. 퀴리니의 보고에 따르면 바라스는 7만 프랑은 받았다는 것이다. 하지만 돈만 받고 결국은 아무것도 한 것이 없는 바라스를 비난하느니보다 불과 1년 사이에 바라스와 나폴레옹 사이의 힘의 관계가 크게 변해버린 것을 모르고 있었던 대사의 무능이야말로 비난받아 마땅한 것이었다. 단, 바라스가 받은 돈은 수표였고 바라스가 아무것도 한 것이 없다는 것이 판명된 직후 베네치아의 은행이 그 지불을 정지한 점은 그나마 베네치아인다움을 보여준 것이었다.

한편 본토에서는 나폴레옹 측에서 볼 때 격노할 만한 사고들이 연달아 일어나고 있었다. 4월 17일, 베로나 시민이 반프랑스의 깃발을 내걸고 봉기한 것이다. 6일 후 프랑스 군대에 의해 결국 진압되었지만 베네치아 본국 정부의 포고, 즉 프랑스와 베네치아의 우호관계는 변함이 없다는 것을 알리는 대국민 포고에도 불구하고 프랑스에 대한 저항운동은 본토 전역에서 끊임없이 일어나고 있었다. 이에 비례해 프랑스군의 압력도 강화된다. 베네치아 시민의 추방이 시작되고 반프랑스파로 지목된 사람들에 대한 처형이 집행되고, 성직자도 미사 때 설교 중에 혁명을 비난했다 하여 살해되었다. 이런 때에 그야말로 나폴레옹을 격노하게 한 사건이 일어났다.

베네치아공화국은 9세기 초에 샤를마뉴의 아버지 피핀이 이끄는 군선대에 석호 안으로 침입해 들어오는 것을 허용한 일을 마지막으로 실로 1천 년 동안이나 남의 나라 군선의 석호 내 침입을 허용한 일이 없었다. 베네치아가 아드리아해의 제해권을 잡고 있던 시대에는 외국 군선이 베네치아로 접근해오는 일이 드물었으므로 석호 내로 들어오려는 외국 군선에 당장 퇴거를 요구하고 말을 안 들으면 격침하라는 명령도 실제로는 시행된 일이 없었다. 또 17세기 이후 베네치아가 제해권을 잡지 못하고 있는 시대에도 아드리아해 깊숙이 들어오는 것은 영국이나 네덜란드의 배들이었고, 그들은 그럴 필요를 느끼지 않아서인지 또는 해운국끼리 상호 존중의 기분이 강해서 그런지 굳이 베네치아의 법을 어기려 하지 않았다. 이들 외국 배는 외항 리도에 닻을 내리고 승무원들만 베네치아에 상륙하곤 했다. 그런데도 4월 20일 베네치아의 석호 바다와 외해를 가르는 리도항 앞을 지나가려던 프랑스 군선 '이탈리아 해방호'가 그곳을 지키고 있던 베네치아 제독의 퇴거명령을 무시했다. 제독은 규정에 따라 발포했다. '이탈리아 해방호'는 격침되었고 함장을 포함한 4명이 전사하고 나머지는 포로가 되었다.

나폴레옹은 베네치아 정부로부터 파견되어 와 있던 두 특사에게 분노를 폭발했다. 살인자는 잡아서 프랑스군에 넘기고 감옥의 문을 열고 영국인의 자산을 몰수하라고 요구한 후 자기에게는 8만 대군과 대포 20문이 있다면서 두 특사의 몸을 벌벌 떨게 했다. 그리고 또 이런 말을 내뱉었다.

"국가심문위원회 따위는 없애버려! 나는 베네치아공화국의 아틸라가 되어주겠다. 이 나라는 너무 낡았어. 더 이상 그 존재를 허용

해서는 안 돼!"(아틸라는 5세기 중엽 중동부 유럽과 발칸을 석권해 초토화한 훈족의 왕-옮긴이)

나폴레옹은 그가 한 말이 농담이 아님을 보이려고 했는지 실제로 비첸차와 파도바를 점령해버렸다. 베네치아 정부는 다시 특사를 파견했으나 나폴레옹은 만나려고도 하지 않았다. 그 대신 그쪽에서 베네치아로 특사를 보내왔다. 평화를 택할 것인가, 아니면 일어서서 싸울 것인가. 둘 중 하나를 택하라고 다그쳤다. 나폴레옹이 말하는 평화는 사실상 항복을 의미했다. 왜냐하면 베네치아의 공화제, 즉 베네치아인의 국체를 변경하라는 조건이 붙어 있었기 때문이다.

나폴레옹의 특사가 베네치아에 도착한 것은 4월 30일 저녁 무렵이었다. 최후통첩을 받은 정부는 곧 각료회의를 열었지만 국가원수를 비롯한 수뇌부는 사태의 심각성에 망연자실해 시간이 자꾸 흐르는데도 좀처럼 결론을 내리지 못했다. 그러는 중에 파도바로부터 내려오는 수로 브렌타강의 하구 푸지나에까지 프랑스군이 육박해 부근의 배를 끌어모으고 있다는 정보가 들어온다. 하구를 지키는 수비대장으로부터 발포허가를 요구하는 전령이 왔다. 정부는 잠깐 기다리라 하고는 다시 회의를 열었다. 이 무렵쯤 되니 원래 냉정하고 쉽사리 소란을 피우는 일이 없는 베네치아 시민들도 차마 집에 박혀 있지를 못하겠는지 광장이나 다릿가에 몰려들기 시작했다. 밤을 새워가며 겨우 얻어낸 결론은 공화국 국회에 결정권을 넘긴다는 것뿐이었다. 원수 루도비코 마닌은 혼자말처럼 이렇게 중얼거렸다.

"오늘 밤은 내 잠자리 안에서도 안전할 것 같지가 않아."

날이 밝아 5월 1일. 이날은 국가원수가 수녀원을 방문해 경의를 표하는 날로, 베네치아공화국의 전통으로는 정무를 쉬는 축제일이었다. 하나 그런 것까지 돌볼 겨를이 없는 정정이니 공화국 국회가 이날 소집되어도 아무도 이상하게 생각하는 이가 없었다. 국가원수 마닌의 모두연설은 공화국이 처한 어려운 국면을 설명하고 베네치아 시가의 파괴와 시민의 살육을 피하는 일을 첫째로 생각해 의원들이 결정을 내리기를 바란다는 내용을 담은 것이었다.

정면에는 틴토레토가 그린 대벽화, 천장은 베로네세가 그린 르네상스기의 걸작, 주위는 이 또한 베네치아파 화가들을 총동원해 공화국의 영광에 찬 갖가지 장면의 그림이 그려져 있는 넓은 회의장에는 침통한 분위기가 무겁게 지배하고 있었다. 그러한 가운데 투표만은 익숙해진 기계적 정확성으로 진행되었다. 결과는 평화 찬성이 598, 반대가 7, 태도 미결정이 14였다. 그러나 그런 결과가 나오기 조금 전, 나폴레옹은 베네치아공화국에 대해 공식으로 선전포고를 했다. 레오벤에서 있었던 오스트리아군 총사령관과의 강화교섭 중에 베네치아 운명은 이미 결정되어 있었던 것이다.

선전포고의 전문은 이러하다.

프랑스공화국
이탈리아 전선 담당군 파르마노바의 작전본부에서
1797년 5월 1일,
프랑스공화국 제5군 이탈리아 전선 담당 프랑스군
총사령관 보나파르트

포고

프랑스군이 적군과 접한 전선에 전력을 집중하고 후방에는 소수 연대만 남겨놓은 정황에서 베네치아공화국은 어떤 행동을 취했던가.

1. 그동안의 기간을 이용해 4만의 군대를 조직하고 본국으로부터 온 스키아보니 연대도 가세한 군대를 프랑스군 본대와 잔류부대를 차단할 목적으로 각 군사요지에 배치했다.

2. 이들 군 조직에 대해 본국 정부는 군사고문, 총기, 대포를 보냈다.

3. 본토에서는 프랑스군을 환영한 사람은 모두 체포되고 그 반대로 프랑스를 적대시한 사람은 좋은 대우를 누리고 있다. 특히 3개월 전, 프리울리 행정책임자에 의해 프랑스 병사 살해 주모자급으로 체포된 14명에 대한 처리가 그 좋은 예다.

4. 베네치아공화국의 광장, 카페, 그밖에 민중이 모이는 장소에서 프랑스인에 대한 모욕적인 언사가 오가지 않는 날이 없다. 프랑스인은 부당하게도 '자코뱅 놈들' '신을 믿지 않는 자들' 따위로 매도되고 있다.

5. 파도바, 비첸차, 베로나의 주민들은 무장하라는 명령을 받았고, 본국에서 온 다른 군사들과 함께 '베스프리 시칠리아니'(시칠리아의 만종이란 뜻. 13세기에 당시 지배자인 프랑스인들이 만종을 신호로 봉기한 이탈리아인들에 의해 시칠리아에서 축출된 사건)를 다시 시작하려 하고 있다. 그들은 "이탈리아는 프랑스인의 묘지"를 다시 현실화하려 하고 있다.

6. 베네치아공화국령 내 교회에서는 사제들이 미사 때마다 프랑스를 대상으로 암시하면서 십자군을 제창하는 일을 멈추지 않고 있다. 이 나라에서는 로마 교황을 모시는 성직자라도 공화국 정부의 방침을 먼저 따르기로 되어 있으니 이는 명확히 정부의 생각을 반영한 행위로 볼 수밖에 없다.

또 프랑스를 비난하는 각종 팸플릿과 포스터가 각 도시에서 인쇄되어 사람들에게 배포되고 벽에 붙여져서 주민들을 선동하고 있다. 이 나라는 정부 허가 없이는 인쇄물을 출판할 수 없고 또 언론의 자유도 없으므로 이 또한 공화국 정부의 우리에 대한 의사표시 이외에 다른 무엇도 아니다.

7. 모든 것은 공화국 정부의 불성실한 생각에 기초를 둔 행위다. 프랑스 군인의 피는 도처에 뿌려지고 있고 안전해야 할 국도 위에서마저 프랑스군의 전령이나 보급차가 습격을 받고 있다.

8. 파도바에서는 연대장이 살해당했고 그를 수행하던 병사 12명도 피살되었다. 카스틸리오네 데 모리에서는 프랑스군의 1개 부대가 무장해제를 당한 끝에 살해되었다. 만토바에서 레냐노에 이르는 사이, 그리고 카사노에서 베로나에 이르는 사이의 도로상에서 200명 이상의 프랑스 병사가 살해되었다.

9. 본대로 편입되기 위해 북상 중이던 2개 연대가 킬리아 근처에서 본대 합류를 막으려는 베네치아군과 교전하지 않으면 안 되었다. 우리 군대의 용감함에 힘입어 그들의 저지 기도가 실패했지만 말이다.

10. 위의 사고와 유사한 사고가 바레지오에서도 데센차노에서

도 일어났다.

11. 부활절의 제2제일날, 베로나에서는 집집마다 문에 쇠붙이를 박는 소리를 신호로 이 도시에 있는 모든 프랑스인이 전원 살해되었다. 병원의 부상자도 용서를 받지 못했고 시중에 있던 회복기 환자도 가리지 않고 죽였다. 단검으로 몇 번이고 찔리고 찍혀서 죽은 자들은 대부분 아디제강에 내던져졌다. 이날의 프랑스인 희생자는 400명을 훨씬 넘는다.

12. 베로나 근교의 성채 3개는 8일 동안이나 베네치아군의 공격을 받지 않으면 안 되었다. 그러나 달려간 아군의 원군에 의해 이들 겁쟁이 무리는 패했고 우리는 그들 중 3천 명을 포로로 잡았다. 그중에는 다수의 베네치아 고급장교도 섞여 있었다.

13. 잔테섬에 있는 프랑스 영사관은 친베네치아파 주민에 의해 방화, 소실되었다.

14. 베네치아 군선이 오스트리아군 수송선을 호송했을 뿐 아니라 이를 공격하려고 한 프랑스 군선 '라 브루나'호를 발포한 사실도 있었다.

15. 프랑스 군선 '이탈리아 해방호'는 소형포 3, 4문과 승무원 40명을 태운 작은 군선인데도 원로원의 명령으로 베네치아 항구 안에서 격침되었다.

젊고 용기 있는 이 군선의 함장 로제는 자기 군선이 요새와 베네치아 군선 양쪽으로부터 포격받았을 때 승무원 전원에게 선창으로 내려가라고 명하고 혼자 선교에 서서 총격에 몸을 드러내면서 살인자들의 분노를 진정시키려 했으나 그 보람도 없이 전사했다. 승무원들은 그것을 보고 바다에 몸을 던져 목숨을 건지려 했으나 베네치아 해군 쾌속선 6척의 추격을 받아 그 배에 타고 있던 승무원들의 창에 찔려 죽음을 당했다. 프랑스 수병 한 사람은 몸의 여기저기를 창으로 찔려 바다를 피로 물들이면서도 지쳐서 쇠진해가는 체력에 마지막 안간힘을 다해 해안으로 헤엄쳐 가서 요새에서 나온 나무토막을 잡는 데 성공했건만, 그 요새의 사령관은 나무토막을 붙잡은 그 수병의 손가락을 하나하나 떼어내더니만 결국 죽음으로 몰아넣었다.

이상에 진술한 악랄한 여러 행위에 비추어 총사령관 보나파르트는 긴급사태에 대처할 필요에 따라 프랑스공화국 헌법 제128조 제12항에 의해 권한이 부여된 행동을 취하기로 했다.

총사령관은 베네치아공화국 주재 프랑스 대사에게 베네치아를 떠날 것을 명한다.

동시에 앞으로 24시간 안에 본토 속령에 있는 베네치아 정부 관계자 전원이 퇴거할 것을 명한다.

프랑스군의 지휘관들은 베네치아공화국 국기가 어떤 장소에서도 게양되는 일이 없도록 하며 군사행동에 관한 세부명령은 각 지휘관에게 직접 하달하는 것으로 한다.

보나파르트

베네치아 정부는 이제 완전히 평정을 잃었다. 나폴레옹이 전에 요구했던 대로 국가심의회의 위원 3명과 프랑스선을 격침시킨 제독을 감옥에 가두고 몇 되지 않는 '정치범'을 석방하는 등 프랑스에 굴복의 뜻을 표시하려고 허둥댔다. 184척의 해군이 건재하니 석호의 섬 안에서 농성해 철저하게 항전하면서 정세 변화를 기다리자고 주장하는 귀족은 전체의 10퍼센트도 되지 않았다.

이때부터 8년 후인 트라팔가르 해전에 사용된 군선의 수가 양군이 모두 30척 안팎이다. 184척이라는 숫자는 순수 군용선만이 아니고 수송선도 전령선도 합산된 숫자이기는 하지만 당시 프랑스 해군의 규모에 비추어볼 때 결코 대결이 불가능한 군사력은 아니었다. 게다가 베네치아에게는 '라구나', 즉 석호라는 타국인으로서는 침공이 지극히 어려운 천연의 성벽까지 갖추고 있는 처지다. 그러나 이 모든 것도 육체적 공포에 사로잡혀 몸을 떨고 있는 지배계급의 눈엔 들어오지도 않았고, 완전히 잊혀버렸다. 그들이 한 일이라곤 회답 기한의 연장을 나폴레옹에게 구걸한 것뿐이었다. 그러는 동안에 베네치아로 불러들였던 스키아보니의 용병부대를 해산하고 그것으로 나폴레옹의 마음이 변하기를 바랐다. 하나 이에 대한 나폴레옹의 회답은 5월 14일까지의 연장을 인정한 것뿐이었다.

최후

5월 12일, 전날의 포고로 공화국 국회가 열리는 것을 알고 몰려든 사람이 개회시간인 오전 9시가 되기 훨씬 전부터 산 마르코 광장을 에워싸고 있는 회랑을 가득 메우고 회랑 밖으로까지 넘쳐나 있었다. 군중들은 떠드는 것도 아니고 조용히, 그들 앞을 지나 원수 관저로 들어가는 귀족들을 근심어린 눈으로 지켜보고 있었다.

공화국 국회의사당에 모인 의원수는 537명. 정수 600명에 못 미치는 숫자다. 지도자로서 의무마저 다하려 하지 않는 '귀족'들은 집 안에 틀어박혀 있을 터다. 법을 충실히 지키려면 유회하고 다시 소집하는 수밖에 없다. 그러나 이젠 그럴 여유가 없다 하여 그대로 개회하기로 했다. 이 회의가 13세기 말의 그라데니고 개혁 이래 500년 동안 끊긴 일 없이 이어져왔던 '마조르 콘실리오'의 마지막 회의가 되었다. 그리고 1천 년 동안 수없이 빛나는 승리를 가져왔던 해군이 주홍색 바탕에 금실로 성 마르코의 사자를 수놓은 베네치아 국기를 바람에 나부끼며 개선해 들어오던 산 마르코 선착장에서는 항전하겠다면 급료를 받지 않고 참가하겠다고 하는데도 고국으로 돌아가라는 통고를 받은 스키아보니들이 준비된 배에 올라타기 시작하고 있었다.

회의장에서는 무저항으로 항복하는 베네치아공화국이 시민들에게 보내는 포고문의 가부를 묻는 표결이 진행 중이었다. 이때 난데없이 때 아닌 총포 소리가 울렸다. 의원들은 혼비백산해 앞다투어 도망치려 했다. 프랑스군의 내습인 줄 알았던 것이다. 몇몇 의원이 소리질렀다.

"비참한 짓거리는 이제 그만!"

이 소리에 할 수 없이 제자리로 가 앉았지만 그 총포 소리가 떠나는 배 위에 정렬한 스키아보니들이 일명 '스키아보니 해안'이라 불리는 산 마르코 선착장 하늘에 나부끼는 베네치아 국기에 대해 마지막 예포를 발사한 소리라는 것을 알기 전까지는 마음을 놓지 못해 안절부절못했다.

투표 결과는 찬성 512, 반대 20, 기권 5였다. 베네치아는 이제 종래의 공화제를 폐지하고 민주제 정체로 바뀐다고 선언한 것이다.

베네치아공화국은 이로써 죽었다.

원수 관저에서 나온 귀족들은 한시라도 빨리 그곳을 떠나 집으로 가고 싶다는 듯, 침통한 표정으로 군중들 사이를 잠시 멈추는 일도 없고 몇 마디 말을 주고받는 일도 없이, 그저 고개를 숙인 채 빠른 걸음으로 어딘가로 사라져갔다. 시민들도 전해들을 것도 없이 알고 있었다. 일찍이 단 한 번도 일어난 일이 없었던 일이 지금 자기들에게 바야흐로 일어나고 있다는 것을.

문득 광장의 한 구획에서 일어난 소리가 이 무거운 침묵을 깼다.

"비바 라 리베르타!"(자유 만세)

하지만 이 소리는 잇따라 화창하는 소리도 없는 채로 그것으로 끊기고 말았다. 그러나 그것과는 다른 소리가 다시 침묵을 깨고 울려퍼졌다.

"비바 산 마르코! 비바 라 레푸블리카!"(성 마르코 만세! 공화국 만세!)

이 부르짖음은 산 마르코 대성당 앞 국기게양대에 마침 누군가의 손으로 올려진 성 마르코의 사자를 수놓은 대(大)국기를 향해 마치 바다의 파도처럼 밀려왔다가 밀려나가고 다가왔다가 물러서기를 멈추지 않았다.

항복을 앞두고 사무처리를 위해 국가원수 관저에 남아 있던 몇몇 귀족이 이 소리를 듣고 걱정하기 시작했다. 베네치아의 시민들이 귀족들의 결정을 어겨서라도 프랑스군을 상대로 일어서려고 하는 것이 아닌가 생각한 것이다. 그들의 명령으로 산 마르코 선착장과 리알토 다리 주변에 대포를 배치했다. 하나 그것은 부질없는 걱정에 지나지 않았다. 왜냐하면 그것은 1천 년이나 운명을 같이 해왔던 이스트라 및 달마치야 출신 스키아보니들이 떠나가면서 마지막 예포를 쏘아올렸던 것과 마찬가지 심정에서 무기를 갖지 않은 베네치아 시민들이 그들 나름으로 쏘아올린 일종의 예포였기 때문이다. 그들도 베네치아 공화제의 붕괴는 곧 베네치아의 멸망과 같다는 것을 알고 있었을 것이다.

호수에서 발원하는 물이 몇 줄기의 하천으로 흘러들듯이, 산 마르코 광장에서 처음 일어난 부르짖음은 베네치아의 거리거리를 채워나갔다.

"비바 산 마르코!"

"비바 라 레푸블리카!"

에필로그

4일 후인 1797년 5월 16일, 프랑스군 4천 명이 베네치아에 진주했다. 단 한 번도 무장한 외국군을 들인 일이 없는 베네치아에 상륙한 프랑스군은 산 마르코 광장의 중앙에

"자유, 평등, 박애"

라고 적은 팻말을 세우라고 명령해왔다. 프랑스에 의한 점령의 시작이었다.

같은 해인 1797년 10월 18일, 캄포 포르미오 조약에 따라 베네치아공화국령은 오스트리아와 프랑스 사이에서 분할되어 본토의 대부분과 그리스의 섬들은 프랑스로, 본토 일부와 베네치아 시가, 그리고 이스트라와 달마치야 지방은 오스트리아령으로 편입되었다.

다음 날인 19일, 떠나가는 프랑스군 대신에 오스트리아군 진주.

1805년 12월 26일, 황제 나폴레옹은 베네치아를 자기가 지배하는 이탈리아왕국의 일부로 편입.

1814년 5월 30일, 나폴레옹의 실각으로 베네치아는 다시 오스트리아의 점령 아래로 들다.

1866년 8월 26일, 오스트리아는 베네치아를 프랑스에 양도.

같은 해 11월 4일, 통일된 이탈리아의 일부로 편입.

『바다의 도시 이야기』(하)
창작 뒷이야기

―『바다의 도시 이야기』 상권 말미에는 하나와 요시히코(塙嘉彦) 씨의 죽음을 애도하는 마음이 넘쳐흐르는 '독자 여러분께'라는 제목의 글이 실려 있는데, 하나와 씨는 시오노 씨가 베네치아공화국 역사를 절반까지 썼을 때 돌아가셨습니까?

　■ 백혈병으로 쓰러졌다는 소식을 들었을 때는 망연자실했어요. 병에 걸릴 만한 사람이 아니었거든요. 고등학교 시절에는 럭비를 했을 정도였고, 키는 크지 않았지만 근육질이라 체격도 좋았고, 나이도 아직 40대 중반이었으니까요. 자세한 병세를 듣고도 나는 뭐가 뭔지 몰라서, 의사인 남편한테 설명을 들은 뒤에야 비로소 알았을 정도예요. 하지만 남편은 그때 이미 말했어요. 각오해두는 게 좋을 거라고. 그래서 나는 만사 제쳐놓고 일본으로 돌아왔던 거예요.

　하지만 병실로 달려간 나와 하나와 씨는 병 이야기는 한마디도 하지 않았어요. 기운을 내라느니 뭐니 하는 뻔한 말을 할 마음도 나지 않았어요. 그런 나에게 하나와 씨는 『바다의 도시 이야기』 후반부에는 무엇을 어떻게 쓸 작정인지 말해달라고 하더군요. 일 이야기는 몸에 해롭다고 하나와 부인이 엄금하고 있었지만, 나는 열띤 어조로 내용을 자세히 이야기했어요. 그러면 하나와 씨는 일일이 고개를 끄덕이며 질문을 던지거나 때로는 조언을 주기도 하면서, 여느 때와 다름없이 대해주었어요. 그런데 이 일이 당장 부인의 귀에 들어가는 바람에 그 후 내가 병실을 방문할 때는 『바다』 편집장 대리가 된 다카하시(高橋) 씨가 병실 밖 복도에서 망을 보고 있다가 부인의 모습이 보이자마자 나한테 신호로 알려주어야 하는 형편이 되어버렸죠. 나는 일 이야기를 하는 것이 죽어가는 하나와 씨에게는 가장 큰 위안이라고 생각했지만, 부인으로서는 그렇게 생각할 수 없는 것도 당연해요. 하지만 나는 부인과의 관계가 더 이상 나빠지면 하나와 씨를 슬프게 할 뿐이라고 생각해서 이탈리아로 돌아왔기 때문에 장례식에도 참석하지 못했고, 아직껏 성묘도 하지 않았어요. 무덤에 참배할 마음이 나지 않아요.

하지만 뒤에 남은 나는 글을 쓸 수가 없게 되어버렸어요. 그야말로 단 한 줄도 쓸 수가 없는 거예요. 병상에 누워 있는 하나와 씨한테 그렇게 상세히 이야기할 수 있었으니까 그것을 글로 옮기기만 하면 되는데, 무엇 때문인지 한 자도 쓸 수가 없었어요.

중앙공론사 쪽에서도 이건 안 되겠다고 생각한 모양이에요. 그래서 일단 잡지에 발표된 것만 출판하게 되었어요. 그 권말에 쓴 것이 하나와 씨에 대한 애도의 말이에요. 독자에게 알리고 싶었어요. 이 작품은 하나와 씨가 있었기 때문에 세상에 태어날 수 있었다는 걸.

그런데 이상하게도 그 애도의 말을 썼더니 『바다의 도시 이야기』도 다시 쓸 수 있게 되었어요. 무엇 때문인지는 모르지만, 집필을 다시 시작할 마음이 솟아났어요. 그래서 베네치아공화국 역사의 후반부를 쓰기 시작했는데, 그것은 정말이지 병상에 누워 있는 하나와 씨 옆에서 이야기한 것을 문자로 바꾸었을 뿐이에요. 물론 구어와 문어는 다르지만, 내용은 똑같았어요. 그래서 '하권'을 쓰고 있을 무렵에는 하나와 씨가 이미 이 세상 사람이 아니었는데, 그것을 쓰는 동안 나한테 그분은 여전히 살아 있었죠. 나는 500년이나 2천 년 전의 남자들과도 이야기를 나누고 있다고 생각하니까, 1년 전에 죽은 사람은 살아 있는 사람이나 같다는 느낌이 있었어요.

— 시오노 씨 주변에 있었던 사람들 중에는 시오노 씨와 하나와 씨가 결혼할 줄 알았다고 말하는 사람이 많던데요.

■쇼지 쓰토무(庄司薫) 씨도 그러더군요. 하나와 씨와 애인 사이였냐고. 그래서 그런 진부한 관계는 아니었다고 대답했지만, 그럼 어떤 사이였냐고 물으면 대답할 수가 없어요. 다만 이것만은 말해 두지 않으면 안 돼요. 시오노 나나미에게 하나와 요시히코는 둘도 없는 존재였지만, 하나와 씨에게 나는 글을 쓰게 하고 싶은 필자 가운데 하나였다는 거예요. 대학 시절부터의 친구인 오에 겐자부로(大江健三郎)에 대해 이야기할 때, 하나와 씨는 얼마나 상냥하고 다정했는지 몰라요. 니시와키 준자부로(西脇順三郎)의 작품을 읽을 때, 그 기쁨과 경의에 넘치는 말투도 잊을 수가 없어요. 나는 그럴 때마다 이분은 역시 본질적으로는 문학인이구나 하고 생각했죠.

— 『바다의 도시 이야기』 하권 끝머리에 참고문헌이 실려 있는데, 그 목록 앞에 프레더릭 C. 레인 교수가 쓴 『Venice, A Maritime Republic』(베네치아, 바다의 공화국)에서 받은 영향에 대해 말씀하셨지요. 이 레인 교수와의 친교에 대해 말씀해주시겠습니까. 그리고 베네치아에서 국제회의가 열렸을 때 레인 교수가 가르쳐주었다는 연구서 여섯 권이 무엇이었는지도.

■먼저 말해둘 것은, 베네치아 역사의 세계적 권위자인 레인 교수와 나 사이는 '친교'라고 부를 수 있는 것이 아니에요. 그 국제

회의에서 나는 단순한 청강생에 불과했어요. 하지만 레인 교수의 저작은 논문까지 포함해서 전부 다 읽었기 때문에 연구분과회의에서 질문을 했죠. 교수는 친절하게 답변해주고, 회의가 끝나 방에서 나가려는 나를 불러 점심을 사주면서 그 자리에서 더 자세히 해설해주었어요. 그날 나는 뭘 먹고 있는지도 모를 정도였어요. 교수의 '수업'은 회의 기간 내내 계속되었어요. 그 노교수는 앵글로색슨답게 산책을 좋아해요. 자동차가 다닐 수 없는 베네치아 거리는 산책하기에는 안성맞춤이죠. 게다가 존스홉킨스대학의 조교수나 조수들은 모처럼 베네치아에 왔는데도 선생의 산책에 동행하기를 꺼렸어요. 그러던 차에 마침 내가 나타났으니, 옳다구나 하고 산책에 동행하는 일을 나한테 떠맡긴 것이죠. 그래서 나에 대한 교수의 수업은 베네치아 시내를 여기저기 돌아다니면서 이루어졌어요. 나도 교수가 뭔가를 가리키면서 느닷없이 설명해도, 베네치아 역사와 당장 결부지을 정도의 지식은 갖고 있었지만요.

지금은 무슨 책이었는지 잊어버렸지만, 교수가 나한테 여섯 권을 골라준 것도 산책길에 들른 서점에서였어요. 산 모이세 다리 옆에 있는 그 서점은 베네치아 역사에 관한 연구서를 많이 갖추고 있는 것으로 유명해요. 그 서점 주인이 레인 교수를 대하는 태도가 정말로 정중하면서도 친밀감이 담겨 있어서 이런 서점과 학자의 관계는 참 근사하구나 하는 생각이 들더군요.

레인 교수와 내 교류는 그걸로 끝이에요. 내가 그 후에도 관계를 유지하려는 노력을 기울이지 않은 게 잘못이기도 하지만요. 내가 그분한테 나는 대학과 관계가 없다고 말했을 때 그런 건 문제가 안 된다고 대답해준 건 고마웠어요.

——『바다의 도시 이야기』가 상·하 두 권으로 출간된 뒤에도 베네치아공화국과 관련된 작품이 계속 나오는데요.

■그래요. 『콘스탄티노플 함락』, 『로도스섬 공방전』, 『레판토 해전』은 '전쟁 삼부작'이라는 느낌을 주죠.

이 삼부작은 베네치아와 깊이 관련되어 있기 때문에 삼부작을 쓰기 위한 현장 답사는 『바다의 도시 이야기』를 쓰기 위해 베네치아로 조사하러 갔을 때 이미 끝나 있었어요. 자동차를 타고 육지 쪽에서 조사하기도 했고, 요트를 빌려서 바다 쪽에서도 조사했죠. 그러니까 『바다의 도시 이야기』에서 쓰려고 마음만 먹었다면 쓸 수도 있었어요.

하지만 이 세 전쟁은 각각 존재가 너무 커요. 그걸 『바다의 도시 이야기』에 집어넣으면 베네치아공화국 통사의 '흐름'이 끊겨요. 하지만 베네치아가 깊이 관련된 사건이기도 하니까 전혀 쓰지 않을 수도 없어요. 그래서 세 전쟁을 각각 독립된 작품으로 쓰기로 한 거예요. 『바다의 도시 이야기』에서 이 세 전쟁을 간단히 언급하는 정도로 그친 것은 그 때문이기도 해요. 1천 년의 역사를 두 권으로 정리하는 경우에는 독자가 역사의 흐름을 느낄 수 있게 하는 것이 반드시 필요한데, 개개의 사건을 너무 자세히 다루면 역사의 흐름을 느끼기가 어려워져요. 그러니까 이 '전쟁 삼부작'은 베네치아공화국의 통사라는 큰 나무에서 갈라져 나온 가지예요. 다만 아주 굵고 잎이 무성한 가지죠. 물론 '전쟁 삼부작'을 따로 쓴 것은 이런 대의명분 같은 이유 이외에 전투 장면을 쓰기를 무척 좋아하는 내 성향 때문이기도 했어요. 그래서 책을 쓰면서도 무척 재미있었죠.

——'전쟁 삼부작' 외에 『이탈리아 견문』과 『주홍빛 베네치아—산 마르코 살인사건』으로 시작되는 '도시 삼부작'도 『바다의 도시 이야기』의 여파가 아닌가 싶은데요.

■ 베네치아에 있는 고문서 보관소는 아무 사료나 골라잡아 읽어도 즐거운 곳이에요. 용케도 이렇게 다양한 정보를 모아두었구나 하고 감탄을 넘어 기가 찰 정도예요. 그 많은 자료 가운데 극히 일부를 뽑아낸 것이 『이탈리아 견문』이에요. 그리고 산 마르코 성당의 종루에서 처음 발생한 투신자살사건이라는 것을 읽고, 그것을 추리소설로 만들어낸 것이 '도시 삼부작' 가운데 첫 번째인 『주홍빛 베네치아』죠. 어쨌든 1천 년의 역사예요. 게다가 정보수집 면에서는 영국인이 쓴 '첩보기관의 역사'에서도 맨 처음에 다루어졌을 만큼 베네치아 첩보기관은 훌륭하게 기능을 발휘하고 있었어요. '10인 위원회'의 산더미 같은 극비정보를 접한 사람은 이것을 이용하면 시리즈를 쓸 수 있겠구나 생각할 거예요. 작가라면 누구나 그렇게 생각할걸요. 내가 살인사건 시리즈를 세 작품만 쓰고 그만둔 것은 이것을 계속 쓰다가는 로마사를 쓸 수 없겠다고 생각했기 때문이에요. 유감스럽긴 했지만요.

그래도 이것만은 말해두죠. 기가 질릴 만큼 모아둔 그 다양하고 많은 정보를 베네치아 통치계급은 단순히 기록해서 쌓아두기만 한 게 아니에요. 또한 자국의 정치와 외교와 경제 방침을 결정하는 데 참고로만 삼은 것도 아니에요. 정보를 활용했죠. 그럼 어떤 식으로 활용했을까요.

영국 엘리자베스 1세의 궁녀 가운데 하나를 로마 교황청이 구워 삶는 데 성공했다는 정보를 입수한 '10인 위원회'는 그것을 극비로 다루기로 결정합니다. 영국 궁정에 잠입시킨 베네치아 쪽 첩자의 보고서가 남아 있는데, 거기에는 '10인 위원회'가 그 정보를 극비 취급한 이유도 적혀 있어요. 로마 교황이 베네치아의 국익을 해치는 언동을 했을 때 이 정보의 존재를 암시하여 교황청을 견제하는 데 활용할 수 있다는 게 그 이유였죠. 이런 활용법까지 있다는 걸 모르고는 정보 활용의 달인이라고는 도저히 말할 수 없어요. 베네치아공화국이 외교입국이었던 이유도 납득할 수 있겠죠.

―― 이것은 나 개인의 감상이라서 물어봐도 될지 어떨지 망설였지만, 끝으로 한 가지만 더 묻겠습니다. 『르네상스의 여인들』과 『체사레 보르자 혹은 우아한 냉혹』의 '창작 뒷이야기'는 듣고 있는 나도 무심코 웃어버릴 정도였는데, 『바다의 도시 이야기』 하권의 '뒷이야기'는 왠지 웃으면 안 될 것 같은 분위기로 시종일관한 것 같습니다. 그 차이는 어디에 이유가 있을까요.

■(웃음) 이탈리아어에 '스펜시에라토'(spensierato)라는 형용사가 있어요. 나는 여자니까 이 낱말도 여성형으로 바뀌어서 '스펜시에라타'가 되죠. 이 말은 '속편하다' 또는 '무사태평하다'는 뜻인데, 조금 나쁜 의미가 되면 '무책임하다, 경솔하다'는 뜻이 돼요. 『르네상스의 여인들』이나 『체사레 보르자』나 『신의 대리인』을 쓸 당시의 나는 젊고 독신에다 이탈리아에서는 이방인인 외국인이었어요. 속편하고 걱정거리도 없고, 그래서 무책임하고, 다소는 경솔한 인

생을 즐기고 있었죠. 그런데 결혼해서 아이를 낳고, 이탈리아 사회와도 깊은 관계를 갖지 않을 수 없는 상태가 되었어요. 그런 상태에서 쓴 것이 『바다의 도시 이야기』이고, 그 후에 쓴 몇몇 작품이에요. '뒷이야기'에 흐르는 분위기가 달라진 것도 어쩔 수 없어요. 시오노 나나미도 어른이 된 거겠죠. 더 이상 '스펜시에라타', 곧 '속 편한 여자'가 아니게 된 거예요.

■ 연표

연대	베네치아공화국	기타 국가
452	아틸라를 피해 석호 가운데 있는 섬으로 이주	
476		서로마제국 멸망
500		
		동로마제국 전성기
538	베네치아인의 활동을 기록한 카시오도루스의 문서	
568		랑고바르디족의 이탈리아 침입
	베네치아, 동로마(비잔틴)제국에 형식적 속국 시대	
589		수(隋), 중국 천하통일
600		
		마호메트, 이슬람교 창시
618		당(唐)의 성립
697	베네치아공화국 초대 국가원수 선출	
700		
758		사라센제국 분열
800	피핀의 아들 샤를마뉴의 공격 격퇴 프랑크왕국과 비잔틴제국 간 협약으로 베네치아는 양 제국령 내 통상권 획득, 하천교역 시대 개막	샤를마뉴 대제 로마에서 대관
828	성 마르코의 유골, 알렉산드리아에서 베네치아에 도착, 수호성인이 됨	노르만인(바이킹) 활약

연대	베네치아공화국	기타 국가
870		프랑크왕국 분열. 프랑스, 독일, 이탈리아의 기원
	베네치아, 도시의 정비·건설	
900		
907		당의 멸망
962		신성로마제국 성립, 오토 1세 즉위
1000	국가원수 피에트로 오르세올로 2세, 아드리아해 제해권 획득, 해양교역 시대 개막	노르만인, 잉글랜드 정복
1082	비잔틴제국의 해군을 담당하는 대가로 관세 면제, 상업기지 획득	
1096		십자군 원정 시작
1099		제1차 십자군, 예루살렘 정복
1100		
1123	베네치아 함대, 이집트에 승리해 팔레스티나로 사업망 확대	
1147		제2차 십자군 실패
	베네치아와 비잔틴제국의 관계 악화 결정적이 되다	
1187		살라딘, 예루살렘 점령
1188		제3차 십자군 실패
1200		
1204	제4차 십자군, 콘스탄티노플 정복 베네치아 동지중해의 여왕으로 떠오르다	
1206		몽골제국 성립
1250		맘루크왕조 성립
1258	제1차 대(對)제노바 전쟁	
1261		비잔틴제국 재건
1271	마르코 폴로 일행, 동양으로 출발	
1279		원(元)의 중국 통일
1291		십자군 종결
1294	제2차 대제노바 전쟁	

연대	베네치아공화국	기타 국가
1297	국가원수 그라데니고의 개혁	
1299		오스만제국 건국
1300		
1310	티에폴로와 퀴리니의 반란, 실패	
		교황 아비뇽 유폐 시대
1323	공화국 국회 의원 세습제로 전환	
1339		영국과 프랑스, 백년전쟁 시작
1348		페스트 대유행
1350	제3차 대제노바 전쟁	
1355	국가원수 마리노 파리엘의 쿠데타 실패	
1368		중국 명(明)왕조 성립
1378	제4차 대제노바 전쟁, 승리	
1400		
	본토 속주 획득	
1453		비잔틴제국, 터키에 의해 멸망
		백년전쟁 종결
1454	로디의 평화조약	
1455		장미전쟁 시작
1470	네그로폰테, 터키군에 함락, 제1차 대터키전	
1479	터키와 강화 성립	
1492		콜럼버스, 신대륙 발견
1498		바스코 다 가마, 인도항로 발견
1499	제2차 대터키전	
1500		
1501		아메리고 베스푸치, 브라질 연안 도착
1503	터키와 강화 성립	
1508	캉브레 동맹 전쟁	
1517		터키, 메카 영유
1519		에스파냐 왕 카를로스, 신성로마 제국 황제가 되다
1522		마젤란, 세계 일주

연대	베네치아공화국	기타 국가
		종교개혁
		피렌체공화국 붕괴
1538	프레베자의 해전, 제3차 대터키전	
1540	터키와 강화 성립	
		반동종교개혁
1558		영국, 엘리자베스 1세 시대
1571	키프로스, 터키군에 함락	
	레판토의 해전, 제4차 대터키전	
1572		성 바르톨로메오 축일의 대학살
1573	터키와 강화 성립	
1588		에스파냐 무적함대, 영국에 패함
1600		영국, 동인도회사 설립
1606	교황, 베네치아에 성무금지 처분	
1618		30년 전쟁 시작
1620		메이플라워호, 플리머스에 도착
1645	크레타 공방전 시작, 제5차 대터키전	
1660		영국, 왕정복고
1669	터키와 강화 성립	
1684	모레아 수복전 시작, 제6차 대터키전	
1699	제6차 대터키전 종결	
1700		
1701		프로이센 성립
1713		위트레흐트 조약 성립
1714	제7차 대터키전, 제2차 모레아전	
1775		아메리카 독립전쟁 시작
1783		파리 조약 성립, 아메리카 독립 승인
1788		미국 헌법 성립
1789		프랑스 혁명 발발
1792	베네치아, 비무장 중립노선 확인	
1793		대프랑스 대동맹 결성
1796		나폴레옹 전쟁
1797	베네치아공화국 멸망	

■ 참고문헌

　여기에 드는 사료나 연구저작은 내가 학자가 아닌 것을 반영해 베네치아공화국의 역사에 관해서 오늘날까지 이루어진 모든 것을 망라하고 있는 것은 아니다. 언젠가 십자군의 역사에 관한 문헌연구를 뒤져보다가 그 분량의 방대함에 아연해진 적이 있는데, 베네치아사에 관한 사료나 연구도 십자군만큼은 아니더라도 대단한 분량인 점은 다를 것이 없다. 그러므로 좀더 깊이 조사해보고자 하는 사람은 19세기까지에 관한 것은 치코냐나 소란초에 의한 문헌연구를, 그 이후의 연구저작에 관해서는 믿을 만한 연구저작이라면 말미에 반드시 수록하고 있는 참고문헌을 수고스럽더라도 하나하나 부딪쳐보는 수밖에 없을 것이다.

Cicogna, E.A., *Saggio di bibliografia veneziana*, Venezia, 1847.
Soranzo, G., *Bibliografia veneziana(Aggiunta e continuazione del Saggio di Cicogna)*, Venezia, 1885.

　그러므로 여기에 열거하는 것은 내가 한두 번은 훑어본 것들만이다. 그런 까닭에 이탈리아인이 쓴 것이 아니더라도 우선 그 책의 이탈리아어 번역본을 찾았고, 그것이 없을 때는 영어 번역본을 찾았으며, 그것마저 불가능한 경우에만 어쩔 수 없이 각오를 단단히 먹고 사전을 한 손에 펴들고서 원서와 씨름했다는 것이 진상이다. 이것은 독해력의 문제이기보다는 나에게는 읽는 속도의 문제였지만, 이탈리아어보다도 영어나 독일어, 프랑스어에 더 능한 사람이 많은 사정을 감안해 원제목도 표시해두었다. 곁들여 말한다면 이탈리아어 번역본은 이탈리아의 역사를 전문으로 하는 원저자들이 이탈리아어에 능한 만큼 번역판도 체크해서 그런지 매우 훌륭하다.

또 일본어판이 있는 경우에도 그것을 내가 가지지 못했거나 혹은 번역이 별로 좋지 않은 것 같아 이탈리아어판을 참고로 한 경우, 그리고 시미즈 고오지로(清水廣一郎) 교수가 번역한 맥닐의 저작의 경우처럼 내가 연구를 시작했을 당시에는 일본어판이 나와 있지 않았던 경우는 내가 참고로 한 것을 먼저 표시하고 아울러 일본어판도 병기했다.

마지막으로 존스홉킨스대학의 프레더릭 레인 교수의 연구저작이 나에게 준 영향에 관해 언급하지 않고 끝낼 수는 없다.

『Venice, A Maritime Republic』

1973년, 레인 교수가 73세 때에 출판된 이 책은 베네치아공화국사의 연구에 한평생을 바친 학자가 그때까지 발표한 수많은 연구논문을 기초로 하여 대학을 퇴직한 후 비로소 집필한 통사다. 나의 그것처럼 10년 전에 집필하기로 결정하고 5년 동안의 짧은 공부 끝에 쓴 것과는 다르다. 같은 한 줄이라도 그 한 줄을 뒤에서 뒷받침하는 지식의 양이 질적으로 다른 것이다.

그러나 역사란 역사적 사실을 많이 알고 있다고 해서 써지는 것은 아니다. 수집한 사료를 정리하고 통합하고 구사하려면 사관이라는 것이 반드시 필요하다. 레인 교수의 저작은 엄청나다고 할 수밖에 없는 방대한 양의 원사료의 연구 끝에 도달했을 것이 틀림없는, 참으로 훌륭하게 밸런스가 잡힌 사관에 입각해 쓰였다. 아마도 브로델의 『펠리페 2세 시대의 지중해와 지중해 세계』, 란시만의 『십자군사』, 바빙거의 『정복왕 무하마드와 그 시대』 등과 함께 지중해 세계사에 관한 명저의 하나로 열거될 것임이 틀림없다. 그러나 레인 교수의 이 저작을 읽은 사람이면 내가 그 책의 영향을 얼마나 받았는가를 알게 될 것이지만 그와 동시에 레인 교수와 나는 관심의 방향이 조금 다르다는 것도 알게 되었을 것이다. 우선 교수의 관심은 경제에 중점을 두고 있는 데 비해 나는 정치 쪽으로 기울어 있다. 또 학자이니까 당연한 일이기는 하지만 레인 교수의 역사적 관심은 '결과'를 향하고 있는데 나의 눈은 '경과'를 쫓고 있는 일이 잦았다. 교수는 전쟁의 결과를 말하는 것으로 그치나 나는 그 전후를 상세히 서술한다. 교수가 단 두 쪽밖에 할애하지 않았던 베네치아공화국 최후 며칠의 일들에 대해 나는 한 장을 고스란히 바쳤는데, 이는 극히 일부의 예에 지나지 않는다.

그렇더라도 레인 교수는 그의 저작을 통해 나에게는 실로 귀중한 안내자요 길잡이였다는 사실에는 아무런 변화가 없다. 내가 종종 '옆길'로 들렀다가 본길로 돌아와 보면 그곳에는 언제나 손에 등불을 켜든 교수가 기다려주고 있었다. 그래서 다시 어두운 길을 앞서서 인도해주는 것이었다. 나는 본길을 따라 한참 나아가다가도 옆길로 빠지기를 곧잘 했으며, 예컨대 교수가 2~3행으로 해설하고 끝내버린 성지순례 여행도 '성지순례 패키지 투어' 따위로 제목을 붙인 긴 한 장으로 꾸미는 데 넋을 잃고 즐거워하곤 했던 것이다. 다만 나의 이런 수법은 역사 서술에서의 '옆길 들르기'의 효용을 나 나름으로 확신하고 있었던 결과였다. 5년 동안 내 책상 위에 쌓인 책들은 많다. 하지만 그 사이 항상 내 책상 위의 자리를 지켰던 것은 레인 교수의 『베네치아, 바다의 공화국』 한 권뿐이다. 그리고 이 『바다의 도시 이야기』를 쓰기 위한 사료를 모으는 일도 지금부터 13년 전인 1968년, 베네치아의 산 조르조 마조레섬에서 열린 '15세기까지의 베네치아와 레반트(동지중해)'란 주제의 국제학술회의에서 의장을 맡아보던 교수가 휴게시간 중에 나에게 가르쳐주신 6권의 연구서를 사는 것으로 시작이 되었던 것이다.

• 원사료

Anonimo(저자불명), *La Cronaca Veneta, detta Altinate, di autore anonimo*, 《Archivio Storico Italiano》 VIII, Firenze, 1845.

Autori Vari(저자 다수), *La caduta di Costantinopoli I. Le testimonianze dei contemporanei*, a cura di Agostino Pertusi, Milano, 1976 ; *La caduta di Costantinopoli II. L'eco nel mondo*, a cura di Agostino Pertusi, Milano, 1976 ; *L'interdetto di Venezia del 1606 e i Gesuiti*, a cura di P. Pirri, Roma, 1959 ; *Nunziature di Venezia(1533~1535)*, a cura di F. Gaeta, Roma, 1958 ; *Relazioni degli ambasciatori veneti al senato*, a cura di E. Albèri, Firenze, 1839~63 ; *Relazioni degli ambasciatori veneti al senato*, a cura di A. Segarizzi, Bari, 1912~16 ; *Relazioni di ambasciatori veneti al senato*, a cura di L. Firpo, Torino, 1965 –.

Barbaro, D., *Storia Veneta*, 《Archivio Storico Italiano》 VII–II, Firenze, 1843.

Berchet, G. & Cecchetti, B., *Viaggio di un ambasciatore veneziano da Venezia a Costantinopoli nel 1591, di Cavazza Gabriele*, Venezia, 1886.

Borghi, L., *Storia Segreta*(1512~1515), 《Archivio Storico Italiano》 VII–II, Firenze, 1843.

Boschini, M., *La carta del navegar pitoresco*, a cura di A. Pallucchini, Venezia–Roma, 1966.

Bosio, G., *Dell'Istoria della Sacra Religione et Ill.ma Militia di San Giovanni Gerosolimitano*, Roma, 1594~1602.

Brasca, S. & Capodilista, G., *Viaggio in Terrasanta di Santo Brasca(1480) con l'Itinerario di Gabriele Capodilista(1458)*, Milano, 1966.

Brosses, C. de, *Viaggio in Italia*, Bari, 1973(*Lettres familières écrites d'Italie en 1739 et 1740*, Paris, 1931).

Canale, M. da, *Cronaca dei Veneziani, Dalle origini al 1275*, 《Archivio Storico Italiano》 VIII, Firenze, 1845.

Commynes, Ph. de, *Memorie*, Torino , 1960(*Mémoires*, Paris, 1925).

Contarini, G., *Opera*, a cura di L. Contarini, Paris, 1571.

Contarini, P., *Diario del viaggio da Venezia a Costantinopoli di M. Polo Contarini che andava bailo per la Repubblica Veneta alla Porta Ottomana nel 1580*, Venezia,

1856.

Corio, B., *Historia di Milano*, Padova, 1646.

Dandolo, A., *Chronica per extensum descripta*, 《Rerum Italicarum Scriptores》 XII-I, Bologna, 1938~40.

Della Valle, P., *Viaggio in Levante*, Firenze, 1942.

Gabrieli, F., *Storici arabi delle Crociate*, Torino, 1957.

Giustinian, A., *Dispacci di Antonio Giustinian ambasciatore veneto a Roma dal 1502 al 1505*, a cura di P. Villari, Firenze, 1876.

Goethe, J. W., *Viaggio in Italia*, Firenze, 1948(『イタリア紀行』, 相良守峯 譯, 岩波書店, 1960).

Guicciardini, F., *Storia d'Italia*, Bari, 1967.

Las Casas, B. de, *Giornale di bordo di Cristoforo Colombo(1492~93)*, Milano, 1973.

Machiavelli, N., *Opere complete*, Milano, 1961(『マキアヴェリ(君主論·政略論)』, 會田雄次 責任編集, 中央公論社, 1966).

Malipiero, D., *Annali veneti. Dall'anno 1457 al 1500*, 《Archivio Storico Italiano》 VII-I, Firenze, 1843.

Morosini, A., *Historia veneta ab anno MDXXI usque ad annum MDCXV*, 《Degl' istorici delle cose veneziane, i quali hanno scritto per pubblico decreto》, a cura di A. Zeno, Venezia, 1718~22.

Mosto, A. da Ca' da, *Le Navigazioni Atlantiche*, Milano, 1929.

Paruta, P., *Historia Vinetiana*, Venezia, 1605 ; *Historia della guerra di Cipro*, Venezia, 1615 ; *Opere politiche*, a cura di G. Monzani, Firenze, 1852 ; *Discorsi politici*, a cura di G. Candeloro, Bologna, 1943.

Pio II(Enea Silvio Piccolomini), I Commentarii, a cura di G. Bernetti, Siena, 1972~76.

Polo, M., *Il Milione*, Novara, 1967.

Priuli, G., *I Diarii(1494~1512)*, 《Rerum Italicarum Scriptores》 XXXIV-III, Bologna, 1912~38.

Ramusio, G. B., *Navigazioni e Viaggi*, Torino, 1978 –.

Rosaccio, G., *Viaggio da Venetia a Costantinopoli, per Mare, e per Terra, e insieme quello di Terra Santa*, Venezia, 1598.

Sanudo, M., *I Diarii (1496~1533)*, Bologna, 1969~70.

Sarpi, P., *Opere Complete*, Milano–Napoli, 1969.

Soranzo, G., *Diario del viaggio a Costantinopoli*, Venezia, 1866.

Valier, A., *Historia della guerra di Candia*, Venezia, 1679.

Vecellio, C., *Habiti antichi e moderni di tutto il mondo*, Paris, 1859.

Villehardouin, G. de, *La conquista di Costantinopoli*, Torino, 1962 (*La Conquête de Constantinople*, Paris, 1938).

• 후세에 이루어진 연구저작

Autori Vari(저자 다수), *Il Mediterraneo nella seconda metà del '500 alla luce di Lepanto*, a cura di G. Benzoni, Firenze, 1974 ; *Navi e civiltà. Archeologia marina*, a cura di G. F. Bass, Milano, 1974 (*A history of Seafaring, based on underwater archaeology*, Edited by G. F. Bass, London, 1972) ; *Storia della Civiltà Veneziana*, Firenze, 1955~65 ; *Venezia e il Levante fino al XV secolo*, Firenze, 1973~74.

Almagia, R., *Planisferi, carte nautiche e affini dal secolo XIV al XVII esistenti nella Biblioteca Apostolica Vaticana*, 《Monumenta Chartographica Vaticana》 I, Città del Vaticano, 1944.

Amari, M., *Storia dei Musulmani di Sicilia*, Catania, 1933~38.

Armao, E., *In giro per il Mar Egeo con Vincenzo Coronelli*, Firenze, 1951.

Babinger, F., *Maometto il Conquistatore e il suo tempo*, Torino, 1957 (*Mehmed der Eroberer und seine Zeit*, München, 1953) ; *Le vicende veneziane nella lotta contro i Turchi durante il secolo XV*, 《La civiltà veneziana del Quattrocento》, Firenze, 1957 ; *Lorenzo de' Medici e la corte ottomana*, 《Archivio Storico Italiano》 CXXI, Firenze, 1963.

Belin, F. A., *Relations diplomatiques de la République de Venise avec la Turquie*,

Paris, 1867.

Bellondi, V., *Documenti di Storia Veneziana Tratti dall'Archivio dei Frari*, Firenze, 1902.

Beltrami, D., *Storia della popolazione di Venezia dalla fine del secolo XVI alla caduta della Repubblica*, Padova, 1954 ; *La penetrazione economica dei veneziani in terraferma. Le forze di lavoro e la distribuzione della proprietà fondiaria nelle campagne venete nei secoli XVII e XVIII*, Venezia-Roma, 1961.

Benvenuti, G., *Storia della Repubblica di Genova*, Milano, 1977.

Berengo, M., *La Società veneta alla fine del settecento*, Firenze, 1956.

Bertele,' T., *Il palazzo degli ambasciatori di Venezia a Costantinopoli e le sue antiche memorie*, Bologna, 1932.

Besta, E., *Il senato veneziano*, Venezia, 1899.

Bono, S., *I corsari barbareschi*, Torino, 1964.

Borgherini Scarabellini, M., *Il magistrato dei Cinque Savi alla Mercanzia*, Venezia, 1925.

Borsari, S., *Il dominio veneziano a Creta nel XIII secolo*, Napoli, 1963 ; *Studi sulle colonie veneziane in Romania nel XIII secolo*, Napoli, 1966.

Bouwsma, W. J., *Venezia e la difesa della libertà repubblicana*, Bologna, 1977 (*Venice and the Defence of Republican Liberty*, Los Angeles, 1968).

Braudel, F., *Civiltà e Imperi del Mediterraneo nell'età di Filippo II*, Torino, 1965 (*La Méditerranée et le Monde méditerranéen à l'époque de Philippe II*, Paris, 1949) ; *La vita economica di Venezia nel secolo XVI*, ⟪*La civiltà veneziana del Rinasci-mento*⟫, Firenze, 1958.

Braudel, F./Jeannin, P./Meuvret, J./Romano, R., *Le déclin de Venise au XVIIème siècle*, ⟪Aspetti e cause della decadenza economica veneziana nel secolo XVII⟫, Venezia, 1961.

Brunetti, M., *Venezia durante la peste del 1348*, ⟪Ateneo Veneto⟫ XXXII, Venezia, 1909.

Caddeo, R., *Storia marittima dell'Italia dall'evo antico ai nostri giorni*, Milano, 1942.

Caizzi, B., *Industria e commercio della Repubblica Veneta nel XVIII secolo*, Milano, 1965.

Cappelletti, G., *Storia della Repubblica di Venezia*, Venezia, 1850~55.

Cassandro, G., *La formazione del diritto marittimo veneziano*, 《Annali di Storia del diritto》 XII~XIII, Milano, 1968~69.

Cervelli, I., *Machiavelli e la crisi dello stato veneziano*, Napoli, 1974.

Cessi, R., *Rialto. L'isola, il ponte, il mercato*, Bologna, 1934 ; *Storia della Repubblica di Venezia*, Milano-Messina, 1944~46 ; *Le origini del Ducato Veneziano*, Napoli, 1951 ; *La Repubblica di Venezia e il problema adriatico*, Napoli, 1953.

Cipolla, C., *Storia delle Signorie Italiane dal 1313 al 1530*, Milano, 1881.

Cognasso, F., *L'Italia nel Rinascimento*, Torino, 1966 ; *Storia delle Crociate*, Varese, 1967.

Cogo, G., *La guerra di Venezia contro i Turchi(1499~1501)*, 《Nuovo Archivio Veneto》 IX & XI, Venezia, 1899~1900.

Concina, E., *Le trionfanti armate venete*, Venezia, 1972.

Cracco, G., *Società e Stato nel medioevo Veneziano*, Firenze, 1967.

Davis, J. C., *The Decline of the Venetian Nobility as a Ruling Class*, 《Johns Hopkins Studies in Historical and Political Sciences》 LXXX-II, Baltimore, 1962.

Donazzolo, P., *I Viaggiatori veneti minori. Studio bio-bibliografico*, 《Memorie della Reale Società Geografica Italiana》 XVI, Roma, 1929.

Dudan, B., *Il diritto coloniale veneziano e le sue basi economiche*, Roma, 1933 ; *Il dominio veneziano di levante*, Bologna, 1938.

Ercole, F., *Da Carlo VIII a Carlo V. La crisi della libertà italiana*, Firenze, 1932.

Fanfani, A., *Note sull'industria alberghiera italiana nel Medio Evo*, 《Archivio Storico Italiano》, Firenze, 1935.

Franchi, A., *Storia della pirateria nel mondo*, Milano, 1969.

Fugagnollo, U., *Bisanzio e l'Oriente a Venezia*, Trieste, 1974.

Gibbon, E., *Storia della decadenza e caduta dell'Impero Romano*, Torino, 1967(『ロー
マ帝國興亡史』, 中野好夫 譯, 筑摩書房, 1977).

Gilbert, F., *The Venetian Constitution in Florentine Political Thought*, 《Florentine
Studies》, Edited by N. Rubinstein, London, 1968 ; *Religion and Politics in the
Thought of Gasparo Contarini*, 《Action and Conviction in Early Modern
Europe : Essays in Memory of E. H. Harbison》, Edited by T. K. Rabb and J.
E. Seigel, Princeton, 1968.

Hammer, J. de, *Histoire de l'empire ottoman depuis son origine jusqu'à nos jours*,
Paris, 1936~44.

Heers, J., *Il commercio nel Mediterraneo alla fine del secolo XIV e nei primi anni del
XV*, 《Archivio Storico Italiano》 CXIII, Firenze, 1955.

Heyd, W., *Le colonie commerciali degli italiani in Oriente nel Medioevo*, Venezia,
1866~68 ; *Storia del commercio del Levante nel medioevo*, Torino, 1914(*Histoire
du commerce du Levant au Moyen Age*, Leipzig, 1886).

Hill, G., *A History of Cyprus*, London, 1940~48.

Kenworthy, J. M., *Freedom of the Sea*, London, 1928.

Kretschmayr, H., *Geschichte von Venedig*, Stuttgart, 1934.

Lamansky, V., *Secrets d'Etat de Venise*, St. Petersbourg, 1884.

Landström, B., *La Nave*, Milano, 1962(*Skeppet*, Stockholm, 1961).

Lane, F. C., *Venetian Ships and Shipbuilders of the Renaissance*, Baltimore, 1934 ;
Andrea Barbarigo, merchant of Venice. 1418~1449, Baltimore, 1944 ; *Economic
Meaning of the Invention of the Compass*, 《American Historical Review》 LXVIII,
Lancaster-New York-London, 1963 ; *Venice. A Maritime Republic*, Baltimore-
London, 1973(*Storia di Venezia*, Torino, 1978).

Levi, C. A., *Navi da guerra costruite nell'Arsenale di Venezia*, Venezia, 1896.

Levi Pisetzky, R., *Storia del Costume in Italia*, Milano, 1964~69.

Lewis, A. R., *Naval Power and Trade in the Mediterranean. A. D. 500~1100*,

Princeton, 1951.

Lopez, R., *Il principio della guerra veneto-turca nel 1463*, 《Archivio Veneto》 serie V, XV, Venezia, 1934 ; *Storia delle colonie genovesi*, Bologna, 1938 ; *La Rivoluzione Commerciale del Medioevo*, Torino, 1973.

Lot, F., *L'art militaire*, Paris, 1946.

Luzzatto, G., *Documenti finanziari della Repubblica di Venezia*, Padova, 1929 ; *Studi di storia economica veneziana*, Padova, 1945 ; *Storia economica di Venezia dall'XI al XVI secolo*, Venezia, 1961 ; *L'economia veneziana dal 1797 al 1866*, Firenze, 1961 ; *Il debito pubblico della Repubblica di Venezia*, Milano, 1963.

Manfroni, C., *Storia della Marina Italiana dalle invasioni barbariche alla battaglia di Lepanto*, Milano, 1970.

Maranini, G., *La Costituzione di Venezia*, Venezia–Perugia– Firenze, 1927~31.

Mas Latrie, M. L. de, *Histoire de l'île de Chypre sous le règne des princes de la Maison de Lusignan*, Paris, 1855.

Mazzarotto, B. T., *Le feste veneziane. I giochi popolari, le cerimonie religiose e di governo*, Firenze, 1980.

Mcneill, W. H., *Venice : the hinge of Europe, 1081~1797*, Chicago, 1974(『ヴェネツィア―東西ヨ-ロッパのかめ, 1018~1797』, 清水廣一郎 譯, 岩波書店, 1979).

Merrien, J., *La vita di bordo nel Medioevo. Dai Vichinghi alle galee*, Milano, 1973(*La Vie quotidienne des Marins au Moyen Age. Des Vikings aux Galères*, Paris, 1969).

Michaud, A., *Storia delle Crociate*, Milano, 1941.

Michiel, G. R., *Origine delle Feste Veneziane*, Milano, 1829.

Miozzi, E., *Venezia nei secoli*, Venezia, 1957.

Molmenti, P., *La Dogaressa di Venezia*, Torino, 1887 ; *Sebastiano Veniero e la battaglia di Lepanto*, Firenze, 1899 ; *La storia di Venezia nella vita privata*, Trieste, 1973.

Mosto, A. da, *I Dogi di Venezia nella vita pubblica e privata*, Milano, 1960.

Mumford, L., *The City in History*, New York, 1961.

Muratori, S., *Studio per una operante storia urbana di Venezia*, Roma, 1959.

Nissati, G., *Aneddoti storici veneziani*, Venezia, 1965.

Olschki, L., *L'Asia di Marco Polo*, Firenze, 1978.

Ostrogorsky, G., *Storia dell'Impero Bizantino*, Torino, 1968(*Geschichte des Byzantinischen Staates*, München, 1963).

Panetta, R., *I Saraceni in Italia*, Milano, 1973 ; *Pirati e Corsari turchi e barbareschi nel Mare Nostrum*, Milano, 1981.

Papadopoli, N., *Le monete di Venezia*, Venezia, 1893~1919.

Paradissis, A., *Fortresses and Castles of Greece*, Athens-Thessaloniki, 1972~74 ; *Fortresses and Castles of the Greek Islands*, Athens-Thessaloniki, 1976.

Pastor, L. von, *Storia dei Papi dalla fine del Medio Evo*, Roma, 1958~63(*Geschichte der Päpste seit dem Ausgang des Mittelalters*, Freiburg, 1901~31).

Petrocchi, M., *La politica della Santa Sede di fronte all'invasione ottomana(1444~1718)*, Napoli, 1955.

Pieri, P., *Intorno alla politica estera di Venezia al principio del Cinquecento*, Napoli, 1955 ; *Il Rinascimento e la crisi militare italiana*, Torino, 1970.

Pirenne, H., *Storia economica e sociale del Medioevo*, Bologna, 1972(*Histoire économique et sociale du Moyen Age*, Paris, 1963).

Preto, P., *Venezia e i Turchi*, Firenze, 1975 ; *Peste e società a Venezia. 1576*, Vicenza, 1978.

Pullan, B., *Rich and Poor in Renaissance Venice*, Oxford, 1971.

Ranke, L. von, *Venezia nel Cinquecento*, Con un saggio introduttivo di Ugo Tucci, Roma, 1974(*Venedig im sechzehnten Jahrhundert und im Aufgang des siebzehnten*, 《Sämtliche Werke》XLII, Leipzig, 1878).

Renouard, Y., *Le città italiane dal X al XIV secolo*, Milano, 1975(*Les villes d'Italie de la fin du Xe siècle au début du XIVe siècle*, Paris, 1969) ; *Gli uomini d'affari italiani del Medioevo*, Milano, 1973(*Les hommes d'affaires italiens du moyen âge*, Paris,

1968).

Reumont, A., *Della diplomazia italiana dal secolo XIII al secolo XVI*, Firenze, 1857.

Roberti, M., *Magistrature giudiziarie veneziane*, Venezia, 1911.

Romanin, S., *Storia documentata di Venezia*, Venezia, 1912~25.

Runciman, S., *Storia delle Crociate*, Torino, 1966(*A History of the Crusades*, London, 1954)；*La caduta di Costantinopoli. 1453*, Milano, 1968(『コンスタンテイノープ ル陥落す』, 護雅夫 譯, みすず書房, 1969).

Santoro, L., *Le galere*, Roma, 1973.

Sapori, A., *La mercatura medievale*, Firenze, 1972.

Sella, D., *The Rise and Fall of the Venetian Woolen Industry. Crisis and Change in the Venetian Economy*, London, 1968.

Seneca, F., *Il doge Leonardo Donà : la sua vita e la sua preparazione politica prima del dogato*, Padova, 1959.

Simeoni, L., *Le Signorie*, Milano, 1950.

Sismondi, S. de, *Histoire des Republiques Italiennes du Moyen Age*, Paris, 1809~18.

Stella, A., *Chiesa e Stato nelle relazioni dei nunzi pontifici a Venezia*, Città del Vaticano, 1964.

Tassini, G., *Il libertinaggio a Venezia dal secolo XIV alla caduta della Repubblica*, Venezia, 1968.

Tenenti, A., *Venezia e i corsari*, Bari, 1961.

Tentori, C., *Della legislazione veneziana sulla preservazione della laguna*, Venezia, 1792.

Trincanato, E. R., *Venezia minore*, Venezia, 1948.

Valeri, N., *Venezia nella crisi italiana del Rinascimento*, 《La civiltà veneziana del Quattrocento》, Firenze, 1957 ; *L'Italia nell'età dei principati. Dal 1313 al 1516*, Milano, 1969.

Valsecchi, F., *L'Italia nel seicento e nel settecento*, Torino, 1967.

Ventura, A., *Nobiltà e popolo nella società veneta del '400 e '500*, Bari, 1964 ;

Considerazioni sull'agricoltura veneta e sulla accumulazione del capitale nei secoli XVI e XVII, 《Studi Storici》 IX, Roma, 1968.

Viscardi, A., *L'Italia nell'età comunale*, Torino, 1966.

• 저자가 살펴본 일본인의 연구저작

齋藤寬海, 『中世後期のター における奴隸賣買の實態』, 信州大學教育學部紀要33號, 1975.

清水廣一郎, 『中世ガレー船覺書』, 一橋論叢, 76卷6號, 1976 ; 『ジェノウァ·キオス·イングランド──中世地中海商業史の一側面──』, 南歐文化 3號, 1976.

陣內秀信, 『都市のルネサンス』, 中央公論社, 1978.

平川祐弘, 『藝術にあらわれたヴェネチア』, 內田老鶴圃, 1962.

대서양

런던
사우샘프턴
파리
빈

대
서
양

베네치아
밀라노
만토바
토리노 제노바
마르세유 피사
피렌체
스팔라토
자라
아
드
리
아
해

코르시카섬
로마
나폴리
리스본
오트란
사르데냐섬
티레니아해
메시나

지브롤터
시칠리아섬
알제
튀니스
자
몰타섬

N

0   500   1000km

지중해와 그 주변

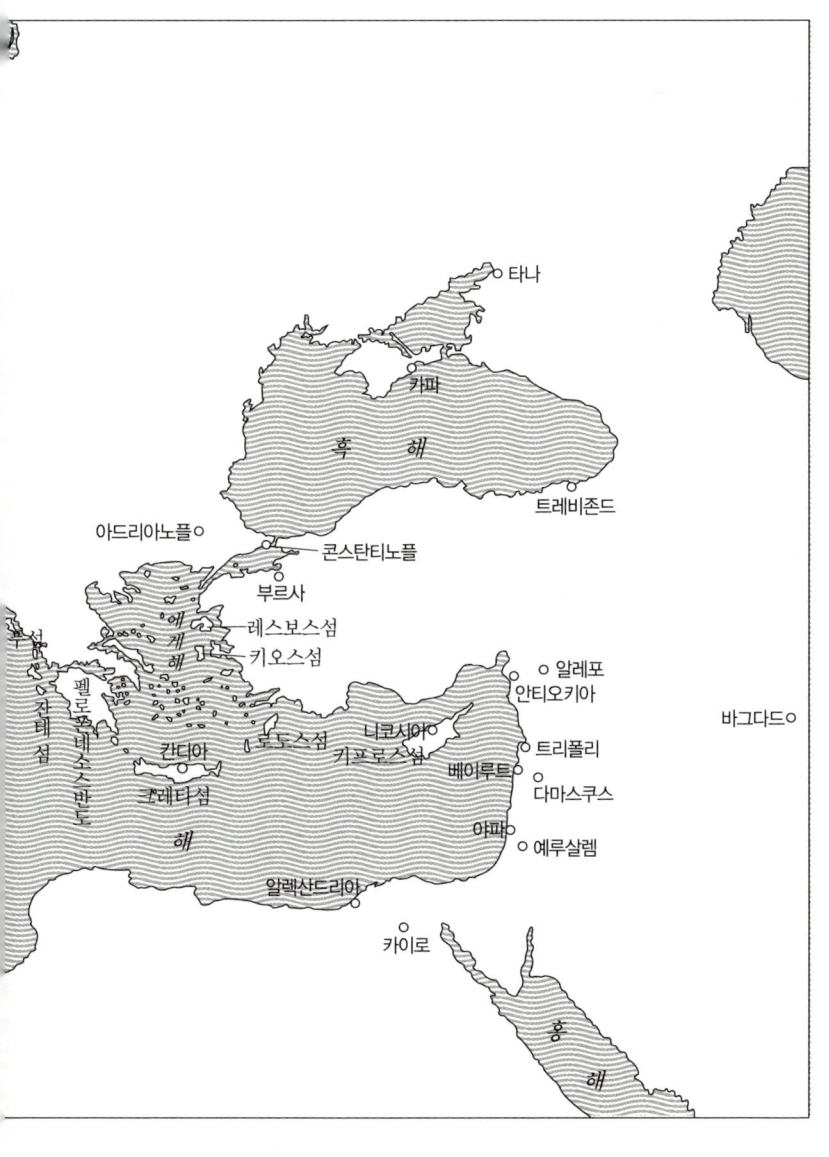

타나

카파

흑　　해

트레비존드

아드리아노플○

콘스탄티노플

부르사

에게해

레스보스섬

키오스섬

○ 알레포

안티오키아

자테섬

펠로폰네소스반도

칸디아

로도스섬

니코시아

키프로스섬

트리폴리

베이루트

다마스쿠스

크레타섬

해

야파

○ 예루살렘

바그다드○

알렉산드리아

카이로

홍　해

바다의 도시 이야기 하

시오노 나나미 ┃ 르네상스 저작집 6

지은이 시오노 나나미
옮긴이 정도영
펴낸이 김언호

펴낸곳 (주)도서출판 한길사
등록 1976년 12월 24일 제74호
주소 10881 경기도 파주시 광인사길 37
홈페이지 www.hangilsa.co.kr
전자우편 hangilsa@hangilsa.co.kr
전화 031-955-2000-3 팩스 031-955-2005

부사장 박관순 총괄이사 김서영 관리이사 곽명호
영업이사 이경호 경영이사 김관영 편집주간 백은숙
편집 노유연 김지연 김대일 김지수 최현경 김영길
마케팅 정아린 관리 이주환 문주상 이희문 원선아 이진아
디자인 창포 031-955-2097
인쇄 영림 제본 영림

제1판 제 1 쇄 1996년 12월 10일
제1판 제11쇄 2001년 10월 5일
제2판 제 1 쇄 2002년 5월 20일
제2판 제13쇄 2021년 8월 16일

값 20,000원
ISBN 978-89-356-1029-7 03900

• 잘못 만들어진 책은 구입하신 서점에서 바꿔드립니다.